ENZYKLOPÄDIE DER RECHTS- UND STAATSWISSENSCHAFT

BEGRÜNDET VON

F. VON LISZT UND W. KASKEL

HERAUSGEGEBEN VON

E. KOHLRAUSCH · H. PETERS · A. SPIETHOFF

ABTEILUNG RECHTSWISSENSCHAFT

HERAUSGEGEBEN VON

DR. EDUARD KOHLRAUSCH
PROFESSOR AN DER UNIVERSITÄT
BERLIN

DR. HANS PETERS
PROFESSOR AN DER UNIVERSITÄT
BERLIN

XV

INTERNATIONALES PRIVATRECHT

VON

MARTIN WOLFF

VERLAG VON JULIUS SPRINGER · BERLIN 1933

INTERNATIONALES PRIVATRECHT

VON

DR. MARTIN WOLFF
PROFESSOR AN DER UNIVERSITÄT
BERLIN

VERLAG VON JULIUS SPRINGER · BERLIN 1933

ISBN 978-3-642-51207-0 ISBN 978-3-642-51326-8 (eBook)
DOI 10.1007/978-3-642-51326-8

SOFTCOVER REPRINT OF THE HARDCOVER 1ST EDITION 1933

Inhaltsverzeichnis.

Das Manuskript ist am 5. August 1933 abgeschlossen worden.

Abkürzungsverzeichnis.

ArchcivPrax = Archiv für die civilistische Praxis.
v.Bar = L. v. Bar, Theorie u. Praxis des IntPR 2 Bde. 1889.
Bartin = E. Bartin, Principes de droit international privé. 1930, 32.
BayrObLG = Bayrisches Oberstes Landesgericht.
BöhmsZ = Zeitschrift für internationales Recht begr. v. Böhm, Bd. 1—10.
Dicey(-Keith) = Dicey(-Keith), Conflict of Laws 1927.
Diena = G. Diena, Principî di diritto internazionale 1917.
DJurT = Verhandlungen des deutschen Juristentags.
DJurZtg = Deutsche Juristenzeitung.
EG = Einführungsgesetz z. Bürgerl. Gesetzbuch.
Falkmann-Mugdan = Rechtsprechung der Oberlandesgerichte.
Frankenstein = E. Frankenstein, Internationales Privatrecht 1926, 28.
Genter Revue = Revue de droit international et de législation comparée, herausgeg. v. de Visscher.
Gutzwiller = M. Gutzwiller in Stammlers Enzyklopädie (das gesamte deutsche Recht) 1930, S. 1521 ff.
Habicht = H. Habicht, Internat. Privatrecht nach dem Einführungsgesetz 1907.
HB = Handbuch.
HGB = Handelsgesetzbuch.
IntPR = Internationales Privatrecht.
IPRechtspr = Internationalprivatrechtliche Rechtsprechung, Sonderhefte zur Z. f. ausl. u. int. PR.
JheringsJ = Jahrbücher für Dogmatik, begr. von R. v. Jhering.
Journal Clunet = Journal du droit international, herausgeg. v. André-Prudhomme.
JurW = Juristische Wochenschrift.
Kahn = Fr. Kahn, Abhandlungen z. IntPR. 1928.
KGJahrb = Jahrbuch für Entscheidungen des Kammergerichts.
Lewald = Hans Lewald, Das deutsche IntPR auf Grundlage der Rechtsprechung. 1930.
Makarov = A. N. Makarov, Die Quellen des internat. Privatrechts. 1929.
Melchior = G. Melchior, Die Grundlagen des deutschen intern. Privatrechts. 1932.
Niboyet = (Pillet et) Niboyet, Manuel de droit international privé. 1928.
NiemeyersZ = Zeitschrift für internationales Recht, herausg. v. Niemeyer, von Bd. 11 ab.
Nußbaum = A. Nußbaum, Deutsches internationales Privatrecht, 1932.
OLG = Oberlandesgericht.
Raape = L. Raape, Kommentar zu Art. 7 ff. EinfGesetz z. BGB, in v. Staudingers Kommentar z. BGB. VI 2, 1931.
Recueil des Cours = Recueil des Cours de l'Académie de droit international (la Haye).
Revue Darras = Revue de droit international privé, herausg. von de Lapradelle.
RG = Reichsgericht oder: Reichsgesetz.
Rspr = Rechtsprechung.
RVglHWB = Rechtsvergleichendes Handwörterbuch, herausg. v. Schlegelberger u. a.
Savigny = F. K. v. Savigny, System des heutigen römischen Rechts VIII, 1849.
SeuffA = Seufferts Archiv für Entscheidungen der obersten Gerichte.
Surville = Surville, cours élémentaire de droit internat. privé. 1925.
Z.f.ausl.u.intPR = Zeitschrift für ausländisches und internationales Privatrecht, herausgeg. v. E. Rabel u. a.
Z.f.ausl.öff.R = Zeitschrift für ausländisches öffentliches Recht und Völkerrecht, herausgeg. v. V. Bruns u. a.
ZGB = (Schweizer) Zivilgesetzbuch.
Zitelmann = E. Zitelmann, Internationales Privatrecht 1897, 1912.
ZPO = Zivilprozeßordnung.

Einleitung.

§ 1. Der Gegenstand des internationalen Privatrechts.

v. Bar, I 3ff. — Jos. Jitta: La méthode du droit internat. privé (1890, La Haye), 32ff. — Zitelmann, I 1ff. — Frankenstein, I 28ff. — F. Kahn, I 255ff. — Gutzwiller, 1535ff. — Arminjon: L'objet et la méthode du droit int. privé, Recueil des Cours de l'Acad. 1928 I, 433ff. — Arminjon: Revue de droit int. privé et de législ. comp. 56 (1929), 680ff.

Verwirklicht sich in Deutschland ein Tatbestand (eine Vereinbarung, eine Körperverletzung, eine Geburt, ein Todesfall usw.), an welchem nur Deutsche mit deutschem Wohnsitz beteiligt sind, wird auf Grund eines solchen Tatbestandes eine Wirkung (z. B. Erfüllung) in Deutschland erwartet und wird vor einem deutschen Gericht ein Rechtsstreit eingeleitet, so wird niemand erwähnen, daß deutsches Recht (Prozeßrecht, Zivilrecht, Strafrecht, Verwaltungsrecht usw.) anzuwenden ist: die Frage nach dem anwendbaren Recht entsteht nicht, weil die Antwort ein Gemeinplatz wäre. Anders, wenn einer der an dem Tatbestand Beteiligten Ausländer ist oder im Ausland seinen Wohnsitz hat, oder wenn der Tatbestand sich ganz oder teilweise im Auslande ereignet oder dort seine Wirkungen eintreten sollen oder wenn im Ausland auf Grund eines rein inländischen Tatbestandes geklagt wird oder geklagt worden ist. Bei solchen *Lebensverhältnissen mit Auslandsberührung* läßt sich die Frage, welche Rechtsfolge der Tatbestand hat, erst beantworten, wenn zuvor festgestellt ist, welcher Rechtsordnung die Antwort auf jene Frage zu entnehmen ist. Diese Feststellung zu treffen, ist die Aufgabe des *Internationalen Privatrechts* (internationalen Prozeß-, Straf-, Verwaltungsrechts usw.) oder *Kollisionsrechts*.

Die einzelne internationalprivatrechtliche Bestimmung pflegt man „Kollisionsnorm" zu nennen. Alle diese Ausdrücke[1] sind, ebenso wie die entsprechenden des Auslands (Droit international privé, Conflit des lois, Conflict of Laws usw.), angreifbar, aber besser als „Grenzrecht" oder die sprachwidrige Übersetzung „Zwischenstaatliches Privatrecht" oder gar Zwischenprivatrecht.

I. Das internationale Privat- (Prozeß- usw.) Recht beantwortet hiernach die Frage, welche von mehreren gleichzeitig nebeneinander bestehenden Rechtsordnungen auf ein bestimmtes Lebensverhältnis anwendbar ist.

1. Es handelt sich um die Anwendung des Rechts auf ein bestimmtes *Lebensverhältnis*. Es leitet in die Irre, wenn man behauptet, das internationale Privatrecht habe das auf gewisse *Rechts*verhältnisse (oder gar Privatrechtsverhältnisse) anwendbare Recht zu bestimmen. Ob ein Tatbestand des Lebens überhaupt ein Rechtsverhältnis und ob er ein Privatrechtsverhältnis darstellt, muß erst eine Rechtsordnung beantworten. Das internationale Privatrecht findet, wie jede rechtliche Regelung, Lebenstatbestände (eine Verabredung, eine Körperverletzung, die Erreichung eines bestimmten Alters usw.) vor, nicht Rechtsverhältnisse. Die Verkennung dieser Selbstverständlichkeit hat zu Entgleisungen in der Behandlung der sog. „Qualifikationen" geführt (s. u. § 11).

2. Die Rechtsordnungen, unter denen der Richter zu wählen hat, sind stets *gleichzeitig* nebeneinander geltende Ordnungen. Handelt es sich um die Auswahl

[1] Vgl. hierzu insbes. Gutzwiller, 1549ff., mit Nachweisungen.

unter zwei zeitlich einander folgenden Rechtsordnungen (ein Lebenstatbestand hat sich vor 1900 ereignet, und seine Wirkungen in der Zeit nach dem Inkrafttreten des Bürgerlichen Gesetzbuchs sind zu prüfen), so liegt eine *intertemporale* Frage vor.

Sie wird gelöst entweder durch besondere Übergangsvorschriften der neueren Rechtsordnung (z. B. EG BGB Art. 153ff.) oder durch eine den Wechsel der Rechtsordnungen überdauernde allgemeinere Norm (Schutz wohlerworbener Rechte, Rückwirkungsverbote: Art. 129 Abs. 1 Satz 2 WeimarerRVerf, art. 2 code civil) oder ausnahmsweise durch Auslegung der aufgehobenen Norm, so dann, wenn diese Norm nur für eine bestimmte Zeit gelten wollte (Grundstücksverkehrsgesetze, Devisen-Notverordnungen u. dgl.). Bisweilen hat der Richter sowohl die intertemporalrechtliche Frage wie eine internationalrechtliche zu stellen, dann nämlich, wenn die Normen des internationalen Privatrechts selbst gewechselt haben. Hier kann es einen Unterschied machen, welche der beiden Fragen er zuerst stellt: wurde eine Ehe zweier in Berlin lebender Deutscher 1898 wegen Ehebruchs geschieden, verlegte darauf der schuldige Ehemann seinen Wohnsitz nach London und heiratete er dort 1899 seine Konkubine, so wird, wenn diese Ehe nach 1900 vor einem deutschen Gericht mit der Nichtigkeitsklage angegriffen wird, die Nichtigkeit dann auszusprechen sein, wenn man mit dem neuen deutschen Internationalprivatrecht die Staatsangehörigkeit des Ehemannes entscheiden läßt (Art. 13 EG BGB, § 937 ALR II 1); dagegen wird die Nichtigkeitsklage abzuweisen sein, wenn man mit dem früheren preußischen internationalen Privatrecht den (englischen) Wohnsitz des Ehemannes bei der Eheschließung entscheiden läßt, dessen Recht das impedimentum adulterii nicht kennt. Die zweite Lösung ist die rechte: zuerst ist die intertemporale Frage zu beantworten; die Gültigkeit einer vor 1900 geschlossenen Ehe bemißt sich nach dem bisherigen Recht (Art. 198 EG BGB), sonach auch nach dem bisherigen internationalen Privatrecht[2].

3. Die gleichzeitig nebeneinander geltenden Rechtsordnungen, unter denen zu wählen ist, sind regelmäßig *räumlich* nebeneinander geltende. Meist handelt es sich dabei um Ordnungen, deren jede in einem Staatsgebiet gilt, sei es kraft Befehls einer Staatsgewalt (auf Grund staatlicher Rechtssetzung), sei es auf Grund Gewohnheitsrechts. Diesem wichtigsten Fall verdankt das Kollisionsrecht seinen Namen als *internationales* Privatrecht. Aber es gibt auch ein räumliches Nebeneinander von Rechtsordnungen, die innerhalb desselben Staatsgebiets gelten; man spricht hier von *interlokalem* (u. U. interprovinzialem) Recht.

Das ist wichtig insbesondere in den seit Kriegsende neuen Staaten (Jugoslawien, Polen, Tschechoslowakei), in denen noch keine Rechtseinheit hergestellt ist; aber auch in den durch die Friedensschlüsse vergrößerten Staaten, in denen die annektierten Gebiete zum Teil noch jetzt ihrem bisherigen Recht unterworfen sind (Rumänien), zum Teil es einige Jahre waren (Elsaß-Lothringen, Eupen-Malmedy, Nord-Schleswig, Südtirol). Auch in den Staaten Deutschlands hatte nicht nur vor 1900 und bis zur Revolution das interlokale Recht seine Bedeutung: wenn ein Hanauer Dienstbote sich in Frankfurt verpflichtete, in Nassau Gesindedienst zu tun, so war bis 1918 zu prüfen, ob die in Hanau geltende Gesindeordnung von 1797, das nassauische Dienstbotenedikt von 1819 oder die Frankfurter Gesindeordnung von 1822 anzuwenden war. Noch heute kommen auf den dem Landesrecht vorbehaltenen Gebieten interprovinziale Kollisionen vor, so im Jagdnachbarrecht zwischen der Mark Brandenburg und der Provinz Hannover, in der eine besondere Jagdordnung von 1859 gilt.

Das gleichzeitige Nebeneinander von Rechtsordnungen braucht aber kein räumliches zu sein. Es können für denselben räumlichen Bereich zwei Rechtsordnungen, jede für einen besonderen *Personenkreis*, gelten: so wenn neben der gemeinen Rechtsordnung eine Sonderordnung für den Hochadel galt; wenn in Ägypten und in manchen Kolonien für die Eingeborenen, für die Muselmanen, für die Europäer besondere Rechtsordnungen gelten usw. (ähnlich in Persien und Arabien); wenn für Juden talmudisches Eherecht im alten Rußland galt und in Kongreßpolen noch gilt, wenn das österreichische allgemeine bürgerliche Gesetzbuch für die Ehen von Katholiken, von akatholischen Christen, von Juden verschiedene Rechtsordnungen aufstellt. Die Schichtung der Klassen, für deren jede ein eigenes Recht gilt, mag hiernach eine Schichtung nach Volksstämmen oder nach Geburtsständen oder nach Religionen sein. Das die Anwendbarkeit der einen oder der anderen Rechtsordnung

---

[2] Hierzu: RG JurW 1901, 257. ZITELMANN: JheringsJ 42, 189ff. KAHN: Abhandl. I 363ff. RAAPE, 42ff. LEWALD, 4. MELCHIOR, 64ff.

auf einen gegebenen Tatbestand regelnde Recht mag man *interpersonales Privatrecht* nennen[3].

4. Die Wirkungen eines konkreten Lebenstatbestandes sind *nicht* immer *einer einzigen* Rechtsordnung zu entnehmen. Bisweilen geben mehrere Rechtsordnungen die Antwort, sei es, daß nur die ihnen allen *gemeinsamen* Wirkungen eintreten, sei es, daß die Folgen sich *alternativ* nach der einen oder der anderen Rechtsordnung richten, sei es, daß *einzelne* Wirkungen sich ausschließlich nach der einen, andere nach der anderen Rechtsordnung bestimmen.

So sind die Wirkungen einer Verlobung eines Inländers mit einer Fremden nur die den Heimatsrechten beider Verlobten gemeinsamen. So ist, wenn ein 20jähriger Schweizer einem Deutschen in Amsterdam die Lieferung bestimmter Waren in Marseille gegen Zahlung eines bestimmten Geldbetrags zusagt, die Wirkung solcher Abrede nicht nach einem einheitlichen Recht zu beurteilen: die Geschäftsfähigkeit des Verkäufers beurteilt sich nach Schweizer, die des Käufers nach deutschem Recht; da beide zu bejahen sind, ist weiter die Formgültigkeit des Geschäfts alternativ nach niederländischem und nach französischem Recht zu prüfen; ist sie nach einem dieser Rechte zu bejahen, so sind weiter die Pflichten des Schweizers nach französischem, die des deutschen Käufers nach deutschem Recht zu beurteilen.

II. Nicht zum internationalen Privatrecht gehört das auf internationalen Verträgen (Staatsverträgen) beruhende, mehreren Staaten gemeinsame Privatrecht. Solch ein *mehrstaatliches Privatrecht* ist echtes materielles Recht; die Staateneinigung bewirkt, daß die internationalprivatrechtliche Frage nicht erst entsteht.

Staatsverträge, die auf Herstellung mehrstaatlichen materiellen Rechts gerichtet sind, gibt es in großer Zahl. Dahin gehören insbesondere: die *Berner Übereinkunft* zum Schutze von Werken der Literatur und Kunst v. 13. Nov. 1908/2. Juni 1928; die *Pariser Verbandsübereinkunft* zum Schutze des gewerblichen Eigentums v. 20. März 1883/6. Nov. 1925, die sich auf den Schutz von Patenten, Gebrauchs- und Geschmacksmustern, Fabrik- und Handelsmarken (Warenzeichen), Firmen, Herkunftsangaben und auf den Schutz von Unternehmen gegen den unlauteren Wettbewerb bezieht; ferner zwei *Madrider Abkommen* v. 14. April 1891 (letzte Fassung v. 6. Nov. 1925) betr. die internationale Registrierung von Fabrik- und Handelsmarken, sowie über die Unterdrückung falscher Herkunftsangaben; das *Berner* internationale Übereinkommen über den *Eisenbahnfrachtverkehr* v. 14. Okt. 1890/23. Okt. 1924; das *Berner* internationale Übereinkommen über den Eisenbahn-Personen- und Gepäckverkehr v. 23. Okt. 1925; das Abkommen zur einheitlichen Feststellung von Regeln über den *Zusammenstoß von Schiffen* v. 23. Sept. 1910 und das Abk. vom selben Tage über die einheitl. Feststellung von Regeln über die *Hilfsleistung und Bergung in Seenot*; endlich die Genfer Abkommen zur Vereinheitlichung des *Wechselrechts* und des *Scheckrechts* von 1930.

Die Darstellung aller dieser Normen gehört nicht in eine Schrift über internationales Privatrecht.

III. Die französische Rechtslehre, und ihr folgend die Wissenschaft anderer romanischer Rechte, rechnet zum internationalen Privatrecht auch die Ordnung des *Staatsangehörigkeitsrechts* und die des *Fremdenrechts*. Da die Staatsangehörigkeit im romanischen wie auch im heutigen deutschen Rechte der wichtigste Anknüpfungspunkt für das sog. Personalstatut bildet, so mag sie in der Lehre von den Anknüpfungsbegriffen mitbehandelt werden, wie auch die Lehre vom Wohnsitz, die Frage, an welchem Orte eine Sache als belegen zu betrachten ist und ähnliches (vgl. unten §§ 7, 8). Wenn man die Lehre von der Behandlung der Fremden im Inlande mit dem Kollisionsrecht zu einer Wissenschaft zusammenfügt[4], so läßt sich das daraus erklären, daß man bei dem Worte: internationales Privatrecht an alle Beziehungen zu denken geneigt ist, die sich auf privatrechtlichem Gebiete aus einer Auslandsberührung ergeben können; vom Standpunkt einer juristischen Systematik aus ist es so wenig zu rechtfertigen, wie wenn ein deutscher Jurist in der Lehre vom Kauf die Übereignung deshalb mitbehandeln wollte, weil der Nichtjurist beim Kauf an die Übereignung „denkt". Auch in Frankreich beginnt man die Unrichtigkeit solcher Systematik zu erkennen (Arminjon u. a.).

[3] Über dieses insbes. Arminjon: Le droit international privé interne, Journal Clunet 39 (1912), 698ff., 1025ff., 40 (1913), 34ff., 435ff., 812ff. Giesker-Zeller: Die Rechtsanwendbarkeitsnorm 1914, 36ff.

[4] Dazu Kahn: Abh. I 263ff. — Über das deutsche Fremdenrecht vgl. unten § 18.

IV. Ob das Kollisionsrecht *Privatrecht oder öffentliches Recht* oder ob es keines von beiden (Rechtsordnungsrecht) sei, ist eine unfruchtbare, wenn auch oft erörterte Frage[5]. Wenn ein Zivilgesetzbuch bestimmt, unter welchen Voraussetzungen *es selbst* angewendet werden soll, so ist solche Bestimmung genau so privatrechtlicher Natur, wie wenn ein Handelsgesetzbuch bestimmt, wann seine Normen, wann die Normen des Bürgerlichen Gesetzbuchs anwendbar sind: niemand wird auf den Gedanken kommen, den § 345 des deutschen HGB als Rechtsordnungsrecht aus dem Privatrecht auszuscheiden. Nicht anders aber, wenn eine Rechtsordnung vorschreibt, unter welchen Voraussetzungen nicht sie, sondern eine andere und welche Rechtsordnung gelte: auch solche Bestimmung will der Verwirklichung der Gerechtigkeit für die Beziehungen Privater zueinander dienen.

§ 2. Staatliches und überstaatliches internationales Privatrecht.

F. Kahn, I 269ff. — Gutzwiller, 1553 (mit weiteren Lit.-Angaben). — Burckhardt, Berner Festgabe f. Huber 1919, 263ff. — Wahl: RVglHWB IV 338f. und die Lit. zu § 1.

Die Frage des internationalen Privatrechts ist die Frage nach der anwendbaren Rechtsordnung. *Wer* erteilt die Antwort auf diese Frage? Hier ist zweierlei möglich:

I. Entweder: jede der Gemeinschaften (Nationen, Religionsgemeinschaften, ständische Verbände usw.), deren Rechtsordnungen für die Anwendung in Frage kommen, erteilt selbst eine Antwort und erwartet von ihren Organen, daß sie dieser Antwort entsprechend verfahren. Insbesondere: jeder Staat erklärt, unter welchen Voraussetzungen die von ihm erlassenen Gesetze auf Tatbestände mit Auslandsberührung anzuwenden sind und welchen Staates Gesetze anderenfalls zu gelten haben. In gewissem Umfange sind alle Staaten so verfahren (z. B. Deutschland: EG BGB Art. 7ff.), oder es hat sich doch in allen Staatsgebieten ein nationales Gewohnheitsrecht entwickelt: *System der nationalen Kollisionsnormen.* Ein derartiges internationales Privatrecht ist *kein internationales,* sondern deutsches, englisches, italienisches usw. Recht. Eine entsprechende Gestaltung findet sich für das interlokale Recht: so haben vor 1900 in jedem der drei Rechtsgebiete des Königreichs Preußen, dem Gebiet des Allgemeinen Landrechts, dem des rheinischen Rechts und dem des gemeinen Rechts, besondere internationalprivatrechtliche Normen gegolten, die zugleich interlokalrechtlich galten, so daß z. B. bei Beurteilung eines Vertragsschlusses zwischen einem Kölner, einem Berliner und einem Hannoveraner der Prozeßrichter in Berlin das landrechtliche internationale Privatrecht zu befragen hatte, während bei einer Prozeßführung in Köln oder in Hannover vielleicht ein anderes Recht angewendet worden wäre.

II. Oder: eine *übergeordnete* Gemeinschaft gibt die Antwort auf die Frage, welche der einzelnen Rechtsordnungen anzuwenden sei. Das so entstehende Recht ist *überstaatlich* (wahrhaft „international“), *überlokal, überpersonal.* Für das lokale und das personale Kollisionsrecht ist eine solche Erscheinung alltäglich. Das übergeordnete Recht mag auf dem Gesetzesbefehl des den lokalen oder personalen Verbänden übergeordneten Staats oder auf (gewohnheitsrechtlicher) Übung beruhen, wie sie sich vornehmlich, wenn auch nicht ausschließlich, in den Rechtsprüchen des obersten Gerichtshofs des Landes betätigt.

Ein Beispiel übergeordneter staatlicher Gesetzesregelung des interlokalen Privatrechts bietet das Gesetz *Polens* v. 2. Aug. 1926 über das für die inneren Verhältnisse geltende Recht (Makarov S. 157ff.); manche gewohnheitsrechtlich einheitlichen Sätze hat für *Großbritannien* und das britische Reich die Gerichtspraxis des House of Lords und des Privy Council geschaffen. Auch im Bundesstaat regelt nicht selten die obere Staatsgewalt das internationale Privatrecht im Verhältnis der gliedstaatlichen Gebiete zueinander: so in der *Schweiz* das Bundesgesetz v.

[5] Eine gründliche Orientierung bietet Gutzwiller, 1536ff. Daß die Frage für Rückverweisung und Revisibilität von praktischer Bedeutung sei (a. a. O. S. 1539 Anm. 1 a. E.), läßt sich m. E. bezweifeln; es wäre schlimm, wenn von einer Überlegung über saubere Systematik das Schicksal eines Prozesses abhinge.

25. Juni 1891, betr. die zivilrechtlichen Verhältnisse der Niedergelassenen und Aufenthalter (MAKAROV, S. 188ff.); so galt aber auch in Deutschland das gemeinrechtliche internationale Privatrecht, wie es zumal in der reichsgerichtlichen Rechtsprechung gefestigt ist, für Konflikte zwischen den in den gemeinrechtlichen Gebieten verschiedener Bundesstaaten geltenden Partikularrechten (Landesordnungen, Stadtrechten).

Aber ein überstaatliches internationales Privatrecht besteht auch da, wo über zwei Einheitsstaaten keine übergeordnete Staatsgewalt sich erhebt. Nicht alles Recht ist staatliches Recht: das *Gewohnheitsrecht* zumal ist Recht, auch wenn es nicht von staatlichen Gerichten und bevor es von solchen angewendet wird. Sätze, wie die Maßgeblichkeit der lex rei sitae für das Immobiliarsachenrecht oder der freilich mehrdeutige Satz: locus regit actum, haben sich als *gemeines* Gewohnheitsrecht der Menschen europäischer Gesittung entwickelt. Solche Sätze gelten nicht in Deutschland als deutsches, in Italien als italienisches Recht; sie stammen aus einer gemeinsamen überstaatlichen Quelle, sie wurzeln in der Rechtsüberzeugung, die auf die Theorie der italienischen Postglossatoren zurückgeht[1]. Andere überstaatliche Kollisionsrechtssätze beruhen auf der Gesetzgebung eines ursprünglich einheitlichen Staats, der später in mehrere Staaten zerlegt worden ist: man denke an die Fortgeltung des EG BGB in Danzig und (bis 1926) in den vormals deutschen Gebieten Polens; für solche Fortgeltung bedarf es keines Gesetzesbefehls dieser neuen Staaten; sie ist auch von der Bildung eines Gewohnheitsrechts unabhängig; sie bestand vom ersten Tage der Existenz des jungen Staates an; die Annahme eines „stillschweigenden" Gesetzesbefehls wäre Fiktion. Freilich galt von dieser Zeit an das deutsche Recht nicht mehr als Recht des deutschen Reichs, aber auch nicht als Recht der Staaten Polen oder Danzig, sondern als ein aus gemeinsamer Quelle fließendes „überstaatliches" Recht. Daß dieses überstaatliche Recht jederzeit durch den Willen eines einzelnen Staates für dessen Gebiet beseitigt werden kann, besagt nichts dagegen, daß es, solange nicht beseitigt, überstaatliches Recht ist: zum Wesen überstaatlichen Rechts gehört nicht, daß es nur durch überstaatliche Rechtsbildung abgeändert werden könnte (nicht anders als das gemeine deutsche Recht, das von jedem deutschen Land für dessen Gebiet aufgehoben werden konnte, aber bis zur Aufhebung als gemeines Recht galt und das auch nach Zerschlagung des alten deutschen Reichs während des Rheinbundes und des deutschen Bundes für die deutschen Staaten als gemeines, jetzt überstaatliches, Recht in Kraft blieb)[2]. Denkbar wäre es weiter, daß überstaatliches Kollisionsrecht durch Staatsverträge entstände; der heute durchaus herrschenden Lehre gemäß haben aber Staatsverträge nur die Wirkung, ein die Staaten selbst bindendes Recht zu schaffen, und nach der (notwendigen) „Transformation" in Landesrecht wird der Inhalt der staatsvertraglichen Regelung in jedem Staate zur innerstaatlichen Norm: so gelten z. B. die Haager internationalprivatrechtlichen Abkommen über Fragen des Eherechts in Deutschland als deutsches, in Schweden als schwedisches Recht, nicht im Gesamtbereich des Konventionsgebiets als überstaatliches, sondern nur als inhaltlich gemeinsames Recht[3].

§ 3. Internationales Privatrecht und Völkerrecht.

v. BAR, I 105ff. — JOS. JITTA: La méthode du droit intern. privé 1890, 69ff. — ZITELMANN, I 72ff. — FRANKENSTEIN, I 19ff. — MELCHIOR, 35ff. — KAHN, I 268ff. — NEUMEYER: Wörterbuch d. Völkerrechts I (1924) 567ff. — VIKTOR BRUNS u. SCHINDLER: Mitt. d. deutsch. Gesellsch. f. Völkerrecht 12 (1933) 47ff., 57ff.

I. Das überstaatliche internationale Privatrecht (sei es Gewohnheits-, sei es Gesetzesrecht) ist kein Völkerrecht.

---

[1] Andere gemeinsame Rechtsgedanken gehen auf SAVIGNYS Lehre zurück, die insoweit auch als die Grundlage eines überstaatlichen Gewohnheitsrechts anzusehen ist.

[2] OTTO GIERKE: DPrivR I 46. WINDSCHEID-KIPP: Pandekten § 2[7].

[3] Der Unterschied ist leider für die Revision erheblich: ZPO § 549. Ausländisches Recht ist nicht revisibel, auch wenn es mit deutschem Recht inhaltlich übereinstimmt.

1. Das Völkerrecht wirkt nicht unmittelbar (nicht ohne „Transformation" in Landesrecht) gegenüber den Angehörigen der Staaten. Das überstaatliche internationale Privatrecht wirkt (wie jedes über einen Staatsraum hinausragende gemeine Gewohnheitsrecht privatrechtlichen Inhalts) unmittelbar gegenüber den Staatsangehörigen.

Der staatliche Richter wendet es nicht an, weil ein Gebot seines Staates es für Recht erklärt hätte, sondern weil es geltendes Recht ohne solchen Staatsbefehl ist. Es wirkt nicht nur gegenüber den Behörden der Staaten, sondern auch gegenüber Privaten: wer in Übereinstimmung mit der Zivilrechtsordnung des Staates A eine Handlung vornimmt, die nach dem Recht des Staates B widerrechtlich ist, handelt rechtmäßig, wenn das geltende internationale Privatrecht die Rechtsordnung des Staates A für maßgebend erklärt.

2. Das Völkerrecht verpflichtet die beteiligten Staaten. Das überstaatliche internationale Privatrecht verpflichtet sie nicht. Jeder Staat ist befugt, es aufzuheben und durch anderes Recht zu ersetzen, ohne sich einer Völkerrechtsverletzung schuldig zu machen.

Zu dem (überstaatlichen) internationalen Privatrecht gehören daher keineswegs gewisse Normen des Völkerrechts, die die Regelung von Privatrechtsverhältnissen mit Auslandsberührung zum Gegenstande haben. Solcher Normen existieren nicht wenige, insbesondere auf dem Gebiete des Fremdenrechts (Behandlung der Fremden im Inland). Vgl. unten S. 8.

II. Dagegen läßt sich heute noch nicht behaupten, daß das gemeine Völkerrecht feste Normen darüber entwickelt hätte, in welchem Umfange ein Staat berechtigt und verpflichtet sei, sein eigenes Privatrecht, in welchem, ein fremdes Privatrecht auf Lebensverhältnisse mit Auslandsberührung anzuwenden. Das Völkerrecht hindert keinen Staat, nach seinem Ermessen die Geschäftsfähigkeit der Menschen dem Recht ihrer Staatsangehörigkeit oder dem Recht ihres Wohnsitzes zu unterwerfen; der eine Staat mag die Vertragsforderungen nach dem Recht des Erfüllungsorts, der andere nach dem Recht des Abschlußorts, der dritte nach dem Recht des Schuldnerwohnsitzes beurteilen. Es fehlt an einem völkerrechtlich gebotenen internationalen Privatrecht, an einer völkerrechtlichen Kompetenzverteilung. Eine solche läßt sich auch nicht etwa (was ZITELMANN u. a. versucht haben) daraus ableiten, daß der Staat eine Herrschaft über die in seinem Gebiete belegenen Sachen und über die ihm angehörigen Personen habe; insbesondere läßt sich in Fragen des Personalstatuts eine Prävalenz des Heimatsrechts gegenüber dem Wohnsitzrecht aus völkerrechtlichen Gedanken nicht entwickeln.

III. Eines aber läßt sich aus dem Gedanken der völkerrechtlichen Gemeinschaft entnehmen: jeder Staat wird sein internationales Privatrecht *im Gemeinschaftsgeist* zu regeln gehalten sein. Eine Ordnung wäre unangemessen, die nicht auf Erreichung einer angemessenen allstaatlich gemeinsamen Kompetenzverteilung gerichtet, sondern von dem Bestreben getragen wäre, dem eigenen materiellen Rechte des Staats einen größeren Anwendungsbereich zu geben, als man bei entsprechender Lage dem Rechte anderer Staaten zuerkennt.

Kein Staat dürfte seinen Richtern befehlen, lediglich einheimisches Recht oder einheimisches Recht auch auf die Verhältnisse solcher Personen anzuwenden, die zu einem durch Krieg verlorenen und von einem Nachbarstaat annektierten Gebiet gehören, oder einheimisches Recht auf Sachenrechte an ausländischen Grundstücken anzuwenden[1]. Kein Staat dürfte seinen Richtern die Anwendung solcher fremden Gesetze verbieten, die in einer anderen als der eigenen Sprache abgefaßt sind; kein Staat dürfte die Anwendung außereuropäischer Gesetze oder des Rechts fremder Kulturen schlechthin untersagen. Denn die Motive, die solcher Regelung zugrunde liegen — Machtzuwachs für die eigene Volksart, Bequemlichkeiten für den Richter —, würden nicht der Gesinnung des Gemeinschaftsgeistes entsprechen, in dem ein Staat sein internationales Privatrecht zu ordnen hat.

Gerecht ist eine staatliche Ordnung des internationalen Privatrechts nur, wenn sie *nach Grundsätzen* erfolgt, von denen der Staat verständigerweise *wünschen darf,*

[1] NEUMEYER: Wörterbuch des Völkerrechts I 571. VERDROSS: Die Verfassung der Völkerrechtsgemeinschaft (1926) 167.

daß sie *auch in den übrigen Staaten der Völkerrechtsgemeinschaft* die Ordnung des internationalen Privatrechts *leiten*. Das letzte Ziel einer solchen im Gemeinschaftsgeist geschehenden Regelung des internationalen Privatrechts ist Einheit der Kollisionsnormen und damit eine Gesetzes-„Harmonie" (FRANZ KAHN)[2]. Würde dieses Ziel erreicht, so würde jeder Rechtsstreit nach derselben materiellen Rechtsordnung beurteilt werden, gleichviel vor welchen Staates Gerichten die Klage erhoben wird; es würde auch, ohne daß die Beteiligten einen Prozeß anstrengen, festgestellt werden können, welche materielle Rechtsordnung maßgebend ist: eine Feststellung, die bei Verschiedenheit der internationalen Privatrechte dann unmöglich ist, wenn in mehreren Ländern ein Gerichtsstand gegeben ist[3]. Jenes letzte Ziel ist nicht erreichbar, erstens deswegen nicht, weil über die Frage, ob Wohnsitzrecht oder Heimatsrecht der bessere Anknüpfungspunkt sei, eine Einigung unter den Kulturvölkern in absehbarer Zeit nicht zu erwarten ist; zweitens deswegen nicht, weil das Eingreifen des ordre public (vgl. unten § 12) die Einheitlichkeit auch bei grundsätzlicher Gleichheit der Kollisionsnormen hindert, die Zulässigkeit eines solchen Eingreifens aber so lange bestehen wird, wie Staaten bestehen. So muß es die Aufgabe der staatlichen internationalen Privatrechte sein, jenes Vereinheitlichungsstreben so weit zu fördern, wie erreichbar. Beim Fehlen eigener Organe der Völkerrechtsgemeinschaft hat hier jeder *einzelne Staat Gemeinschaftsaufgaben zu erfüllen*: seine Normen sind gleichsam „Ausführungsgesetze" zu jenem leitenden Grundsatze der Völkerrechtsgemeinschaft.

Dennoch läßt sich heute nicht behaupten, daß jener Leitsatz schon „Recht" (Völkerrecht) wäre. Wo gegen ihn gefehlt wird, wo in gemeinschaftswidriger Weise der Einzelstaat seinem Recht einen unangemessenen Bereich sichern will, liegt nicht notwendig eine Völkerrechtswidrigkeit vor, sondern meist nur eine Verletzung der Postulate der Gerechtigkeit, eine „Unbilligkeit" (gegen die z. B. im Wege der Retorsion eingeschritten werden könnte, aber kaum eingeschritten wird).

Solche Unbilligkeiten finden sich wohl in jeder Rechtsordnung. Die französische Rechtsprechung ist reich an Fällen, in denen man in wenig angemessener Weise französische Gesetze als angeblich d'ordre public da angewendet hat, wo ein ausländisches Gesetz hätte angewendet werden müssen. Ein ähnlicher „juristischer Chauvinismus"[4] begegnet überall. Auch das deutsche EinführG ist davon nicht frei; z. B. Art. 13 Abs. 2, 25 Satz 2 u. a. Daß solche Versuche, den Geltungsraum des eigenen Rechts zu erweitern, als Völkerrechtsverletzungen behandelt oder auch nur empfunden würden, hat man bisher nirgends beobachten können.

Nur bei *schweren* Mißachtungen jenes Grundsatzes kann von Völkerrechtswidrigkeiten geredet werden. Einige Pflichten, die die Gestaltung des internationalen Privatrechts betreffen, dürfen heute schon als Rechtspflichten jedes Staates angesehen werden:

1. Kein Staat darf die Anwendung ausländischen Rechts grundsätzlich ablehnen und seinen Gerichten die ausschließliche Anwendung des heimischen Rechts gebieten[5]. Er hat vielmehr nach Grundsätzen, die er selbst aufstellen mag, die Anwendung ausländischen Rechts zu gewähren.

2. Kein Staat darf das nach seinen Grundsätzen an sich anwendbare ausländische Recht von der Anwendung willkürlich ausschließen. Solche Ausschließung ist ihm nur erlaubt, wenn die Anwendung zu Ergebnissen führen würde, die nach seiner Auffassung der inneren öffentlichen Ordnung (dem ordre public) widerstreiten. Rechtswidrig wäre insbesondere eine differenzierende Behandlung mehrerer ausländischer Rechte, also die Nichtanwendung des im Staate X geltenden Rechts, wenn die Rechtsordnungen anderer fremder Staaten bei entsprechender Sachlage angewendet werden.

---

[2] Das musikalisch wunderliche Bild (gemeint ist Einklang, nicht Mehrklang!) hat sich in der Literatur eingebürgert.

[3] ZITELMANN: Internat. Privatrecht I 18f.

[4] LEWALD: Mitt. d. Gesellsch. f. Völkerrecht 7, 57.

[5] Kaum zweifelhaft, seit v. SAVIGNY: System VIII 26f.

3. Kein Staat darf sein internationales Privatrecht (wie übrigens auch sein materielles Privatrecht) so gestalten oder so anwenden, daß dadurch völkerrechtliche Pflichten in Ansehung des *Fremdenrechts*[6] verletzt werden. Vgl. auch § 32 II 4.

a) In allen Staaten gilt heute der Kollisionsrechtssatz, daß ein Rechtsverhältnis, welches auf Grund eines im Ausland *beendeten Tatbestandes* nach dem hierfür maßgeblichen Recht gültig *entstanden* ist, auch im Inland als entstanden behandelt werden muß, wiewohl es nach inländischem Recht nicht hätte entstehen können. Zwei Serben, die in ihrer Heimat dortigem Recht entsprechend in kirchlicher Form gültig geheiratet haben und dann nach Deutschland übersiedeln, sind auch hier als gültig verheiratet anzusehen. Ein Franzose, der in Frankreich an einer dort befindlichen beweglichen Sache das Eigentum durch bloßen Kaufvertrag erworben hat, verliert das Eigentum nicht dadurch, daß die Sache nach Deutschland kommt. Entsprechendes gilt für den *Untergang* von Rechtsverhältnissen: ist der Untergang im Ausland auf Grund eines dort abgeschlossenen Tatbestandes ausländischem Recht entsprechend eingetreten (z. B. die Ausländerehe im Auslande geschieden), so ist das Rechtsverhältnis auch im Inlande als untergegangen zu behandeln, wenn nachträglich eine Inlandsbeziehung hergestellt wird (z. B. die Geschiedenen nach Deutschland ziehen oder Deutsche werden). Diese internationalprivatrechtlichen Normen sind solche, die kein Staat zum Nachteil der Ausländer ändern dürfte. Er darf seine Richter nicht anweisen, einen im Auslande beendeten Tatbestand nur mit den Wirkungen des eigenen Rechts anzuerkennen, etwa jene in der Heimat gültig vor dem Geistlichen verheirateten Serben als nicht verheiratet oder die in Belgien auf Grund gegenseitiger Einwilligung geschiedenen Belgier, die später nach Deutschland ziehen, hier als noch verheiratet zu behandeln.

Nur dann hat der Richter die im Ausland begründeten Rechte nicht anzuerkennen, wenn solche Anerkennung dem einheimischen ordre public widerspräche (vgl. unten § 12) oder wenn das einheimische Recht einen rechtlichen Typus der ausländischen Art nicht zuläßt (z. B. eine Mobiliarhypothek)[7].

Man pflegt in Fällen jener Art von einem internationalen Schutz der (im Ausland) *wohlerworbenen Rechte*, von einem „respect des droits acquis“ zu sprechen. Nach PILLET[8] u. a. steht die Frage der wohlerworbenen Rechte den Problemen des „conflit des lois“ (also des Kollisionsrechts) fern. Das ist nicht zuzugeben. Aber das Besondere liegt darin, daß es sich hier um *völkerrechtlich gebotenes Kollisionsrecht* handelt, dessen Abänderung daher keinem Staate gestattet ist.

b) Kein Staat darf, trotz einer an sich korrekten, auf das eigene Recht weisenden Kollisionsnorm, dieses eigene Recht dann anwenden, wenn dadurch *Eigentum* (Vermögen) *von Ausländern ohne volle Entschädigung entzogen* würde. Erklärt ein Staat, daß er alles im Staatsgebiet belegene Grundeigentum entschädigungslos enteigne (Sowjetrußland), oder im Interesse einer Agrarreform, daß er gewisse Grundstücke gegen eine geringe Entschädigung enteigne (Rumänien), so ist zwar die Maßgeblichkeit der lex rei sitae für derartige Anordnungen nicht zu bestreiten. Aber wegen ihres *Inhalts* darf die an sich maßgebende Norm gegenüber Ausländern nicht angewendet werden; diesen darf zwar Grundeigentum auf russischem, rumänischem Boden entzogen werden, aber nur gegen volle Entschädigung: die Anwendung der an sich zuständigen Norm gegen Ausländer wäre völkerrechtswidrig[9].

---

[6] Zum folgenden VIKTOR BRUNS, SCHINDLER: a. a. O. P. STEINBACH: Bonner Rechtswiss. Abhandl. Heft 19 (1931) 24ff., 34ff. (mit Lit.).

[7] Vgl. FRANKENSTEIN, I 134.

[8] Principes de droit internat. privé (1903) no. 273ff. — Über die Rolle, die die Theorie der wohlerworbenen Rechte (der vested rights) in der amerikanischen Schule von Beale spielt, unterrichtet gut: WIGNY: Essai sur le droit internat. privé américain, Paris 1932, 163ff. Vgl. ED. WAHL: RVglHWB IV 336, 340 [Lit. daselbst 345, besonders BEACH: Yale Law Journal 27 (1918) 656]. Für das englische Recht schon DICEY: Confl. of Laws, general principle Nr. I.

[9] Ob das allgemeine Völkerrecht (i. G. zum partikulären) einen solchen Grundsatz schon kennt, ist freilich nicht unstreitig. Vgl. EDW. BORCHARD: Diplom. Protection of Citizens Abroad

Es liegt hier also umgekehrt wie beim ordre public. Kraft dieses ist jeder Staat berechtigt, die Anwendung ausländischen Rechts, das an sich anwendbar wäre, aus Gründen der öffentlichen Ordnung abzulehnen. Hier dagegen ist jeder Staat verpflichtet, die Anwendung inländischen Rechts, das an sich anwendbar wäre, aus Gründen des Völkerrechts zu unterlassen.

§ 4. Geschichtlicher Überblick und Quellen des internationalen Privatrechts.

CATELLANI: Il diritto internazionale privato e i suoi recenti progressi (2. Aufl.), 2 Bde. 1895, 1902. — v. BAR: IntPR I 18ff. — PILLET: Traité pratique I 22ff. — GUTZWILLER: Le développement historique du droit intern. privé 1929 (Recueil d. Cours de l'Académie de droit international). — GUTZWILLER: Der Einfluß SAVIGNYS auf die Entwicklung des Internationalprivatrechts 1923. — GUTZWILLER: IntPR 1521ff. — LAINÉ: Introduction au droit intern. privé, contenant une étude historique et critique de la théorie des statuts, 2 Bde. 1888, 1892. — K. NEUMEYER: Die gemeinrechtliche Entwicklung des intern. Privat- u. Strafrechts bis BARTOLUS, 2 Bde. 1901, 1916. — K. NEUMEYER: Zeitschr. f. Völkerrecht 11, 190ff. — E. M. MEIJERS: Bijdrage tot de geschiedenis van het intern. Privaat- en Strafrecht in Frankrijk en de Nederlanden 1914. — Weitere Literatur insbes. in den Schriften GUTZWILLERS.

Das heutige internationale Privatrecht ist überwiegend nationales Recht, seine Rechtsquellen sind Rechtsübung und Gesetz. Anders in seinen Ursprüngen. Das internationale Privatrecht ist entstanden als überstaatliches (überstatutarisches) Recht, und seine Rechtsquelle war die Wissenschaft.

I. Die Wiege des internationalen Privatrechts steht im Italien des 13. Jahrhunderts. Die italienischen Stadtstaaten (Genua, Pisa, Mailand, Bologna, Venedig, Florenz, Pistoja, Parma, Siena, Piacenza, Amalfi u. a.) hatten, z. T. seit fast 2 Jahrhunderten, „Statuta" erlassen, die überwiegend Weistümer alten städtischen und kaufmännischen Gewohnheitsrechts waren (Statutum est arbitraria mundi norma que a vulgari hominum consuetudine procedit, so definiert ein Schriftsteller um 1215)[1], teilweise aber auch neues Recht brachten. Der geschäftliche Verkehr von Stadt zu Stadt und mit dem Ausland (Syrien, Arabien, Spanien, Südfrankreich usw.) ließ das Problem der Anwendbarkeit fremder Statuten immer von neuem entstehen, und da jeder Richter anfangs nur das eigene Recht anwandte[2] und Staatsverträge zwar in größerer Zahl bestanden, aber die Frage des anwendbaren Rechts kaum regelten[3], bekommt gegenüber dieser Frage zunächst das Problem, *vor welchem Richter* Recht zu nehmen sei, das Übergewicht. Das internationalprivatrechtliche Problem entsteht in der Wissenschaft der Glossatoren. Nach NEUMEYERS Untersuchungen scheint zuerst Magister Aldricus im Ausgang des 12. Jahrhunderts es scharf gestellt zu haben: quaeritur, si homines diversarum provinciarum quae diversas habent consuetudines, sub uno eodemque iudice litigant, utram earum iudex ... sequi debeat? Die Antwort freilich war unzureichend: der Richter solle urteilen nach dem Gesetz, das ihm das „bessere", das „nützlichere" zu sein scheine: „eam quae potior et utilior videtur; debet enim iudicare secundum quod melius ei visum

---

1915, S. 104ff. VERDROSS: JurW 1924, 1319. FACHIRI: Brit. Year Book of Intern. Law 1925, 159ff. SCHINDLER: a. a. O. 57, 83f. STEINBACH: a. a. O. (mit weit. Lit.). Dieser leugnet jenen Grundsatz zwar (S. 132), nennt aber selbst drei Fälle internationaler Gerichtsbarkeit, in denen er anerkannt worden ist: den Spruch des Haager Schiedshofes von 1922 (Norwegen gegen die Vereinigten Staaten von Amerika): „just compensation is due to the claimants under the municipal law of the United States as well as *under the international law*, based upon the respect of private property", den Schiedsspruch MAX HUBERS (Großbritannien gegen Spanien) von 1924: „il peut être considéré comme acquis qu'en droit international un étranger ne peut être privé de sa propriété sans juste indemnité", den Spruch des Schiedsrichters G. ADOR v. 27. Sept. 1928 in Sachen David Goldenberg gegen Deutsches Reich (in BRUNS Z. f. ausl. öff. R. I 2 87ff.). Auch das Arrêt Nr. 7 des Haager Ständ. Internat. Gerichtshofs v. 23. Mai 1926 betr. den Chorzow-Streit spricht den Satz aus, daß das „principe du respect des droits acquis ... fait partie du droit international commun". Vgl. SCHMID u. SCHMITZ: Z. f. ausl. öff. R. 1929 I 301.

[1] Vgl. L. GOLDSCHMIDT: Universalgeschichte des Handelsrechts (1891) 151[29].

[2] Debet servari consuetudo loci illius ubi agitur (Accursius). Man berief sich hierfür zum Teil auf l. 21 § 10 D. 4, 8, zum Teil darauf, daß die Parteien iudicem illum eligendo videntur eligere statuta et consuetudines suas (Jacobus Balduini). Hierüber NEUMEYER, II 58ff.

[3] L. GOLDSCHMIDT: a. a. O. 193[168].

fuerit"[4]. Am Beginn des 13. Jahrhunderts finden wir den Gedanken, daß die Gesetzgebung eines Herrschers, einer Stadt stets nur die Untertanen binde: Imperator non imposuit legem nisi suis subditis. Subditos tantum ligat consuetudo cuiusque civitatis[5]. Zugleich lernt man zwischen materiellem und Prozeßrecht unterscheiden: für dieses (für die consuetudo ad litis ordinationem introducta) gelte die lex fori; für jenes (die consuetudo ad litem decidendam introducta) läßt man die lex loci actus, ubi contractum est, entscheiden[6]. Der Satz *Locus regit actum*, der sich dereinst die Welt erobern sollte, ist damit entstanden, und er bezieht sich nicht nur, wie heute in Deutschland, auf die Form von Rechtsgeschäften, sondern auch (wie heute noch in manchen romanischen Ländern) auf deren Inhalt. Er wird bald auch auf Handlungen nicht rechtsgeschäftlicher Art, besonders auf Delikte, bezogen. Neben der lex loci actus wird früh die Maßgeblichkeit der *lex rei sitae* für das Sachenrecht erkannt, und zwar sowohl für Grundstücke wie für solche bewegliche Sachen, die dem Gebiet angehören (res natae in territorio)[7]. Die Wissenschaft des 13. und des 14. Jahrhunderts bringt weitere Fortschritte, sowohl in Italien bei Legisten und Kanonisten[8], wie in Frankreich, wo insbes. JACOBUS DE RAVANIS (aus Révigny, † 1296) und PETRUS DE BELLA PERTICA (Belleperche, † 1308) ähnliche Gedanken wie die Italiener, vielleicht unbeeinflußt von ihnen, entwickelt haben[9]. Unter allen ragt hervor: BARTOLUS DE SAXOFERRATO (1314—1357): er deckt den vollen Reichtum der Probleme auf (plenius quam doctores dicant hic distinguendum!) und weist in Einzellösungen und in der Systematik neue Wege[10]; ihm verdankt man es z. B., daß der Satz locus regit actum auf die Geschäftsform und auf den Einfluß von Willensmängeln auf die Geschäftsgültigkeit beschränkt wird, daß dagegen für die Vertragswirkungen das Recht des Erfüllungsorts gelten soll[11]. Seither hat die Wissenschaft fast fünf Jahrhunderte lang die Fragen des internationalen Privatrechts in der Weise behandelt, daß sie die objektiven Rechtssätze, demnach die „Statuta" (entsprechend in Frankreich die Coutumes, in Deutschland seit der Rezeption die Partikularrechte), auf ihren Charakter untersuchte, und, je nachdem ob das Statut Personen oder

---

[4] NEUMEYER, II 66ff. GUTZWILLER: Le développement historique 14f. Nach GUTZWILLER meint ALDRICUS mit der potior et utilior lex diejenige, die sich durch ihre engste Beziehung zu dem Gegenstand des Rechtsstreits empfiehlt. Glaublicher scheint mir, daß er das inhaltlich bessere Gesetz meint.

[5] So HUGOLINUS (zwischen 1210 und 1220); vgl. NEUMEYER, II 74.

[6] Wofür man sich auf l. 6 D. 21,2 und l. 34 D. 50,17 berief. So insbes. JACOBUS BALDUINI. Vgl. NEUMEYER, II 84. GUTZWILLER: Le développement 18. KRČMAR: Festschr. zur Jahrhundertfeier des Österreichischen Allgemeinen Bürgerlichen Gesetzbuches 1911 II 141ff.

[7] Vgl. hierzu NEUMEYER, II 90ff. GUTZWILLER: Développement 19.

[8] Insbes. schon HUGUCCIO im 12. Jahrh.; vgl. NEUMEYER, II 113.

[9] Einen solchen Einfluß leugnet insbes. MEIJERS: a. a. O. Die Frage ist kaum sicher zu beantworten.

[10] BARTOLUS knüpft, wie alle seine Folger, an die Glosse „Quod si Bononiensis" an: kann ein in Modena verklagter Bologneser nach dem Recht von Modena beurteilt werden? — Eine der bei allen Juristen seit BARTOLUS meist erörterten Fragen ist die, ob ein Statut, nach dem der Erstgeborene allein in den Nachlaß des Vaters folgt (consuetudo Angliae), ein personales oder ein reales Statut sei, ob es also auch gilt, wenn der im Gebiet dieses Statuts Wohnhafte (Engländer) Grundstücke in einem anderen Rechtsgebiet hinterläßt, in denen das Erstgeburtsrecht nicht besteht. BARTOLUS hat darauf (c. 42) die Antwort gegeben, es komme auf den Wortlaut des Statuts an: sagt es „primogenitus succedat in immobilia", so sei es personal; sagt es „bona decedentium veniant in primogenitum", so sei es real. Man hat diese Buchstabenwissenschaft 500 Jahre lang stets von neuem verhöhnt („pudeat pueros talia aut sentire aut docere", rief d'Argentré aus); aber man hüte sich, den Meister, der dem Geiste seiner Zeit folgte, wegen einer Entgleisung zu verurteilen. Vgl. mit Recht LAINÉ, I 154ff.

[11] Der Text des BARTOLUS ist abgedruckt bei MEILI: BöhmsZ 4, 260ff., 340ff., 446ff. Hervorragend aber auch BALDUS DE UBALDIS (1327—1400; Abdruck bei MEILI, 455ff.), BARTHOLOMAEUS A SALICETO († 1412), PAULUS DE CASTRO († 1441), ALEXANDER TARTAGNUS (1423 bis 1477), ROCHUS CURTIUS († 1495). Bemerkenswert dessen Lehre, daß die Maßgeblichkeit des Abschlußorts für die Vertragswirkungen sich aus dem stillschweigend erklärten Parteiwillen erkläre. Über sie alle: LAINÉ, I 166—206.

Sachen oder Handlungen betraf, seinen Geltungsbereich verschieden absteckte: man pflegte in der Neuzeit die Gesetze nach diesem Maßstab in statuta personalia, statuta realia und statuta mixta einzuteilen und zu lehren, daß das Realstatut die im räumlichen Herrschaftsgebiet des Statuts belegenen Grundstücke[12] ergreife, das Personalstatut für diejenigen Personen gelte, die im Gebiet ihren Wohnsitz haben oder aus dem Gebiet stammen, und daß das statutum mixtum auf solche Handlungen anwendbar sei, die im Gebiete des Statuts vorgenommen worden sind (vgl. aber Anm. 14). In dieser Ausprägung pflegt man in der Neuzeit die Theorie, die vor allem von den Postglossatoren (BARTOLUS, BALDUS u. a.) entwickelt und von den großen französischen Juristen des 16. Jahrhunderts[13] fortgebildet wurde, als *Statutentheorie* zu bezeichnen. Aber nur bei dem, der flüchtig aus der Gegenwart zurückschaut, kann die Vorstellung einer einheitlichen Lehre entstehen, so wie der Gebirgswanderer, der vom Berg ins Tal blickt, die Höhen und Tiefen des Geländes, die Schleifen und Seitenwege nicht sieht. In Wahrheit zeigen sich allerwärts bei den Gelehrten, die dem Kollisionsrecht nachdenken, die größten Verschiedenheiten und Gegensätze, und zwar sowohl bei den Fragestellungen selbst, bei der Terminologie[14], bei der Methode der Untersuchung — daß die scholastische Weise des 14. Jahrhunderts den Gelehrten schon des 16. Jahrhunderts fern steht, bedarf keiner Darlegung —, wie auch bei den einzelnen Antworten: zeitgeschichtliche Erlebnisse des Gelehrten, politische Grundauffassungen (wie der bretonische Heimatssinn des Argentraeus), die Entwicklung der Nachbardisziplin des Völkerrechts (insbes. des Grotius Einfluß auf die niederländische Ausgestaltung der Lehre), allgemeine Lebensanschauungen (Aufklärungszeit und Naturrecht) mußten zu solchem Auseinander führen. Incerti magistri incertiores lectores dimittunt, so spottet der hochmütige BERTRAND D'ARGENTRÉ über die Italiener. Gemeinsam ist den Gelehrten von BARTOLUS bis in das neunzehnte Jahrhundert zweierlei. Sie wollen die Rechtsnormen selbst nach ihrem Hauptgegenstande daraufhin prüfen, wann sie anzuwenden sind[15]. Sie wollen andererseits Grundsätze aufstellen, die überstaatlich (übercoutumiär, überprovinzial) gelten sollen: wie sich jede der Statutentheorien, soweit dies angeht, auf Digesten- und Codexstellen[16] zu stützen versucht, so wird auch rein äußerlich das Problem der Statutentheorie jahrhundertelang mit der Exegese und Glossierung einer bestimmten Codexstelle verbunden: die l. 1 C. de S. Trinitate 1,1 wurde seit BARTOLUS zum locus ordinarius der Lehre[17].

Die Entwicklung der sog. Statutentheorie in der Neuzeit ist hier im einzelnen nicht zu verfolgen. Unter den französischen Juristen, die sich der Kommentierung der im Lauf des 16. Jahrhunderts verzeichneten „Coutumes" widmeten, wurde

---

[12] Für Mobilien entwickelt sich seit SALICETUS der Satz: „mobilia ossibus inhaerent" oder „mobilia personam sequuntur"; es gilt das Personalstatut des Eigentümers oder Besitzers.

[13] Insbes. CAROLUS MOLINAEUS (Charles Dumoulin), 1500—1566, dem die Theorie von der Parteiautonomie (s. u. § 25) zu danken ist (ein Gelehrter, der übrigens auch sonst für die Entwicklung des französischen Rechts von größter Bedeutung wurde, insbes. durch seinen Kommentar zur Pariser Coutume, durch seine Geldlehre, in der viele den Ursprung des Geldnominalismus sehen, und durch sein Drängen nach Rechtseinheit für Frankreich). Ein Auszug aus seinem Kommentar in Codicem I, 1,1, abgedruckt bei MEILI: BöhmsZ 5, 554ff.

[14] Vgl. v. WÄCHTER: Archiv civ. Prax. 24, 256f. So wird unter den statuta mixta sehr Verschiedenes verstanden: bald die Gesetze, die sich zum Teil auf Personen, zum Teil auf Sachen beziehen, bald die auf die Handlungen bezüglichen; v. SAVIGNY, VIII 122.

[15] Vgl. insbes. GUTZWILLER: Le développement 26.

[16] Die Kanonisten haben auch an gewisse Stellen des corp. iur. can. angeknüpft; z. B. an c. 1 X de spons. 4,1; c. 2 in VI. 1,2.

[17] „Cunctos populos quos clementiae nostrae regit imperium", so las man sie; sie bot zunächst willkommenen Anlaß zur Entwicklung der Lehre, daß nach einem Gesetze nicht abgeurteilt werden kann, wer ihm nicht unterworfen ist, cuius imperio non regitur. Alle Nachfolger des BARTOLUS haben jahrhundertelang die Statutenkollision im Anschluß an diese nicht passende Codexstelle behandelt, „par singerie et indiscrète imitation", wie GUY COQUILLE (in seinem Kommentar zur Coutume du Nivernois II quest. 131) höhnt.

der Kommentator der Coutume de Bretagne ARGENTRAEUS[18] für die weitere Entwicklung des internationalen Privatrechts nicht nur Frankreichs (sondern auch der Niederlande und des anglo-amerikanischen Kreises) von größter Bedeutung. Er wird der Konservator des feudalistischen Gedankens: alle Liegenschaften sind der lex rei sitae unterworfen, mag es sich um Geschäfte unter Lebenden, um Ehegüterrecht oder um Beerbung handeln; alle Statuten sind im Zweifel Realstatuten; nur solche Gesetze, die sich auf Personen beziehen — und dazu gehören auch die auf Mobilien bezüglichen — sind Personalstatuten; hier gilt die lex domicilii; Statuten, die sich auf beides, Immobilien und Personen, erstrecken, sind realia.

Damit ist vor allem die (lange Zeit sehr zweifelhafte) Frage, ob der Erbgang entsprechend dem römischen Grundsatz der Universalsukzession nach einheitlichem Recht zu beurteilen sei, verneinend entschieden worden: wer Grundstücke in mehreren Rechtsgebieten und außerdem Fahrnis hinterläßt, wird für jedes der Grundstücke nach der lex rei sitae beerbt, und der bewegliche Nachlaß fällt an den, der nach dem Personalstatut zum Erben berufen ist: Ein Gedanke, der sich im heutigen französischen, im anglo-amerikanischen Rechte und anderwärts (z. B. Österreich) erhalten hat; vgl. unten § 46.

Die Lehre D'ARGENTRÉs ist besonders in den Niederlanden weitergebildet und ins Öffentlichrechtliche gewendet worden: aus der (entdeckten) Souveränität der Landesherrn wird ihre Befugnis abgeleitet, nur nach ihrem Territorialrecht zu urteilen; aber aus der comitas gentium[19], nicht aus rechtlicher Pflicht (die dem Wesen der Souveränität zuwiderliefe) leitet man die Gestattung der Anwendung fremder Gesetze ab. Diese Lehre, entwickelt von den beiden VOET (Vater PAUL, 1619—1677, und Sohn JOHANNES, 1647—1714) und von ULRICUS HUBER (1626—1694)[20], wurde die Grundlage der anglo-amerikanischen Auffassung, die auch heute noch nicht ganz überwunden ist[21]. Auch der deutschen Statutentheorie, die ihre Blüte im 17. Jahrhundert bei den Naturrechtlern HEINRICH COCCEJI (1644—1719) und JOH. NICOLAUS HERT (1652—1710) findet[22], ist zu gedenken.

II. Die Statutentheorie hat die *Rechtsprechung* bis ins 19. Jahrhundert hinein durchaus beherrscht. Neue Gedanken von nachweisbarem Einfluß auf die Ent-

---

[18] BERTRAND D'ARGENTRÉ (1519—1590), ein „Breton bretonnant", aus altem Adelsgeschlecht, Verfechter der Privilegien des Adels (im Gegensatz zu MOLINAEUS, der die Rechte des Königtums verteidigte), erbitterter Gegner der italienischen Lehre des BARTOLUS und seiner (auch französischen) Folger, denen er vorwerfen kann, daß sie das jus Romanum copiose et abundanter sed et diffidiose vexasse videntur magis quam explicasse. Über ihn: LAINÉ, I 311ff. MEILI: BöhmsZ 5, 363ff.; hier auch (371ff., 452ff.) der Text des Argentraeus abgedruckt. — Unter den Folgern D'ARGENTRÉs besonders die Niederländer NIC. BURGUNDUS (1586—1641) und CHRISTIAN RODENBURG (1618—1668).

[19] Hinweise auf diese sind übrigens älter. Schon ALBERICUS DE ROSCIATE († 1354) deutet auf die Gebote der urbanitas et gratia; vgl. KRČMÁR: Festschr. z. Jahrhundertfeier des Österreichischen Allgemeinen Bürgerlichen Gesetzbuches II 161.

[20] Die Abhandlung des ULRICUS HUBER de conflictu legum diversarum in diversis imperiis ist wieder abgedruckt von MEILI: BöhmsZ 8, 192ff. Der Grundgedanke ist c. 2 in drei Thesen zusammengefaßt: Die Gesetze jedes Staates verpflichten alle subiecti. Subiecti sind die, die sich im Staatsgebiet, sei es auch vorübergehend, aufhalten. Die Staatsleiter aber „agunt comiter", wenn „iura cuiusque populi intra terminos eius exercita" überall ihre Kraft behalten, wofern nur dadurch der Herrschaft und dem Recht des Herrschers und seiner Bürger kein Schaden geschieht (in dieser Schlußklausel ein Keim der Lehre vom ordre public).

[21] Vgl. LAINÉ, II 95ff. GUTZWILLER: Le développement 39ff.

[22] Es ist vor allem das Verdienst GUTZWILLERS: Einfluß SAVIGNYS 35ff., IntPR 1525, Le développement 43ff., das im einzelnen klargestellt zu haben. — Was insbes. HERT anlangt, so lobt er bemerkenswerterweise in seiner Abhandlung de collisione legum (Commentat. et opuscul. de selectis ex iurisprud. argumentis, ed. Hombergk, Frankf. a. M. 1737 I) sect. IV § 3 unter seinen Vorgängern vier: ARGENTRAEUS, BURGUNDUS, RODENBURG und den Kirchenrechtslehrer CASPAR ZIEGLER (1621—1690), dazu noch PAUL VOET und COCCEJI, während er von HUBERS Comitaslehre sehr entschieden abrückt: si sola populorum conniventia id niti dicamus, quae iuris erit efficacia? HERT stellt zunächst in klaren, wenn auch nicht originellen Ausführungen die Grundsätze für die statuta personalia, realia und mixta auf und schließt daran die Erörterung von 63 noch heute lehrreichen (erdachten, nicht entschiedenen) Fällen des Kollisionsrechts. Über HERT vgl. C. G. v. WÄCHTER: Archiv civ. Prax. 24, 281ff.

wicklung sind aus der Rechtsprechung nicht erwachsen. So ist, jedenfalls auf dem Kontinent, das internationale Privatrecht als ein *Produkt der Wissenschaft* und als ein *der Idee nach überstaatliches Recht* zur Herrschaft gelangt.

Freilich sind es nur wenige zweifelsfreie Sätze (locus regit actum für die Form von Geschäften, sowie für Delikte, lex rei sitae für Liegenschaftsrechte, lex domicilii für die Handlungsfähigkeit), die sich als sicheres Recht feststellen lassen. Aber auch wo die Praxis bestrittene Meinungen einzelner Gelehrter übernommen hat, ist dies mit der Vorstellung geschehen, daß damit nicht nationales, sondern übergeordnetes Recht angewendet werde[23].

III. Auch die *Gesetzgebungen* haben die Statutentheorie in der einen oder anderen Weise übernommen, zum Teil weitergebildet.

Eine reine Übernahme der Theorie bringt der *Cod. Maximil. Bavar.* v. 1756 I 2 § 17: „Dafern ... die Rechten, Statuten und Gewohnheiten in loco Judicii, Delicti, Rei sitae, Contractus und Domicilii unterschiedlich sind, so soll quo ad formam Processus auf die bey selbigen Gericht, wo die Sache rechtshängig ist, übliche Rechten, mit Bestrafung eines Verbrechens aber auf die Rechten des Orts, wo solches begangen worden, soviel hingegen die bloße Solennität einer Handlung betrifft, auf die Rechten des Orts, wo solche unter Todten oder Lebendigen gepflogen wird, in mere personalibus auf die Statuta in loco Domicilii, und endlich in realibus vel mixtis auf die Rechten in loco rei sitae ohne Unterschied der Sachen, ob sie beweglich oder unbeweglich, körperlich oder unkörperlich sind, gesehen und erkannt werden."

Das Preußische *Allgemeine Landrecht* von 1794 (Einl. §§ 22—42) ist selbständiger. Es übernimmt zwar aus der Statutentheorie manches: So die Maßgeblichkeit der lex domicilii und, falls ein Wohnsitz fehlt, der lex originis (des Orts der Herkunft) für alle „persönlichen Eigenschaften und Befugnisse" eines Menschen (dunkle und mehrdeutige Worte, noch verdunkelt dadurch, daß § 25, offenbar gleichbedeutend, von den „persönlichen Rechten und Verbindlichkeiten" spricht). Es läßt ferner, entsprechend dem Satze: mobilia ossibus inhaerent, das Personalstatut auch für „das bewegliche Vermögen eines Menschen" (§ 28), dagegen die lex rei sitae für „das unbewegliche Vermögen" gelten (§ 32)[24]. Es kennt weiter den Satz locus regit actum nur für die Form von Rechtsgeschäften. Im übrigen bleibt alles das, was in den Theorien der Gelehrten zweifelhaft und streitig war, auch im Allgemeinen Landrecht ungeklärt (so die Frage der Obligationswirkungen). Dennoch hat das Allgemeine Landrecht gewisse eigene Züge. Für zwei bestimmte Fälle ordnet es an, daß, wenn zwei widerstreitende Gesetze in Frage kommen, dasjenige Gesetz gelten soll, nach welchem die Handlung am besten bestehen kann (so erstens: wenn die lex domicilii eines Menschen maßgebend ist, der zwei Wohnsitze hat, und zweitens: wenn ein Ausländer im Inland über hier befindliche Sachen ein Geschäft abschließt und seine Geschäftsfähigkeit nur nach einem der beiden Rechte besteht): ein zukunftsreicher Gedanke, der teils den favor negotii, teils den Verkehrsschutz betrifft (§§ 27, 35). Ein weiterer eigentümlicher Satz ist der, daß in einem bestimmten Falle der Kollision dreier Statuten (nämlich zweier leges domicilii und einer lex rei sitae) das dem preußischen (materiellen) Recht „am nächsten kommende" Recht anzuwenden sei (§ 30): letztlich eine seltsam verhüllte Begünstigung der lex fori.

Auch der *code civil* art. 3 entnimmt der Statutentheorie die Scheidung der Gesetze nach ihrem Gegenstand: die lois de police et de sûreté gelten territorial; die Immobiliargesetze gelten für die im Gebiet belegenen Grundstücke; die französischen lois concernant l'état et la capacité des personnes gelten für die Franzosen, auch wenn diese im Ausland wohnen. So unklar und lückenhaft die Bestimmungen auch sind: sie bringen eine weittragende Neuerung: die Ersetzung der lex domicilii durch das Recht der Staatsangehörigkeit[25].

Das *Österreichische* Allgemeine Bürgerliche Gesetzbuch von 1811 (§§ 4, 33—37, 300) behandelt ebenfalls nur einzelne Fragen, zum Teil in recht verwickelter Weise. Es folgt (freilich

---

[23] Anders aber v. SAVIGNY: System VIII 123f.

[24] Eine Umdeutung haben diese klaren Worte in der Praxis und Wissenschaft des 19. Jahrhunderts erfahren: der Satz vom „beweglichen Vermögen" gelte nur für das Vermögen als Ganzes (besonders den Mobiliarnachlaß), nicht dagegen für die einzelnen beweglichen Sachen, während umgekehrt der Satz vom „unbeweglichen Vermögen" nur für die einzelnen Grundstücke (und die daran bestehenden Rechte), nicht für die Vererbung des Grundbesitzes gelte; vgl. FÖRSTER-ECCIUS: Preuß. PrivR I S. 59, 66. DERNBURG: Preuß. PrivR I 53 (beide mit Nachweisen aus der Rechtsprechung). Vgl. unten § 31[2].

[25] Zum code civil insbes. GUTZWILLER in Heinsheimers Ausg. des c. c. (Zivilges. der Gegenwart) S. 799ff.

in undeutlicher Fassung[26]) dem französischen Prinzip der Staatsangehörigkeit. Mit dem preußischen Recht läßt es für einen bestimmten Fall (eines von einem Ausländer in Österreich geschlossenen, ihn einseitig verpflichtenden Geschäfts) das Gesetz gelten, das die „Gültigkeit des Geschäfts am meisten begünstigt".

IV. Das *neunzehnte Jahrhundert* bringt die Erkenntnis, daß die Statutentheorie, die es versucht hatte, in wenigen Leitsätzen den Anwendungsbereich der Rechtsnormen zusammenzufassen, ihre Aufgabe nicht erfüllen konnte: auch abgesehen von ihrer Vielgestaltigkeit und ihrer Mehrdeutigkeit, die seit langem erkannt waren, mußte ihre letzte deutsche Einkleidung in naturrechtliche Gewänder (bei COCCEJI u. a.) mit dem Zerbrechen des naturrechtlichen Denkens ihre Unhaltbarkeit deutlich machen; der Gedanke, aus wenigen Grundsätzen ein volles System des Kollisionsrechts ableitend zu gewinnen, stirbt ab[27].

Aber auch im 19. Jahrhundert bleibt die Geschichte des internationalen Privatrechts überwiegend eine Geschichte seiner Wissenschaft. Rechtsschöpferisch, wie seit einem halben Jahrtausend kein zweiter, wirkte hier FRIEDRICH CARL V. SAVIGNY. Der achte Band seines Systems des heutigen Römischen Rechts, den der Siebzigjährige 1849 erscheinen ließ, hat die Rechtsentwicklung, nicht nur Deutschlands, mächtiger und unmittelbarer beeinflußt als sonst ein der Erkenntnis bestehenden Rechts gewidmetes Werk. Freilich fand er den Boden gereinigt vor. CARL GEORG V. WÄCHTER hatte soeben (1841) die Trümmer der Statutentheorie weggeräumt[28]. Der große nordamerikanische Jurist JOSEPH STORY (1779—1845) hatte 1834 in seinen Commentaries on International Law dem Europäer gezeigt, wie ein Jurist in nüchterner Besonnenheit, unvoreingenommen durch pseudowissenschaftliche Axiome, aber sich in das lebendige Case Law eines weitschichtigen Materials von Gerichtsentscheidungen[29] versenkend, das wahrhaft geltende Recht finden und darstellen kann. Zwar verschmähte auch STORY nicht die gelegentliche Anknüpfung an Sätze der Statutentheorie; aber sie waren ihm ein nebensächlicher Schmuck, etwa so wie den Statutentheoretikern die Anlehnung an (wenig passende) fragmenta und leges des Corpus juris. STORY vermied gleichmäßig die bloße Anhäufung von Urteilsstoff wie die Gewinnung und Aufstellung allgemeinster Prinzipien[30]. Es war kein Zufall, wenn diese Arbeitsweise dem Vater der historischen Rechtsschule gefiel und seine eigene Arbeit beeinflußte. Der Ausgangspunkt des deutschen Meisters war allerdings STORYS Vorstellungen entgegengesetzt. STORY fußte noch ganz auf der Lehre der Niederländer, besonders ULR. HUBERS, daß die Anwendung fremden Rechts auf bloßer comitas gentium beruhe. Diese Lehre war in der deut-

---

[26] Dazu STEINLECHNER u. STRISOWER in d. Festschr. z. Jahrhundertfeier des Österreichischen Allgemeinen Bürgerlichen Gesetzbuches (1911) II 55f., 97ff.

[27] In anderer Form ist er bei ZITELMANN und FRANKENSTEIN neu erstanden. — Ein Aufleben von Gedanken der Statutentheorie findet sich auch bei PILLET, der in alter Weise eine Klassifizierung der Rechtsnormen selbst versucht, nur nicht nach ihrem „Gegenstand", wohl aber nach ihrem Zweck. Vgl. unten zu Anm. 41.

[28] Arch. civ. Prax. 24, 270ff., zugleich die eingehendste Darstellung der deutschen Statutentheorie. — WÄCHTERS eigene Lehre (a. a. O., 261—270), der Richter habe, wenn die Auslegung der lex fori nichts anderes ergebe, die lex fori anzuwenden, wird manchem Praktiker, der das ihm minderbekannte fremde Recht anzuwenden aus Gewissenhaftigkeit oder aus Bequemlichkeit sich scheut, noch heute sympathisch sein; aber sie erschreckt durch ihre Enge. An ihr gemessen werden die gewaltigen Dimensionen von SAVIGNYS Bauwerk recht deutlich. WÄCHTER kann (Arch. civ. Prax. 25, 15[196]) unter seinen Vorgängern mit Recht die Holländer nennen.

[29] Das fast völlige Fehlen der Nachweisung von Gerichtsentscheidungen bei den deutschen Autoren ist das, was schon WÄCHTER an der herrschenden deutschen Wissenschaft am meisten verwundert hat. Es erklärt sich teils aus der Grundhaltung des Naturrechts, teils aus dem Gelehrtenhochmut der Zeiten („Der Verfasser glaubt recht gethan zu haben, daß er die Praxis, so sehr er auch dieses Polster der literarischen Trägheit, diese Stütze blinder Willkühr hasst, nicht ganz übergangen hat", schrieb 1801 FEUERBACH, Lehrb. d. peinl. Rechts S. IX).

[30] STORY hat begreiflicherweise auf die englische Rechtswissenschaft stark gewirkt; aber auch auf Frankreich: hier durch Vermittlung von FOELIX: Traité du droit int. privé, 1843, der STORYS Lehre völlig aufnimmt.

schen Wissenschaft schon des 17. und 18. Jahrhunderts erfolgreich bekämpft worden, und hieran knüpft v. SAVIGNY an. Der Standpunkt, von dem er auszugehen für „räthlich" erklärt, „ist der einer völkerrechtlichen Gemeinschaft der miteinander verkehrenden Nationen". Dieser Standpunkt habe „im Fortschritt der Zeit immer allgemeinere Anerkennung gefunden, unter dem Einfluß theils der gemeinsamen christlichen Gesittung, theils des wahren Vortheils, der daraus für alle Theile hervorgeht". Er stellt es als das Ziel hin, „daß die Rechtsverhältnisse, in Fällen der Collision der Gesetze, dieselbe Beurtheilung zu erwarten haben, ohne Unterschied, ob in diesem oder jenem Staate das Urtheil gesprochen werde". (S. 26, 27.)

SAVIGNY hat die Frage nicht mehr wie die Vertreter der Statutentheorie dahin formuliert: welche Natur haben die einzelnen Rechts*sätze?* Beziehen sie sich auf Personen, auf Sachen, auf Handlungen? Er will die *Rechtsverhältnisse* klassifizieren; bei jedem Rechtsverhältnis sei das Gebiet aufzusuchen, dem es „seiner eigenthümlichen Natur nach *angehört* oder unterworfen ist" (S. 28); für jede Klasse der Rechtsverhältnisse sei „ein *bestimmter Sitz*" zu ermitteln (S. 108). Diese Aufgabe erfüllt SAVIGNY in Einzelausführungen über Rechts- und Handlungsfähigkeit (für die er den Wohnsitz entscheiden läßt), über die einzelnen Sachenrechte, über die Obligationenrechte, über Erbrecht, über Ehe, väterliche Gewalt und Vormundschaft, sowie über die Formen der Rechtsgeschäfte. Seine Grundsätze und der überwiegende Teil seiner Einzelausführungen sind von der deutschen Praxis (und überwiegend von der Wissenschaft) aufgenommen worden[31]: SAVIGNYS Lehre wurde gemeines deutsches Recht; ja sogar widerstreitende Landesgesetze wurden unter dem Einfluß seiner Forderungen in oft gewaltsamer Weise umgedeutet (so das Allgemeine Landrecht; vgl. oben S. 13[24]). Seine Lehre hat aber auch auf die Rechtsentwicklung des Auslandes den größten Einfluß geübt[32]: die kühle Besonnenheit, die stets das Gegebene von dem „Räthlichen" sauber zu scheiden weiß, die praktische Brauchbarkeit im einzelnen, die Fernhaltung alles unfruchtbaren Doktrinarismus, die gemessene Ruhe der Darstellung konnten ihren Eindruck auf den englischen Richter nicht verfehlen. Dazu trat, daß SAVIGNY das in England herrschende Domizilprinzip verteidigte. SAVIGNY hat in der angelsächsischen Rechtsprechung fast gleichen Rang mit STORY erhalten. Aber auch die französische und die belgische Wissenschaft, und damit mittelbar die Praxis, sind von SAVIGNY stark berührt worden[33]. Es hat an Gegnern nicht gefehlt. Besonders wurde das Wort vom „Sitz" des Rechtsverhältnisses und der darin enthaltene Versuch einer Lokalisierung von Rechtsverhältnissen viel angegriffen: es sei ein „bloßes Bild", es sei unklar und führe (so NIBOYET) zu „juristischem Impressionismus". Allein: ohne bildhaftes Denken kann der Jurist nicht immer auskommen; wer den Wohnsitz einer Person als „Mittelpunkt" ihrer „Lebensverhältnisse" definiert, vermittelt gute Anschauung, obwohl die Lebensverhältnisse keinen „Kreis" im geometrischen Sinne bilden[34]; der Ausdruck „höchste Staatsgewalt" verwendet in glücklicher Weise räumliche Vorstellungen, um eine außerräumliche Beziehung anschaulich zu machen. Ein gutes Bild hat oft die Kraft, den Menschen in die zur Beobachtung und Abwägung erforderliche geistige Haltung zu versetzen. Daß das Wort „Sitz" unklar („vag") ist, ist wahr; ein vielleicht klareres Bild verwendet OTTO GIERKE[35], wenn er, SAVIGNYS Lehre weiterbildend, lehrt, es sei der „Schwerpunkt" der Rechtsverhältnisse aufzusuchen. Völlige Exaktheit liegt auch hier nicht vor. Das aber hat der Begriff mit anderen Begriffen gemein, mit denen zu arbeiten der Jurist genötigt

[31] Nachweisungen bei GUTZWILLER: Einfluß SAVIGNYS, 49ff., 79ff.

[32] Genaueres bei GUTZWILLER: a. a. O. 109ff., 132ff.

[33] In Frankreich nostrifiziert man ihn bisweilen: man betont dort gerne, SAVIGNY entstamme einer alten französischen Familie; ja ein Gelehrter meint sogar, qu'il doit peut-être à cette origine le don de la clarté qui distingue ses ouvrages.

[34] Vgl. ENNECCERUS: Allg. Teil § 89[1].

[35] GIERKE: Deutsches Privatrecht I 217.

ist (man denke an Verursachung, Sachherrschaft, Ausbeutung u. a.). Die Folge ist, daß man bei vielen Rechtsverhältnissen darüber zweifeln kann, wo ihr Sitz, wo ihr Schwerpunkt liegt (Vertragsobligationen, Rechte an res in transitu u. a.): solche Zweifel bleiben bei Verwendung eines räumlichen Bildes für unkörperliche Dinge nicht aus. Der Gedanke SAVIGNYS weist nicht den Weg zum Ziel, aber die Wegerichtung. Jedenfalls ist es keinem der Folger SAVIGNYS gelungen, eine von Vagheit völlig freie „Formel" zu finden[36], auch GIERKE nicht, dessen Wendung immerhin fruchtbare Vorstellungen erzeugt und so ergänzend neben SAVIGNYS Bild treten darf.

Neben STORY und SAVIGNY war es ein italienischer Politiker, der nicht nur der Wissenschaft des internationalen Privatrechts, sondern diesem selbst kräftige Förderung brachte. Der verbannte Neapolitaner PASQUALE STANISLAO MANCINI, der nach Piemont geflüchtet war, hielt im Januar 1851 an der Universität Turin seine berühmte Rede della nazionalità come fondamento del diritto delle genti. In glitzernden Worten und mit Leidenschaft vertritt er die These, daß nicht der Staat, sondern die Nation (die italienische Nation bildete noch keinen Staat) der Grundbegriff des Völkerrechts sei; die nazionalità ist die base razionale del diritto delle genti. Ihre Komponenten sind Landschaft, Rasse, Sprache, Sitten, Geschichte, Gesetze, Religion: diesen allen gebe den lebendigen Geist das gemeinsame Bewußtsein (coscienza) der nazionalità. Durch die Nationalität werde auch die Einzelpersönlichkeit erst bestimmt. Anerkenntnis einer Persönlichkeit sei nur möglich als Anerkenntnis ihrer Nationalität[37].

Diese Lehre, die nichts weniger als eine juristische Konstruktion geben wollte, hat die italienische und die französische Wissenschaft begeistert; sie ist hier (in Italien von ESPERSON und FIORE, in Frankreich von ANDRÉ WEISS, in Belgien von LAURENT) zur Grundlage einer neuen, der sog. italienischen Theorie des internationalen Privatrechts[38] gemacht worden: Es gibt zwei Klassen von Privatrechtssätzen, solche, die dem privaten Nutzen und solche, die der öffentlichen Ordnung dienen. Jene werden durch die Nationalität (nicht durch den Wohnsitz) der Menschen bestimmt; und es ist nicht comitas, sondern Erfüllung völkerrechtlicher Pflicht der Staaten, wenn sie auf den Ausländer sein Heimatsrecht anwenden.

Dafür daß die Gesetze in Wirklichkeit in engster Verbindung mit Religion, Neigungen, Lebensgewohnheiten, Klima und anderen natürlichen Eigenschaften eines Volks und Landes stehen, konnte man sich auch auf MONTESQUIEU, Esprit des lois I cap. 3 Abs. 14 berufen, sowie besonders auf die Volljährigkeitsnormen, die auf die physische Reife des Menschen und damit auf Stammesmerkmale zugeschnitten sind.

Die Sätze der öffentlichen Ordnung wirken dagegen territorial; sie binden auch den Ausländer, der sich im Staatsgebiet aufhält. Diese Sätze des ordre public erscheinen in der italienischen Lehre nicht mehr, wie bei SAVIGNY, als unwillkommene Ausnahmen, als Durchbrechungen des Prinzips des internationalen Privatrechts; sie *sind* eines der beiden Prinzipien des internationalen Privatrechts. Manche Gelehrte haben als ein drittes Prinzip den Gedanken der Parteiautonomie hinzugefügt, die Emanation der „Freiheit" neben der Nationalität und der Gebietshoheit[39].

Die Lehre der italienischen Schule hat auf die Entwicklung des Rechts selbst stark gewirkt, und zwar nicht nur auf die Rechtsprechung (Ausbau der Ge-

---

[36] v. BAR spricht von der „Natur der Sache" oder „inneren Vernunftmäßigkeit" als dem materiellen Prinzip des internationalen Privatrechts; I 108 u. ö.; unbildhafte und sterile Worte. Vgl. dazu GUTZWILLER: Einfluß SAVIGNYS 63ff., 86ff. Von der „eigenthümlichen Natur der Rechtsverhältnisse" hatte schon SAVIGNY gesprochen.

[37] Die Rede ist gedruckt in MANCINIS Diritto internazionale; Prelezioni 1873, S. 5ff.; vgl. bes. S. 27f., 35f.

[38] Über gewisse Züge, die sie mit SAVIGNYS Lehre gemeinsam hat: GUTZWILLER: Einfluß SAVIGNYS 152ff.

[39] Bei A. WEISS gibt es noch ein viertes Prinzip, dessen Gleichordnung mit den anderen befremden mag: der Satz „locus regit actum".

danken des ordre public), sondern auch auf die Gesetzgebung. Viele der Staaten, die ihr Kollisionsrecht seither gesetzlich ganz oder teilweise fixiert haben, so vor allem der italienische codice civile von 1865, übernehmen die Gedanken der italienischen Schule, insbesondere die Ersetzung des Wohnsitzprinzips durch das Prinzip der Staatsangehörigkeit, das freilich schon vom französischen code civil aufgenommen worden war[40].

V. Die Gedanken des großen amerikanischen Praktikers, des deutschen Gelehrten, des italienischen Staatsmannes haben Rechtsprechung, Rechtswissenschaft und Gesetzgebung seither aufs stärkste befruchtet. Die Versuche, zu *neuen* Zusammenfassungen und zur Aufstellung neuer beherrschender Grundgedanken zu gelangen, haben freilich nicht völlig aufgehört. Ernst Zitelmanns Versuch, aus angeblichen Grundsätzen des Völkerrechts (es sind im wesentlichen Sätze über die Geltung der Personal- und der Gebietshoheit) ein bis ins einzelne durchgeführtes System des „völkerrechtlichen" internationalen Privatrechts zu entwickeln, hat allgemeine Ablehnung gefunden. Dasselbe Schicksal ist dem Versuch Ernst Frankensteins geworden: er sieht die Staatsangehörigkeit eines Menschen und den Ort der Lage einer Sache als die beiden Anknüpfungspunkte an, deren Primat „a priori" gelte und „axiomatisch" sei; er erlaubt aber (mit dem sicheren Takt des Praktikers) der primär herrschenden Rechtsordnung, ihre Macht auf eine andere zu übertragen, so daß kraft des Willens jener „primären" Ordnung eine „sekundäre" Anknüpfung eintritt; diejenigen positiven Rechtsordnungen endlich, die sich dieser Lehre nicht fügen, sondern, wie die englische, statt der Staatsangehörigkeit für die in ihrem Lande wohnhaften Ausländer das Recht des Domizils entscheiden lassen, bringen nach Frankenstein keine echten, sondern nur „Pseudo"-Anknüpfungen: die darin liegende Mißachtung des wichtigsten Kollisionsrechts der Erde zeigt die Blutleere seiner Theorie[41]. Stärker haben die Lehren des Franzosen Pillet gewirkt, der in Niboyet, Caleb u. a. Folger gefunden hat: für die Lehre vom Conflit des lois, die er von der Frage des Schutzes wohlerworbener Rechte abtrennt, geht Pillet davon aus, daß alle Privatrechtsnormen zugleich „lois générales" und „lois permanentes" sein, d. h. gegenüber jeder im Staatsgebiet sich aufhaltenden Person (territorial) und gegenüber den eigenen Staatsangehörigen auch außerhalb des Staatsgebiets (extraterritorial) gelten wollen, daß aber bei der Gesetzeskollision einer dieser beiden Zwecke zurücktreten müsse; welcher, ergebe der „*but social*" des einzelnen Gesetzes: ist Gesetzesziel der Schutz persönlicher Interessen, so sei das Gesetz eine loi permanente, die daher extraterritorial wirke; ist Gesetzesziel die Wahrung eines Gemeinschaftsinteresses, so sei das Gesetz eine loi générale, die also territorial wirke; vgl. oben Anm. 27.

Von diesen Versuchen abgesehen, erkennt man in den letzten zwei Menschenaltern die Unfruchtbarkeit allgemeiner Formeln und die Unsicherheit und Angreifbarkeit der Methoden, mit denen sie gewonnen werden. Man wird immer mehr dessen inne, daß das internationale Privatrecht sich wie alles sonstige Recht nur aus Gesetzen und insbesondere aus den Rechtssprüchen der Gerichte und den Bedürfnissen der menschlichen Gemeinschaften gewinnen läßt, und Story wird der heimliche Lehrer der Welt.

VI. Die Schaffung *staatlicher Kollisionsnormen*, die in wachsendem Umfange Einzelfragen ordnen, entspricht der Neigung des Jahrhunderts zu Kodifikationen. Fast ganz frei davon halten sich der angloamerikanische Rechtskreis und die skan-

[40] Eine Stärkung dieser Idee im italienischen codice civile gegenüber dem code civil liegt vor allem darin, daß für die Erbfolge ohne Rücksicht auf die lex rei sitae die Staatsangehörigkeit entscheidet und daß für die Form und die Wirksamkeit von Rechtsgeschäften das Heimatsrecht dann maßgebend ist, wenn es beiden Parteien gemeinsam ist; art. 8, 9 der disposizioni sulla public.

[41] Vgl. dazu besonders H. Lewald: Blätter f. intern. PrivR (Beil. zur Leipziger Zeitschrift) 1927, 65ff. Gutzwiller: IntPR 1532f. (dieser auch zum Folgenden).

dinavischen Länder. Der *französische* code civil, der trotz der Dürftigkeit seiner Kollisionsnormen die beiden Hauptgedanken der späteren italienischen Schule: Nationalitätsprinzip und territoriale Geltung der Gesetze des ordre public angedeutet hatte, wird das Vorbild für zahlreiche Gesetzbücher, die im 19. und im 20. Jahrhundert abgefaßt oder revidiert worden sind: so der Niederlande 1829, Griechenlands 1856, Rumäniens 1865, Italiens 1865 (vgl. oben S. 17[40]), Portugals 1867, Spaniens 1888, sowie zahlreicher mittel- und südamerikanischer Gesetze. Beeinflußt vom code civil ist das *Österreichische* Allgemeine Bürgerliche Gesetzbuch von 1811, das aber auch selbständige Züge trägt (vgl. oben S. 14). Die Schweizer Kantonalgesetze sind teils vom code civil, teils vom österreichischen Recht abhängig. *Deutschland* hat sich 1896 im Einführungsgesetz zum BGB Art. 7ff., wenn auch nicht eine Kodifikation, so doch zahlreiche Einzelnormen gegeben; ähnlich die *Schweiz* in ihrem Niedergelassenen- und Aufenthalter-Gesetz von 1891 und im ZivGB von 1907, sowie *Brasilien* 1916. Eine erschöpfende Kodifikation bietet *Polen* in seinen beiden Gesetzen über das internationale und das interlokale Privatrecht von 1926, sowie die *Liechtensteinsche* Gesetzgebung seit 1926, der Tschechoslowak. Entwurf von 1924 (Makarov 217) und der Rumänische Entwurf von 1932[42]. Allen diesen Rechtsquellen liegt die Vorstellung zugrunde, die im 19. Jahrhundert von der Wissenschaft (Savigny und Mancini) entwickelt worden war, daß die Anwendung ausländischen Rechts nicht eine Sache der Gefälligkeit, sondern Rechtspflicht ist. In weitem Umfange haben sie alle das Bestreben, die Anwendung ausländischen Rechts da anzuordnen, wo die Auslandsbeziehung als überwiegend anzusehen ist (wo, mit Savigny zu sprechen, der „Sitz“ im Auslande liegt), zugleich aber auch die territoriale Geltung solcher Normen, die der öffentlichen Ordnung angehören, sicherzustellen. Hin und wieder tritt der Wunsch zutage, dem eigenen Recht einen größeren Geltungsbereich zuzusprechen, als es denjenigen angemessen erscheint, die einen Entscheidungs-Einklang (vgl. S. 7[2]) als das Ziel der internationalprivatrechtlichen Ordnung ansehen.

VII. Die nationale Gesetzgebung wird in bescheidenem Umfange durch *Staatsverträge*, die sich auf Kollisionsrecht beziehen, ergänzt. Der Abschluß sog. *universeller Staatsverträge* über internationales Privatrecht wurde schon vor Savigny von Gelehrten oft empfohlen, besonders warm aber seit 1874 von Mancini und dann von dem niederländischen Juristen Asser gefördert. Es haben bisher sechs Konferenzen im Haag, zuerst unter Assers Vorsitz, stattgefunden: 1893, 1894, 1900, 1904, 1925, 1928. Die Früchte dieser Konferenzen sind bisher nur die drei Abkommen von 1902 zum Familienrecht (Eheschließungs-, Ehescheidungs-, Vormundschaftsabkommen), sowie zwei Abkommen von 1905 über die Ehewirkungen und über Entmündigung. An allen fünf privatrechtlichen Abkommen sind aber nur wenige und nur europäische Staaten als Kontrahenten beteiligt. Großbritannien, Rußland, Griechenland, Dänemark, Norwegen, Finnland u. a. sind nie beigetreten. Einige Staaten sind nur an einem oder an einigen der Abkommen beteiligt. Andere haben ihre Zugehörigkeit gekündigt; so Frankreich bezüglich aller Abkommen.

Der Kriegsausbruch hat nach der streitigen, aber in den Friedensverträgen zum Siege geführten, englischen Auffassung alle Abkommen unter den kriegführenden Staaten aufgehoben. Nach dem Kriegsende wurde das Vormundschaftsabkommen wiederhergestellt; die übrigen Abkommen wurden nicht erneuert. Nur Italien hat vertraglich mit Wirkung v. 22. Juli 1929 alle Verträge im Verhältnis zu Deutschland wieder hergestellt (RGBl 1929 II 635). Auch zwischen Italien und Ungarn sind alle Verträge wieder in Kraft getreten. Rumänien hat im Verhältnis zu Ungarn wenigstens die Eheabkommen v. 1902, nicht das Entmündigungsabkommen hergestellt.

Hiernach gelten die fünf privatrechtlichen Abkommen ohne Einschränkung nur im Verhältnis der (im Kriege von 1914/18) Neutralen zu allen Vertragsstaaten, dagegen für die Kriegsparteien nur im Verhältnis zu ihren Kriegsfreunden und zu den Neutralen, nicht zu den Kriegsfeinden, abgesehen von Italien und (zu einem kleinen Teil) Rumänien.

[42] Abgedruckt (in deutscher Übersetzung) bei Laday: Z. f. ausl. u. int. PR 6 (1932) 744ff.

Von den nach dem Kriege neu entstandenen Staaten sind Polen und Danzig allen Abkommen, und zwar mit Wirkung gegen alle, beigetreten.

Die Vertragsstaaten sind zur Zeit, und zwar beschränkt auf ihre europäischen Gebiete:

1. und 2.: für das *Eheschließungs-* und das *Ehescheidungsabkommen* v. 12. Juni 1902:

Deutschland, Danzig, Italien, Luxemburg, Niederlande, Polen, Portugal (nicht im Verhältnis zu Deutschland und Ungarn), Rumänien (nicht im Verhältnis zu Deutschland), Schweden, Ungarn; für das Eheschließungsabkommen (nicht für das Ehescheidungsabkommen) auch die Schweiz.

Von den Staaten, die früher dazugehörten, haben Frankreich mit Wirkung v. 1. Juni 1914, Belgien mit Wirkung v. 1. Juni 1919 beide Abkommen gekündigt; die Schweiz hat mit Wirkung v. 1. Juni 1929 das Scheidungsabkommen gekündigt. — Über die Gründe dieser Kündigungen vgl. unten §§ 12 III a. E., 35 IV 2, 40 IV 1e.

3. Für das *Vormundschaftsabkommen* v. 12. Juni 1902:

Deutschland, Belgien, Danzig, Italien, Luxemburg, Niederlande, Polen[43], Portugal, Rumänien, Schweden, Schweiz, Spanien, Ungarn; ferner Deutsch-Österreich im Verhältnis zu den Ententestaaten (nicht zu Deutschland[44], nicht zu den neutralen Staaten). — Frankreich hat auch dieses Abkommen zum 1. Juni 1914 gekündigt (nicht Belgien).

4. Für das *Ehewirkungsabkommen* v. 17. Juli 1905:

Deutschland, Danzig, Italien, Niederlande, Polen, Portugal (nicht im Verhältnis zu Deutschland und Ungarn), Rumänien (ebenso), Schweden. — Frankreich hat zum 23. Aug. 1917, Belgien zum 23. Aug. 1922 gekündigt.

5. Für das *Entmündigungsabkommen* v. 17. Juli 1905:

Deutschland, Danzig, Italien, Niederlande, Polen, Portugal (nicht im Verhältnis zu Deutschland und Ungarn), Rumänien (ebenso), Schweden, Ungarn. — Frankreich hat das Abkommen zum 23. Aug. 1917 gekündigt[45].

Die Bemühungen, zu weiteren internationalprivatrechtlichen Verträgen zu kommen, werden eifrig fortgesetzt. Eine Einigung über das *internationale Wechselrecht* und eine zweite über das *internationale Scheckrecht* ist, nach jahrzehntelangen Vorbereitungen, 1930 in Genf zustande gekommen.

Das „Abkommen über Bestimmungen auf dem Gebiete des internationalen *Wechselprivatrechts*" v. 7. Juni 1930, abgeschlossen zwischen Deutschland, Österreich, Belgien, Brasilien, Columbien, Dänemark, Danzig, Ecuador, Spanien, Finnland, Frankreich, Griechenland, Ungarn, Italien, Japan, Luxemburg, Norwegen, Niederlande, Peru, Polen, Portugal, Schweden, Schweiz, Tschechoslowakei, Türkei, Jugoslawien, ist in Deutschland am 22. Juni 1933 bekanntgemacht (RGBl 1933 II 445ff.) und in das neue deutsche Wechselgesetz v. 21. Juni 1933 Art. 91 bis 99 inhaltlich aufgenommen worden.

Das „Abkommen über Bestimmungen auf dem Gebiete des internationalen Scheckprivatrechts" v. 19. März 1930 ist vom Deutschen Reich noch nicht bekanntgemacht[46].

Entwürfe über das internationale Privatrecht des Kaufs werden ernstlich erwogen. Die 6. Haager Konferenz von 1928 brachte ferner den Entwurf eines Erbrechtsabkommens (Makarov, 381ff.).

---

[43] Zwischen Polen und Deutschland gilt statt des Haager Abkommens ein eigenes Vormundschaftsabkommen v. 5. März 1924, in Kraft seit 1. Juni 1926 (RGBl 1925 II 145; 1926 II 237).

[44] Zwischen Deutschland und Österreich besteht das Vormundschaftsabkommen vom 5. Febr. 1927 (RGBl 1927 II 510).

[45] Zu erwähnen ferner: Das revidierte Haager *Zivilprozeßabkommen* v. 17. Juli 1905 (das erste Zivilprozeßabkommen war von 1896). Es gilt in Deutschland, Belgien, Dänemark, Danzig, Estland, Finnland, Frankreich (nicht im Verhältnis zu Deutschland), Italien, Jugoslawien, Lettland, Luxemburg, den Niederlanden, Norwegen, Österreich, Polen, Portugal, Rumänien, Schweden, der Schweiz, Spanien, Span.-Marokko, der Tschechoslowakei, Ungarn. — Zwischen Deutschland und Frankreich ist durch Sonderabkommen v. 1927 der alte Zustand fast völlig wieder hergestellt. — Bedeutungsvoller als das Haager Zivilprozeßabkommen (das nur weniger wichtige Fragen des internationalen Zivilprozeßrechts [Zustellungswesen, Ersuchungsschreiben, cautio judicatum solvi, Armenrecht, Personalhaft], dagegen nicht die Vollstreckung ausländischer Urteile behandelt), sind die beiden *Genfer Protokolle* v. 24. Sept. 1923 und vor allem v. 26. Sept. 1927 (RGBl 1925 II 47, 1930 II 1067), die die Gültigkeit *privater Schiedsgerichte* des internationalen Verkehrs und die Vollstreckung ausländischer Schiedssprüche betreffen. Beide sind ratifiziert von Deutschland, Belgien, Dänemark, Estland, Finnland, Frankreich, Griechenland, Großbritannien, Italien, Luxemburg, den Niederlanden, Österreich, Portugal, Rumänien, Schweden, Schweiz, Spanien, Tschechoslowakei, sowie von einigen außereuropäischen Staaten (Neuseeland, Siam, mehreren brit. Kolonien); das erste Abkommen (v. 1923) außerdem von Albanien, Monaco, Norwegen, Polen, sowie von Brasilien und Japan. Einige Staaten haben sich die Beschränkung der Anwendung auf Handelssachen vorbehalten (nicht Deutschland).

[46] Text des Abkommens: Z. f. ausl. u. int. PR 6, 252ff.

Auf eine Verständigung mit den Staaten des anglo-amerikanischen Rechts ist freilich nicht zu rechnen, und die Erfahrungen, die man mit den Eheabkommen gemacht hat, stimmen den besonnenen Betrachter skeptisch. Ein im Werden begriffenes, zur Zeit noch unfertiges Recht, wie es das internationale Privatrecht ist, durch Gesetzesparagraphen zu ordnen, statt es durch langsame Entwicklung in Rechtsprechung und Wissenschaft reifen zu lassen, ist eine Aufgabe, die bisher die Kräfte der innerstaatlichen Gesetzgeber zu übersteigen scheint. Um vieles schwieriger wird sie, wenn die Regelung für viele Staatsgebiete einheitlich geschehen soll. Wird, wie bei den Eherechtsabkommen, eine abstrakte Kasuistik im Stile etwa des deutschen Bürgerlichen Gesetzbuchs getrieben, so werden solche unwillkommene Überraschungen eintreten, wie sie sich bei den Eheabkommen gezeigt haben, und Rückschläge durch Kündigungen einzelner Staaten werden nicht ausbleiben. Auch besteht, selbst da, wo es zu einer staatsvertraglichen Einigung kommt, die Gefahr, daß beim Fehlen einer überstaatlichen Gerichtsbarkeit die Richter der beteiligten Staaten die Normen des Vertrags nicht einheitlich auslegen, so daß in der Praxis das geeinte Recht sich wieder spaltet[47]. Dennoch ist auch der bescheidene Nutzen, den eine staatsvertragliche Fortbildung des Rechts br ngt, ein Fortschritt nicht nur um der sachlichen Halb-Erfolge, sondern schon um der Tatsache der Verhandlung selbst willen, die den gemeinschaftsfeindlichen Gedanken einer möglichst umfassenden Anwendung des eigenen Rechts immer mehr zurückdrängt und damit eine langsame Annäherung an das unerreichbare Ziel des internationalen Privatrechts gewährt.

Von sonstigen Staatsverträgen, die das internationale Privatrecht betreffen, und an denen *viele* Staaten beteiligt sind, sind zu nennen die Verträge von *Montevideo* zwischen Argentinien, Bolivien, Paraguay, Peru und Uruguay von 1889 (Makarov, S. 269ff.) und der von der VI. panamerikanischen Konferenz am 13. Febr. 1928 geschlossene Vertrag von Havana, in welchem das von dem Cubaner Rechtslehrer Bustamante ausgearbeitete Gesetzbuch des internationalen Privatrechts unter dem Namen *Código Bustamante*[48] angenommen wurde.

Auf der Konferenz waren 21 Staaten, darunter auch die Vereinigten Staaten von Amerika, vertreten. Ratifiziert ist der Vertrag bisher nur von wenigen der Vertragschließenden: Cuba, und mit Vorbehalten Brasilien, Nicaragua, der Dominikanischen Republik, Peru. Der Código will keine volle Rechtseinheit schaffen: da ein Teil der amerikanischen Staaten für die Fragen der Handlungsfähigkeit (und gewisse andere Fragen) die lex domicilii maßgebend sein läßt (so die Staaten, die den Vertrag von Montevideo geschlossen haben, so ferner: Columbia, Costa Rica, Panama, Guatemala), ein anderer Teil dagegen an die Staatsangehörigkeit anknüpft (so Brasilien, Chile, Ecuador, Cuba, Dominikanische Republik, San Salvador u. a.), hat der Código jedem Vertragsstaat die Freiheit gelassen, das ihm genehme System beizubehalten oder neu zu wählen: Art. 7. Der Código Bustamante wird stark von Gedanken der italienischen Schule (Mancini) getragen; so bei seiner grundlegenden Einteilung der Gesetze (art. 3) in leyes personales, die der Person überallhin folgen, leyes territoriales, die jeden, der sich im Staatsgebiet aufhält, binden, und leyes voluntarias o de órden privado, die nur kraft ausgedrückten oder vermuteten Parteiwillens gelten, der Parteiautonomie also Raum lassen.

---

[47] Der Richter des einzelnen Staates wird leicht geneigt sein, mehrdeutige Ausdrücke im Sinne seines internen Rechts auszulegen, und das wird von Bartin: Principes I, 105ff. geradezu gebilligt. Zu unrecht (vgl. dazu die griech. Schrift von Vallindas, Athen 1932, über die der Vf. in Z. f. ausl. u. intern. PR 7, 170 berichtet). Wenn etwa eine internationale Wechselordnung von dem Schutz dessen spricht, der den Wechsel „in gutem Glauben" erwirbt, so darf dieser Ausdruck (der bekanntlich in Deutschland, Frankreich, Italien einen in Nuancen verschiedenen Sinn hat) für das Konventionsgebiet nur einheitlich ausgelegt werden, da sonst die Rechtseinheit gehindert und damit der Sinn des Vertrags verkannt würde. Die Schwierigkeiten, die hier zweifellos bestehen, sind keine anderen, als sie Deutschland vor 1900 kannte: welcher Kommentator der Wechselordnung wäre auf den Gedanken verfallen, jene Worte (Art. 74 WO) für das Gebiet des gemeinen Rechts anders auszulegen als für das Gebiet des preußischen Landrechts oder des rheinischen Rechts?

[48] Abgedruckt bei Makarov, S. 397ff. in deutscher Übersetzung. Vgl. Z. f. ausl. u. intern. PR 2, 481ff.; 3, 705.

Neben den Staatsverträgen mit Beteiligung vieler Staaten kommen zahlreiche *Einzelverträge* zwischen zwei Staaten in Betracht. Von *deutschen* Verträgen sind besonders zu nennen: die beiden Vormundschaftsabkommen mit Polen v. 5. März 1924 (RGBl 1925 II 145) und Österreich v. 5. Febr. 1927 (RGBl II 510), die Nachlaßabkommen mit Estland v. 13. März 1925 (Art. XVIII des Konsularabkommens, RGBl 1926 II 333), mit der Union der Russ. Sowjetrepubliken, Konsularvertr. v. 12. Okt. 1925, Anl. zu Art. 22 § 13 (RGBl 1926 II 77), mit Österreich v. 5. Febr. 1927 (RGBl II 505), mit der Türkei v. 28. Mai 1929 (Anl. zu Art. 20 d. Konsularvertrags §§ 14—19, RGBl 1930 II 761), dazu auch der zwischen Baden und der Schweiz am 6. Dez. 1856 geschlossene Vertrag (MAKAROV S. 367); zahlreiche Handels-, Wirtschafts-, Niederlassungsabkommen über die Anerkennung von Handels-, insbes. Aktiengesellschaften: Niederlande 1907, Tschechoslowakei 1920, Österreich 1920, Litauen 1923 u. 15. Febr. 1930, Art. 5 (RGBl 1930 II 1081), Vereinigte Staaten von Amerika 1923, Belgien und Luxemburg 1925, Sowjetunion 1925, Italien 1925, Finnland 1926, Lettland 1926, Schweiz 1926, Türkei 1927, Japan 1927, Frankreich 1927, Griechenland 1927 (MAKAROV S. 291—332); Estland 1928 (RGBl 1929 II 510), Persien 1929 (RGBl 1930 II 1008), Haiti 1930 (RGBl 1931 II 6), Irland 1930 (RGBl 1931 II 119), Ungarn 1931 (RGBl 1931 II 639), Bulgarien 1932 (RGBl II 62); einige Verträge über Zulassung konsularischer Eheschließungen mit Italien 1891 (RGBl S. 113), der Sowjetunion 1925 (RGBl 1926 II 68, Art. 19), der Türkei 1929 (RGBl 1930 II 754, Art. 18), Bulgarien 1929 (RGBl 1930 II 769 Art. 19); ferner ein Vertrag über Aufwertung mit Polen v. 5. Juli 1928 Art. 6—10 (RGBl 1929 II 577), sodann das deutsch-polnische Sparkassenabk. v. 14. Dez. 1928, Art. 5 (RGBl 1929 II 612); ein Vertrag mit Persien über Maßgeblichkeit des heimischen Personalstatuts (Niederlassungsabk. v. 17. Febr. 1929 Art. 8 Abs. 3 und Schlußprotokoll dazu, RGBl 1930 II 1010, 1012). Aus dem Zivilprozeßrecht sind besonders zu nennen: die Verträge Deutschlands mit Österreich v. 21. Juni 1923 (RGBl 1924 II 55), mit Rußland v. 12. Okt. 1925 (RGBl 1926 II 84), mit Bulgarien v. 22. Dez. 1926 (RGBl 1927 II 416).

§ 5. Literatur des internationalen Privatrechts.

I. *Deutsches* Internationalprivatrecht. v. SAVIGNY: System des heutigen römischen Rechts Bd. VIII 1849. — L. v. BAR: Theorie und Praxis des IntPR 2 Bde. (2. Aufl.) 1889. — v. BAR: Lehrbuch des intern. Priv.- und Strafrechts, Stuttgart 1892. — v. BAR in Holtzendorff-Kohlers Enzyklop. (1914) II 223ff. — TH. NIEMEYER: Das in Deutschland geltende IntPR 1894. — OTTO GIERKE: Deutsches Privatrecht (1895) I 209ff. — TH. NIEMEYER: Das IntPR des BGB 1901. — ERNST ZITELMANN: IntPR 2 Bde. 1897, 1912. — K. F. NEUBECKER: IntPR auf deutschrechtlicher Grundlage, Jahrb. f. d. intern. Rechtsverkehr 1912, 8ff. — ERNST FRANKENSTEIN: IntPR (bisher 2 Bde.) 1926, 1928. — HANS LEWALD: Das deutsche IntPR auf Grundlage der Rechtsprechung 1931. — MAX GUTZWILLER: IntPR, in Stammlers Enzyklop. (das gesamte deutsche Recht) 1930, 1521ff. — A. NUSSBAUM: Deutsches IntPR 1932. — K. NEUMEYER: IntPR (Grundriß) 2. Aufl. 1930. — GEORGE MELCHIOR: Die Grundlagen des deutschen IntPR 1932.

Kommentare zu Art. 7ff. EG BGB: LEO RAAPE (in v. Staudingers Komm. z. BGB VI 2, 1931). — H. HABICHT (GREIFF): IntPR nach d. EG 1907. — PLANCK: Komm. z. BGB VI (3. Aufl.) 1905 S. 22f. — KARL THEODOR KIPP: in Fischer-Henle-Titze, BGB[14] S. 1097—1130 (1932).

Ges. Abhandlungen: FRANZ KAHN: Abhandlungen zum IntPR, 2 Bde., 1928 v. LENEL u. LEWALD herausgegeben.

Zum *internationalen Handelsrecht* insbes.: L. v. BAR: in Ehrenbergs HB d. Handelsrechts I (1914) 327ff. — A. NUSSBAUM: a. a. O. — KARL GEILER: in Düringer-Hachenburgs Komm. z. HGB I[3] (1930) 17ff. — FRANKENSTEIN: a. a. O. II 399ff. — FICKER u. VEITH: in RVglHWB IV 459ff.

II. *Österreich:* WALKER: IntPR 4. Aufl. 1926. — EHRENZWEIG: System d. österr. allgemeinen Privatrechts I (1925) 6. Aufl. 86ff.

III. *Schweiz:* F. MEILI: Das internationale Zivil- und Handelsrecht 1902. — W. STAUFFER: Das IntPR der Schweiz 1925. — A. REICHEL: im Schultheßschen Komm. z. ZivGB VI (1916) 129ff. — SCHÖNENBERGER: in Osers Komm. z. ObligR (1929) S. XXXVIIff. — E. BECK: in Gmürs Komm. z. ZGB Schlußtitel 1932.

IV. *Frankreich:* A. PILLET: Principes de droit internat. privé 1903. — PILLET: Traité pratique de dr. i. p. 2 Bde. 1923f. — PILLET et NIBOYET: Manuel de droit i. p. (2. Aufl. allein von NIBOYET) 1928. — ANDRÉ WEISS: Traité théorique et pratique de dr. i. p. 6 Bde. (2. Aufl.) 1908—1913. — ANDRÉ WEISS: Manuel de droit i. p. (9. Aufl.) 1925 (suppl. 1928). — ARMINJON: Précis de droit i. p. 3 Bde. 1927—1931. — BARTIN: Principes de droit i. p. (bisher 2 Bde.) 1930, 1932. — SURVILLE: Cours élément. de droit i. p. (7. Aufl.) 1925. — LEREBOURS-PIGEONNIÈRE: Précis de droit i. p. 1928. — J. VALERY: Manuel de droit i. p. 1914. — DESPAGNET: Précis de droit i. p. (5. Aufl. von DE BOECK) 1909. — AUDINET: Principes élément. de droit i. p. (2. Aufl.) 1906. — In deutscher Sprache: GUTZWILLER: in Heinsheimers ZivGesetzen der Gegenwart, Band Frankreich S. 799ff.

V. *Italien:* PASQUALE FIORE: Diritto internaz. priv. (4. Aufl.) 4 Bde. 1904ff. — FIORE: Elementi di dir. i. p., manuale, 1905. — G. DIENA: Principî di dir. internazionale, parte II (2. Aufl.) 1917. — DIENA: Trattato di diritto commerciale internazionale 3 Bde. 1900—1906. — GABBA: Introduzione al dir. civile internazionale italiano 3 Bde. 1906—1911. — A. CAVAGLIERI: Lezioni di dir. i. p. 1933. — PACCHIONI: Elementi di dir. i. p. 1930.

VI. *Belgien:* LAURENT: Droit civil internat. 8 Bde. 1880ff. — ROLIN: Principes de dr. i. p. belge 3 Bde. 1897. — POULLET: Manuel d. dr. i. p. belge 1925.

VII. *Niederlande:* J. JITTA: Internationaal Privaatrecht 1916. — KOSTERS: Het internat. burgerl. Recht in Nederland 1917. — MULDER: Inleiding tot het Nederlandsch IntPR 1927f. — Das hochangesehene (jetzt veraltete) Werk von ASSER: Schets van het IntPR ist in deutscher Übersetzung von COHN 1880 erschienen. — Vgl. d. Rechtsprechung d. letzten Jahre: DE VRIES: Z. f. ausl. u. intern. PR 6, 845ff.

VIII. *Großbritannien:* DICEY(-KEITH): Conflict of Laws 4. Aufl. 1927. — WESTLAKE(-BENTWICH): A Treatise on Private International Law 7. Aufl. 1925. — FOOTE(-BELLOT): Treatise on Private International Law 5. Aufl. 1925. — W. NEMBHARD HIBBERT: International Private Law or the Conflict of Laws 2. Aufl. 1927. — S. GOLDSCHMIDT: in den Zivilgesetzen d. Gegenwart, Bd. England, I 163ff. (1931).

IX. *Nordamerikanisches Recht:* J. STORY(-BIGELOW): Commentaries on the Conflict of Laws 8. Aufl. Boston 1883. — WHARTON(-PARMELE): Treatise on the Conflict of Laws 3. Aufl. 1905. — MINOR: Private International Law. Boston 1901. — H. F. GOODRICH: Handbook on the Conflict of Laws. St. Paul (Minnesota) 1927. — BEALE: Conflict of Laws. Cambridge (Mass.) 1916.

X. *Russisches Recht:* A. N. MAKAROV: Conception du droit intern. privé d'après la doctrine et la pratique russes (URSS.). Paris 1932. — A. N. MAKAROV: Précis de droit int. pr. d'après la législation et la doctrine russes. Paris 1933.

XI. Zu den *Haager Abkommen*: H. LEWALD: im Wörterbuch des Völkerrechts I 454ff. Weitere Lit. unten zu §§ 35, 39, 40.

XII. Literatur zum IntPR von *Spanien, Portugal, Skandinavien, Ungarn, Polen, Jugoslawien, Rumänien,* der *Tschechoslowakei, Griechenland* und den *lateinamerikanischen* Staaten bei MAKAROV: Rechtsvergleichendes Handwörterbuch (SCHLEGEL-BERGER u. a.) IV 320ff. (1933). — GUTZWILLER: IntPR 1566ff.

XIII. *Zeitschriften* und *Sammelwerke.*

Zeitschrift für internationales Privat- und Strafrecht (später: Zeitschr. für internationales Recht), begr. von BÖHM, 1891, seit Bd. 11 herausgegeben von TH. NIEMEYER (abgekürzt: *BöhmsZ, NiemeyersZ*).

Zeitschrift für ausländisches und internationales Privatrecht, herausgegeben v. RABEL (*Z. f. ausl. u. intern. RP*), nebst Sonderheften seit 1928, die die gesamte deutsche Rechtsprechung zum IntPR seit 1926 bringen.

Journal du droit international (privé), begr. von CLUNET, herausgegeben v. ANDRÉ-PRUDHOMME, Paris. Die wichtigste internationalrechtliche Zeitschrift, abgekürzt: *Journal Clunet.*

Revue de droit international privé (et de droit pénal international), begr. v. DARRAS, herausgegeben von DE LAPRADELLE, Paris, abgekürzt: *Revue Darras.*

Revue de droit international et de législation comparée, herausgegeben von DE VISSCHER, Gand, abgekürzt: *Genter Revue.*

Rivista di diritto internazionale, herausgegeben von ANZILOTTI, Rom.

Rivista italiana di diritto internazionale privato e processuale, herausgegeben von FEDOZZI u. a. seit 1931.

Journal of Comparative Legislation and International Law, London.

XIV. Rechtsvergleichende Sammelwerke:

Eine Ausgabe aller internationalprivatrechtlichen Gesetze und Staatsverträge bringt das Sammelwerk von MAKAROV: Die Quellen des IntPR 1929.

Rechtsvergleichende Darstellung des IntPR von MAKAROV, ED. WAHL, v. CAEMMERER, RHEINSTEIN, HANS G. FICKER, MARTIN WOLFF, H. J. VEITH, H. LEWALD, W. v. SIMSON in Schlegelbergers Rechtsvergleichendem Handwörterbuch IV 320ff.

LAPRADELLE u. NIBOYET: Répertoire de droit international 10 Bde. Paris 1929ff.

Zahlreiche Arbeiten auch in dem *Recueil des Cours* de l'Académie de droit international (den Haag).

Erstes Buch.

Allgemeine Lehren.

§ 6. Die nationalen Kollisionsnormen. Ihre Arten. Lücken.

ZITELMANN: IntPR I 213ff., 226. — GUTZWILLER, 1557ff. (mit Lit.). — NUSSBAUM, 41ff. — LEWALD, 5ff. — MELCHIOR, 54ff. — HABICHT, 10ff. — SCHNELL: BöhmsZ 5, 337. — H. NEUMANN: Verhandl. d. 24. DJurT (1897) I 169ff. DJurZtg 1898, 372.

I. Ob der Richter, der Verwaltungsbeamte (z. B. der Standesbeamte), der Schiedsrichter eigenes oder fremdes materielles Recht anzuwenden hat, entscheidet grundsätzlich das in seinem Gebiete geltende internationale Privatrecht. Es gilt für ihn die *Kollisionsnorm der lex fori*. Nur ausnahmsweise hat er ausländisches internationales Privatrecht anzuwenden, so im Falle der Rück- und Weiterverweisung (vgl. unten § 13).

II. Es kann sein, daß eine Kollisionsnorm der lex fori *ganz fehlt*: so bei den Gemischten Schiedsgerichtshöfen des Versailler Vertrags[1] und bei manchen durch Privatvertrag eingesetzten Schiedsgerichten. In solchen Fällen wird das Schiedsgericht zunächst zu prüfen haben, ob die *Kollisionsnormen* der mit dem Tatbestand in Berührung stehenden Rechtsgebiete voneinander abweichen. Weichen sie nicht ab, so hat es die hiernach gemeinsamen internationalprivatrechtlichen Grundsätze anzuwenden.

Das ist häufig der Fall: bei Streitigkeiten aus Schuldverträgen wird nach allen internationalprivatrechtlichen Normen der beteiligten Rechtsordnungen der Parteiwille festzustellen oder der hypothetische Parteiwille zu ermitteln sein; bei sachenrechtlichen Streitigkeiten kommt es überall auf die lex rei sitae an; bei Fragen des Erbrechts ist vielfach die Maßgeblichkeit des Heimatsrechts des Erblassers den zur Auswahl stehenden Rechten gemeinsam.

Weichen sie ab, so wird das Gericht nicht selten die internationalprivatrechtliche Frage nach der anwendbaren Rechtsordnung unbeantwortet lassen können, dann nämlich, wenn alle in Betracht kommenden *materiellen* Rechtsordnungen in den entscheidenden Punkten übereinstimmen oder wenn sie trotz inhaltlicher Verschiedenheit zu demselben Ergebnisse führen. Kommt man auch so nicht zu einer Lösung, so muß sich der Richter um die Lückenfüllung nach denselben Grundsätzen mühen, nach denen „echte Lücken" eines internen Rechts zu füllen sind. Dabei kann es nicht ausbleiben, daß er unter dem Einfluß seiner eigenen innerstaatlichen Rechtspraxis und seiner juristischen Schulung steht.

So wird der kontinentale Jurist eine Regel, „die er als Gesetzgeber aufstellen würde", zur Entscheidungsgrundlage machen (SchweizZBG Art. 1 Abs. 2); er wird mit SAVIGNY den „Sitz" des Rechtsverhältnisses, mit GIERKE den „Schwerpunkt" zu ermitteln suchen. — So wird der englische Jurist das internationale Privatrecht desjenigen Gerichts anwenden, vor welches der Prozeß ohne den Schiedsvertrag vermutlich gebracht worden wäre, und wenn mehrere Gerichte zuständig sind, das internationale Privatrecht desjenigen Gerichts, an dem der Beklagte (Hauptbeklagte) seinen Wohnsitz hat.

III. Der nationale Gesetzgeber beantwortet stets nur einen Teil der internationalprivatrechtlichen Fragen. So hat auch das deutsche EG BGB den *sachlichen* Bereich der von ihm geregelten Rechtsfragen eng abgesteckt. Es beschränkt sich auf die

---

[1] Vgl. hierzu insbes. GUTZWILLER: Intern. Jahrb. f. SchiedsgerWesen 3 (1931) 123ff.

wichtigsten Fragen des Personenrechts, Familienrechts und Erbrechts, auf die Regelung der Form der Rechtsgeschäfte und auf eine Schutznorm über die deliktische Haftung. Dagegen schweigt das EG vom Sachenrecht und vom materiellen Recht der obligatorischen Verträge: eine Regelung des Sachenrechts war angesichts eines festen Gewohnheitsrechts entbehrlich; zu einer Regelung des Obligationenrechts war (und ist auch heute) die Zeit nicht reif.

Die bestehenden Gesetzeslücken werden durch ein in den Einzelheiten unsicheres Gewohnheitsrecht gefüllt. Soweit es an solchem fehlt — wie insbesondere für viele Fragen des Obligationenrechts —, hat der Richter Aufgaben von derselben Art wie sonst gegenüber Gesetzeslücken: er wird sich von den Lösungen „inspirieren lassen", die Wissenschaft und Rechtsprechung ihm bieten (SchweizZGB Art. 1 Abs. 2 französ. Text) und, wenn es daran fehlt, nach Regeln urteilen, wie er sie als Gesetzgeber aufstellen würde, d. h. im Bewußtsein, daß sein Spruch nicht nur den vorliegenden Rechtsstreit billig entscheiden soll, sondern auch künftigen Richtern zur Richtschnur dienen werde. Die Rechtsvergleichung, insbes. das Studium ausländischer internationalprivatrechtlicher Praxis, wird ihm hierbei Dienste leisten.

Soweit der sachliche Bereich der geregelten Fragen gesteckt ist, kann der Gesetzgeber *verschieden* vorgehen.

Er beschränkt sich entweder darauf, den Anwendungsbereich der nationalen Sachnormen zu regeln, also die Voraussetzungen anzugeben, unter denen er die eigene Rechtsordnung gelten lassen will (System der „*unvollkommenen*", „einseitigen" *Kollisionsnormen*). Oder er regelt die internationalprivatrechtliche Frage umfassend, bestimmt also auch, wann der einheimische Richter ausländisches (und welches ausländische) Recht er anzuwenden hat (System der „*vollkommenen*", „allseitigen" *Kollisionsnormen*). Jenes System ist vor allem von SCHNELL und HUGO NEUMANN empfohlen worden, dieses System von FRANZ KAHN und NIEMEYER.

Der Vorzug gebührt dem zweiten System. Die erste, bewußt lückenhafte Lösung geht davon aus, daß die Aufgabe eines nationalen Kollisionsrechts nur sei, den Anwendungsbereich der eigenen Sachnormen abzustecken, daß aber ein Gesetzgeber seine Kompetenzen überschreite, wenn er auch anordne, in welchen Fällen der inländische Richter ein bestimmtes materielles ausländisches Recht anzuwenden habe. Solcher Beschränkung der Aufgabe der nationalen Kollisionsrechte ist zu widersprechen. Nicht darin, welche Fragen er beantwortet, sondern darin, wie er sie beantwortet, zeigt der nationale Gesetzgeber, ob er von dem rechten Gemeinschaftsgeiste erfüllt ist. Der deutsche Gesetzgeber überschreitet seine „Kompetenz" nicht, wenn er bestimmt, daß die Geschäftsfähigkeit jedes Menschen sich nach seinem Heimatrecht richtet (mag auch in England oder Dänemark die Geschäftsfähigkeit an den Wohnsitz angeknüpft werden). Dagegen würde eine deutsche, nur die Anwendung deutschen Rechts regelnde Norm gemeinschaftswidrig sein, wenn sie etwa jeden Tatbestand, bei dem ein Deutscher beteiligt ist, deutschem Recht unterwerfen wollte. — Der Gedanke, daß jedes nationale Recht nur den eigenen Geltungsbereich abzugrenzen habe, würde vielleicht erträglich sein, wenn alle nationalen Rechte ihre Aufgabe so beschränkten. Das aber ist nicht der Fall. Wäre es der Fall, so bliebe für den deutschen Richter, der in concreto nicht deutsches Recht anzuwenden hat, die Frage übrig, welches unter den mehreren ausländischen Kollisionsrechten er zugrunde legen solle. Handelt es sich z. B. um ein in Frankreich wohnendes englisches Ehepaar, so würde das deutsche Kollisionsrecht dem deutschen Richter zwar sagen, daß deutsches Ehegüterrecht nicht gilt; aber es bliebe unklar, ob er französisches oder englisches Kollisionsrecht anzuwenden hat. NEUMANN, der diese Schwierigkeit gewürdigt hat, will sie dadurch beseitigen, daß er aus den einseitigen Kollisionsnormen auch den Grundsatz herausliest, nach dem die ausländische für die Kollisionsfrage maßgebende Rechtsordnung zu erkennen ist: nach den Kollisionsnormen (nicht den Sachnormen) dieser Rechtsordnung soll dann die materiell maßgebende Rechtsordnung bestimmt werden. So wäre z. B. in dem angeführten Beispiel englisches, nicht französisches internationales Privatrecht anzuwenden, da das deutsche Kollisionsrecht auch die Geltung des deutschen materiellen Rechts nur für deutsche Reichsangehörige anerkennt. Eine solche Deutung einseitiger Kollisionsnormen nähert sich dem System der vollkommenen Kollisionsnormen unter Anerkennung des Grundsatzes der Rück- und Weiterverweisung (vgl. § 13).

IV. Das *deutsche* EG BGB hat einige *vollkommene* Kollisionsnormen aufgestellt (Art. 7, 11, 17, 21), überwiegend aber *unvollkommene* Normen gegeben. Dazu treten einige Sätze, in denen der Gesetzgeber vollkommene Kollisionsnormen nur für den Fall aufstellt, daß der Tatbestand gewisse Inlandsbeziehungen enthält (Art. 13 Abs. 1, Art. 15 Abs. 2, Art. 24 Abs. 3, Art. 25): sog. *vollkommene Kollisionsnormen mit Fallbeschränkung*. Ein innerer Grund für diese Verschiedenheiten fehlt; ein Prinzip liegt der Eingliederung der bestehenden Kollisionsfragen in eine der drei Gruppen nicht erkennbar zugrunde: weshalb sind z. B. für die Ehescheidung eine vollkommene Kollisionsnorm (Art. 17 Abs. 1), für die Eheschließung eine vollkommene Kollisionsnorm mit Fallbeschränkung (Art. 13), für die Ehewirkungen aber unvollkommene Kollisionsnormen (Art. 14, 15) gegeben? Daher hat eine feste Praxis, die zu einem unbezweifelten Gewohnheitsrecht geführt hat, die Lücken, die sich in den Kollisionsnormen mit Fallbeschränkung und in den unvollkommenen Kollisionsnormen finden, durch Analogie gefüllt und damit jene Normen zu (unbeschränkt) vollkommenen Kollisionsnormen ausgebaut[2].

So ist insbes. analog zu Art. 13 die Staatsangehörigkeit jedes der Verlobten auch dann für maßgebend erklärt worden, wenn keiner von ihnen Deutscher ist und die Ehe nicht in Deutschland geschlossen ist. So ist analog zu Art. 14, 15 für die persönlichen Ehewirkungen auch bei ausländischen Gatten das jeweilige Heimatsrecht und für ihr Ehegüterrecht das Heimatrecht des Mannes zur Zeit der Eheschließung entscheidend. Ebenso ist uneingeschränkt das Staatsangehörigkeitsprinzip anerkannt worden für die eheliche Abstammung, für das Rechtsverhältnis zwischen Eltern und ehelichen Kindern, für das Rechtsverhältnis zwischen dem unehelichen Kinde und seiner Mutter, für Legitimation und Adoption, sowie für das Erbrecht; analog Art. 18, 19, 20, 22, 24, 25.

Anders steht es mit den sog. „*Exklusivnormen*" des deutschen Rechts. Sie erstreben eine Bevorzugung des deutschen Rechts, seine Erstreckung über denjenigen Rahmen hinaus, den der deutsche Gesetzgeber selbst als den internationalprivatrechtlich grundsätzlich gebotenen erkannt hat.

1. Zu einem Teil handelt es sich dabei um Spezialisierungen der Vorbehalts-(ordre public-)Klausel des Art. 30 EG: so in Art. 12, 13 Abs. 3, 21 Halbsatz 2: hier ist eine analoge Anwendung ausgeschlossen, da der deutsche Richter einen ausländischen ordre public nicht zu berücksichtigen hat. Vgl. unten § 12 III.

2. Zu einem anderen Teil handelt es sich um schwer zu erklärende Prinzipwidrigkeiten, die anscheinend dem Bestreben entstammen, dem deutschen BGB einen möglichst großen Herrschaftsbereich zu schaffen, und schon deshalb nicht zu vollkommenen Kollisionsnormen ausgebaut werden dürfen: so Art. 9 Abs. 3, Art. 13 Abs. 2, und besonders Art. 14 Abs. 2, Art. 17 Abs. 3, Art. 19 Satz 2, Art. 20 Satz 2[3].

In den letztgenannten Normen des Familienrechts wird das deutsche Recht trotz Verlustes der Reichsangehörigkeit des Ehemanns oder der Eltern für weiter maßgebend erklärt, wenn die Ehefrau oder das Kind Reichsdeutsche geblieben sind. Darin liegt mehr als eine durch den ordre public zu rechtfertigende Schutznorm zugunsten Deutscher, da das deutsche Recht auch gilt, wenn es dem Deutschen ungünstiger ist als das ausländische. Auch der Gedanke, daß in familienrechtlichen Verhältnissen das *letzte* den Beteiligten *gemeinsame* Heimatrecht maßgebend sein soll, hat in Art. 17 Abs. 3, 19 Satz 2, 20 Satz 2 EG nicht verwirklicht werden sollen: es ist z. B. kein Zweifel, daß, wenn ein verheirateter Schweizer Deutscher wird, während seine Frau Schweizerin bleibt, für eine Ehescheidung nicht das letzte gemeinsame (Schweizer) Recht, sondern nach Art. 17 Abs. 1 EG das deutsche Recht maßgebend ist.

3. Endlich finden sich unter den Exklusivnormen einige, die dem Schutze des *geschäftlichen Verkehrs* in Deutschland dienen: so Art. 7 Abs. 3, Art. 16 Abs. 2 EG. Meist wird angenommen, daß es sich auch hier nur um Spezialisierungen der Vorbehaltsklausel handle, und deshalb jede Erweiterung abgelehnt. Mir scheint, jene

---

[2] RG 62, 400; 76, 284; 78, 48; 91, 139, 403; 125, 268 u. ö.

[3] M. E. ist aber nicht *jede* analoge Anwendung dieser Normen unzulässig, wie oft behauptet wird. Das deutsche Mädchen, das einen katholischen Österreicher heiratet (und dessen Staatsangehörigkeit erlangt), muß in der Lage sein, bei Ehebruch des Mannes oder Lebensnachstellung und dergleichen Scheidung vom Bande der Ehe zu verlangen, wenn sie wieder Reichsdeutsche geworden ist und ein deutscher Gerichtsstand besteht. Es liegt kein innerer Grund vor, diesen Fall anders zu behandeln, als den in Art. 17 Abs. 3 erwähnten Fall, in dem sie einen Deutschen geheiratet hat, der später Österreicher geworden ist. Entsprechend hat der Pariser Kassationshof in dem viel besprochenen Falle Ferrari entschieden, indem er der französisch geborenen und renationalisierten Frau die Scheidungsklage gegen ihren italienischen Mann gab; Journ. Clunet 1922, 714 (= Dalloz 1922. 1. 139) (in Frankreich stark angegriffen). Vgl. Raape, S. 374f. Vgl. unten § 40 IV 1e.

Sätze wollen das Heimatrechts-Prinzip durch die Maßgeblichkeit der lex loci actus (Art. 7 Abs. 3) oder durch das Wohnsitzprinzip (Art. 16) einschränken[4]. Solche Einschränkungen sind durch die Bedürfnisse nicht nur des deutschen Geschäftsverkehrs geboten und verdienen es, überall Normen des internationalen Privatrechts zu werden. Sie finden sich denn auch in den internationalen Wechselrechtsabkommen vom Haag (1912) und von Genf (1930) nicht etwa als Vorbehalte für die einzelnen Vertragsstaaten, sondern als internationales Prinzip, vgl. unten S. 62, 63. Deshalb ist die analoge Erstreckung solcher Sätze auf den Geschäftsverkehr in anderen Ländern nicht so völlig ausgeschlossen, wie man dann annehmen müßte, wenn man sie als Sätze des ordre public zu betrachten hätte.

§ 7. Die Anknüpfungsbegriffe.

Die Frage nach dem anzuwendenden Rechte wird beantwortet im Hinblick auf gewisse Beziehungen von Personen, Gegenständen oder Handlungen zu einem Gebiete. An diese Beziehungen (wie Wohnsitz, Staatsangehörigkeit, Ort des Vertragsschlusses) wird die Antwort und damit das anzuwendende Recht „angeknüpft". Man nennt sie „Anknüpfungsbegriffe" (Anknüpfungstatsachen, Anknüpfungsmomente). Die wichtigsten dieser Beziehungen sind:

1. die *Staatsangehörigkeit* einer Person, ihr *Wohnsitz*, ihr gewöhnlicher *Wohnort*, ihr *Herkunftsort*, ihr *Aufenthaltsort;* vgl. § 8;

2. der *Sitz* einer juristischen Person; vgl. unten § 20;

3. der Ort, an dem sich ein (körperlicher oder unkörperlicher) Gegenstand befindet: das Recht des „*Lageorts*" [oder, indem man die „lex rei sitae" in der Weise des 17. Jahrhunderts noch heute übersetzt, das „Recht der belegenen Sache"]. Es ist insbesondere im Sachenrecht maßgebend; vgl. § 31;

Von dem „Gebiete, in dem sich Gegenstände befinden" (also auch Rechte), handelt Art. 28 EG. — Von „Gegenständen" und „Ansprüchen", die „als im Inland befindlich gelten", ferner § 2369 Abs. 2 BGB, aus dem sich aber kein Prinzip gewinnen läßt.

4. der Ort, an dem eine Handlung vorgenommen (eine Willenserklärung abgegeben, ein Vertrag abgeschlossen, ein Delikt begangen) wird: die *lex loci actus* hat ihre Bedeutung vor allem im Recht der Rechtsgeschäfte und der Deliktsobligationen; vgl. §§ 22, 28;

5. der Ort, an dem eine Verpflichtung zu *erfüllen* ist; nach deutschem internationalen Privatrecht vor allem bedeutungsvoll bei der Frage des Inhalts einer Obligation; vgl. §§ 25, 26;

6. die *Abrede* der Vertragschließenden *über das* auf den Vertrag *anzuwendende Recht.* Darüber, in welchem Umfange Vertragschließende das Recht haben, das anzuwendende Recht zu bestimmen, besteht, mehr in der Theorie als in der Praxis, lebhafter Streit; vgl. unten § 25;

7. der Ort, an dem obrigkeitliche Akte stattfinden. Dahin gehört besonders der *Ort der Prozeßführung*, dessen Recht (die „lex fori") für das vom Richter einzuhaltende Verfahren, aber darüber hinaus auch im internationalen Privatrecht Bedeutung hat. So gilt die lex fori aushilfsweise, wenn das an sich anwendbare ausländische Recht nicht angewendet werden kann, z. B. weil Hindernisse des ordre public entgegenstehen oder weil es in seinem Inhalt nicht feststellbar ist (vgl. auch Art. 21 Abs. 2, 17 Abs. 4 EG BGB). Viele wollen ferner die sog. Qualifikation der lex fori unterwerfen; vgl. unten § 11 II 1). Der Ort des obrigkeitlichen

---

[4] Besonders deutlich ist das für den in Art. 16 Abs. 2 EG genannten § 1357 BGB (Schlüsselgewalt). Der Gedanke, daß für die Vertretungsmacht nicht ausschließlich das Personalstatut des Vertretenen maßgebend ist, daß vielmehr dem Recht des Orts, an dem der Vertreter tätig wird (Recht des Wirkungslandes), Einfluß beizumessen ist, wird auch für die rechtsgeschäftliche Vertretungsmacht vielfach vertreten (vgl. z. B. Dicey, Rule 180), und hat nichts mit dem ordre public des Wirkungslandes zu tun.

Akts ist weiter entscheidend für Akte der freiwilligen Gerichtsbarkeit und für Verwaltungsakte: Beurkundungen von Rechtsgeschäften, Eintragungen in öffentliche Register, Verleihung von Konzessionen und Privilegien, Patenterteilungen, Verleihung der Geldeigenschaft usw.

§ 8. Insbesondere Staatsangehörigkeit, Wohnsitz, Herkunftsort.

MELCHIOR, 435ff. — NUSSBAUM, 104ff. (mit weiterer Lit.). — Zum Recht der Staatsangehörigkeit: GUSTAV SCHWARTZ: Das Recht der Staatsangehörigkeit in Deutschland und im Ausland seit 1914 (in Titze u. Wolff, Rechtsvergl. Abhandl. Heft 1, 1925). — LAPRADELLE u. NIBOYET: Répertoire d. dr. intern. 9, 320ff. (verschiedene Autoren). — ZEBALLOS: La nationalité. Paris 1914ff. — Gute tabellarische Übersichten in MAGNUS: Tabellen zum Internationalen Recht Heft 2, 1926. — Komm. z. deutschen Reichs- u. Staatsangehörigkeitsgesetz v. 22. Juli 1913: von KELLER-TRAUTMANN 1914, E. ISAY 1929.

Man zweifelt darüber, welches der geeignetste Anknüpfungspunkt für alle Fragen ist, die das *Recht der Person* betreffen, vor allem für die Fragen der Rechts- und Geschäftsfähigkeit, des Erbrechts und für die meisten Fragen des Eherechts, des Verwandtschafts- und des Vormundschaftsrechts. Tut man gut, diese Fragen an den Wohnsitz, an den Herkunftsort oder an die Staatsangehörigkeit anzuknüpfen, demnach die *lex domicilii*, die *lex originis* oder die „*lex patriae*" (das „Heimatsrecht") für entscheidend (oder wie man noch heute sagt: zum Personalstatut) zu erklären?

I. Bevor der moderne Begriff der Staatsangehörigkeit als einer Mitgliedschaft in einem Personenverbande entstanden war, konnte man nur entweder die *lex originis* gelten lassen (wobei man als origo nicht den Geburtsort, sondern den angeborenen Wohnsitz, demnach den zur Zeit der Geburt bestehenden Elternwohnsitz betrachtete) oder die *lex domicilii*, das Recht des jeweiligen Wohnsitzes.

Noch das *preußische* Allgemeine Landrecht (§§ 23, 25 Einl.) ließ grundsätzlich den Wohnsitz und, solange ein solcher noch nicht bestand, den Ort der Herkunft entscheiden. Ähnlich heute noch das *britische* Recht, in welchem das jus originis — oder in englischer Auffassung: das „domicil of origin" — so lange maßgebend bleibt, bis ein Wahldomizil, ein „domicil of choice", begründet ist, wozu es aber der nachgewiesenen Absicht bedarf, nicht wieder an den Herkunftsort zurückzukehren[1] (vgl. § 9 I 1). Das Domizilprinzip herrscht auch in *Dänemark* und *Norwegen*, in den *Vereinigten Staaten von Amerika* und in manchen der latein-amerikanischen Staaten (z. B. *Argentinien*).

Unter der Führung des französischen code civil sind die meisten europäischen Länder zum *Staatsangehörigkeitsprinzip* übergegangen. Das ist wohl zu begreifen; es ist unangemessen, die Geschäftsfähigkeit eines Menschen einer Rechtsordnung zu unterstellen, die er selbst durch freie Wohnsitzwahl bestimmen und nach Willkür wechseln kann. Man darf es zum Inhalt der Staatsangehörigkeit rechnen, daß sie auch die persönlichen Fähigkeiten des Menschen bestimmt, ohne daß man sich deshalb den pathetischen Überschwang MANCINIS zu eigen machen müßte. — Demgegenüber ist das Wohnsitzprinzip oder das Prinzip des Herkunftsorts vor allem für zusammengesetzte Staaten und für Einwanderungsländer schwer entbehrlich. Diejenigen Staaten, die das Staatsangehörigkeitsprinzip angenommen haben, sind dennoch genötigt, daneben für gewisse Beziehungen den Wohnsitz oder den Herkunftsort entscheiden zu lassen, sei es weil es an einer Staatsangehörigkeit fehlt, sei es weil innerhalb eines Staatsgebiets räumlich verschiedene Rechtsgebiete bestehen, wie in Polen, Rumänien, Südslawien und der Tschechoslowakei.

Polen hat 1926 durch ein Gesetz über das interlokale Privatrecht für seine Staatsangehörigen das an deren polnischem Wohnsitz geltende Recht als ihr Personalstatut erklärt.

II. In Deutschland gilt das Recht der *Staatsangehörigkeit;* EG Art. 7, 9, 13—15, 17—25. Ob jemand Angehöriger eines bestimmten Staates ist, richtet sich nur nach dem Rechte dieses Staates. Ein anderer Staat kann darüber keine Bestimmungen

[1] Zum englischen Recht: N. BENTWICH: Z. f. ausl. u. intern. PR 5, 57ff.; 6, 715ff.

treffen[2]: ob ein deutsches Mädchen durch Heirat mit einem Ausländer die deutsche Staatsangehörigkeit verliert, entscheidet das deutsche Recht, ob es die fremde Staatsangehörigkeit erlangt, entscheidet nur dieser Staat.

Wohl aber bestehen im Indigenatsrecht *völkerrechtliche* Schranken[3]. Zwar kann jeder Staat beliebige Hindernisse für den Erwerb seiner Angehörigkeit aufstellen. Dagegen kann er nicht, ohne sich einer Völkerrechtswidrigkeit schuldig zu machen, in freier Willkür fremde Staatsangehörige in seine Angehörigkeit hineinzwingen: so wenn Brasilien im Jahre 1891 jeden, der am 15. Nov. 1889 in Brasilien wohnte und nicht binnen 6 Monaten widersprach, zum Brasilianer machte. Ebensowenig darf (was immerhin zweifelhafter sein kann) ein Staat beliebige Gründe für den Verlust seiner Angehörigkeit schaffen, etwa erklären, daß alle seine Angehörigen fremder Muttersprache an einem bestimmten Tage aufhören, dem Staate anzugehören. Vielmehr ist jeder Staat auf die herkömmlichen Erwerbs- und wohl auch auf die herkömmlichen Verlustanknüpfungen beschränkt (Erwerb nach jus soli oder jus sanguinis, Erwerb durch Wohnsitzbegründung, durch Heirat, durch Verleihung eines Staatsamts, Verlust durch Auswanderung, durch Heirat, durch Erlangung fremder Staatsangehörigkeit, auch durch Strafausspruch etwa wegen Landesverrats usw.).

Möglich ist

1. daß jemand *mehreren Staaten angehört*, sei es von Geburt an, sei es durch nachträglichen Hinzuerwerb einer zweiten Staatsangehörigkeit (sog. Mehrstaater, sujet mixte). Mehrfache Staatsangehörigkeit besteht *von der Geburt* an, wenn jus soli und jus sanguinis zusammentreffen So wenn eine deutsche Ehefrau in England oder in Brasilien ein Kind gebiert; da jeder auf englischem oder brasilianischem Boden Geborene dort staatsangehörig wird, erlangt das Kind zugleich die fremde und nach deutschem Recht die deutsche Staatsangehörigkeit. Ein nachträglicher Erwerb einer zweiten Staatsangehörigkeit kann *freiwillig* eintreten. Nach deutschem Recht verliert zwar ein im Inland nicht wohnender Deutscher regelmäßig die deutsche Staatsangehörigkeit, wenn er auf seinen Antrag eine ausländische Staatsangehörigkeit erwirbt. Aber davon gilt nach der im Ausland viel verdächtigten „lex Delbrück" (§ 25 Abs. 2 des Reichs- und Staatsangehörigkeitsgesetzes vom 22. Juli 1913)[4] dann eine Ausnahme, wenn er vor dem Erwerb der ausländischen Staatsangehörigkeit auf seinen Antrag die schriftliche Genehmigung seiner Heimatsbehörde erhalten hat, seine Staatsangehörigkeit beizubehalten. Eine Doppelstaatsangehörigkeit kann auch *durch Eheschließung* eintreten, wenn nach dem Recht des Geburtslandes der Braut ihre angeborene Staatsangehörigkeit durch Heirat nicht verloren geht (Argentinien, Brasilien, Vereinigte Staaten von Amerika, Sowjetrußland u. a.), nach dem Heimatsrecht des Bräutigams aber die Frau dessen Staatsangehörigkeit erlangt (Deutschland, Frankreich u. a.).

Es kommt ferner vor, daß, wenn ein Ehemann oder Vater beim Wechsel der Staatsangehörigkeit die alte Staatsangehörigkeit verliert, seine Frau und Kinder zwar die neue Staatsangehörigkeit des pater familias miterwerben, aber abweichend von ihm die alte daneben behalten: so werden, wenn ein Franzose Italiener wird, seine Frau und Kinder Doppelstaater.

Für die internationalprivatrechtliche und die fremdenrechtliche Behandlung von Mehrstaatern muß unterschieden werden[5]:

a) Ist eine der Staatsangehörigkeiten *die deutsche*, so behandelt das deutsche internationale Privatrecht ihn als Deutschen und ignoriert seine anderen Staatsangehörigkeiten. Auch finden die auf Ausländer bezüglichen Vorschriften des deutschen „inneren" Rechts keine Anwendung.

---

[2] Das französische Gesetz v. 26. Juni 1889 (Fassung des Art. 8 Nr. 1 Abs. 2 code civil) überschritt seinen Machtbereich, indem es bestimmte, nicht wann ein uneheliches Kind Franzose ist, sondern welchen Elternteils Nationalität das Kind folgt! Das franz. StaatsangehörigkeitsG v. 10. Aug. 1927 hat den Fehler nicht wiederholt.

[3] Zum folgenden: TRIEPEL: Z. f. ausl. öff. R u. Völkerrecht 1, 185ff. MELCHIOR, 443f.

[4] Vgl. dazu G. SCHWARTZ: Staatsangehörigkeit 152ff. Man sah in dieser Möglichkeit, insgeheim — ohne Wissen des Domizilstaats — die deutsche Staatsangehörigkeit zu behalten, ein raffiniertes politisches System, hinter dem sich angeblich Spionage und die Absicht wirtschaftlicher Durchdringung versteckten. Vgl. SCHWARTZ, 154[5].

[5] Vgl. v. CAEMMERER: RVglHWB IV 348f.

Wenn ein Deutscher, der zugleich Schweizer ist, in Deutschland heiraten will, so ist es hinreichend und erforderlich, daß kein Ehehindernis deutschen Rechts entgegenstehe: er kann also, dem Art. 100 Nr. 1 SchwZBG zuwider, seine (deutsche) Nichte heiraten. Ob er seinen Wohnsitz in der Schweiz oder in Deutschland hat, ist hierfür gleichgültig. — Begeht er im Ausland eine unerlaubte Handlung, so kommt ihm Art. 12 EG zugute. — Stirbt er, so wird er nach deutschem Recht beerbt. — Will er in Hamburg Grundbesitz erwerben, so bedarf er nicht der Staatsgenehmigung, die (in Ausführung des Art. 88 EG) das Hamburger Recht für Ausländer verlangt. — M. E. ist aber nach zwei Richtungen eine Ausnahme zu machen:

1. Für die Frage der *Volljährigkeit* muß es genügen, daß er nach einem der beiden Heimatsrechte volljährig ist. Die analoge Anwendung des Art. 7 Abs. 2 EG ist geboten: bleibt ein 20jähriger Nurschweizer volljährig, wenn er danach Deutscher wird, so liegt es nahe, seine Schweizer Volljährigkeit bei uns auch dann anzuerkennen, wenn er schon vorher (auch) Deutscher war[6].

2. Erläßt ein Staat in Kriegszeiten oder in deren Nachwirkung Gesetze, die sich gegen Angehörige eines *Feindstaats* oder eines früheren Feindstaats richten, so wird *im Einzelfall* zu prüfen sein, ob ein solcher Angehöriger, der zugleich dem eigenen Staat angehört, als Feind oder als Freund zu behandeln ist: es wäre schematisch, ihn unter allen Umständen als eigenen Staatsangehörigen zu behandeln; so wenn er während des Kriegs den Heimatsstaat beschimpft und sich auf die Seite des Feindstaats gestellt hat. — Deshalb kann auch der Deutsche es nicht tadeln, wenn England den Schriftsteller Houston Stewart Chamberlain, der als Brite geboren ist und im Krieg die deutsche Reichsangehörigkeit hinzu erlangte, nach dem Kriege als Deutschen behandelt hat[7].

b) Ist *keine* der Staatsangehörigkeiten *die deutsche*, so wird der deutsche Richter (oder Verwaltungsbeamte) diejenige Staatsangehörigkeit des Mehrstaaters gelten lassen, zu welcher dieser in engerer Beziehung steht. So hat den Vorrang die, mit der sich sein Wohnsitz oder dauernder Aufenthalt verbindet[8]. Wohnt er in keinem der beteiligten Länder, so wird meist eine sonstige nähere Beziehung zu finden sein: das Land eines früheren Wohnsitzes, die jüngere Staatsangehörigkeit (z. B. die durch Eheschließung hinzuerworbene) und äußerstenfalls (bei den Mehrstaatern von Geburt) die des jus sanguinis[9].

Gebiert z. B. eine italienische Ehefrau in London ein Kind (das daher zugleich Italiener und Brite ist) und stirbt das Kind mit einem Wohnsitz in Paris, den es stets gehabt hat, so wird der deutsche Richter für die Beerbung italienisches Recht anwenden.

2. daß jemand keinem Staate angehört (*Staatenlose*, „Heimatlose", Apatriden). Es gibt Staatenlose von Geburt und staatenlos Gewordene. Staatenlos geworden sind insbesondere Ende 1921 viele Tausende russischer Emigranten; staatenlos werden ferner Mädchen, wenn sie durch Verheiratung mit einem Ausländer die angeborene Staatsangehörigkeit verlieren, aber die des Mannes nicht erhalten (z. B. deutsche Mädchen, die einen Brasilianer, Argentinier, einen Angehörigen der Vereinigten Staaten von Amerika, einen Russen heiraten). Von Geburt staatenlos sind vor allem die Kinder Staatenloser.

Von Geburt staatenlos sind auch Zigeuner, ferner uneheliche Kinder, die in Deutschland von solchen Ausländerinnen geboren werden, in deren Heimat das jus soli herrscht (Südamerikanerinnen, Engländerinnen).

a) Das Personalstatut des staatenlos *Gewordenen* ist das Recht desjenigen *Staates, dem er früher angehört hat*; Art. 29 EG. Das ist für die durch Verheiratung mit einem Ausländer staatenlos gewordenen Frauen verständlich: das vormals deutsche Mädchen bleibt weiter dem deutschen Recht unterworfen. Dagegen ist es wenig angemessen, daß Art. 29 den deutschen Richter nötigt, die aus dem aufgelösten zaristischen Reich Entflohenen nach den Gesetzen Sowjetrußlands (denen ihre Flucht galt), zu beurteilen[10]. Dennoch geht es nicht an — wie man bisweilen

---

[6] Anders für das Ehefähigkeitsalter: wird ein 17jähriger (ehefähiger) Serbe Deutscher, so ist er nicht ehefähig; war er seit Geburt Serbe und Deutscher, so wird er (für Art. 13 EG) mit 17 Jahren nicht ehefähig.

[7] In re Chamberlains Settlement, Law Reports 1921, Chancery Div. II S. 533. Vgl. Kramer v. Attorney-General: Law Reports 1922, Chanc. Div. II S. 850ff. Ablehnend gegenüber diesen Entscheid.: G. Schwartz: a. a. O. 75f.

[8] So auch der Vorschlag des Institut de droit international in der Tagung von Oslo (1932).

[9] Vgl. Frankenstein, I 92. Melchior, 448. [10] Vgl. einzelnes bei Nussbaum, 111[1].

gemeint hat —, sie dem Recht der Zarenzeit zu unterwerfen, da dieses Recht nicht mehr gilt.

Es wäre besser, die staatenlos Gewordenen wie die staatenlos Geborenen zu behandeln, also das Recht des Wohnsitzes (vgl. zu b) auf sie anzuwenden, wie das auch den Internationalprivatrechten des Auslandes zumeist entspricht[11].

b) Das Personalstatut des staatenlos *Geborenen* ist das Recht desjenigen Staates, in dem er seinen Wohnsitz oder (beim Fehlen eines Wohnsitzes) seinen Aufenthalt hat; Art. 29 EG. Hat er mehrere Wohnsitze, so wird (ähnlich wie bei den Mehrstaatern) derjenige Wohnsitz entscheiden, der im Inland liegt[12], und wenn kein inländischer Wohnsitz da ist, derjenige, zu dem die festeste Beziehung besteht, der der „Hauptwohnsitz" (principal établissement) ist.

§ 9. Scheinbare Gleichheit der Anknüpfungsbegriffe.

KAHN: Abhandl. I 92ff. und die daran anknüpfende Literatur über die Qualifikationen; vgl. unten § 11.

I. Es kommt vor, daß die Internationalprivatrechte zweier Staaten die *gleichen Anknüpfungsbegriffe* zu verwenden *scheinen*, daß also die materielle Entscheidungsgleichheit gewährleistet zu sein scheint, daß aber in Wahrheit in den beiden Staaten mit demselben Wort Verschiedenes bestimmt wird. Das begegnet besonders bei den Anknüpfungsbegriffen „Wohnsitz", „Ort des Vertragsschlusses", „Erfüllungsort".

1. *Wohnsitz.* Das deutsche BGB läßt einen Wohnsitz da entstehen, wo ein Geschäftsfähiger sich ständig niederläßt; es kennt daneben eine Reihe gesetzlicher Wohnsitze und läßt die Möglichkeit mehrerer gleichzeitiger Wohnsitze zu (§§ 7ff.). Die romanischen Rechte unter Führung des code civil (art. 102ff.) verlangen unité du domicile und weichen auch in Ansehung der Legalwohnsitze mannigfach vom deutschen Rechte ab[1]. Das englische Recht hat einen ganz eigenen Wohnsitzbegriff (Prävalenz des domicil of origin; vgl. oben § 8 I).

2. Der *Ort des Vertragsschlusses* liegt bisweilen (Frankreich) da, wo die Annahmeerklärung abgegeben wird, bisweilen da, wo sie zugeht (Belgien)[2].

3. Ebenso bestehen bezüglich des *Erfüllungsorts* Verschiedenheiten. So liegt bei Geldschulden nach deutschem Recht der Erfüllungsort am Wohnsitz des Schuldners (BGB § 270 Abs. 4), nach schweizerischem Recht (OblR Art. 74 Nr. 1) und den meisten Rechtsordnungen am Wohnsitz des Gläubigers.

II. Die Frage, welche Begriffsbestimmung maßgebend ist, wenn es sich darum handelt, den Anknüpfungspunkt im internationalen Privatrecht zu fixieren, ist oft zu unrecht als eine Frage der „Qualifikation" aufgefaßt und mit der Frage der rechtlichen Einordnung (Qualifikation) der *anzuknüpfenden* Lebensverhältnisse zusammengeworfen worden[3]. Sie hat mit ihr nichts zu tun.

Wenn z. B. eine internationalprivatrechtliche Norm lautet: „Für die Beerbung eines Menschen ist das Recht seines letzten Wohnsitzes maßgebend", oder „schuldrechtliche Verträge sind nach dem Recht des Erfüllungsorts zu beurteilen", so ist die Frage, ob ein Anfall erblosen Nachlasses an den Staat erbrechtlich ist, ob ein Mietvertrag schuldrechtlich ist, eine Frage der rechtlichen Kennzeichnung (Einordnung) des „Anzuknüpfenden". Sie wird nicht von der internationalprivatrechtlichen Norm oder gar von der (materiellrechtlichen) lex fori beantwortet, wie unten § 11 zu zeigen ist: was zur Beerbung, was zur Klasse der Schuldverträge gehört, ist vielmehr aus dem „Wirkungsstatut" zu ermitteln. Anders aber bezüglich der „Anknüpfungsbegriffe" (Wohnsitz, Erfüllungsort). Hier kann die Kollisionsnorm nicht die Zurückhaltung üben, die sie angemessenerweise bei Bestimmung des Anzuknüpfenden übt; sie muß selbst angeben, wie man den Wohnsitz, den Erfüllungsort bestimmt.

Die Frage ist eine einfache Frage der *Auslegung derjenigen internationalprivatrechtlichen Norm*, die der Richter anzuwenden hat. Wendet der deutsche Richter

---

[11] Nachweisungen bei MELCHIOR, 449 Anm. 1 und Vorschlag des Institut de droit international (Tagung von Oslo 1932).

[12] Herrschende Lehre. A. M. MELCHIOR, 456.

[1] Genaueres bei v. CAEMMERER: RVglHWB IV 351. ARMINJON: Rev. Darras 27, 613ff.

[2] Vgl. NUSSBAUM, 217. FRANKENSTEIN, II 153f. Vgl. über deutsches Recht unten § 22 II.

[3] Dieser Fehler sogar in RG 138, 345, wo für die Frage der „Einordnung rechtlicher Tatbestände" irrigerweise die Entscheidung des RG 95, 166 zitiert wird.

eigenes internationales Privatrecht an (wie zunächst stets), so hat er demnach zu prüfen, was das deutsche EG unter „Wohnsitz“ (Art. 29, 15 Abs. 2, 16, 24 Abs. 2 usw.) oder unter dem „Ort, an dem das Rechtsgeschäft vorgenommen wird“ (Art. 11 Abs. 1 Satz 2) versteht, wie das deutsche internationalprivatrechtliche Gewohnheitsrecht den „Erfüllungsort“ bestimmt[4]. Es wäre *denkbar*, daß alle diese Ausdrücke im deutschen Kollisionsrecht eine andere Bedeutung hätten als im deutschen materiellen Zivilrecht[5]. Das ist für die Begriffe Wohnsitz und Erfüllungsort nicht der Fall; sie sind im deutschen internationalen Privatrecht ebenso wie im BGB zu verstehen. Der Begriff „Ort, an dem das Rechtsgeschäft vorgenommen wird“ begegnet im BGB nicht und ist für das internationale Privatrecht (EG Art. 11) selbständig zu entwickeln. Vgl. § 22 II.

Wendet der deutsche Richter dagegen *fremdes* internationales Privatrecht an, wozu er durch die Normen über Rück- und Weiterverweisung genötigt ist (vgl. § 13), so hat er die in diesem vorkommenden Anknüpfungsbegriffe nicht aus dem deutschen, sondern aus dem fremden Recht (und zwar dem fremden Kollisionsrecht) auszulegen.

Zieht ein in London geborener Engländer von London nach Wiesbaden in eine von ihm erworbene Villa, behält er aber sein Londoner Haus und sieht er dort alle paar Jahre einmal nach dem Rechten, so hat er im Sinne des deutschen Rechts seinen Wohnsitz nur in Wiesbaden, im Sinne des englischen nur in London; stirbt er, so gilt für seine Beerbung englisches Recht (Art. 25 EG); das englische internationale Privatrecht (nach dem das Wohnsitzrecht maßgebend ist) verweist hier auf deutsches Recht nicht zurück, da der deutsche Richter nicht den deutschen Wohnsitzbegriff zugrunde legen darf.

Wenn in internationalprivatrechtlichen *Staatsverträgen* die Anknüpfungsbegriffe mit Ausdrücken bezeichnet werden, die in den einzelnen Vertragsstaaten verschiedene Bedeutung haben, so wird — sofern nicht der Vertrag klarstellt, in welchem Sinne er den Ausdruck gebraucht[6] — eine für alle Vertragsstaaten gleiche Wortdeutung zu wählen sein; vgl. oben S. 20[47].

§ 10. Fraudulose Anknüpfungen (Anknüpfungen in der Absicht der Gesetzesumgehung).

Ottolenghi: La frode alla legge e la questione dei divorzi fra italiani, Torino 1909. — Arminjon: Journal Clunet 1920, 409ff., 1921, 64ff. — Niboyet: Genter Revue 1926 (53), 485ff.; Manuel[2] 571ff. — Helene Bertram: Die Gesetzesumgehung im IntPR 1928. — Neuner: Z. f. ausl. u. intern. PR 3, 461. — Frankenstein: IntPR I 159ff. — Nussbaum: IntPR 72ff. (mit Lit.). — Melchior: Grundlagen 373ff. — J. Vetsch: Die Umgehung des Gesetzes (Zürich 1917) 146ff.

I. Bisweilen wollen die Parteien zwingende Normen, die nach dem maßgebenden Recht ihrem Vorhaben entgegenstehen, aus dem Wege räumen, indem sie ein Anknüpfungsmoment herstellen, das die Anwendung einer anderen Rechtsordnung zur Folge hat. Sie schalten die unbequemen und kostspieligen *Formen* des eigenen Rechts dadurch aus, daß sie das Geschäft im Ausland schließen. Sie gründen die Aktiengesellschaft, die im Inland arbeiten soll, in einem Staate mit laxerem Aktienrecht und bestimmen, daß dort der *Sitz* der Gesellschaft sein soll. Sie räumen *Ehehindernisse* aus, indem sie in einem Lande heiraten, das diese Hindernisse nicht kennt und die fremden Hindernisse nicht beachtet[1]. Sie ermöglichen durch Erwerb

[4] RG 95, 166.

[5] Rabel: Z. f. ausl. u. intern. PR 5, 241ff., 248.

[6] Das stellt z. B. der Cód. Bustamante für den Wohnsitzbegriff Art. 22ff. klar. — Das Haager Ehescheidungsabk. Art. 5, 2 bestimmt dagegen den „Wohnsitz“ nicht. — Meist werden verständigerweise in den Staatsverträgen die Anknüpfungsbegriffe mit Worten bezeichnet, die keine bestimmte rechtstechnische Bedeutung haben: z. B. „gewöhnlicher Wohnort“ (résidence habituelle). So auch die Entwürfe der 6. Haager IntPR-Konferenz.

[1] Besonders in den Vereinigten Staaten von Amerika wichtig, da dort internationalprivatrechtlich die lex loci actus nicht nur über die Form der Eheschließung, sondern auch über die Ehehindernisse entscheidet; vgl. § 35 I 1.

einer fremden Staatsangehörigkeit eine nach ihrem bisherigen Heimatsrecht (Österreich, Italien) unzulässige *Ehescheidung*[2]. Ein in London wohnhafter Deutscher oder Franzose erwirbt die englische Staatsangehörigkeit, um ohne Rücksicht auf Pflichtteils- oder Noterbrechte *testieren* zu können. Eine außerehelich Geschwängerte wechselt vor der Niederkunft Wohnsitz oder Staatsangehörigkeit, um dem Kinde bessere Ansprüche gegen den *Erzeuger* zu verschaffen. Ein Schuldvertrag wird kraft *Parteiautonomie* einem Recht unterworfen, nach dem er gültig ist, während er ohne dies nichtig wäre[3]. Ein Eigentümer in Aachen schafft die Sache über die belgische Grenze, um sie ohne Übergabe (und ohne Besitzkonstitut) *veräußern* zu können, und fährt dann mit der Sache nach Aachen zurück. Ein Schweizer *Finder* bringt die von ihm in Basel gefundene Sache nach Ablauf eines Jahres nach Lörrach, um statt nach den 3 Jahren des Schweizer Rechts sogleich (nach Ablauf der deutschen Jahresfrist; § 973 BGB) Eigentum zu erwerben.

II. In einem (kleinen) Teil solcher Fälle läßt sich damit helfen, daß die fraudulose Anknüpfung wegen *Simulation* unwirksam ist. In anderen Fällen mißlingt die Anknüpfung, weil die Grenzen der Parteiautonomie überschritten werden (so in dem Falle Anm. 3), oder weil es nicht wahr ist, daß eine nur vorübergehende Verbringung einer Sache ins Ausland den situs rei verschöbe (vgl. unten § 31 II). In den übrigen Fällen helfen einige Staaten durch gesetzliche Anordnungen.

So gilt in einer (kleinen) Zahl der Vereinigten Staaten von Amerika der *Uniform Marriage Evasion Act* von 1912, der die Eheschließung in fraudem legis bekämpft, sowie der *Uniform Annulment of Marriage and Divorce Act* von 1907, der sich u. a. gegen ausländische Scheidungen in fraudem legis richtet[4]. So erklärt ein Schweizer Gesetz (ZivGB Schlußtitel Art. 61, 7f) eine im Ausland geschlossene Ehe dann für nichtig, wenn der Abschluß „in der offenbaren Absicht, die Nichtigkeitsgründe des schweizerischen Rechts zu umgehen, ins Ausland verlegt worden ist".

III. Den *deutschen* Gesetzen ist eine allgemeine Anordnung dieser Art fremd. Das EG BGB sorgt zum Teil durch den Inhalt seiner Kollisionsnormen dafür, daß Umgehungsbestrebungen durchkreuzt werden, und zwar ohne daß im Einzelfall das Vorhandensein einer Umgehungsabsicht geprüft werden müßte. Die Anknüpfung der Geschäftsfähigkeit, des Eherechts, des Eltern- und Kindesrechts, des Erbrechts an die Staatsangehörigkeit (statt einer Anknüpfung an den Wohnsitz) wirkt hier günstig, da die fraudulose Herstellung eines neuen Wohnsitzes erheblich leichter möglich ist als der fraudulose Erwerb einer neuen Staatsangehörigkeit. In einigen Normen wird dem arglistigen Wechsel der Staatsangehörigkeit der Stachel dadurch genommen, daß das Gesetz den *maßgeblichen Zeitpunkt fixiert* und einen nachträglichen (redlichen oder unredlichen) Wechsel ignoriert: so im Ehegüterrecht, wo (Art. 15) der Zeitpunkt der Eheschließung maßgebend bleibt, und im Ehescheidungsrecht, wo (Art. 17 Abs. 2) ein Ereignis, das nach dem Heimatsrecht des Mannes kein Scheidungsgrund ist, nicht dadurch zum Scheidungsgrund werden kann, daß der Mann ein scheidungsfreundlicheres Heimatsrecht erlangt. Ebenso in den Haager Abk. (Ehewirkungsabk. Art. 2, EhescheidAbk. Art. 4).

Hierher gehört es auch, daß das deutsche Gesetz *dem Ort der Vornahme eines Geschäfts* sehr geringe Bedeutung beilegt: weder ist (im Gegensatz zu Amerika) der Eheschließungsort für

---

[2] Berüchtigt die „Klausenburger Ehen" (Österreicher gingen, von Tisch und Bett geschieden, nach Ungarn und ließen sich — ungarischem Recht gemäß — vom Bande scheiden, um dann dort wieder zu heiraten); ferner die Ehescheidungen von Fiume (Italiener ließen sich dort die ungarische Staatsangehörigkeit oder [eine Zeitlang] die des Freistaates Fiume verleihen oder erwarben sie durch Adoption und erreichten die Scheidung, die ihnen in Italien nicht möglich war). In den Vereinigten Staaten von Amerika spricht man bei solcher fraudulosen Verlegung von Scheidungsprozessen in scheidungsfreundlichere Staaten von „migratory divorces".

[3] RG 44, 300: ein 1897 in Sachsen unter Sachsen geschlossener Ehemäklervertrag war von den Parteien dem preußischen Recht unterstellt worden, da nach diesem (abweichend von sächsischem Recht) der Ehemakellohn klagbar war; das RG wendet dennoch sächsisches Recht an.

[4] KESSLER: Z. f. ausl. u. intern. PR 1, 194, 197.

das Recht der materiellen Ehevoraussetzungen oder der Ehescheidungsort (allein) für die Scheidungsvoraussetzungen maßgebend, noch spielt im materiellen Schuldvertragsrecht der Ort des Vertragsschlusses (im Gegensatz zu vielen romanischen Rechten) eine Rolle. Nur für die *Form* eines Rechtsgeschäfts ist es als genügend erklärt, daß die am Ort der Vornahme geltenden Vorschriften gewahrt werden (Art. 11 Abs. 1 Satz 2 EG): hier ist also die Ausräumung einer unbequemen Formvorschrift durch Verlegung des Geschäftsschlusses ins Ausland in der Tat denkbar (aber es ist zu bezweifeln, daß solche Verlegung gegen den Geist des deutschen Rechts verstieße; vgl. unten IV 1).

IV. Damit werden durchaus nicht alle Fälle der fraudulosen Anknüpfung getroffen. Die französische Wissenschaft hat, in Anlehnung an einen alten mehrdeutigen Spruch „fraus omnia corrumpit", die These aufgestellt, daß jede arglistige Ausschaltung eines Rechtssatzes durch Herstellung einer fremdrechtlichen Anknüpfung unwirksam, der ausgeschaltete Rechtssatz also dennoch anzuwenden sei; die französische Praxis ist dem überwiegend gefolgt. In Deutschland steht man dem Gedanken skeptischer gegenüber. Im inneren deutschen Recht spricht man von einem in fraudem legis agere, einem rechtsgeschäftlichen Schleichweg, nicht schon dann, wenn die Parteien „einem Rechtssatz ausweichen" (REGELSBERGER), sondern erst dann, wenn sie damit dem wirtschaftlichen oder sozialen Zwecke dieses Rechtssatzes zuwiderhandeln. Auch im deutschen internationalen Privatrecht wird hiervon auszugehen sein. Es wird daher zunächst

1. zu prüfen sein, ob die künstliche Ausschaltung eines Rechtssatzes durch Herstellung einer fremdrechtlichen Anknüpfung *gegen den Zweck dieses Rechtssatzes* verstößt.

Das ist auch bei bewußter „Umgehung" durchaus nicht immer der Fall. Der Konstanzer, der eine Schenkung versprechen will, und, um die Notarkosten zu sparen, über die Schweizer Grenze fährt und in Kreuzlingen eine private Schenkungsurkunde ausstellt, handelt nicht gegen den Zweck des § 518 BGB[5], da dieser nicht darauf geht, den Notaren Gebühren und dem Fiskus Steuern zuzuführen.

2. Verstößt die Gesetzesausschaltung gegen den Zweck eines *deutschen* Rechtssatzes, so wird regelmäßig mit der Vorbehaltsklausel des Art. 30 EG und des § 328 Nr. 4 ZPO zu helfen sein. Zwar denken diese Bestimmungen an solche deutschen Gesetze, die *allgemein* dem sonst anwendbaren ausländischen Recht zum Trotz gelten wollen; vgl. § 12 II 2. Aber auch Gesetze, die das nicht wollen, können einer *arglistigen* Ausschaltung gegenüber zu gelten beabsichtigen.

So will das Scheidungsrecht des BGB an sich nur für Scheidungen in Deutschland und für Auslandsscheidungen Deutscher (oder staatenlos Geborener mit Wohnsitz in Deutschland) gelten. Aber wenn ein in Berlin wohnhafter Staatenloser, der nach deutschem Recht keinen Scheidungsgrund hat, seinen *Wohnsitz* nach Riga verlegt und sich dort auf Grund des leichten lettischen Scheidungsrechts scheiden läßt[6], so würde die Anerkennung dieses Urteils gegen die Zwecke des deutschen Gesetzes verstoßen und daher nach § 328 ZPO abzulehnen sein. Auch gegenüber dem Wechsel der *Staatsangehörigkeit* ist gegebenenfalls der Einwand zulässig, daß er zum Zwecke der Ausschaltung deutscher Normen bewirkt worden ist: gelingt es einem deutschen Ehepaare, unter Aufgabe der deutschen die belgische Staatsangehörigkeit zu erlangen, und sich in Brüssel auf Grund wechselseitiger Einwilligung scheiden zu lassen, so hat der deutsche Richter (ohne etwa den Erwerb der belgischen Staatsangehörigkeit in Frage zu stellen) dem Urteil die Anerkennung schon aus § 328 Nr. 4 ZPO zu versagen.

3. Verstößt dagegen die fraudulose Anknüpfung gegen den Zweck eines *ausländischen* Gesetzes, so ist die deutsche Vorbehaltsklausel des Art. 30 EG nur dann anwendbar, wenn entweder das ausländische Gesetz im Wege der Weiterverweisung anwendbar ist (vgl. § 12 V 1) oder der Verstoß zugleich einen Verstoß gegen die *guten Sitten deutscher* Auffassung enthält.

Das letztere ist meist nicht der Fall. Der Österreicher, der dem § 65 AllgBGB zum Trotz seine Kusine heiraten will und, um es zu können, zugleich mit ihr die schweizerische oder die deutsche

---

[5] LEWALD, 68, 87 u. a. — Anders RAAPE, S. 189. — In Frankreich sieht man die Verlegung von Vertragsschlüssen in das Ausland als einen Hauptfall der Gesetzesumgehung an.

[6] Vgl. den Fall Max Reinhardt: JurW 1932, 3844f. (mit begründeter Kritik FRANKENSTEINS).

Staatsangehörigkeit zu erlangen sucht, handelt nach deutscher Auffassung nicht gegen die guten Sitten; ebensowenig der Italiener oder der österreichische Katholik, der Deutscher oder Franzose wird, nur um eine Scheidung vom Bande der Ehe zu erwirken. — Anders, wenn ein Franzose, um seine Stieftochter heiraten zu können, (zugleich mit ihr) New Yorker Staatsbürger wird und in New York dortigem Recht entsprechend die Ehe mit ihr schließt: hat der deutsche Richter über die Gültigkeit dieser Ehe zu entscheiden, so wird er in solchem Ausräumen eines nach europäischer Auffassung so ernsten Hindernisses eine grobe Unsittlichkeit sehen und deshalb die Ehe für nichtig erklären müssen (mag er auch die zwischen zwei echten New Yorkern also geschlossene Ehe anerkennen; vgl. §§ 12 II 1e, 35 V). Oder: ein in London wohnender Franzose erwirbt die englische Staatsangehörigkeit nur, um seine (französischen) Kinder um ihr Noterbrecht bringen zu können, und testiert ohne Rücksicht auf sie: m. E. hat auch der deutsche Richter, obwohl er die englische Staatsangehörigkeit des Erblassers anzuerkennen und daher englisches Erbrecht anzuwenden hat, diese Anwendung insoweit zu unterlassen, als dadurch die portion réservée, die den Kindern auf Grund des code civil gebührt, geschmälert würde.

So reicht die allgemeine Vorbehaltsklausel m. E. aus, um die fraudulose Anknüpfung wirksam zu bekämpfen, und es bedarf nicht der von der französischen Wissenschaft überwiegend empfohlenen Loslösung der fraude faite à la loi von dem ordre public[7].

§ 11. Die Einordnung der Rechtsverhältnisse („Qualifikationen").

Fr. Kahn: Abhandl. z. IntPR I 92ff. (1891), 317f. (1901). — Bartin: Journ. Clunet 24 (1897), 225ff., 466ff., 720ff., Principes I 221ff. — Despagnet: Journ. Clunet 25 (1898) 253ff. — Rabel: Z. f. ausl. u. int. PR 5, 241ff. — Neuner: Der Sinn der internationalprivatrechtlichen Norm 1932 (dazu Lewald: JurW 1932, 2253). — Melchior, 107ff. — Frankenstein, I 273ff. — Nussbaum, 45ff. — Gutzwiller, 1543[2]. — Raape, 15ff. — Lorenzen: Columbia Law Review 20 (1920) 247ff. — P. Wigny: Essai sur le droit int. privé américain 1932, 226ff.

I. Jede Rechtsordnung gibt den von ihr geregelten menschlichen Beziehungen einen bestimmten rechtlichen Charakter. Sie charakterisiert die Miete als dinglich oder als persönlich, die Vermögensrechte einer Ehefrau bei Eheauflösung als ehegüterrechtlich oder als erbrechtlich, den Unterhaltsanspruch der Ehefrau als ehegüterrechtlich oder als ehepersonenrechtlich, das Anfallsrecht des Staates auf den sog. erblosen Nachlaß als erbrechtlich oder heimfallsrechtlich, den Erbschaftskauf als erbrechtlich oder schuldrechtlich, das Eheaufgebot oder den Verwandtenkonsens als materielle Ehevoraussetzung oder als Teil der Eheschließungsform[1], die Verjährung als privatrechtlich oder als prozeßrechtlich, die Beschränkungen des Kridars als Ausfluß einer Beschränkung der Geschäftsfähigkeit oder des Verfügungsrechts, den Verlöbnisbruch als Vertragsverletzung oder als Delikt. Solche *rechtlichen Kennzeichnungen* (man nennt sie seit Bartin „Qualifikationen") haben nicht nur (als Konstruktionen) systematischen und erzieherischen Wert, sondern sie sind fast immer Teile von Rechtssätzen, abkürzende Wendungen für eine Fülle von Rechtsbefehlen.

Die „schuldrechtliche" Natur der Miete in Deutschland bedeutet z. B.: die Miete ist nicht fähig, in das Grundbuch eingetragen zu werden; sie erlischt bei Vereinigung mit dem Eigentum; sie wirkt nicht gegen alle Dritten usw. — Die „ehegüterrechtliche" Natur der Frauenrechte bei Eheauflösung bedeutet: Rechtsgeschäfte darüber sind (vielleicht) als Eheverträge, nicht als Testamente oder Erbverträge zulässig; die Rechte der Frau unterliegen nicht der Disposition des Mannes; die Nachlaßgläubiger haben darauf keinen Zugriff und manches andere.

Daher hat der inländische Richter, der ein ausländisches Gesetz anzuwenden hat, auch diejenigen ausländischen Normen anzuwenden, deren Anwendung aus jener auslandsrechtlichen Einordnung (Qualifikation) folgt, und die Anwendung solcher Auslandsnormen zu unterlassen, die nur bei einer abweichenden Einordnung angewendet werden könnten.

Darüber scheint kein Streit zu bestehen. Ist z. B. ein in Paris zwischen Franzosen abgeschlossenes, in Paris zu erfüllendes Verlöbnis in Paris gebrochen worden, so hat der wegen des

[7] Herrschende deutsche Lehre. A. M. insbes. Gutzwiller in der Besprechung von Bertram: JurW 1929, 3474.

[1] Vgl. dazu unten § 22[11].

Verlöbnisbruchs angegangene deutsche Richter zweifellos den Verlöbnisbruch französischem Rechte gemäß als unerlaubte Handlung (art. 1382 code civil) und nicht deutschem Rechte gemäß als Vertragsbruch zu behandeln; er hat folglich, dem französischen Deliktsrecht folgend[2], eine Entschädigung nur zuzusprechen, wenn der Bruch aus Laune, Leichtfertigkeit oder Treulosigkeit geschehen ist und dies vom klagenden Teil (anders in Deutschland und anders nach französischem Vertragsrecht) bewiesen wird; er darf die Frage der rechtlichen „Gültigkeit“ der Verlobung (z. B. mit einer Minderjährigen) nicht stellen[3].

II. Schwierigkeiten entstehen erst dann, wenn die Frage, welches von mehreren Rechten auf ein bestimmtes Lebensverhältnis anzuwenden sei, davon *abhängt, welche rechtliche Natur* diesem Lebensverhältnis zuzusprechen sei, und *diese* Frage von jedem der beteiligten Rechte *verschieden* beantwortet wird[4]. So ist z. B. ein Ehemann sowohl nach österreichischem Recht wie regelmäßig nach deutschem Recht verpflichtet, der Frau die Prozeßkosten vorzuschießen: in Deutschland ergibt sich diese Pflicht aus dem gesetzlichen Ehegüterrecht (§ 1387 BGB); in Österreich wird sie als Teil der allgemeinen Unterhaltspflicht, sonach als personenrechtliche Ehewirkung, aufgefaßt. Hat der deutsche Richter, wenn das Ehepaar bei Eheschließung deutsch war und nachher die österreichische Staatsangehörigkeit erwarb, das deutsche oder das (in Einzelheiten abweichende) österreichische Recht anzuwenden? Die Antwort hängt davon ab, wie er das in beiden Rechten anerkannte Verhältnis rechtlich kennzeichnet. Ordnet er es in das Ehegüterrecht ein, so muß er darauf deutsches Recht anwenden, da nach EG Art. 15 das Ehegüterrecht sich nach dem Heimatsrecht der Eheschließungszeit richtet; kennzeichnet er es dagegen als personenrechtliche Ehewirkung, so hat er österreichisches Recht anzuwenden, da die Ehewirkungen nach Art. 14 EG von dem jeweiligen Heimatsrecht geordnet werden.

1. Eine verbreitete Lehre (Bartin, Kahn und die meisten)[5] will diese Frage von der *lex fori*, d. h. von dem *materiellen* Recht, das im Gerichtsbezirk gilt, beantwortet sehen: der deutsche Richter hätte danach in dem angeführten Beispiel die Einreihung der Kostenvorschußpflicht in das Ehegüterrecht (BGB § 1387) zu beachten und also EG Art. 15 anzuwenden, der auf deutsches materielles Recht verweist; der österreichische Richter hätte umgekehrt vorzugehen.

Andere Beispiele: a) Eine „Fortsetzung der Gütergemeinschaft“ einer Witwe mit ihren minderjährigen Kindern erscheint, wenn die Gatten bei Eheschließung Niederländer waren und dann Deutsche geworden sind, nach der Kennzeichnung des deutschen BGB als ehegüterrechtlich, nach der des niederländischen Rechts als Norm des Eltern- und Kindesrechts; der deutsche Richter hätte die niederländische Einordnung nicht zu berücksichtigen. — b) Starb 1919 ein Russe unter Hinterlassung von Vermögen in Deutschland, so hätte, gemäß der Lehre von der Einordnung nach der lex fori, der deutsche Richter den russischen Staat als Erben zu behandeln, da das deutsche BGB das staatliche Recht auf Anfall von Nachlässen als erbrechtlich ansieht und obwohl Rußland das Erbrecht überhaupt aufgehoben und dem Staat ein Heimfallsrecht zugesprochen hatte.

Diese Lösung ist eine Verlegenheitslösung. Ein innerer Grund für sie fehlt. Sie versagt zudem dann, wenn der lex fori ein Rechtsverhältnis der zu qualifizierenden Art fehlt.

So kennt z. B. das deutsche Recht kein *Beisitzrecht* des überlebenden Gatten; soll der deutsche Richter es als sachenrechtlich, als ehegüterrechtlich oder als erbrechtlich kennzeichnen? So kennt das BGB kein Verbot und keine Widerruflichkeit der *Schenkungen unter Ehegatten*; es kann daher kaum entscheiden, ob solche Norm eherechtlich oder obligationsrechtlich einzuordnen sei. Oder soll man gar die Frage stellen: wie würde das deutsche BGB, wenn es eine derartige Norm hätte, sie rechtlich gekennzeichnet haben?

---

[2] Vgl. Planiol et Ripert: Traité pratique II (1926) 72ff.

[3] Abweichend läge es nach der deutschrechtlichen Einordnung der Verlobung in das Vertragsrecht; RG 61, 268.

[4] Darüber, daß die Frage der Einordnung des Anzuknüpfenden nicht mit der Frage verwechselt werden darf, wie der Anknüpfungsbegriff (Wohnsitz, Erfüllungsort usw.) zu bestimmen ist, vgl. oben § 9 II.

[5] Auch RG 138, 245 (vgl. oben S. 30[3]). — Ebenso der rumänische Vorentwurf (1932) Tit. Prelim. Art. 66 (Z. f. ausl. u. int. PR 6, 752).

2. Mit Recht betont demgegenüber ERNST RABEL (a. a. O.)[6]: die Einordnung von Rechtsverhältnissen setzt zunächst eine Auslegung der vom Richter anzuwendenden *internationalprivatrechtlichen Norm* voraus, regelmäßig daher der eigenen, im Falle der Rück- oder Weiterverweisung der fremden internationalprivatrechtlichen Norm. Die juristische Einordnung der im *materiellen* Recht eines Staats enthaltenen Begriffe kann von der Einordnung der im internationalen Privatrecht desselben Staates enthaltenen Begriffe abweichen. Dasselbe Wort *kann* im BGB und im EG BGB verschiedenes bedeuten.

So rechnet das BGB die Schlüsselgewalt (§ 1357) und die Eigentumsvermutungen des § 1362 zu den allgemeinen Ehewirkungen; das EG Art. 16 Abs. 2 dagegen scheint sie zu den ehegüterrechtlichen Wirkungen zu zählen, so daß für Deutschland *vielleicht*[7] ein internationalprivatrechtlicher Begriff des ehelichen Güterrechts anzunehmen ist, der über den des BGB hinausgeht. So besteht nach deutschem internationalprivatrechtlichem Gewohnheitsrecht (wie nach dem internationalen Privatrecht der meisten Länder) die Vorstellung, daß das Eheaufgebot zur „Form" der Eheschließung gehört — eine Vorstellung, die im Art. 5 des Haager Eheschließungsabkommens von 1902 einen Ausdruck gefunden hat —, während zweifellos im Sinne des BGB ein Akt, der nicht Teil des Eheschließungsakts ist, sondern ihm vorausgeht, nicht zur „Form" dieses Akts gehören kann.

Meist aber macht die Auslegung der internationalprivatrechtlichen Norm keine Schwierigkeiten. Insbesondere darf man für die Auslegung des deutschen EG BGB von der Regel ausgehen, daß die hier vorkommenden Ausdrücke in demselben Sinne gebraucht sind, wie im BGB. *Nicht* was diese Ausdrücke *bedeuten*, ist die Quelle von Schwierigkeiten: denn die in ihnen dargestellten Ordnungsbegriffe kehren fast in jedem fremden internationalen Privatrecht wieder; die Begriffe: Geschäftsfähigkeit, materielle Ehevoraussetzungen, Form, persönliche Ehewirkungen, eheliches Güterrecht, Ehescheidung, eheliche Abstammung, Vormundschaft usw. sind als solche überall bekannt und *decken sich*, wie verschieden auch die Gebilde sein mögen, die unter diesen Begriffen zusammengefaßt werden.

Der Begriff des *Eigentums* als des umfassendsten Sachherrschaftsrechts, das eine bestimmte Rechtsordnung gewährt, wird dadurch nicht berührt, daß der Umfang der gewährten Herrschaft in dem einen Staat und bei Sachen der einen Art umfassender ist als in anderen Staaten und bei anderen Sachen. Ebenso existiert ein Begriff der *Ehe* als derjenigen Verbindung von Mann und Frau, die gegenüber anderen Verbindungen die umfassendsten von einer konkreten Rechtsordnung zugelassenen Rechtswirkungen hat, ein Begriff, der von der katholischen unlöslichen Ehe bis zu der Sowjetehe reicht, auch die Mehrehen in sich schließt[8].

Die Schwierigkeit liegt darin, daß ein Rechtsinstitut in dem einen Lande in eine andere Sammelmappe gefügt wird wie in dem anderen Lande.

Das kann aus mancherlei Gründen geschehen: man erklärt etwa die *Kostenvorschußpflicht* des Ehemannes als Teil der Unterhaltspflicht und damit der persönlichen Ehewirkungen, um sie bei jedem Güterstande eintreten zu lassen (Österreich, während Deutschland sie als Teil des gesetzlichen Güterrechts ansieht); oder man erklärt, im Gegensatz zur herrschenden deutschen Vertragstheorie, die *Verlobung* als ein rechtlich indifferentes Ereignis und daher Ansprüche aus Verlöbnisbruch als nur nach Deliktsrecht möglich (so Frankreich), weil man bei entgegengesetzter Vorstellung die Freiheit der Eheschließung für gefährdet ansieht. An der Identität der *Begriffe*: Vertrag, Ehegüterrecht usw. ändert sich damit nichts.

Die entscheidende Frage ist hiernach: hat das internationale Privatrecht eines Landes die Lebensverhältnisse so einzuordnen (juristisch zu kennzeichnen), wie das eigene materielle Recht sie einordnet (die Kollisionsnorm ergibt darüber regelmäßig nichts), oder so, wie dasjenige Recht sie einordnet, das bei solcher Einordnung anwendbar ist? Jenes ist die (zu 1 zurückgewiesene) Lehre von der „Qualifikation

---

[6] Vgl. schon TH. NIEMEYER: Zur Methodik des internat. PrivRs (1894) S. 12f.

[7] Ich glaube nicht, daß man aus der Erwähnung von §§ 1357, 1362 im Art. 16 solchen Schluß ziehen sollte. Vgl. LEWALD, S. 93.

[8] Es ist hiernach internationalprivatrechtlich nicht zu rechtfertigen, wenn ungarische Gerichte, ja einmal sogar ein englischer [erstinstanzlicher] Richter die Sowjetehe nicht als Ehe im Sinne des Kollisionsrechts betrachtet haben; zu dieser Frage Nachweisungen bei MELCHIOR, S. 150f. und unten § 40 II.

nach der lex fori"; dieses ist die Lehre von der *Maßgeblichkeit des „Wirkungsstatuts"*, d. h. des das Rechtsverhältnis beherrschenden Rechts (DESPAGNET u. a.)[9].

3. Diese letzte Annahme trifft zu. Es ist davon auszugehen, daß eine internationalprivatrechtliche Ordnung *jeden auslandsrechtlichen Satz* und jedes darauf beruhende *Rechtsinstitut* genau so auffaßt, wie das *ausländische Recht selbst* solche Sätze und Institute auffaßt. Sie enthält sich einer eigenen juristischen Kennzeichnung auslandsrechtlicher Gebilde. Sie unterwirft sich der ausländischen Einordnung ausländischer Normen. Nur so kann es verhindert werden, daß man ausländisches Recht dem Geiste dieses Rechts zuwider anwendet.

Rechnet z. B. eine Rechtsordnung einen bestimmten Vermögensanspruch der Witwe zu den ehegüterrechtlichen Befugnissen, so kann der deutsche Richter folglich diese Rechtsnorm nur anwenden, wenn er ausländisches Ehegüterrecht anzuwenden hat, d. h. nach Art. 15 EG, wenn der Ehemann bei der Eheschließung dem Staate angehört hat, in dem jene Norm gilt. War das nicht der Fall, hat der Ehemann aber später die Staatsangehörigkeit erworben und bis zu seinem Tode behalten, so kommen zwar die erbrechtlichen Normen eben dieses Staates zur Anwendung (d. h. die in ihm als erbrechtlich gekennzeichneten), aber nicht die ehegüterrechtlichen Normen. Das deutsche Kollisionsrecht vermeidet es also in weiser Zurückhaltung, zu bestimmen, daß die im Ausland als ehegüterrechtlich charakterisierten Sätze in Deutschland etwa deswegen als erbrechtlich gelten sollen, weil das deutsche BGB entsprechende Rechte der Witwe als erbrechtliche auffaßt. Anders ausgedrückt: jedes Privatrecht überläßt die rechtliche Zuordnung dem „Wirkungsstatut", der lex causae.

Der Satz: „Für das eheliche Güterrecht gilt das Recht des Staates, dem der Ehemann bei der Eheschließung angehörte" bedeutet daher, korrekt gefaßt: Sind zwei Personen miteinander verheiratet, so gelten alle diejenigen Sätze des genannten Staates, die nach dem Rechte dieses Staates ehegüterrechtlicher Natur sind. Der Satz „für die Beerbung gilt das Recht des Staates, dem der Erblasser bei seinem Tode angehörte" bedeutet: Stirbt ein Mensch, so gelten alle diejenigen Sätze seines letzten Heimatrechtes, die nach diesem Rechte erbrechtlicher Natur sind. War der Verstorbene z. B. Engländer und starb er ohne Intestat- oder Testamentserben, so kann der deutsche Richter nicht etwa die englische Krone als erbberechtigt erklären, da nach englischem Recht das Anfallrecht der Krone an bona vacantia nicht Erbrecht, sondern ein Heimfallsrecht ist. Er hat dieses Heimfallsrecht in der durch die lex rei sitae gegebenen Begrenzung anzuerkennen (vgl. unten S. 38, 2a; 40, b), demnach nicht etwa (was auch dem Geist des englischen Rechts zuwider liefe) auf die außerhalb Englands belegenen Sachen zu beziehen, wiewohl er beim Tode eines Deutschen das deutsche fiskalische „Erbrecht"[10] auf alle Nachlaßstücke, auch die außerhalb Deutschlands gelegenen, zu beziehen hätte.

So geht auch mit Recht das *Reichsgericht* (SeuffA 86, 353) vor: nach dem Tode eines Griechen nahm jemand in Deutschland Teile des Nachlasses an sich, der Erbe klagte auf Auskunftserteilung. Das griechische Recht kennt (wie es scheint) einen „erbrechtlichen" Anspruch des Erben gegen den Besitzer von Nachlaßsachen auf Auskunftserteilung nicht, während das deutsche Recht (§ 2027 Abs. 2 BGB) ihn kennt. Es geht nun nicht an, auf Grund der deutschen lex fori den etwaigen Anspruch, den eine Rechtsordnung dem Erben gegen den Besitzer gibt, als erbrechtlich zu charakterisieren, daher nach Art. 25 EG griechisches Recht anzuwenden, und nun zu untersuchen, ob sich aus dem *gesamten* Inhalt des griechischen Rechts solcher Anspruch herleiten lasse. Gegen solch Verfahren wendet sich mit Recht das Reichsgericht, indem es den richtigen Weg weist.

III. Es bleibt aber eine Reihe von Fragen übrig:

1. die Frage, *wie eine bestimmte Rechtsordnung* ein bestimmtes Rechtsinstitut *juristisch kennzeichnet.* Sie ist aus dem Studium der ausländischen Gesetze, der Rechtsprechung, aber auch der juristischen Literatur zu beantworten. Dabei ist aber der Beobachter weder schlechthin an die Einordnungen der ausländischen Wissenschaft noch an die Stellung einer Norm im Gesetz gebunden.

---

[9] VALERY, 500². SURVILLE, 19³. Von deutschen Schriftstellern: PLANCK: Komm. VI 30, 59 (sub b), 60 (d), 100 (oben) u. ö.; NEUNER: a. a. O. u. a. — Insbes. hat das RG SeuffA 86, 353 den richtigen Standpunkt verfochten. Vgl. den Text vor III.

[10] Unrichtig Deutsch-Engl. GemSchG JurW 1926, 2018.

Wie z. B. gegenüber der deutschen herrschenden Lehre und Praxis des bürgerlichen Rechts sich Stimmen gegen die rein obligatorische Natur der *Miete* regen (COSACK, LÖNING), so mögen auch fremdrechtliche juristische Einordnungen darauf hin nachgeprüft werden, ob sie dem Inhalt des fremden Rechts wirklich entsprechen. Wenn z. B. der code civil den *Erbschaftskauf* nicht im Erbrecht, sondern im Kaufrecht behandelt (art. 1696ff.), so haben französische Gelehrte[11] selbst längst erkannt, daß dies nicht der Sache entspricht. Es wäre deshalb falsch, wollte der deutsche Richter die Anwendung des französischen Erbstatuts beim Verkauf des Nachlasses eines Franzosen deshalb ablehnen, weil Erbe und Käufer Schweizer sind, der Nachlaß in Genf liegt und der Verkauf in Genf abgeschlossen ist. Vgl. § 46 zu Anm. 10. — Wenn die anglo-amerikanische Lehre annimmt, daß die Limitation of action (*Klagenverjährung*) oder gar das Set-off (*die Aufrechnung*) Institute des *Prozeßrechts* seien, und wenn dementsprechend der englische Richter nur das Verjährungs- und Aufrechnungsrecht seines forum anwendet, so muß man zwar diese ausländische internationalprivatrechtliche Norm als geltendes Recht anerkennen, aber man mag die Richtigkeit der englischen Einordnung der sachlichen Normen bestreiten[12]: Die Neigung des an den Gerichtssaal Gewöhnten, materiellrechtliche Institute prozessual zu sehen, hat früher auch viele kontinentale Juristen verführt, den „Anspruch" als „Klage", die Leistungsverweigerungsrechte als prozessuale Einwände, die Auslegungsregeln als Anweisungen an den Richter zu betrachten.

Einer ausländischen Rechtsordnung gegenüber, die wissenschaftlich nicht in kontinentaler Art durchgearbeitet ist, bei der insbesondere weniger die rechtlichen als wirtschaftliche und soziale Zusammenhänge für den Aufbau des Systems verwendet worden sind, besteht die Pflicht, die Methoden der eigenen Wissenschaft anzuwenden und mit ihnen, unter voller Versenkung in die Einzelheiten und in die Geschichte des ausländischen Rechts dessen genaue Analyse zu versuchen, wobei es dem historisch denkenden Kopfe nicht schwer fallen wird, die Gefahren zu meiden, denen der usus modernus erlag, wenn er Gebilde deutschen Rechts in unpassende römische Kategorien zwängte.

So wird z. B. das englisch-amerikanische Dower (ein leibzuchtähnliches Recht der Witwe) im Hinblick auf die Geschichte des Instituts weder als erbrechtlich noch als sachenrechtlich zu fassen sein (wiewohl die Witwe die Stellung eines tenant for life hat), sondern als ehegüterrechtlich. Vgl. auch das sogleich zu 2a über das englische right to escheat zu Sagende.

2. Hat der Richter die juristische Kennzeichnung eines bestimmten Instituts ausländischen Rechts gefunden, so wird die Anwendung des für ihn maßgebenden internationalen Privatrechts nur in dem seltenen Fall Schwierigkeiten machen, daß für Rechtsinstitute jener Kennzeichnung eine Kollisionsnorm überhaupt fehlt. Die Lücke wird dann durch angemessene Analogien zu füllen sein.

a) Er hat z. B. festgestellt, daß der englische Administration of Estates Act, 1925 s. 46, 1 VI das Kronrecht auf erblose Nachlässe nicht als Erbrecht, sondern als Heimfallrecht auf bona vacantia behandelt. Eine Kollisionsnorm für Heimfallsrechte ist aber in Deutschland unbekannt. Da das Heimfallsrecht in einem lehnsrechtlichen right to escheat seine Wurzel hat, ist es angemessen, die deutsche internationalprivatrechtliche Norm für dingliche Rechte (Maßgeblichkeit der lex rei sitae) entsprechend anzuwenden.

b) Einer englischen Company ist die Grenze ihres Machtbereichs durch das Memorandum gesetzt; was sie darüber hinaus zu tun unternimmt, ist als ultra vires geschehen nichtig. Diese Machtbeschränkung englischen Rechts ist keine bloße Beschränkung der Geschäftsfähigkeit (im Sinn des Art. 7 EG), da auch kein anderer in der Lage ist, das, was die Gesellschaft selbst nicht kann, für sie zu tun. Es ist eine dem deutschen Kollisionsrecht unbekannte besonders geartete Beschränkung der Fähigkeit, Träger von Rechten und Pflichten zu sein (deshalb auch nicht Beschränkung der Rechtsfähigkeit). Die Lücke wird durch eine analoge Anwendung des Art. 7 EG zu füllen sein. Vgl. § 20 IV 3.

c) Nach dem Recht mancher mohammedanischen Sekten sind Kinder, die binnen 4 Jahren seit dem Tode des Mannes von der Witwe geboren werden, *eheliche Kinder*[13]. Eine Norm darüber, wann der deutsche Richter diesen Rechtssatz anzuwenden hat, fehlt: das EG BGB rechnet nur mit Ehelichkeiten, die auf Grund von Abstammung (Art. 18), Legitimation oder Adoption (Art. 22) begründet werden; die Vorstellung, die jenem Rechte zugrunde liegt, ist zweifellos nicht die, daß hier eine natürliche Abstammung bestehen könnte. Die Gesetzeslücke ist durch analoge Anwendung des Art. 18 EG zu füllen.

3. Die entwickelten Grundsätze können u. U. dahin führen, daß für dasselbe Lebensverhältnis konkurrierende Normen mehrerer Rechtsordnungen, oder um-

[11] PLANIOL: Traité II nr. 1640.
[12] Vgl. insbes. NEUNER: Privatrecht u. Prozeß S. 59. [13] MELCHIOR, 118.

gekehrt, daß keine Normen irgendeiner Rechtsordnung anwendbar sind, daß also Normenhäufung oder Normenmangel eintritt.

A. *Normenhäufung.* Hierfür drei Beispiele: a) Ist ein in Paris lebender deutscher Bräutigam in Paris grundlos von dem Verlöbnis mit seiner deutschen Braut zurückgetreten, und erhebt sie vor dem deutschen Richter Entschädigungsansprüche, so kann sie diese doppelt stützen: auf eine Verletzung des deutschem Recht unterworfenen Vertrags und auf ein nach der lex loci delicti commissi dem französischen Recht unterworfenes Delikt (vorbehaltlich des Art. 12 EG). Es bleibt nur die Frage, ob nach einem der beiden Rechte eine *Anspruchskonkurrenz* zwischen Vertrags- und Deliktsanspruch verboten ist. Das aber ist keine Frage des internationalen Privatrechts mehr, sondern eine solche der Auslegung der beiden internen Rechte.

Nach der herrschenden deutschen Lehre ist die Konkurrenz zulässig; in Frankreich dagegen herrscht die règle du non-cumul des responsabilités[14]: Ausschließung der Deliktsklage, wenn eine vertragliche Verantwortung besteht. Ob dies auch dann der Fall ist, wenn es sich um einen nicht dem französischen Recht unterworfenen Vertrag handelt, ist eine Frage der Auslegung des internen französischen Rechts[15].

b) Ist ein schwedischer Ehemann Deutscher geworden und dann gestorben, so kann seine Witwe nach deutschem internationalem Privatrecht ehegüterrechtliche Ansprüche nur auf schwedisches, erbrechtliche nur auf deutsches Recht stützen: nach jenem erhält sie die Hälfte des erst bei Eheauflösung geeinten Vermögens beider Gatten, nach diesem ein Viertel des Nachlasses; beide Rechte nebeneinander geltend zu machen, ist deswegen unbedenklich, weil die Auslegung der beiden internen Rechte nichts gegen solche Konkurrenz ergibt.

Die deutschrechtliche Intestatportion ist nach deutschem Recht vom Güterstand unabhängig; und auch der schwedische Güterrechtsanspruch hängt nach schwedischem Recht nicht davon ab, daß die Witwe daneben kein Erbrecht erhält. Als Nachlaß des Mannes hat hierbei nicht das zu gelten, was bei seinem Tode sein Vermögen war, sondern das, was nach Abzug der der Witwe zustehenden schwedischen Hälfte von dem jetzt geeinten Vermögen beider da ist.

c) Denkbar ist aber, daß in einem Fall der eben geschilderten Art die Auslegung der Ehegüterrechtsnorm ergibt, daß sie nur gelten wolle, wenn daneben keine Beerbung auf Grund einer (abweichenden) Erbrechtsnorm eintritt.

Erwirbt z. B. ein Ehepaar, das vor 1900 in Berlin den ersten Ehewohnsitz hatte, die schweizerische Staatsangehörigkeit und stirbt der Mann, so kann die Witwe nach dem märkischen Ehestatut zwischen der Rücknahme des eigenen Vermögens und der Hälfte der geeinten Vermögen wählen, nach dem schweizerischen Erbrechtsstatut zwischen dem Nießbrauch an der Nachlaßhälfte und dem Eigentum an einem Viertel des Nachlasses; aber es würde dem märkischen Recht widersprechen, wenn sie die Hälfte der geeinten Vermögen und außerdem noch einen Schweizer Erbteil fordern wollte, während mit der (märkischen) Rücknahme des eigenen Vermögens die Wahl auf Grund des Schweizer Erbstatuts verträglich bleibt.

B. *Normenmangel.* Auch hier ist an Beispielen zu erörtern, daß es jeweils von der Auslegung der internen Normen abhängt, ob und wie dem Normenmangel abzuhelfen sei.

a) Hat ein deutsches Ehepaar die schwedische Staatsangehörigkeit erlangt und ist dann der Mann (unter Hinterlassung von Kindern) ohne Testament gestorben, so kann die Frau weder das deutsche Nachlaßviertel fordern, da deutsches Erbrecht nicht anwendbar ist, noch (wie es zunächst scheint) die schwedische Hälfte der geeinten Vermögensmassen, da ihr eine solche nur nach dem in concreto unanwendbaren schwedischen Güterrecht, nicht auch nach schwedischem Erbrecht zustehen würde. Sie scheint also leer auszugehen. Die notwendige Korrektur kommt

---

[14] KADEN: in Zivilgesetze d. Gegenwart, Bd. Frankreich, 443.

[15] Vermutlich würde der französische Richter die deutsche Vertragsauffassung als dem ordre public widerstreitend zurückweisen und *deshalb* französisches Deliktsrecht anwenden. Dann hat aber auch der deutsche Richter, wiewohl er jene Vorstellung des ordre public ablehnen muß, das Ergebnis (Anwendung französischen Rechts) anzunehmen.

hier (ähnlich wie u. U. zu A) aus einer verständigen Auslegung des inneren schwedischen Rechts.

Die schwedische Frau bekommt kein Erbrecht, weil das Gesetz damit rechnet, daß sie schon güterrechtlich so steht, daß sie damit auch für den Fall des Todes des Mannes gebührlich befriedigt ist. Kommt aber diese güterrechtliche Sicherung (wegen Unanwendbarkeit des schwedischen Ehegüterrechts) nicht zustande, so wird man ihr, was sie kraft Güterrechts fordern könnte, als schwedisches Erbrecht zusprechen dürfen. Denn indem Schweden eine ehevertragliche Beseitigung der gesetzlichen ehegüterrechtlichen Halbteilung nicht zuläßt, gibt es zu erkennen, daß die Beteiligung der Frau nach dem Tode des Mannes zwingend sein soll, daß also die güterrechtliche Einordnung für den Fall der Unanwendbarkeit des Güterrechts eine erbrechtliche Qualifizierung in sich schließt. Anders dann, wenn in dem Staat des Erbstatuts eine gesetzliche Gütergemeinschaft ehevertraglich aufgehoben werden könnte und ein Erbrecht der Witwe gänzlich fehlt (wie in den Niederlanden bis 1923, in Frankreich bis 1891): hier widerstreitet es dem Geist dieses Rechts nicht, der Frau, die nach dem (deutschen) Ehestatut keinen Anteil am Mannesgut erhält, ein gesetzliches Erbrecht geradeso zu versagen, wie es ihr versagt würde, wenn sie bei einer rein inlandsrechtlichen (niederländischen, französischen) Ehe die gesetzliche Gütergemeinschaft vertraglich beseitigt hätte.

b) Ein Engländer stirbt unter Hinterlassung von Mobiliarvermögen in Berlin, ohne Angehörige, die nach englischem Recht erbberechtigt wären. Das englische Heimfallsrecht der drei Berechtigten (engl. Krone, Herzogtum Lancaster, Herzog v. Cornwall) greift, da es kein Erbrecht, sondern ein territorial begrenztes Anfallsrecht an bona vacantia ist, nicht durch. Daß der Berliner Nachlaß an den preußischen Fiskus (kraft Heimfallsrechts) fallen soll, wird im deutschen Recht nirgends angeordnet.

Zwar läßt sich eine deutsche Kollisionsnorm (für Heimfallsrechte gilt die lex rei sitae) mit Fug behaupten, wie schon oben S. 38, 2a dargelegt. Aber es fehlt an einer deutschen internen Norm des Inhalts, daß u. U. der Fiskus ein Heimfallsrecht habe. Da es aber der öffentlichen Ordnung in Deutschland nicht entsprechen würde, unter Anwendung des § 958 BGB einen herrenlosen Nachlaß plündernden Horden zu überlassen, so wird hier das auch bei uns ja noch nicht ganz ausgestorbene Regal (wie es an strandtriftigen und von der See ausgeworfenen Sachen besteht) gelten dürfen.

c) Zwei Franzosen haben sich in Paris verlobt und sind später nach Berlin gezogen; hier tritt der Bräutigam grundlos zurück. Die Braut klagt vor dem deutschen Richter auf Ersatz. Da die Verlobung nicht deutschem Recht unterfiel, kommen die aus einem deutschen Verlobungs„vertrag“ fließenden Ansprüche (§§ 1297ff. BGB) nicht zur Anwendung; auch französisches Deliktsrecht ist nicht anwendbar, da ein Delikt nur in Deutschland begangen wäre.

Die hier entstehende Lücke läßt sich dann füllen, wenn das Verhalten des Bräutigams unter § 826 BGB fällt (nicht anders als wenn eine deutsche Verlobung aus irgendeinem Grunde, z. B. wegen fehlenden Vertreterkonsenses bei Minderjährigkeit der Braut, rechtlich unwirksam wäre).

Es ergibt sich, daß die rechtliche Kennzeichnung der Lebensverhältnisse das *internationale Privatrecht* nicht vor so schwierige Fragen stellt, wie oft behauptet wird, daß aber das Ineinandergreifen der *materiellen* Rechtsordnungen verschiedener Gebiete für die Auslegung *dieser* Rechtsordnungen zahlreiche Einzelprobleme entstehen läßt, die noch nicht bei Tatbeständen rein inländischen Lebens, sondern erst bei Tatbeständen mit Auslandsberührung sichtbar werden, wie die ultravioletten Strahlen erst im Hochgebirge bemerkbar sind. So schwierig diese Auslegungsfragen sein mögen, mit den Fragen des Kollisionsrechts haben sie nichts zu tun.

§ 12. Die Vorbehaltsklausel (ordre public).

F. Kahn: Abhandl. I 161ff. — H. Lewald, in Mitt. d. Gesellsch. f. Völkerrecht 7 (1926) 47ff. — Lewald: IntPR 23ff. — Zitelmann, I 317ff. — Frankenstein, I 180ff. — Gutzwiller, 1572ff. (mit weiterer Lit.). — Nussbaum, 59ff. — Melchior, 324ff.

I. Unter der Vorbehaltsklausel versteht man den Satz, daß das nach den allgemeinen Regeln des internationalen Privatrechts an sich anwendbare ausländische Recht dann nicht anzuwenden ist, wenn dadurch die öffentliche Ordnung, der ordre public, des Inlandes litte. Daß solche Durchbrechung der allgemeinen Kollisionsregeln in keinem Staate entbehrt werden kann, haben die drei Führer in der Entwicklung des internationalen Privatrechts, STORY, SAVIGNY und MANCINI, gleichmäßig gesehen. Auf SAVIGNY geht insbesondere die klare Erkenntnis zurück, daß unter den Gesetzen zwingenden Rechts (jus cogens) zwei Gruppen zu unterscheiden sind: erstens solche Gesetze, die „lediglich um der Personen willen, welche die Träger der Rechte sind, erlassen werden“ (System VIII 35), wie die Gesetze über Einschränkung der Handlungsfähigkeit wegen Alters oder Geschlechts oder über die Übereignungsformen; zweitens solche Gesetze, die „nicht lediglich um der Personen willen erlassen werden“, sondern auf sittlichen Gründen oder Gründen des öffentlichen Wohls (politischen, polizeilichen, volkswirtschaftlichen) beruhen. Jene ersten Gesetze können zwar nicht durch Vertrag außer Anwendung gesetzt werden (jus cogens privatorum pactis mutari non potest), sie können es aber dadurch, daß auf Grund der allgemeinen internationalprivatrechtlichen Regeln eine ausländische Rechtsordnung gilt. Die Gesetze der zweiten Gruppe dagegen fordern Anwendung auch einer ausländischen Rechtsordnung zum Trotz.

Die französische Doktrin hat später für die erste Gruppe den Ausdruck „lois d'ordre public interne“, für die zweite den Ausdruck: „lois d'ordre public international“ geprägt. Man meint damit solche Gesetze, die nur für das droit interne als absolute gelten wollen, und auf der anderen Seite solche, die auch im [eigenen] droit international Geltung schlechthin fordern.

MANCINI und seine Schule haben darüber hinaus die absolute Geltung von Gesetzen des ordine pubblico als eines der beiden *Prinzipien* des internationalen Privatrechts und nicht mehr als eine Durchbrechung von Prinzipien aufgestellt (vgl. oben § 4 IV S. 17).

Die Vorbehaltsklausel ist oft im Schrifttum angegriffen worden. Man wirft ihr zu große Unbestimmtheit vor und sieht darin ein Mittel, nationaler Eitelkeit, „juristischem Chauvinismus“ zum Siege zu verhelfen. Daß ihr Grundgedanke gesund ist, läßt sich nicht bestreiten. Wer ihre Elastizität tadelt, übersieht die Bedeutung elastischer Formeln für die Rechtsfortbildung und steht dem Richterrecht skeptischer gegenüber als angezeigt. Begründeter ist die Gefahr, daß der Richter dem Erfordernis einer übernationalen Grundhaltung verständnislos gegenüber stehe. Insbesondere zeigt die außerordentliche Ausdehnung, die die französische Praxis dem ordre public international gewährt hat, welche Gefahr die Lehre MANCINIS brachte, indem sie ihn aus der Ausnahmestellung (die ihm SAVIGNY gab) in den Mittelpunkt rückte und zum Prinzip erhob.

So hat in Frankreich die Rechtsprechung[1] Mobiliarhypotheken, die im Ausland begründet sind, nicht anerkannt, an Monopolwaren, die nach Frankreich kommen, das Eigentum erlöschen lassen, auslandsrechtliche Verträge mit lebenslänglicher Verpflichtung für unwirksam erklärt, ausländisches Recht, das die Unterhaltspflicht zwischen Vater und Kind abweichend vom code civil regelt, nicht angewendet. Solange die recherche de la paternité in Frankreich ausgeschlossen war (bis 1912), hat man vor französischen Gerichten auch ausländischen Kindern gegen ihren ausländischen Erzeuger die Paternitätsklage versagt usw.

II. In *Deutschland* hat der Gedanke SAVIGNYS gesiegt; die Berücksichtigung des deutschen ordre public erscheint als *Ausnahme* vom Grundsatz der Anwendung desjenigen ausländischen Rechts, in dem ein Rechtsverhältnis seinen Schwerpunkt hat. *Art. 30 EG* bestimmt, daß die Anwendung eines ausländischen Gesetzes dann ausgeschlossen ist, wenn die Anwendung gegen die guten Sitten oder gegen den Zweck eines deutschen Gesetzes verstoßen würde (ebenso § 328 Nr. 4 ZPO, wenn es sich um die Anerkennung ausländischer Urteile handelt). Indem diese Bestimmung den Fall der Sittenwidrigkeit dem des Verstoßes gegen ein deutsches Gesetz gegenüberstellt, legt sie den „Akzent“[2] dort auf die Ablehnung des ausländischen, hier auf die zwingende Durchführung des eigenen Gesetzes. Dort ist die Anwendung

---

[1] Vgl. GUTZWILLER in HEINSHEIMERS Zivilgesetzen (Frankreich), I 804.
[2] ZITELMANN, I 326.

des deutschen Rechts nur die „Kehrseite", die Folge; hier ist die Nichtanwendung des ausländischen Gesetzes nur die Folge des Anwendungsverlangens deutschen Rechts.

1. Der *Verstoß gegen die guten Sitten*. Die hier vom Gesetz gewählte elastische Formel ist hinreichend bestimmt. Der Begriff ist in Art. 30 EG derselbe wie in § 138 BGB[3]. Gemeint sind die guten Sitten deutscher Auffassung, und zwar so, wie sie zur Zeit des Urteilserlasses bestehen[4]. Da das Gesetz voraussetzt, daß die *Anwendung* des ausländischen Rechts gegen die guten Sitten verstößt, ist nicht zu prüfen, ob das ausländische Gesetz selbst Mißbilligung verdient, sondern nur ob das konkrete Ergebnis seiner Anwendung zu mißbilligen ist.

Beispiele.

a) Ein mit einer Albanierin verheirateter (mohammedanischer) Albanier darf in Deutschland nicht eine zweite, dritte oder vierte Albanierin heiraten, wiewohl ihm sein Heimatrecht das gestattet; aber hat er sie in Tirana geheiratet und wird in Deutschland unter den Söhnen der vier Weiber über den Nachlaß des Vaters gestritten, so verstößt es nicht gegen die deutschen guten Sitten, das albanische *Erbrecht* ehelicher Kinder auf sie alle, auch auf die in Deutschland geborenen, anzuwenden.

b) Auch der *Unterhaltsanspruch* der zweiten, dritten und vierten Frau gegen den Mann würde auf deutschem Boden einklagbar sein: die Verurteilung des Mannes zu entsprechenden Geld- oder Naturalleistungen enthält keine Unsittlichkeit. Dagegen wäre

c) der Anspruch dieser Frauen auf Herstellung der ehelichen Gemeinschaft wegen des unsittlichen Ergebnisses abzuweisen.

d) Wollte eine dieser Frauen, dem Harem des Mannes entlaufen, in Deutschland eine neue Ehe eingehen, so wäre ihr das zu gestatten, da die Anerkennung des mohammedanischen Ehehindernisses der bestehenden Vielehe gegen die gute Sitte Deutschlands verstoßen würde[5].

e) Ein New Yorker wird, seinem Heimatsrecht zum Trotz, seine Stieftochter in Deutschland nicht heiraten dürfen; das würde gegen die guten Sitten verstoßen, und die so geschlossene Ehe wäre nichtig. Hat er sie aber in New York geheiratet und klagt er nach seiner Übersiedlung nach Berlin auf Nichtigerklärung, so ist die Klage abzuweisen, da die Anwendung des nordamerikanischen Rechts hier nicht zu einem anstößigen Ergebnis führt.

f) Das nach deutscher Auffassung sittenwidrige Recht des französischen Ehemannes, die Korrespondenz seiner Frau zu überwachen, mag in Frankreich geübt werden; klagt die Frau in Deutschland wegen des ihr aus solcher Indiskretion entstandenen Schadens, so wird sie abgewiesen; anders wenn der Franzose sein unangemessenes Verhalten in Deutschland fortgesetzt hatte.

g) Vgl. ferner unten § 40 Anm. 6.

2. Verstoß gegen den *Zweck eines deutschen Gesetzes*. Diese Wendung ist minder deutlich. Jedes von einem deutschen abweichende ausländische Gesetz verfolgt entweder denselben Zweck wie das deutsche mit anderen Mitteln oder andere Zwecke. Auch in der Anwendung eines andere Zwecke verfolgenden Gesetzes liegt noch kein „Verstoß" gegen den Zweck des deutschen Gesetzes. Dies ist vielmehr nur dann der Fall, wenn das deutsche Gesetz gewillt ist (das Wort „Zweck" trifft nicht), den abweichenden ausländischen Gesetzen zum Trotze zu gelten, also auch wenn diese an sich anwendbar wären. Man hat daher jedes einzelne deutsche Gesetz daraufhin zu untersuchen, ob ihm solch *allgemeiner Geltungswille* innewohnt[6]. Der Versuch, hierfür eine spezialisierende Leitformel zu finden, muß ebenso scheitern, wie das z. B. einem Versuche gegenüber, die Worte „Treu und Glauben" in § 242 BGB genauer zu bestimmen, zu sagen wäre. Elastische Normen wollen es für die Rechtsweiterbildung nutzbar machen, daß nur das Anschauen konkreter Tatbestände guten Richtern die Gerechtigkeitsnähe gewährt; eine „Wissenschaft", die voreilig der Hand des Richters entwindet, was nur er leisten kann, handelt gegen den Geist des Rechts. — Dennoch hat sogar das Reichsgericht jene elastischen Worte durch eine festere Formel ersetzen zu können geglaubt. Ein Verstoß gegen die Zwecke eines deutschen Gesetzes im Sinne des Art. 30 EG soll immer und nur dann vorliegen, wenn der *„Unterschied zwischen den staatspolitischen und sozialen*

---

[3] RG 72, 126. [4] Vgl. RG 114, 172. [5] Anders RAAPE, 809.
[6] ZITELMANN, I 371f.

Anschauungen", auf denen das fremde Recht beruht, und denen, auf denen das deutsche Recht beruht, „so erheblich ist, daß die Anwendung des fremden Rechts direkt *die Grundlagen des deutschen staatlichen oder wirtschaftlichen Lebens angreifen würde*"[7].

Der Versuch ist offenbar mißglückt[8]. Es kann nicht darauf ankommen, auf welchen staatspolitischen Grundlagen das ausländische Recht beruht; auch wenn diese Grundlagen von den unseren nicht abweichen, sondern nur eine Verschiedenheit in der Durchführung besteht, kann die Anwendung des fremden Rechts mit dem Zwecke eines deutschen Gesetzes in Widerspruch stehen. Das deutsche Recht stellt den Grundsatz auf, daß eine entschädigungslose Enteignung nicht zulässig sei, läßt aber davon, wenn ein Reichsgesetz ergeht, eine Ausnahme zu. Wenn ein ausländisches Gesetz den Art. 153 RVerf fast wörtlich abschriebe, so könnte niemand die Gleichheit der „staatspolitischen und sozialen Anschauungen" leugnen. Dennoch würde eine auslandsrechtliche Enteignung ohne Entschädigung auf Grund eines ausländischen Staatsgesetzes, soweit sie sich gegen andere als Angehörige dieses Staates richtet, nach Art. 30 EG von der Anerkennung ausgeschlossen sein[9]. Das Reichsgericht hat ferner mit seiner Formel *nicht Ernst* gemacht; so in RG 106, 83: nach schweizerischem Gesetz wird eine Forderung unverjährbar, wenn der Gläubiger die Vollstreckung fruchtlos versucht hat und sich dann von der Behörde einen „Verlustschein infolge Pfändung" hat ausstellen lassen; dieses Gesetz soll mit dem Zweck des deutschen Gesetzes, daß Forderungen grundsätzlich verjährbar sind, unverträglich sein. Aber läßt sich ernstlich behaupten, daß zwischen dem Schweizer und dem deutschen Recht hier ein auf verschiedenen staatspolitischen und sozialen Anschauungen beruhender Gegensatz besteht, der so erheblich ist, daß die Geltung der schweizerischen Unverjährbarkeit die Grundlagen des deutschen staatlichen oder wirtschaftlichen Lebens angreifen würde? Und das, obwohl auch das deutsche Recht unverjährbare Ansprüche kennt (vgl. §§ 898, 902 BGB)?

Im allgemeinen hat die deutsche Praxis, im Gegensatz zur französischen, die Neigung, den Anwendungsbereich der Vorbehaltsklausel eng zu halten, wenn auch, wie die eben erwähnte Entscheidung (RG 106, 83) zeigt, gelegentliche Überspannungen vorkommen.

So hat das RG (132, 418) das österreichische Ehehindernis der Religionsverschiedenheit als nicht gegen den Zweck eines deutschen Gesetzes verstoßend erklärt, obwohl das BGB die „bürgerliche Ehe" (wie die Überschrift des ersten Abschnitts des vierten Buchs lautet) von kirchlichen Einflüssen freigestellt sehen will und obwohl man das Konfessionsgleichberechtigungsgesetz v. 3. Juli 1869 (vgl. auch RVerf Art. 136 Abs. 2) zu den „Grundlagen des staatlichen Lebens in Deutschland" rechnen darf[10]. — Weiter hat das Reichsgericht (119, 259) die Anwendung des tschechoslowakischen Rechts, aus dem die Nichtaufwertbarkeit von Markforderungen (sofern sie dem tschechoslowakischen Recht unterliegen) sich ergibt, gut geheißen. — Das Oberlandesgericht München hat der verlassenen tschechoslowakischen Braut in Übereinstimmung mit ihrem Heimatsrecht das Kranzgeld versagt, sonach den § 1300 BGB nicht als d'ordre public erklärt[11]. Das Reichsgericht hat ferner englisches und amerikanisches Recht, das jeden Pflichtteilsanspruch auch den nächsten Angehörigen versagt, für anwendbar und nicht durch Art. 30 ausgeschlossen erklärt[12].

Zu den Gesetzen, die territorial exklusive Geltung fordern, also durch die Anwendung ausländischen Rechts nicht gekränkt werden dürfen, gehören vor allem die meisten Normen *öffentlichen Rechts*: deutsche Einfuhrverbote; Devisenverordnungen; die „Grundrechte und Grundpflichten" der Weimarer Reichsverfassung, die, auch soweit sie nur Programme entwickeln, gegenüber entgegenstehenden Auslandsgesetzen prohibitiv wirken; die anerkannten Normen des Völkerrechts (Art. 4 RVerf; ausländische Gesetze, die diesen Normen widersprechen, sind nach Art. 30 EG unbeachtlich).

---

[7] RG 60, 300; 63, 19; 93, 183; 110, 173; 119, 259 u. ö.

[8] Ganz abgesehen davon, daß der Sinn des Richterrechts verkannt wird, wenn der Richter statt durch Einzelentscheidungen auf die Rechtsfortbildung zu wirken (exemplis iudicandum) allgemeine Rechtsgrundsätze aufstellt.

[9] Gegenüber Sowjetrußlands Enteignungen wird freilich Art. 30 unanwendbar seit der Ratifizierung des Rapallovertrags (Ges. v. 17. Juli 1922). Vgl. RGE 129, 101f.

[10] Anders (als das RG) OLG Hamburg, NiemeyersZ 18, 541. Anders auch die italienische Praxis (vgl. RG 132, 418) und die französische Praxis.

[11] IPRechtspr 1929 (Sonderheft der Z. f. ausl. u. intern. PR 1930) S. 106.

[12] RG JurW 1912, 22, Warneyer Rspr 8 (1915) 455.

Ein Vertrag, der einem *deutschen* Einfuhrverbot zuwiderläuft, ist, *wenn* er dem *deutschen Recht* unterworfen ist, schon nach § 134 BGB nichtig. Ist er *ausländischem* Recht unterworfen, z. B. weil unter Ausländern im Ausland geschlossen, so mag er gültig sein; aber vor deutschen Gerichten würde seiner Durchsetzung Art. 30 EG entgegenstehen. — Verträge, die *ausländischen* Einfuhrverboten zuwiderlaufen, aber *deutschem* Recht unterworfen sind, sind nicht etwa aus § 134 BGB nichtig; aber sie können es nach § 138 BGB sein, so vor allem, wenn das Einfuhrverbot auf Gründen der Volkshygiene (nicht schon wenn auf handelspolitischen Gründen des fremden Staats) beruht[13]. — Verträge endlich, die ausländischen Einfuhrverboten (oder sonstigen Verwaltungsgesetzen, wie Stempelgesetzen) zuwiderlaufen *und ausländischem* Recht unterworfen sind, werden nach diesem Recht oft nichtig sein. Sind sie es, so sind sie es auch für den deutschen Richter: er darf nicht etwa das Geschäft deswegen als gültig behandeln, weil es unter seinem Recht gültig geschlossen werden könnte und weil der Nichtigkeitsgrund ausschließlich in einem fremden Verwaltungsgesetz liegt[14].

Von *privatrechtlichen* Normen verlangen exklusive Geltung in Deutschland insbesondere

a) diejenigen deutschen Gesetze, welche sich gegen ungehörige Willensbeeinflussung, gegen eine an Wucher grenzende Ausbeutung, gegen übermäßige Einengung wirtschaftlicher Freiheit wenden, m. a. W. solche Gesetze, die sich als *Spezialisierungen* des Grundsatzes *von Treu und Glauben* darstellen.

So ist zwar nicht die Anfechtbarkeit wegen Irrtums (§ 119 BGB), wohl aber die wegen *Drohung*[15] oder arglistiger *Täuschung* (§ 123 BGB) vom deutschen Richter auch dann zuzulassen, wenn das maßgebende ausländische Recht sie nicht kennt. Wenn der Käufer bei mangelhafter Lieferung nach dem maßgebenden ausländischen Recht rügepflichtig ist, so ist doch der Satz, daß der Verkäufer, der den Mangel *arglistig verschwiegen* hat, sich nicht auf Versäumung der Rügefrist berufen kann (§ 377 Abs. 4 HGB), stets anzuwenden[16]. Auch die deutschrechtliche Unklagbarkeit der an ausländischen Börsen geschlossenen *Differenz- und Börsentermingeschäfte*, die ja dem Schutze leichtsinniger oder unwissender Spekulanten dienen will, gehört hierher[17]. — Die Herabsetzung übermäßiger *Vertragsstrafen*, auch wenn deren Vereinbarung noch nicht sittenwidrig war (§ 343 BGB), ist dem deutschen Richter stets gewährt[18]. Die deutschen Schutznormen, die die *Kündigung von Handlungsgehilfen* betreffen (§§ 67ff. HGB), sind auch bei den im Ausland tätigen Deutschen, deren Dienstverträge nach Auslandsrecht zu beurteilen sind, anzuwenden[19]; ebenso verlangen Geltung die Schutznormen des *Abzahlungsgesetzes*, das beim Rücktritt möglichst den Zustand wiederherstellen will, wie er vor Vertragsschluß bestand und den wirtschaftlich meist schwächeren Käufer gegen rigorosere Vertragsgestaltung schützen will[20]. Gleiches gilt für die deutsche Einschränkung der lex commissoria (§ 1229 BGB). — Hierher gehören auch die Urteile, nach denen die Versagung der *Aufwertung* durch ausländisches Recht oder ausländische Urteile unter besonderen Umständen gegen den Zweck eines deutschen Gesetzes verstößt[21].

In manchen dieser Fälle wird die exklusive Geltung der deutschen Norm an die Voraussetzung zu knüpfen sein, daß eine *gewisse Inlandsbeziehung* vorliegt, sei es, daß die zu schützende Person selbst deutsch ist, sei es, daß der Tatbestand sich in Deutschland verwirklicht. Das einzelne hängt von den Umständen ab. So wird z. B. § 618 BGB bei allen in Deutschland zu erfüllenden Dienstverhältnissen, auch wenn nur Ausländer dabei beteiligt sind, anzuwenden sein, während § 67 HGB auch bei den im Ausland zu erfüllenden Dienstverhältnissen gilt, wofern der Angestellte Deutscher ist.

b) diejenigen familienrechtlichen Normen, die die deutsche grundsätzliche *Auffassung der Ehe*, insbesondere auch die Stellung der Frau in der Ehe, oder die persönliche Stellung der Eltern zu den *Kindern*, vor allem die *Kindererziehung*, und den *Jugendschutz* berühren.

Beispiele: Die *Freiheit der Eheschließung* darf nicht dadurch gefährdet werden, daß abweichend von § 1297 BGB eine Klage auf Eheschließung zugelassen oder das Verlöbnis durch Vertragsstrafe gesichert oder der Verlöbnisbruch mit stärkeren Wirkungen als in 1298ff. vor-

---

[13] RG JurW 1927, 2288 u. ö.

[14] Vgl. das Urteil des HanseatOLG v. 16. Mai 1929 bei MELCHIOR, 341[3]. — Nach manchen Rechten sind die nicht ordnungsmäßig verstempelten Wechsel nichtig (vgl. aber demgegenüber das Genfer Abk 1930 über das Verhältnis der Stempelgesetze zum Wechselrecht Art. 1 [RGBl 1933 II 475]). Solche Nichtigkeit ist auch in Deutschland zu beachten. Anders aber England. Vgl. FRANKENSTEIN, II 436. VEITH: RVglHWB IV 500[2].

[15] RG IPRechtspr 1928 (Sonderheft der Z. f. ausl. u. intern. PR 1929) S. 20.

[16] RG 46, 196. [17] RG 76, 373 u. ö.

[18] OLG Hamburg in FALKMANN-MUGDAN 6, 231.

[19] OLG Dresden, ebenda 14, 345. [20] RG JurW 1932, 592. [21] z. B. RG 114, 171.

gesehen ausgestattet wird. Vgl. unten § 34 III. — Zahlreiche *Ehehindernisse* unseres Rechts gehören zum ordre public, so nicht nur das Verwandtschaftshindernis, sondern auch das Schwägerschaftshindernis des § 1310 Abs. 1 und Abs. 3 (nicht dagegen das impedimentum affinitatis illegitimae des Abs. 2)[22], das Ehehindernis des Bandes, auch wenn im Auslande (wie bei den „Sever-Ehen" Österreichs) von diesem Hindernis im Verwaltungswege Dispens erteilt wird[23]. Nicht aber das Hindernis des Ehebruchs (§ 1312 BGB), da auch nach deutschem Recht davon Befreiung erteilt werden kann. — Unanwendbar ist gegenüber § 1353 BGB ausländisches Recht, das (wie das russische) eine Rechtspflicht zur *Lebensgemeinschaft* leugnet[24], oder das solche Rechtspflicht auch dann annimmt, wenn das Herstellungsverlangen des anderen Gatten sich als Rechtsmißbrauch darstellt. — Dem Kinderschutz dient es, wenn eine ständige Rechtsprechung die Anwendung des § 1666 BGB auch gegen ausländische Eltern zuläßt, wofern sich das Kind im Inland aufhält (vgl. § 41 II 6). Das Recht der Eltern zum persönlichen Verkehr mit dem Kinde ist unverzichtbar; ein ausländisches Gesetz, das einen Verzicht anerkennt, ist nach Art. 30 nicht anzuwenden[25].

III. Neben der elastischen allgemeinen Vorbehaltsklausel des Art. 30 EG kennt das Gesetz noch eine Reihe fester Sondernormen, die für einzelne Fragen die gleiche Aufgabe erfüllen. Solche „*spezialisierte Vorbehaltsklauseln*" finden sich in Art. 12, 13 Abs. 3, 17 Abs. 4, 21 Halbsatz 2, 25 Satz 2. Ein Teil dieser Klauseln dient nur dem Schutz Deutscher: den Deutschen soll als Deliktsschuldner keine höhere Haftung treffen als ihn nach deutschem Recht treffen würde (Art. 12); er soll keine geringeren erbrechtlichen Ansprüche geltend machen dürfen, als er nach deutschem Recht dürfte (Art. 25). Zum Teil sehen sie von jeder Inlandsbeziehung ab, so Art. 17 Abs. 4, der eine deutsche Scheidung auch von Ausländern nur zuläßt, wenn auch nach deutschen Gesetzen die Scheidung zulässig sein würde, Art. 21, der die Unterhaltsansprüche gegen den unehelichen Vater, ohne Ansehung des anwendbaren Rechts auf das deutsche Höchstmaß begrenzt[26] u. a. — Neben den spezialisierten Vorbehaltsklauseln bleibt die Berufung auf Art. 30 möglich (bestritten)[27].

Ist z. B. durch ein ausländisches Urteil ein Deutscher aus Delikt zu größeren Leistungen verurteilt worden als zu denen er nach Art. 12 in Deutschland verurteilt worden wäre, so kann er sich darauf berufen, daß die Anerkennung dieses Urteils in Deutschland „gegen den Zweck eines deutschen Gesetzes verstoßen würde" (§ 328 Nr. 4 ZPO, wo Art. 12 EG nicht genannt ist). Wird in Deutschland ein Deutscher aus einem im Ausland begangenen Delikt verklagt, so kann, wenn er zur Zeit der Tat Ausländer war, die Anwendung des Art. 12 zweifelhaft sein, und man mag sich in diesem Fall auf Art. 30 berufen.

Ausgeschlossen ist die Berufung auf die allgemeine Vorbehaltsklausel in den Haager Eheabkommen. Mit Recht betont HANS LEWALD[28] die Gefahren, die beim Abschluß von Staatsverträgen bestehen, wenn man daneben die ordre-public-Klausel beibehält. Sie ermöglicht es jedem Vertragsstaat den Anwendungsbereich des Vertrages fast beliebig einzuschränken und damit den Vertrag seines Werts fast völlig zu entkleiden. Es ist daher erwünscht, diese Klausel bei der Abfassung von Staatsverträgen soweit möglich auszuschalten. Es sei darauf hingewiesen, daß beim Abschluß völkerrechtlicher Verträge eine ähnliche Gefahr aus der „Ehrenklausel" (Vorbehalt der „Unabhängigkeit, der Ehre und der Lebensinteressen eines der Staaten") droht, und daß die Entwicklung auf eine Beseitigung der Ehrenklausel oder Spezialisierung ihres Inhalts gerichtet ist[29].

Freilich ist nicht zu leugnen, daß das Fehlen der Vorbehaltsklausel im Haager Eheschließungsabkommen die Franzosen und Belgier genötigt hat, das deutsche Ehehindernis des Mangels des Vorgesetzten-Konsenses (bei deutschen Deserteuren, die im Ausland heiraten wollten) gelten zu lassen, und so mittelbar zur Kündigung der Abkommen durch diese Länder geführt hat.

IV. Wird auf Grund der Vorbehaltsklausel die Anwendung eines fremden Rechtssatzes ausgeschlossen, so entsteht damit nicht notwendig eine *Lücke*; so dann nicht,

---

[22] Streitig. Vgl. unten § 35 V Anm. 13. [23] Vgl. § 35 V Anm. 11.
[24] RG Warneyer Rspr 1928, 25. Vgl. unten § 38 III. [25] KG, DJurZtg 1931, 365.
[26] Genaueres unten § 42 IV 1. [27] Näheres bei MELCHIOR, 352ff.
[28] Mitt. d. deutsch. Gesellsch. f. Völkerrecht a. a. O.
[29] JACKSON H. RALSTON: International Arbitration, Stanford University, California 1929, S. 31ff., insbes. 46f.

wenn der ausgeschaltete Rechtssatz Ausnahme von einem Prinzip des fremden Rechts ist und dieses Prinzip der Vorbehaltsklausel nicht zum Opfer fällt. In solchen Fällen führt die Vorbehaltsklausel nicht zur Anwendung *deutschen* Rechts. Zu dieser kommt es nur, wenn alle auf den Tatbestand anwendbaren Sätze des ausländischen Rechts von der Vorbehaltsklausel getroffen werden.

So hat das Reichsgericht 106, 82ff. den schweizerischen Rechtssatz von der Unverjährbarkeit gewisser Forderungen als unanwendbar angesehen[30], aber daraus nicht etwa die Geltung der deutschen Verjährungsfrist hergeleitet, sondern mit Recht die allgemeinen Verjährungssätze des schweizerischen Rechts für anwendbar geachtet.

V. Der deutsche Richter hat grundsätzlich nur den ordre public seines Landes zu berücksichtigen. Grundsätze des *ausländischen ordre public* kommen für ihn nicht in Anwendung.

Heiraten zwei orthodoxe Bulgaren in Paris in kirchlicher Form, so ist nach der französischen Praxis die Ehe, als gegen den französischen ordre public verstoßend, nichtig. Der deutsche Richter aber hat diese Ehe (gemäß Art. 11 Abs. 1 Satz 1 EG) für gültig zu achten, da sie nach dem bulgarischen Recht gültig ist. Er darf den französischen ordre public nicht beachten, und das, obwohl eine *in Berlin* zwischen den beiden Bulgaren kirchlich geschlossene Ehe nach Art. 13 Abs. 3 nichtig sein würde. Ein krauses Ergebnis! Aber der Fehler liegt nicht in der räumlichen Beschränkung des ordre public, sondern in dem engstirnigen Fanatismus, der in Deutschland und Frankreich die obligatorische Zivilehe zu einem Institut des ordre public gemacht hat.

Den ausländischen ordre public hat der deutsche Richter nur in zwei Fällen zu berücksichtigen:

1. dann, wenn er ausländisches internationales Privatrecht anzuwenden hat (wovon im § 13);

Ein christlicher Österreicher heiratete eine jüdische Lettin; dann wurden beide Gatten Italiener; der Ehewohnsitz liegt in Deutschland. Vor dem deutschen Richter wurde auf Erklärung der Ehenichtigkeit geklagt. Das RG (132, 416) nahm — was hier ungeprüft bleiben mag — an, daß für die Nichtigkeitsklage, wie für die Scheidungsklage, das jetzige Heimatsrecht des Ehemannes gelte. Es wandte hiernach italienisches Recht an. Nach italienischem internationalem Privatrecht ist für die Ehevoraussetzungen das Heimatsrecht aus der Zeit der Eheschließung maßgebend; also österreichisches und lettisches Recht. Nach österreichischem Recht aber kann eine gültige Ehe zwischen Christen und Nichtchristen nicht geschlossen werden (§ 64 AllgBGB). Der italienische ordre public verbietet die Anerkennung dieses impedimentum disparitatis cultus. Da nun der *deutsche Richter* italienisches Recht anzuwenden hat, hat er auch diesen Satz des *italienischen ordre public* anzuwenden, obwohl (nach Meinung des Reichsgerichts) der deutsche ordre public der Anwendung des imped. disparitatis nicht entgegenstände.

2. dann, wenn der Verstoß gegen den ausländischen ordre public zugleich einen Verstoß gegen die guten Sitten deutscher Auffassung darstellt, also Art. 30 EG in seiner ersten Alternative verwirklicht ist.

Fälle dieser Art kommen bei der Umgehung ausländischer Gesetze vor; vgl. § 10 IV 3 (S. 33).

In den Fällen, in denen der deutsche Richter hiernach den ausländischen ordre public anzuwenden hat, hat er dies auch dann zu tun, wenn dieser ordre public eine Norm des deutschen Rechts disqualifiziert. Ein Beispiel dafür: § 11[15].

§ 13. Rückverweisung und Weiterverweisung („Renvoi").

F. Kahn: Abhandl. I 7ff., 124ff. — v. Bar: BöhmsZ 8 (1898) 177ff. — A. Lainé: Revue Darras 2 (1906) 605ff. — L. Beer in der Festschr. f. Zitelmann 1913. — Emile Potu: La question du renvoi, Paris 1913 [die umfassendste Arbeit]. — H. Lewald: La théorie du renvoi, Recueil des Cours 1930; IntPR I 14ff. — Melchior: Festg. z. 24. Deutschen Anwaltstag 1929, 95ff.; JurW 1925, 1571ff.; 1931, 703; Grundlagen d. IntPR 192ff., 532ff. (dessen Ausführungen sich weitgehend mit den hier vertretenen decken). — Gutzwiller, 1579ff. (mit weit. Lit.). — Nussbaum, 51ff.

I. Der Grundsatz, daß der Richter (Standesbeamte usw.) stets nur das in seinem Gebiet geltende internationale Privatrecht anzuwenden hat, wird dann durchbrochen, wenn man den Grundsatz von der Beachtlichkeit der Rück- und der Weiterverwei-

---

[30] Vgl. oben S. 43.

sung gelten läßt. Ist dieser Grundsatz richtig, so hat der Richter, nach dessen internationalem Privatrecht ein fremdes Recht anzuwenden ist, das in diesem fremden Rechtsgebiet geltende internationale Privatrecht zu beachten und dasjenige materielle Recht anzuwenden, auf welches dieses fremde internationale Privatrecht hinweist. Weist das fremde internationale Privatrecht auf das im Gebiet des Richters (Standesbeamten usw.) geltende materielle Recht, so spricht man von *Rückverweisung* (ital.: rinvio indietro); weist es auf das materielle Recht eines dritten Gebiets, von *Weiterverweisung* (ital.: rinvio altrove). Beide Gebilde werden von der französischen und englischen Terminologie als „*Renvoi*" zusammengefaßt.

1. Beispiele von *Rückverweisungen*: a) Ein Däne mit Wohnsitz in Berlin stirbt. Über seinen Nachlaß wird in Berlin oder Kopenhagen prozessiert. Der Berliner Richter hat nach dem deutschen Staatsangehörigkeitsprinzip dänisches, der Kopenhagener Richter nach dem dänischen Wohnsitzprinzip deutsches Recht anzuwenden. Gilt der Grundsatz der Rückverweisung, so wendet der deutsche Richter deutsches, der dänische dänisches Recht an.

b) Ein Franzose stirbt und hinterläßt Grundbesitz in Berlin. Nach deutschem internationalem Privatrecht gilt für die Vererbung, auch des Immobiliarvermögens, französisches Recht als Heimatsrecht, nach französischem internationalem Privatrecht gilt für die Immobiliarvererbung die lex rei sitae, demnach deutsches Recht. Wird der Grundsatz der Rückverweisung anerkannt, so wendet der deutsche Richter deutsches, der französische französisches Recht an. — Man vergleiche dazu den *Fall Forgo*, der im Jahre 1878 den Pariser Kassationshof zur Entwicklung der Renvoi-Lehre veranlaßte: der bayrische Staatsangehörige Forgo, der unehelich geboren war, starb; in Frankreich wurde über seinen Mobiliarnachlaß, der sich dort befand, prozessiert; nach französischem internationalem Privatrecht galt das bayrische Erbrecht: danach waren gewisse außereheliche Geschwister als nächste Verwandte erbberechtigt. Nach bayrischem internationalem Privatrecht aber galt französisches Recht, und nach französischem Erbrecht war kein Erbberechtigter da, so daß der (erblose) in Frankreich belegene Nachlaß an den französischen Staat fiel. So entschied in der Tat der Kassationshof[1].

c) Ein Berliner verkauft in Berlin an einen Amsterdamer. Für den Kaufpreisanspruch läßt das deutsche internationale Privatrecht im Zweifel das Recht des Erfüllungsorts, demnach niederländisches Recht gelten, während das niederländische internationale Privatrecht im Zweifel das Recht des Vertragsschlußortes, also deutsches Recht, gelten läßt. Eine Rückverweisung führt wieder zur Anwendung deutschen Rechts in Deutschland, niederländischen Rechts in Amsterdam.

2. Beispiele der *Weiterverweisung*.

a) Ein in Warschau wohnhafter Engländer stirbt. Da er Nachlaßstücke in Berlin hinterläßt, wird zwischen den Erbprätendenten in Berlin geklagt. Nach deutschem internationalem Privatrecht gilt für die Beerbung englisches Recht als das Heimatsrecht; nach englischem internationalem Privatrecht gilt das Domizilrecht, demnach polnisches Recht, dessen Internationalprivatrecht aber wieder auf englisches Recht verweist. Die Frage ist, ob der deutsche Richter die Weiterverweisung auf Polen (und dessen Rückverweisung auf England, sowie Englands erneute Verweisung auf Polen) zu beachten hat.

b) Ein in New York wohnhafter Engländer stirbt. Wieder wird in Berlin um den hier belegenen Nachlaß geklagt. Nach deutschem IntPR gilt englisches Recht; nach englischem IntPR gilt nordamerikanisches Recht; nach nordamerikanischem IntPR gilt ebenfalls nordamerikanisches Recht. Der deutsche Richter hat, wenn er die Weiterverweisung annimmt, nordamerikanisches Erbrecht anzuwenden.

c) Ein Belgier starb 1908; sein Immobiliarnachlaß befand sich in St. Petersburg. Die Erbprätendenten klagten in Berlin. Nach deutschem IntPR galt belgisches Recht, nach belgischem IntPR galt die lex rei sitae, also russisches Recht; auch nach russischem IntPR galt russisches Recht. Der deutsche Richter wendete russisches Recht an[2].

d) Ein italienischer Verkäufer versendet die Ware an den deutschen Käufer. Die Ware lagert (nach Zurücklegung einer Teilstrecke) in Österreich. Vor dem deutschen Richter klagt der Käufer auf Feststellung seines Eigentums. Nach deutschem IntPR ist für die Frage, ob in Österreich das Eigentum erworben sei, die lex rei sitae, also österreichisches Recht, maßgebend. Nach österreichischem internationalem Privatrecht war (wie der deutsche Richter meinte) das italienische Recht entscheidend; dieses wurde deshalb vom Reichsgericht angewendet[3].

e) Stiefvater und Stieftochter, beide aus Connecticut, haben in New York geheiratet; später sind sie nach Deutschland gezogen. Auf die hier erhobene Ehenichtigkeitsklage hat der deutsche Richter (abgesehen von Art. 30 EG) nach dem Recht von Connecticut zu entscheiden (das das

---

[1] Dalloz Rec. 1879. 1. 56. Dazu Lainé: Revue Darras 1906, 615ff. — Die erste Anerkennung der Rückverweisung in Deutschland: ObAppellatGericht Lübeck 1861 (SeuffA 14 Nr. 107).

[2] RG 91, 139ff. [3] RG Entsch v. 8. Febr. 1910 bei Lewald: IntPR 172.

trennende Hindernis der Schwägerschaft kennt); aber nach dem IntPR von Connecticut gilt das Ehehindernisrecht des Eheschließungsorts, und nach dem Recht von New York besteht das Hindernis nicht; auch das IntPR von New York läßt die lex loci actus entscheiden. Der deutsche Richter, der die Weiterverweisung annimmt, hat die Nichtigkeitsklage abzuweisen.

II. Die Frage, ob Rück- und Weiterverweisung zu beachten seien, wird in der Rechtsprechung der meisten Länder, wenn auch mit Beschränkungen, bejaht (ablehnend: Italien, Dänemark, Griechenland, Niederlande, Bulgarien[4]), dagegen von der Wissenschaft überwiegend verneint[5]. Die Gesetzgebung gibt meist keine Antwort. In *Deutschland* hat das EG, älterem Rechte folgend, in fünf genau bestimmten Fällen die Beachtlichkeit der Rückverweisung angeordnet: nämlich für die Fragen der Geschäftsfähigkeit, der Eheschließungsvoraussetzungen, des Ehegüterrechts, der Ehescheidung und der Beerbung; Art. 27.

In diesen Fällen finden, wenn auf Grund des deutschen internationalen Privatrechts das Recht eines fremden Staats anzuwenden ist und nach dem Recht dieses Staats „die deutschen Gesetze anzuwenden sind", „diese Gesetze Anwendung". Die Rechtsprechung ist einig erstens darüber, daß unter „den deutschen Gesetzen" die sog. inneren (materiellen) deutschen Gesetze, die „Sachnormen", im Gegensatz zu den deutschen Kollisionsnormen zu verstehen sind, und zweitens darüber, daß, wenn das fremde Recht den Renvoi in irgendeiner Form anerkennt, diese Anerkennung vom deutschen Richter keineswegs zu beachten ist[6].

Über die Frage, ob die Rückverweisung auch in anderen Fällen anzuerkennen und ob die Weiterverweisung zu beachten sei, schweigt das Gesetz. Die Praxis, zumal des Reichsgerichts, nimmt, wenn auch nicht ohne Schwanken, die *analoge Anwendung* des Art. 27 auf andere Fälle der Rückverweisung und auf die Weiterverweisung an[7]. Das ist als heute geltendes Recht anzusehen, so unsicher auch die Grenzen der Zulassung einer Weiterverweisung sein mögen.

Eine gesetzliche Anerkennung der Rück- *und* der Weiterverweisung findet sich in dem Genfer Abk. über das WechselIntPR Art. 2 Abs. 1 Satz 2, und dementsprechend im deutschen WechselG v. 21. Juni 1933 Art. 91 Abs. 1 Satz 2.

III. Die *Gründe* für die Beachtung der Rück- und Weiterverweisung sind freilich zum Teil schwach:

1. Das RG hat immer von neuem betont, die Verweisung des deutschen Kollisionsrechts auf eine fremde Rechtsordnung bedeute eine Verweisung nicht nur auf die materiellen Normen (Sachnormen) dieser Rechtsordnung, sondern auch auf deren Kollisionsnormen, sei also eine „Gesamtverweisung". Der deutsche Richter, der ein bestimmtes ausländisches Recht anzuwenden habe, solle möglichst so urteilen, wie der Richter dieses Rechtsgebiets urteilen würde. Allein dieser Gedanke wird nicht durchgeführt und kann nicht durchgeführt werden:

a) Er *wird* nicht durchgeführt. Erklärt das deutsche Recht das Recht des Staates x für maßgebend, so fragen wir zwar, ob das internationale Privatrecht im Staate x auf deutsches Recht zurückverweist oder auf das Recht des Staates y weiterverweist; aber wir beachten die Rück-Rückverweisung von Deutschland auf x und die weitere Weiterverweisung von y auf das Recht des Staates z nicht, während der Richter des Staates x solche Verweisungen, die für ihn einfache Rück- oder Weiterverweisungen wären, beachten würde: wir entscheiden also nicht so, wie dieser Richter entscheiden würde[8].

b) Die Durchführung des Gedankens ist auch nicht immer *möglich*. Sie ist es nur dann, wenn der Staat x, auf dessen Recht das deutsche Recht verweist, in der

---

[4] Über den Renvoi in den Vereinigten Staaten von Amerika: MUELLER: Z. f. ausl. u. intern. PR 6, 727ff. S. GRUNWALD-DELITZ: Rückverweisung im englischen u. nordamerik. Privatrecht 1932.

[5] *Für* den Renvoi: unter den deutschen Schriftstellern vor allem v. BAR, FRANKENSTEIN, MELCHIOR, NUSSBAUM.

[6] RG 136, 366 (gegen MELCHIOR).

[7] Vgl. insbes. RG 62, 404; 64, 393; 78, 50, 236; 91, 139; 132, 416; 136, 365f.; JurW 1911, 208; 1925, 249. MELCHIOR, 207ff.

[8] Vgl. RG 136, 366.

Frage des renvoi einen anderen Standpunkt einnimmt als das deutsche Recht, wenn er z. B. wie Italien, den Renvoi völlig verwirft.

Schließen zwei in Italien lebende Deutsche (oder Niederländer) einen dort zu erfüllenden Vertrag miteinander ab, so ist nach deutschem internationalem Privatrecht das Recht des Erfüllungsorts, also italienisches Recht, im Zweifel maßgebend; nach italienischem IntPR aber ist im Zweifel das gemeinsame Heimatrecht der Kontrahenten, also deutsches (oder niederländisches) Recht anzuwenden, und eine Beachtung des deutschen (oder niederländischen) Internationalprivatrechts würde dem italienischen Richter nicht gestattet sein. Der deutsche Richter entscheidet *hier* daher genau so wie der italienische, wenn er dessen Verweisung auf deutsches (oder niederländisches) Recht befolgt.

Nimmt dagegen der Staat x denselben Standpunkt ein, wie das deutsche Recht, müßte also (im Rückverweisungsfalle) der Richter in x so entscheiden, wie der deutsche Richter, so könnte man zu einer Entscheidung überhaupt nicht kommen, da jedes Recht komplimentierend dem anderen den Vortritt ließe (nach dem Vorbild der Honoratioren-Gattinnen in Kotzebues Deutschen Kleinstädtern). Man hat, um die Sinnlosigkeit dieses Gedankens zu zeigen, von einem logischen Spiegelkabinett, einem internationalrechtlichen Tennisspiel (das erst endet, wenn ein Spieler einen Fehler macht), einem perpetuum mobile gesprochen. Man macht daher, in Deutschland, Frankreich u. a., mit dem *Gedanken der Gesamtverweisung nicht ernst*, sondern bricht die Rückverweisung ab, sobald kraft ihrer der heimische Richter heimisches materielles Recht anzuwenden hat, und gewährt auch nur (wie es scheint) eine einmalige Weiterverweisung.

Anders als Deutschland und Frankreich: *England.* Hier wird auch der „*double renvoi*“ zugelassen: stirbt ein Engländer mit Wohnsitz in Berlin, so läßt der englische Richter, der mit der Beerbungsfrage befaßt wird, deutsches Recht maßgebend sein, und zwar so, wie es in thesi der deutsche Richter handhaben würde. Da aber dieser englisches Heimatsrecht anwenden und wegen des englischen Domizilprinzips im Wege der Rückverweisung deutsches materielles Recht anwenden würde, wendet auch der englische Richter deutsches materielles Erbrecht an[9]. Dieser englische Standpunkt ist nur deswegen durchführbar, weil kein anderes Land ihn einnimmt.

2. Noch unbefriedigender ist die Begründung: es gehe nicht an, ein fremdes materielles Recht anzuwenden, *das selbst nicht angewendet werden wolle.* Sowenig ein Staat etwas dagegen einwenden wird, daß ein anderer Staat sein Recht rezipiert, sowenig kann er sich darüber beschweren, daß der andere Staat sein Recht in Fällen anwendet, in denen er die Anwendung nicht in Aussicht genommen hat.

IV. Dennoch ist die feste, wenn auch in den Einzelheiten unsichere Praxis, die die Rück- und Weiterverweisung beachtet, gesund, und zwar m. E. unter zwei Gesichtspunkten, deren scharfe Betonung zugleich geeignet ist, die rechte Begrenzung der Zulassung zu gewähren.

1. Gesund ist sie da, wo sie zur Anwendung des *eigenen Rechts des Richters* führt. Die überall zu beobachtende Neigung des gewissenhaften Richters (vom trägen ist hier nicht die Rede), möglichst zur Anwendung des eigenen materiellen Rechts zu kommen, ist nicht von Grund aus zu verwerfen. In dem Rechte des eigenen Landes weiß er Bescheid; hier vermag er den Wandel der Rechtsprechung zu verfolgen. Das Studium ausländischer Rechte wird ihm, selbst wenn er über ausreichende Sprachkenntnisse verfügt und ihm Gesetzgebung, Rechtsprechung und Literatur zugänglich sind, fast immer Zweifel lassen, ob er bei der Rechtsfindung frei von Mißverständnissen geblieben ist, ob er den Rechtsstoff erschöpfend berücksichtigt hat, ob ihm insbesondere die neuesten Gesetze und Urteile des fremden Landes bekannt geworden sind. Je mehr das Studium ausländischen Rechts in Deutschland fortschreitet, je größer vor allem die Registrier- und Forscherarbeit in wissenschaftlichen Auslandsrechts-Instituten wird, um so mehr mag diese Gefahr schwinden: das Gefühl der Sicherheit rechter Entscheidung, das der Richter bei der Anwendung eigenen Rechts haben darf, wird er bei der Anwendung ausländischen

[9] Zum englischen Recht: Bentwich: Z. f. ausl. u. int. PR 4, 433. Edler: ebenda 5, 64 (dazu S. 423). Melchior, S. 206, 223. Grunwald-Delitz (oben Anm. 4).

Rechts nie gewinnen. Es wird daher stets als absurd erscheinen, daß z. B. im Falle der Beerbung eines in Deutschland wohnhaften Argentiniers der deutsche Richter argentinisches Erbrecht, der argentinische Richter deutsches Erbrecht sollte anwenden müssen!

Man hat eingewendet, daß die Renvoi-Lehre den Richter nötigt, ausländisches internationales Privatrecht zu studieren, und daß dieses Studium besonders schwierig sei. Das ist richtig. Aber wenn der Richter nicht zur Klarheit über das ausländische IntPR kommt, so mag er feststellen, daß der Nachweis eines renvoi nicht gelungen ist und ausländisches materielles Recht anwenden.

Der Renvoi ist hiernach immer dann als beachtlich anzuerkennen, *wenn* er zur *Anwendung des eigenen Rechts* des Richters führt, d. h. stets im Falle der Rückverweisung (die entsprechende Praxis des deutschen Reichsgerichts ist hiernach zu billigen), sowie dann im Falle der Weiterverweisung, wenn diese auf einem Umwege zum eigenen Recht des Richters führt.

Gedacht ist an den Fall, daß das internationale Privatrecht des Richters (r) auf das Recht von x verweist, das IntPR von x auf das Recht von y weiterverweist und das IntPR von y wieder auf r weist. Beispiel: ein in Berlin geborener und hier 50 Jahre lang wohnhafter Argentinier zieht nach London, um dort geschäftlich tätig zu sein, aber mit der Absicht, in einigen Jahren nach Berlin zurückzukehren. Er stirbt in London. Hat der deutsche Richter im Erbschaftsprozeß zu entscheiden, so hat er nach deutschem IntPR argentinisches Recht anzuwenden; nach argentinischem IntPR gilt englisches Recht als das des Wohnsitzes; nach englischem Recht aber gilt deutsches Recht, da im Sinne des englischen Rechts (im Gegensatz zum argentinischen) der deutsche Wohnsitz (das „domicil of origin") noch besteht. Daher wendet der deutsche Richter deutsches Recht an.

2. Gesund ist die Beachtung des Renvoi ferner dann, wenn sie dahin führt, daß, wo auch immer der Prozeß schwebt, dasselbe materielle Recht anzuwenden ist, daß also das letzte Ziel des internationalen Privatrechts, ein *vom Gerichtsort unabhängiger Entscheidungseinklang*, in concreto *erreicht wird.* Das ist bei der Rückverweisung nur dann der Fall, wenn das eine der beteiligten beiden Rechte den Renvoi beachtet, das andere die Beachtung verbietet (z. B. Deutschland-Italien) oder wenn das eine der beiden Rechte nur den einfachen Renvoi, das andere den double renvoi kennt (so England im Verhältnis zu Deutschland oder zu Frankreich). Es ist ferner bei der *Weiterverweisung* dann der Fall, wenn die beiden Rechte, zwischen denen die Weiterverweisung liegt, zur Anwendung desselben Rechts kommen würden, nicht aber dann, wenn diese beiden Rechte in der Anknüpfung auseinandergehen.

Beispiele: a) Ein Däne mit Wohnsitz in Rom stirbt unter Hinterlassung von Mobiliarvermögen in Berlin. Der mit der Erbfrage befaßte deutsche Richter setzt zunächst (seinem IntPR entsprechend) dänisches Recht als anwendbar; nach dänischem IntPR (Wohnsitzprinzip) gilt italienisches Recht, nach italienischem IntPR gilt dänisches Recht. Weder Italien noch Dänemark erkennen die Rückverweisung an. Da hier zwischen Dänemark und Italien keine Einigkeit über das anzuwendende Recht besteht, hat der deutsche Richter die Weiterverweisung nicht zu beachten, sondern dänisches Recht anzuwenden.

b) Ein Argentinier mit Wohnsitz in Rio de Janeiro stirbt, unter Hinterlassung von Mobiliarvermögen in Berlin. Der deutsche Richter hat zunächst argentinisches Recht als anwendbar zu setzen; nach argentinischem IntPR (Wohnsitzprinzip) gilt brasilianisches Recht, nach brasilianischem IntPR gilt argentinisches Recht, und da *sowohl* Brasilien *wie* Argentinien die Rückverweisung gelten lassen, würde der brasilianische Richter brasilianisches, der argentinische argentinisches materielles Erbrecht anwenden. Hier (wie zu a) keine Einigung über das anzuwendende Recht. Der deutsche Richter hat eine Weiterverweisung nicht zu beachten, sondern argentinisches Recht anzuwenden.

c) Derselbe Fall wie zu a), nur hat der Däne den Wohnsitz in Rio de Janeiro. Da der dänische Richter keine Rückverweisung beachtet, wohl aber der brasilianische Richter, würden beide gleichmäßig brasilianisches Recht anwenden. Daher hat *auch der deutsche Richter* die *Weiterverweisung* zu *beachten* und brasilianisches Recht anzuwenden. So wird in Berlin, Rio und Kopenhagen nach demselben Recht judiziert.

d) Ein in Polen wohnhafter Engländer stirbt; der deutsche Richter hat zunächst englisches Recht anzuwenden: da aber England auf dem Wege des double renvoi polnisches Recht anwenden würde und Polen dasselbe auf dem Wege des einfachen renvoi täte, hat auch der deutsche Richter polnisches Recht anzuwenden.

e) Der Fall des RG 91, 139ff. (s. o. unter I 2c): hier läßt das RG die Weiterverweisung des belgischen Rechts auf die russische lex rei sitae gelten; mit Recht, da (wie das RG betont) auch das russische IntPR russisches Recht gelten läßt.

f) Hat 1932 ein Deutscher in Wien einen auf ihn gezogenen, in Paris zahlbaren Wechsel akzeptiert und wird er daraus in Berlin verklagt, so gilt für Voraussetzungen und Inhalt seiner Verpflichtung nach deutschem Recht das Recht des Zahlungsorts, also französisches Recht; da aber nach französischem IntPR die lex loci actus, also der Ort der Zeichnung des Akzepts, demnach österreichisches Recht, gilt und da auch nach österreichischem IntPR dieses Recht anwendbar ist[10], hat der deutsche Richter diese Weiterverweisung zu beachten.

V. Die Rück- und Weiterverweisung wird vielfach nur dann für beachtlich erklärt, wenn das Heimatsrecht auf das Recht des Wohnsitzes verweist, und eine analoge Anwendung des Art. 27 EG auf andere Fälle wird für unzulässig erklärt[11]. M. E. bestehen die für Zulassung des Renvoi sprechenden Gründe auch in anderen Fällen; so, wenn es sich um die Kollision des Personalstatuts mit der *lex rei sitae* handelt; aber — wie die Beispiele S. 49 oben, S. 51 zu f zeigen[12] — auch im Gebiete des *Obligationenrechts*. Dann freilich, wenn das anzuwendende Recht durch die Vertragskontrahenten (kraft sog. *Parteiautonomie*) bestimmt worden ist, ist bei verständiger Auslegung dieser vertraglichen Bestimmung ein Ausschluß des Renvoi als gewollt anzunehmen: die Erklärung, es solle für den Vertrag französisches Recht gelten, bedeutet die Vereinbarung der Geltung der französischen Sachnormen, nicht des französischen IntPR.

VI. Wird in *Staatsverträgen* die Geltung des Rechts eines bestimmten Landes vereinbart, so ist damit in der Regel[13] das interne (materielle) Recht des Landes gemeint, nicht dessen Kollisionsrecht. Der Renvoi ist also dann ausgeschlossen.

§ 14. Der Grundsatz der größeren Nähe.

F. Kahn: Abhandl. I 31ff. — Melchior: Z. f. ausl. u. intern. PR 3, 733ff. und Grundlagen 398ff. — Zitelmann: Sondergut nach deutschem IntPR (Festschrift f. O. v. Gierke) 1911 und IntPR II 28ff., 695ff. — Frankenstein, I 509ff. — W. Haudek: Die Bedeutung des Parteiwillens im IntPR 1931, 97ff.

Die Grundsätze über Rück- und Weiterverweisung zeigen, daß das deutsche internationale Privatrecht vor einem ausländischen internationalen Privatrecht dann zurücktritt, wenn dessen Geltung zur Anwendung des materiellen deutschen Rechts oder zu einem Entscheidungseinklang unter allen beteiligten Ländern führt. Es gibt aber noch andere Fälle, in denen der deutsche Richter das vom deutschen abweichende ausländische internationale Privatrecht anzuwenden hat: dies deswegen, weil nach deutscher Auffassung der ausländische Gesetzgeber *näher dazu* ist, gewisse kollisionsrechtliche Fragen in bestimmter Weise zu regeln, als der deutsche Gesetzgeber. Der nationale Gesetzgeber fühlt sich hier als Ausführungsorgan der Völkergemeinschaft: er will nur im Rahmen der Kompetenz handeln, die nach seiner Meinung die Gemeinschaft der Staaten ihm gesetzt hat oder setzen sollte (vgl. oben § 3 III); er regelt daher zwar auch Fragen, zu denen er in einer gewissen Beziehung steht; aber er weicht unter bestimmten Voraussetzungen vor der Regelung durch die näherberechtigte Rechtsordnung des Auslands zurück.

I. Die Fälle, in denen das deutsche internationale Privatrecht ein fremdes Kollisionsrecht als näherberechtigt betrachtet, pflegt man in dem Spruche: „*Sonderstatut bricht Gesamtstatut* (oder *Vermögensstatut*)“ zusammenfassen[1]. Art. 28 EG BGB.

---

[10] Vgl. Veith: RVglHWB IV 510. [11] So Lewald: IntPR 21f.

[12] Vgl. ferner das eindrucksvolle Beispiel von Melchior: Grundlagen 244f. betr. Forderungszession; HanseatOLG in Hans.R. u. Ger.Ztschr 1933 (16) 288.

[13] Anders für die Fähigkeit, Wechselverbindlichkeiten einzugehen, das Genfer Abk. über WechselIntPR v. 1930 a. a. O. Art. 2 Abs. 1 Satz 2. Vgl. oben S. 48 II a. E.

[1] Mit Recht macht Melchior S. 401 auch auf Art. 11 Abs. 2 EG aufmerksam, während Art. 26 EG m. E. nicht in diesen Zusammenhang gehört (davon § 46 VI). — Nachgebildet dem Art. 28 sind Haager EhewirkAbk Art. 7, Haager EntmündigAbk Art. 12, *Polen* IntPRGes Art. 16, 19 Abs. 3, Deutsch-Poln. VormundschAbk Art. 5 Abs. 2 (Makarov, 361).

Art. 28 spricht von internationalprivatrechtlichen Konflikten, die im Ehegüterrecht, im Recht des Kindesguts und im Erbrecht entstehen können. Nach deutschem internationalen Privatrecht herrscht hier das Staatsangehörigkeitsprinzip. Kommt danach deutsches materielles Recht zur Anwendung, so tritt stets ein einheitliches rechtliches Schicksal für ein Vermögen als Ganzes (Frauengut, eheliches Gesamtgut, Kindesvermögen, Nachlaß) ein, ohne Rücksicht darauf, wo die einzelnen zum Vermögen gehörigen Gegenstände belegen sind; vor allem ist, auch bei Grundstücken, ohne Bedeutung, ob sie im Ausland oder im Inland belegen sind. Davon gilt nach Art. 28 eine Ausnahme dann, wenn nach der lex rei sitae die dort belegenen Gegenstände „*besonderen Vorschriften* unterliegen". Solche besonderen Vorschriften sind Kollisionsnormen des Inhalts, daß gewisse Gegenstände oder Rechtsinbegriffe der lex rei sitae unterworfen sind. Bestehen am Lageort solche Sondernormen, so sollen sie vorgehen, und das nach deutschem Kollisionsrecht grundsätzlich geltende Heimatsrecht soll nicht angewendet werden.

Sondernormen der erwähnten Art bestehen insbesondere:

1. für manche „*Sondervermögen*", also Rechtsinbegriffe, die auch materiellrechtlich andere rechtliche Schicksale haben wie das Gesamtvermögen: Lehns-, Fideikommißvermögen, Bauerngüter.

2. In vielen Ländern scheidet das dort geltende internationale Privatrecht Mobiliar- und *Immobiliar*vermögen. Es läßt nur für jenes das Personalstatut (sei es Heimats-, sei es Wohnsitzrecht) gelten[2], für dieses dagegen die lex rei sitae: so in vielen Ländern romanischen Rechts (Frankreich, Belgien, Luxemburg, Rumänien, Griechenland [nicht Italien]), aber auch in Österreich, Ungarn und im angloamerikanischen Recht. Zwar gelten für die in einem dieser Länder gelegenen Grundstücke keine anderen oder nicht immer andere erbrechtliche oder familiengüterrechtliche Normen, als für die ebenda befindlichen Mobilien; der Immobiliarnachlaß bildet also materiellrechtlich kein Sondervermögen, wie in den Fällen zu 1. Die Sonderung beschränkt sich hier auf die kollisionsrechtliche Behandlung, und vor ihr zieht sich das deutsche Kollisionsrecht, das allgemein Heimatsrecht anwenden würde, zurück.

Stirbt z. B. ein Deutscher mit Grundbesitz in Frankreich, Österreich und Italien, sowie mit einem in verschiedenen Ländern belegenen Mobiliarvermögen, so tritt für das gesamte Mobiliarvermögen (auch soweit es in Wohnsitzländern, wie England liegt) und für die in Italien gelegenen Grundstücke Beerbung nach deutschem Rechte ein; für die Grundstücke in Frankreich gilt französisches, für die in Österreich gilt österreichisches Erbrecht. Jede dieser drei Vermögensmassen wird als ein besonderer Nachlaß behandelt, der seine eigenen Schicksale hat; vgl. unten § 46 I, IV.

3. Art. 28 EG findet dann entsprechende Anwendung, wenn Heimatsrecht des Ehemannes, Vaters oder Erblassers nicht das deutsche Recht, sondern ein fremdes Recht ist, und dieses auf ein drittes Recht weiterverweist oder auf deutsches Recht zurückverweist (Art. 27 EG). Enthält hier das dritte Recht oder das deutsche Recht „besondere Vorschriften" der geschilderten Art (1, 2), so geht wieder dieses Sonderstatut dem Vermögensstatut vor.

Beispiele: a) Ein in Genf wohnhafter Däne, der Grundbesitz in Chamonix hat, stirbt. Der deutsche Richter hat für den Mobiliarnachlaß kraft Weiterverweisung des dänischen Rechts Schweizer Recht anzuwenden (da Dänemark und im Erbrecht auch die Schweiz das Wohnsitzprinzip haben). Für den Immobiliarnachlaß muß er, analog Art. 28, das Schweizer Recht zugunsten des französischen Rechts ausschalten, da dieses für Immobilien die lex rei sitae gelten läßt. Dabei kommt nichts darauf an, daß die Schweiz eine dem Art. 28 EG BGB entsprechende Norm nicht kennt.

b) Ein italienischer Graf ist Majoratsherr eines schlesischen Fideikommißgutes. Der deutsche Richter hat auf den Nachlaß das italienische Heimatsrecht des Erblassers anzuwenden, auf das Fideikommißvermögen dagegen deutsches Fideikommißerbrecht.

---

[2] Vgl. oben § 8 I.

4. Art. 28 ist auch darin ungenau gefaßt, daß er nur die Konflikte im Ehegüterrecht, im Recht der ehelichen Kinder und im Erbrecht behandelt. Er gilt auch für das Verhältnis zwischen dem unehelichen Kinde und seiner Mutter (Art. 20 EG) und für die Vormundschaft (Art. 23)[3], also immer dann, wenn ein Gesamt-(Vermögens-)Statut mit einem Sonderstatut in Konflikt kommt[4].

II. Dagegen weicht das Gesamtstatut nicht etwa zurück vor dem am Belegenheitsorte geltenden abweichenden *Gesamt*statut. Stirbt ein in Kopenhagen wohnhafter Deutscher mit Grundbesitz in Berlin und in Kopenhagen, so läßt der deutsche Richter für die Beerbung das deutsche (Heimats-)Recht, der dänische Richter das dänische (Wohnsitz-)Recht gelten, und zwar jeder von beiden gleichmäßig für den Gesamtnachlaß, auch für die im anderen Staat gelegenen Grundstücke.

Oder: stirbt ein deutsch-italienisches sujet mixte und hinterläßt es ein Haus in Berlin und eines in Rom, so läßt wieder der deutsche Richter das deutsche Heimatsrecht des Erblassers auch in Ansehung des römischen Hauses gelten, während der italienische Richter das italienische Heimatsrecht des Erblassers auch für das Berliner Haus anwendet.

Es ist früher in der italienischen Praxis auch in Fällen dieser Art dem Grundsatz der größeren Nähe gefolgt worden[5]; der Heimatsrichter, der entgegen dem Richter des Lageorts entschiede, würde „ein Urteil von rein akademischem Wert fällen", da im Belegenheitsstaate solchem Urteil die Folge versagt werden könne und müsse. So erwünscht der Grundsatz in dieser Ausdehnung sein mag, dem geltenden Recht gehört er nirgends, und insbesondere dem deutschen Rechte nicht, an. Der positive Konflikt besteht; der deutsche Richter hat sein internationales Privatrecht auch dann anzuwenden, wenn die Anwendung zu einem *nicht durchsetzbaren Spruche* führt.

Verhängnisvoll würde der Konflikt erst sein, wenn der deutsche Richter genötigt wäre, das, was im Ausland ausländischem Rechte gemäß geschieht, als „rechtswidrig" zu behandeln. Davon aber kann keine Rede sein[6].

Ist z. B. in dem Fall des in Kopenhagen wohnhaften deutschen Erblassers nach dänischem Recht X der Erbe, nach deutschem Recht Y und ist ein Deutscher zum Testamentsvollstrecker (nach beiden Rechten gültig) eingesetzt worden, so kann dieser ohne Sorge in Deutschland deutschem Rechte gemäß das hier befindliche Vermögen verwalten und dem Y aushändigen und dänischem Recht gemäß das in Kopenhagen befindliche Gut dem X aushändigen, ohne befürchten zu müssen, im anderen Lande wegen seines „bewußt widerrechtlichen" Vorgehens auf Ersatz verklagt zu werden. Vgl. unten § 15 VI.

§ 15. Die Anwendung ausländischen Privatrechts.

MELCHIOR: Grundlagen 81ff., 418ff. — NUSSBAUM: IntPR 96ff. — ED. WAHL: RVglHWB IV 337.

Die Sätze des internationalen Privatrechts nötigen den Richter oft, ausländisches Privatrecht anzuwenden.

I. Er hat sich darüber schlüssig zu werden, *ob* er eigenes oder ausländisches (und welches ausländische) Recht anzuwenden hat. Nicht selten kann er feststellen, daß die Anwendung aller etwa in Betracht kommenden Rechte zu dem gleichen Ergebnis führen würde. Das Reichsgericht hält es aber nicht für zulässig, daß er solchenfalls „dahingestellt" läßt, welches Recht anzuwenden sei[1].

---

[3] Vgl. auch Haager VormundschAbk. Art. 6 Abs. 2.

[4] Herrschende Lehre. A. M. MELCHIOR, 407.

[5] Nachweise bei KAHN, I 34ff. LEWALD: Questions de dr. internat. des successions (1926) 29ff.

[6] Vgl. dazu NEUMEYER: Wörterbuch des Völkerrechts I 571ff. VERDROSS: Die Verfassung d. Völkerrechtsgemeinschaft 1926, 167.

[1] RG 100, 81; RG Warneyer Rspr 8 (1915) 484 Nr. 311; 10 (1917) 233; 14 (1921), 178; RG Z. f. ausl. u. int. PR 4, Sonderheft 1929 Nr. 1, 3. — Unzulässig ist es selbstverständlich, wenn der Richter die anwendbare Rechtsordnung *deswegen* offen läßt, weil „die Parteien Abweichungen der verschiedenen Rechte voneinander nicht behaupten wollten" (wie in RG 71, 10).

Gegen diese Praxis spricht viel. Es ist nicht einzusehen, weshalb gerade in diesem Punkte die sonst allgemein zulässige alternative Urteilsbegründung unzulässig sein sollte. Die Irrevisibilität des ausländischen Rechts (vgl. unten V) ist kein Grund: stellt das Reichsgericht einen Rechtsirrtum bei der Auslegung des deutschen Rechts fest, so entfällt freilich die Möglichkeit, die Anwendbarkeit des deutschen Rechts dahingestellt zu lassen; hat aber der Berufungsrichter bei Auslegung des deutschen Rechts nicht geirrt und festgestellt, daß die sonst noch in Betracht kommenden (ausländischen) Rechtsordnungen zu demselben Ergebnis kommen, so ist, eben wegen der Nichtnachprüfbarkeit dieser Feststellung, das Berufungsurteil nicht mit Erfolg anzugreifen. — Die Praxis des RG erweist sich auch oft als unzweckmäßig. Zumal im Obligationenrecht ist es eine häufige Erscheinung, daß die in Frage kommenden bürgerlichen Rechte ganz offensichtlich zum gleichen Ergebnis führen, während die Zweifel überhaupt nur darin bestehen, welches Recht (z. B. kraft hypothetischen Parteiwillens) maßgebend ist: der Richter, der diese Zweifel (z. B. durch Beweiserhebungen) beheben wollte, würde nutzlose Arbeit leisten und gegen § 300 ZPO verstoßen. — Zu vermerken endlich, daß das RG *selbst* es wiederholt dahingestellt gelassen hat, welches von mehreren Rechten anwendbar ist[2].

II. Hat der Richter ein bestimmtes ausländisches Recht anzuwenden, so hat er *geltendes* Recht anzuwenden. Aufgehobenes Recht, z. B. das Recht des zaristischen Rußland, darf er nicht anwenden (auch nicht auf die russischen Emigranten; vgl. § 8 II 2a).

Allein: 1. „Aufgehobenes" Recht kann für einzelne unter seiner Herrschaft begründete Rechtsverhältnisse nach den Grundsätzen des intertemporalen Privatrechts noch „gelten": so gilt in Deutschland z. B. für eine vor 1900 geschlossene westfälische Ehe das Ehegüterrecht des Gesetzes von 1860 weiter.

2. Wenn in einem Staat ein Rechtssatz durch einen neuen Rechtssatz eingeschränkt (also teilweise aufgehoben) wird, und der einschränkende Rechtssatz in Deutschland als dem deutschen ordre public widerstreitend (Art. 30 EG) nicht angewendet werden kann, so hat der deutsche Richter das ausländische Recht so anzuwenden, wie wenn dieser Rechtssatz nicht bestände, obwohl er damit ein nicht mehr geltendes Recht anwendet; vgl. oben § 12 IV.

Erkennt der inländische Richter ein fremdes Staatsgebilde oder eine fremde Regierung (in einem anerkannten Staat) nicht an[3], so kann er die in solchem Staat oder von solcher Regierung erlassenen „Gesetze" zwar nicht als *staatliche* Befehle gelten lassen. Aber wenn diese Gesetze in dem fremden Gebiete angewendet werden, so sind sie auch für ihn „Recht" dieses Gebiets, da von der Überzeugung einer Menschengemeinschaft getragen: wer wegen der Nichtanerkennung des Gesetzesbefehls die Rechtsnatur der angewendeten Normen leugnet, verkennt, daß es auch sonst nicht der staatliche Wille ist, der dem Rechte den Charakter als Recht aufprägt.

Aus diesem Grunde können also die Richter eines Staates, der die *sowjetrussische* Regierung nicht anerkannt hat, die Rechtsnatur der dort angewendeten Normen nicht leugnen, mögen sie auch bestreiten, daß es gültige staatliche Gesetze sind; und sie dürfen das alte russische Recht nicht als fortgeltend ansehen, da sie zwar eine Aufhebung durch Gesetz bestreiten können, nicht aber ein in desuetudinem abire.

III. Gelten in einem Lande, dessen Recht anzuwenden ist, *verschiedene* Rechtsordnungen, sei es für verschiedene Teilgebiete (Polen, Rumänien), sei es für verschiedene religiöse, völkische, soziale Klassen (vgl. oben § 1 I 3), so entscheiden die interlokalen oder interpersonalen Kollisionsnormen dieses Landes; fehlt es an einheitlichen (lokal oder personal übergeordneten) Kollisionsnormen, so wird der deutsche Richter die Normen desjenigen ausländischen Gerichts anzuwenden haben, vor welches der Kläger den Anspruch hätte bringen können[4].

Dem entsprechend ist auch zu entscheiden, ob ein Rechtsverhältnis dem allgemeinen Privatrecht oder dem *Handelsrecht* zuzuteilen ist[5]. Hat z. B. der deutsche Richter über einen Kauf zu urteilen, den der Käufer mit der Absicht schloß, die Kaufsache weiterzuvermieten, und untersteht der Kauf französischem Recht, so ist er nach art. 632 code de comm. als acte de commerce zu beurteilen, obwohl das deutsche Handelsrecht solche Geschäfte als Grundhandelsgeschäfte (vgl. § 1 Nr. 1 HGB) nicht gelten läßt.

[2] RG 113, 42; 124, 148. [3] Vgl. Melchior, 83ff.
[4] Genaueres bei Melchior, 99f. [5] Vgl. Ficker: RVglHWB IV 461.

IV. Der deutsche Richter hat das ausländische Recht *so* anzuwenden, *wie es im Auslande gilt.* Er hat daher bei der Auslegung der Gesetzestexte die ausländische Rechtsprechung gerade in demselben Maße zu berücksichtigen, wie der ausländische Richter. Soweit ständige Rechtsprechung ein Gewohnheitsrecht hat entstehen lassen, ist dessen Anwendung selbstverständlich. Soweit das noch nicht der Fall ist, darf der deutsche Richter an ausländischen Rechtssprüchen dieselbe Kritik üben, die nach seiner Ansicht der Richter des Landes unter Berücksichtigung des Bedürfnisses nach Rechtsstetigkeit üben würde. Das Bewußtsein, das fremde Recht nicht hinreichend zu beherrschen, wird ihn davor behüten, die Rolle des täppischen Besserwissers zu spielen, und darauf beschränken, offensichtliche Versehen zu korrigieren. Nur da, wo der anzuwendende fremde Gesetzestext mit seinem eigenen Gesetze übereinstimmt, mag es ihm geziemen, aus seiner Zurückhaltung herauszutreten.

Beispiele. 1. Nach Art. 43 Satz 2 der Wechselordnung (wie sie bis 1. Okt. 1908 sowohl in Deutschland wie in Österreich galt) setzte beim domizilierten Wechsel die Erhaltung des Wechselrechts gegen den Akzeptanten eine Protesterhebung beim Domiziliaten voraus, und zwar nach deutscher Auffassung auch dann, wenn der Wechselgläubiger zugleich Domiziliat war, während die österreichischen Gerichte für diesen Fall den Protest für entbehrlich hielten. Das Reichsoberhandelsgericht hat bei Anwendung österreichischen Wechselrechts die österreichische Auffassung für unrichtig erklärt (15, 208f.), wobei es offenbar davon ausgeht daß ein österreichisches Gewohnheitsrecht sich noch nicht (1874) entwickelt hatte; m. E. mit Recht[6]. 2. Art. 970 code civil, der die Erfordernisse des holographischen Testaments nennt, wird in Belgien gewohnheitsrechtlich (seit 1857) dahin verstanden, daß unbeabsichtigte Falschdatierung unschädlich ist, in Frankreich entgegengesetzt: der deutsche wie der französische Richter hat das in Belgien abgefaßte Testament trotz Falschdatierung für gültig zu achten.

V. Der deutsche Richter hat das ausländische Recht *als Recht* anzuwenden[7]. Daraus folgt, daß er es von Amts wegen zu erforschen hat, und daß nicht die bei Tatsachen geltenden Prozeßrechtssätze gelten, z. B. Beweislast- oder Beweisführungsnormen oder der Satz, daß Unstreitiges nicht des Beweises bedarf. Doch darf er nach § 293 ZPO die „Beibringung von Nachweisen" durch die Parteien verlangen (wie bei deutschem Gewohnheitsrecht und bei deutschen autonomen Satzungen), ohne auf sie beschränkt zu sein. Eine *Pflicht* zu selbständiger Erforschung des ausländischen Rechts ist nicht ausdrücklich ausgesprochen; sie ergibt sich daraus, daß ihm das Erforschungsrecht eingeräumt worden ist, damit er seiner Pflicht zur Fällung eines gerechten Urteils genügen könne.

Bringen die Parteien die Nachweise nicht bei und gelingt es auch dem Richter *nicht*, den Inhalt des ausländischen Rechts *mit Sicherheit* festzustellen, so hat er nicht etwa gegen diejenige Partei zu entscheiden, die aus der Anwendung des (nicht feststellbaren) fremden Rechtssatzes Rechte für sich ableitet (das wäre ein Rückfall in die Vorstellung, daß der Nachweis als Tatsachenbeweis zu behandeln wäre), sondern der Richter wird sich mit der Ermittlung des *wahrscheinlich geltenden Rechts* begnügen.

Kann er z. B. eine neuere Ausgabe des Código civil von Bolivia nicht bekommen, so wird er davon ausgehen, daß der Text von 1830 noch gilt. Kann er keine Ausgabe bekommen, so wird er sich mit Berichten über den Inhalt des Gesetzes, die ihm etwa vorliegen, begnügen. Äußerstenfalls wird er (z. B. an der Hand des RVglHWB I 803) ermitteln, daß der bolivianische código civil eine Nachbildung des französischen c. c. ist. Man hat gemeint, bei der

---

[6] Abweichend: Melchior, 91ff. Nussbaum, 99.

[7] Das ausländische Recht wird aber nicht, weil im Inlande angewendet, zu inländischem Recht; sonst wären, wie F. Kahn richtig bemerkt hat, alle Gesetze der Welt Appendix des einheimischen Rechts. Anders nach einer neueren nordamerikanischen Lehre, der Local Law Theory: da nach der herrschenden anglo-amerikanischen Rechtsquellenlehre Recht überhaupt nur vom Richter geschaffen werden kann, wird auch das ausländische Recht erst mit seiner Anwendung durch den amerikanischen Richter zu „Recht". Vgl. darüber W. W. Cook: Yale Law Journal 33 (1924) 457ff. F. J. de Sloovère: Georgetown Law Journal 15 (1926) 234ff., Harvard Law Review 41 (1928) 421ff., ferner die Berichte von Ed. Wahl: RVglHWB IV 337 und P. Wigny: Essai sur le droit int. privé améric. (1932) 175ff.

Anwendung solcher hypothetischen Rechtssätze werde das Urteil ganz in die Irre gehen; der Richter habe daher in solchen Fällen (aus Verlegenheit) deutsches Recht anzuwenden. Allein zweifellos geht er damit noch mehr in die Irre. Hat er z. B. über das Testament eines Angehörigen von Ecuador, der Frau und Kinder grundlos enterbt hat, zu urteilen, und kann er das Noterbrecht von Ecuador nicht ermitteln, so wäre es recht verkehrt, wollte er der Frau und den drei Kindern nach § 2303 BGB eine Geldforderung auf je 1/8 des Nachlaßwertes zusprechen, obwohl er weiß, daß das preußisch-österreichische System des Geldpflichtteils sich sonst nirgends auf der Erde findet! Er wird vielmehr das Recht von Chile anwenden, nachdem er (RVglHWB I 870) festgestellt hat, daß das Gesetzbuch von Ecuador auf diesem beruht; wenn ihm auch das chilenische Gesetz nicht zugänglich ist, so wird er immer noch besser tun, dessen Vorbild, den französischen code civil, anzuwenden, als das deutsche Recht. Ähnlich wird er, wenn er das nordamerikanische common law nicht ermittelt, dessen Mutterrecht, das englische common law, anwenden müssen[8].

Daraus, daß die Anwendung ausländischen Rechts nicht Tatsachenwürdigung, sondern Rechtsanwendung ist, folgert die Rechtsprechung in manchen Staaten (Österreich, Italien), daß bei unrichtiger Auslegung einer ausländischen Rechtsnorm durch ein Untergericht das höchste Gericht des Landes, dem die Nachprüfung von Tatfragen versagt ist, angerufen werden kann. In den meisten Ländern ist es gesetzlich oder durch die Praxis ausgeschlossen, die *Revision* (den „pourvoi en cassation") auf die Verletzung einer ausländischen Rechtsnorm zu stützen. So auch in Deutschland, § 549 ZPO[9]. Das hat seinen Grund darin, daß die Aufgabe des Reichsgerichts sich darauf beschränkt, die Einheitlichkeit der Rechtsprechung bei Handhabung des deutschen Rechts zu sichern.

Nur dann, wenn die Anwendbarkeit der deutschen Gesetze von der Auslegung ausländischer Gesetze abhängt, sind die Feststellungen des Berufungsgerichts über den Inhalt des ausländischen Rechts revisibel. Das ist z. B. der Fall, wenn die Revision darauf gestützt wird, daß der Berufungsrichter die auslandsrechtlichen Rückverweisungsbestimmungen unrichtig ausgelegt habe[10].

VI. Ausländisches Recht, das der deutsche Richter *nicht anzuwenden* hat, kann für ihn dennoch Bedeutung haben, wenn es in Widerspruch zu dem von ihm anzuwendenden (deutschen oder ausländischen) Recht tritt. Ein solcher Widerspruch kann eine Person

1. in einen Konflikt von *Pflichten* treiben. Das ist dann der Fall, wenn sie nach dem vom Richter anzuwendenden Recht zu einer Handlung verpflichtet ist, die sie nach dem anderen Recht zu unterlassen hat (oder umgekehrt), und wenn sie durch Staatsangehörigkeit, Wohnsitz, Vermögen im Ausland oder durch Vereinbarung eines Gerichtsstandes daselbst eine hinreichende Beziehung zu dem Auslandsrecht hat, um durch dieses betroffen zu werden. Die Unmöglichkeit, jedem der beiden Rechte zu gehorchen, führt dahin, daß der Gehorsam gegenüber einem der beiden Rechte „unzumutbar" ist; welchem gegenüber er es ist, läßt sich nicht allgemein sagen, sondern ergibt sich im Einzelfall aus einer Abwägung von Staatsbürgerpflichten, Territorialpflichten, Vermögensinteressen.

Beispiele. a) Nach Kriegseröffnung erließ England ein Verbot des Handels mit dem Feinde (Trading with the Enemy Act): ein Engländer, der vor dem Kriege Ware an einen Deutschen verkauft hatte, weigerte sich demgemäß, sie zu liefern, und wurde vor einem deutschen Gericht auf Schadenersatz verklagt. Das deutsche Gericht durfte nach Art. 30 EG das englische Handelsverbot nicht „anwenden"; aber es mußte anerkennen, daß seine Mißachtung dem englischen Staatsangehörigen unzumutbar war[11]. Dabei macht es keinen Unterschied, ob der Engländer die (z. B. in der Schweiz befindliche) Ware hätte liefern *können* oder nicht.

[8] Vgl. MELCHIOR, 432.

[9] Feste Praxis (STEIN-JONAS Komm. z. ZPO[14] II 128). A. M. FRANKENSTEIN, I 293[20] (mit Zitaten). — Wohl aber kann in der freiwilligen Gerichtsbarkeit die weitere Beschwerde (Rechtsbeschwerde) auf die Verletzung eines ausländischen Gesetzes gestützt werden, da § 27 FGG den § 549 ZPO nicht zitiert; SCHLEGELBERGER: Komm. z. Ges. üb. d. Freiw. Gerichtsb. Anm. 6 zu § 27. In Frankreich kann die Kassation eines Urteils dann verlangt werden, wenn durch die unrichtige Auslegung eines ausländischen Gesetzes ein französisches Steuergesetz unanwendbar wird. Vgl. NIBOYET: Manuel nr. 482 III.

[10] RG 136, 362. Vgl. auch RG 115, 105.

[11] So mit Recht RG 93, 182. Vgl. MELCHIOR, 413. HAUDEK: Bedeutung des Parteiwillens im IntPR 99f.

b) Bei dem Besitzer einer beweglichen Sache, die er dem Eigentümer herauszugeben hat, meldet sich als Vindikant A, weil er Erbe des Eigentümers nach deutschem Recht ist; aber auch B, der nach norwegischem Recht der Erbe ist. (War der Erblasser Deutscher mit Wohnsitz in Oslo, so ist in der Tat für den deutschen Richter A Erbe und also Eigentümer geworden, für den norwegischen Richter B.) Liefert der Sachbesitzer die Sache dem A aus, so gehorcht er dem deutschen Recht und verletzt das norwegische Recht; liefert er sie dem B aus, so umgekehrt; der A kann mit Erfolg in Deutschland, der B in Norwegen auf Herausgabe der Sache klagen, falls in beiden Ländern ein Gerichtsstand gegeben ist. (Das in einem Lande erlassene Urteil wird im anderen Lande nicht anerkannt.) M. E. ist der Pflichtenkonflikt hier so zu lösen: händigt der Besitzer die Sache, die sich in Norwegen befindet, daselbst dem B aus, so darf ihm auch von dem deutschen Richter daraus kein Vorwurf gemacht werden, obwohl er sich durch diese Aushändigung die Erfüllung der deutschrechtlichen Pflicht gegenüber A bewußt unmöglich gemacht hat. Denn diese Unmöglichkeit darf auch in Deutschland *nicht* als *widerrechtlich* herbeigeführt behandelt werden: kein Staat darf den Gehorsam gegen ein ausländisches Gesetz, auf ausländischem Boden geleistet, als unrechte Tat betrachten. Entsprechend liegt es, wenn die Sache sich in Deutschland befindet und der Besitzer sie hier dem A ausliefert.

c) Nicht anders, wenn in dem Beispiel b) zum Nachlasse eine Geldforderung von 1000 RM gehört und der Schuldner nach deutschem Recht dem A, nach norwegischem dem B zu leisten hat. Daß er hier beide Verpflichtungen zu erfüllen *in der Lage* ist, macht keinen Unterschied; denn 2000 RM zu leisten, ist ihm nach keinem der Rechte zuzumuten.

d) Vgl. auch den Fall oben § 14 a. E. (S. 53).

2. Der Widerspruch zwischen dem vom Richter anzuwendenden und dem nicht anzuwendenden Recht kann auch zu einem Konflikt zwischen einer *Pflicht* und einer *Befugnis* führen. Es wäre unrichtig zu meinen, daß hier immer die Pflicht vorginge. Wer nach dem (nicht anzuwendenden) ausländischen Recht zu einer Handlung befugt ist, die er nach dem anzuwendenden deutschen Recht unterlassen müßte, dem darf auch der deutsche Richter in der Regel nichts vorwerfen, wenn er die auslandsrechtliche Befugnis im Auslande ausübt.

Beispiele. a) Der in Deutschland über einen Deutschen eröffnete Konkurs ergreift auch das im Ausland befindliche Vermögen des Gemeinschuldners; ein deutscher Konkursgläubiger pfändet solches in den Niederlanden belegenes Vermögen, dem niederländischen Rechte entsprechend. Er verstößt damit gegen das Einzelbeitreibungsverbot des § 14 Abs. 1 KO. Dennoch ist er nicht verpflichtet, das in den Niederlanden Beigetriebene dem deutschen Konkursverwalter herauszugeben, da ihm nicht zugemutet werden kann, Rechte im Ausland unausgeübt zu lassen, die ihm das ausländische Recht einräumt, zumal da § 237 KO bei dem umgekehrten Falle eines Auslandskonkurses die Einzelvollstreckung in Inlandsvermögen auch zugunsten ausländischer Konkursgläubiger zuläßt[12].

b) Wenn in den Vereinigten Staaten 1933 für Dollarschulden die vertraglichen Goldklauseln durch Gesetz aufgehoben sind und ein Deutscher aus einem deutschem Recht unterliegenden Dollardarlehn einem Amerikaner in New York 1000 Dollar in Gold zu zahlen hat, so hat zwar der deutsche Richter jenes amerikanische Gesetz nicht „anzuwenden", da Obligationsstatut nur das deutsche Recht ist (und Gesetze über Aufhebung von Goldklauseln keine „Währungsgesetze" sind; vgl. unten § 27 II 2d). Aber es kann dem Schuldner wieder nicht zugemutet werden, eine Befugnis unausgeübt zu lassen, die ihm das Recht desjenigen Staates gewährt, in dessen Gebiet er seine Pflicht zu erfüllen hat.

---

[12] Daher im Ergebnis zutreffend: RG 54, 193. Dazu Nussbaum, 451f. (mit weit. Lit.).

Zweites Buch.

Die besonderen Lehren.

Erster Abschnitt.

Personenrecht.

§ 16. Die Rechtsfähigkeit. Tod. Verschollenheit.

E. v. Caemmerer: RVglHWB IV 352ff. — v. Bar: IntPR I 390ff. — Zitelmann: IntPR II 80ff. — Frankenstein, I 373ff. — Lewald: IntPR 38ff. — Nussbaum: IntPR 113ff. — Gutzwiller, 1625ff. — Raape, zu Art. 9 EG.

I. Die *Rechtsfähigkeit,* d. h. die Fähigkeit, Rechte und Pflichten zu haben, hat heute jeder Mensch; Sklaverei und bürgerlicher Tod würden als der öffentlichen Ordnung widerstreitend nicht anerkannt werden. Die Rechtsordnungen gehen aber darin auseinander, daß die einen für die Entstehung der Persönlichkeit nichts als die Vollendung der Geburt verlangen (so Deutschland, § 1 BGB), die anderen außerdem (dem älteren germanischen Rechte folgend) *Lebensfähigkeit* fordern (so Frankreich, art. 725, 2; 906 Abs. 3 code civil)[1]. Hier entsteht die Frage, welches Recht anzuwenden ist. Das EG schweigt. Mit Recht erklärt die herrschende Lehre für maßgebend das Personalstatut, d. h. das Recht desjenigen Staats, dem das Kind angehören würde, wenn es Rechtsfähigkeit erlangte.

A. M. v. Bar und Zitelmann; sie lassen das Wirkungsstatut entscheiden: also, wenn es sich um die Fähigkeit handelt, Eigentümer eines bestimmten Grundstücks zu sein, die lex rei sitae, wenn um die Beerbung eines Dritten, dessen Heimatrecht, wenn um die Beerbung des Kindes selbst, dessen Personalstatut. Zitelmann führt aber (II 90) diese Lehre durch die von ihm selbst gezogenen Folgerungen ad absurdum. Gebiert eine unverehelichte Französin ein lebensunfähiges Kind und ist der Erzeuger des Kindes, ein Deutscher, einige Tage vor der Geburt gestorben, unter Hinterlassung eines Testaments, in dem er das erwartete Kind zum Erben einsetzte, so kann nach Z. das Kind zwar erben, da es nach dem deutschen Heimatsrecht des Erblassers rechtsfähig geboren ist; es kann aber nicht beerbt werden, da es nach seinem Heimatsrecht nicht Person geworden ist: sollen die Nachlaßsachen nun als res nullius plünderndem Pöbel zufallen? — Nach der hier vertretenen Meinung ist das Kind nicht Person geworden; es kann daher nicht erben.

Die Frage, ob einer Leibesfrucht, einem nasciturus, gewisse Rechte (z. B. Erbrechte, Rechte auf Ersatz eigenen Schadens bei körperlicher Verletzung der Mutter) vorbehalten werden, ist keine Frage der Rechtsfähigkeit; den nasciturus sieht keine Rechtsordnung als Person an. Sie wird von dem Wirkungsstatut (dem Heimatsrecht des Erblassers, der lex loci delicti commissi) beantwortet.

II. Man spricht bisweilen neben der allgemeinen von einer „*besonderen*" (speziellen) *Rechtsfähigkeit*: so von der Fähigkeit, Fideikommisse, „adlige Güter" oder Grundstücke schlechthin, zu erwerben, Vormund zu werden u. dgl. In Wahrheit handelt es sich hier um die vier Fähigkeiten, ein bestimmtes Recht zu erlangen, das erlangte zu behalten, einer bestimmten Pflicht unterworfen zu werden, ihr unterworfen zu bleiben. Es liegt daher stets eine Frage vor, die zu dem Komplex der

[1] Vgl. *Spanien* cód. c. art. 30: Das Kind muß eine „figura humana" haben und 24 Stunden seit völliger Trennung vom Mutterschoß gelebt haben.

Fragen nach Begründung und Untergang von Rechten und Pflichten gehört. Sie wird von dem Wirkungsstatut (der lex rei sitae, dem Heimatsrecht des Mündels usw.) beantwortet.

III. Die Persönlichkeit des Menschen *erlischt* überall mit dem Tode. Ob sie auch durch Ablegung des Klostergelübdes erlischt (*Klostertod*)[2], entscheidet sich nach dem Personalstatut dessen, der es ablegt[3]; der deutsche ordre public steht der Anerkennung des Klostertodes nicht entgegen.

Ist es streitig, ob jemand noch lebt, so regeln sich *Behauptungs- und Beweislast* nach dem Gesetz, dem das streitige Rechtsverhältnis unterworfen ist: also bei einem Erbstreit nach dem Heimatsrecht des Erblassers, bei einer Klage auf Leibrentenbeträge nach dem Recht, dem der Leibrentenvertrag untersteht (z. B. dem Recht des Erfüllungsorts). Nach eben diesem Wirkungsstatut richtet es sich deshalb, ob *Lebens-* oder *Todesvermutungen* etwelcher Art bestehen; dahin gehören auch die Kommorientenvermutungen, wie sie nach § 20 BGB (Vermutung gleichzeitigen Todes), art. 720—722 code civil (Vermutung des Vorversterbens je nach Alter und Geschlecht) u. a. bestehen[4].

IV. Der *Verschollene*, der „seit langem nachrichtlos Abwesende" (SchweizZGB Art. 35), kann unter gewissen Umständen nach manchen Rechten für tot (so nach BGB und österreichischem Recht), nach anderen (Frankreich, Schweiz) für verschollen oder abwesend erklärt werden. Das deutsche EG BGB Art. 9 Abs. 1 läßt für die Zulässigkeit und die Wirkungen der Todeserklärung das Personalstatut, das Heimatsrecht, entscheiden. Von der Verschollenerklärung, die ja dem deutschen materiellen Recht unbekannt ist, schweigt es: für sie wird wegen Ähnlichkeit der Lage ebenfalls das Personalstatut maßgebend sein[5].

1. Deutsche Staatsangehörige können in Deutschland (unter den Voraussetzungen des deutschen Rechts, §§ 13ff. BGB) für tot erklärt werden, gleichviel wo sie ihren Wohnsitz gehabt haben. Desgleichen hat der deutsche Richter Todes- oder Verschollenheitserklärungen ausländischer Behörden über die dort Staatsangehörigen anzuerkennen. Jede solche Todes- oder Verschollenheitserklärung hat die Wirkungen, die das Heimatsrecht des Abwesenden (zugleich das Recht der tot erklärenden Behörde) ihr beimißt: so für die Lebens- und Todesvermutungen und die Festlegung des vermutlichen Todeszeitpunkts (vgl. § 18 BGB). Nach dem Heimatsrecht richtet sich auch die Anfechtung oder Aufhebung der Todeserklärung.

2. Eine *Todeserklärung* (keine Verschollenheitserklärung) über *Ausländer* in *Deutschland* ist (prinzipwidrig) in drei Fällen zulässig[6]:

a) dann, wenn ein nach deutschem Recht zu beurteilendes Rechtsverhältnis durch Leben oder Tod des Ausländers beeinflußt wird; in solchem Fall reicht aber die Wirksamkeit der deutschen Todeserklärung nicht über das Rechtsverhältnis hinaus. Art. 9 Abs. 2 EG[7];

Beispiel: ein Deutscher, dessen einer Sohn Engländer geworden und verschollen ist, stirbt, und es fragt sich, ob der Verschollene ihn noch beerben kann. Die deutsche Behörde kann ihn für tot erklären, um damit eine Antwort auf jene Frage, und nur auf sie, zu ermöglichen.

---

[2] Nach cod. iur. canon. c. 582 tritt aber ein Klostertod nicht ein. Dem Klostergeistlichen können immer noch bona quovis modo obvenire. Sie gehen aber durch ihn hindurch sogleich weiter auf den Ordo über (cedunt Ordini) oder auf den Heiligen Stuhl. Von einem Untergang des Rechtssubjekts ist nicht zu sprechen: der Mönch kann Rechte erwerben, aber nicht behalten. Er ist also auch noch parteifähig. Vgl. O. GIERKE: DPrivR I 364.

[3] RG 32, 175. [4] RG 25, 143. A. M. FRANKENSTEIN, I 381 und viele.

[5] A. M. insbes. RAAPE, 117f.

[6] Sie ist auch dann zulässig und wirksam, wenn der Ausländer in seinem Heimatstaat schon für tot erklärt worden ist (RAAPE, 119). Aber sie ist in diesem Fall unangemessen, da Deutschland die heimatrechtliche Todeserklärung anerkennt.

[7] Diese Beschränkung der Wirkung ist in das Aufgebot und die Todeserklärung mit aufzunehmen; doch ist ein Fehlen solchen Hinweises unschädlich. Vgl. RAAPE, 113.

b) dann, wenn sich Vermögen des Verschollenen im Inland befindet: die Wirkung der Todeserklärung beschränkt sich dann auf dieses Vermögen. Damit wird der Zeitpunkt für seine Beerbung dem deutschen Recht gemäß bestimmt (§ 18 BGB), obwohl die Beerbung selbst sich nach dem Heimatsrecht des Verschollenen richtet; Art. 9 Abs. 2 EG;

c) dann, wenn er den letzten Wohnsitz in Deutschland hatte und seine vormals deutsche Ehefrau, die ebenfalls in Deutschland wohnt, die Todeserklärung beantragt, z. B. um sich wiederverheiraten zu können (Art. 9 Abs. 3, Art. 13 Abs. 2 EG). Hier beschränkt sich die Wirkung der Todeserklärung nicht auf die ehelichen Beziehungen zu dieser Frau.

Das deutsche Recht kann aber nicht hindern, daß in allen diesen Fällen die Heimatsbehörde des verschollenen Ausländers selbst eine Todes- oder Verschollenerklärung ausspricht. Es ist leicht möglich, daß bei diesem auslandsrechtlichen Verfahren ein anderer präsumtiver Todeszeitpunkt festgestellt wird, als im deutschen Verfahren. Das kann zu Übelständen führen: so wenn in der Zeit zwischen dem deutschrechtlichen und dem heimatsrechtlichen Todeszeitpunkt nahe Verwandte des Verschollenen gestorben sind; der deutsche Richter muß sie als Erben des Verschollenen gelten lassen, obwohl er ausländisches Erbrecht anwendet, während der ausländische Richter sie als vorverstorben von der Erbfolge ausschließt. Die Behörden eines dritten Staates haben in solchem Falle, wofern ihr internationales Privatrecht das Heimatprinzip zugrunde legt, nur die heimatsrechtliche Todeserklärung zu beachten, nicht die deutsche. — Der deutsche Richter hat leider nicht die Möglichkeit, die deutsche Todeserklärung im Hinblick auf die nachträgliche ausländische Todeserklärung aufzuheben!

3. Eine Todeserklärung über *Deutsche* im *Ausland* mag zwar vorkommen und hat dann im Ausland die Wirkungen, die ihr das ausländische Recht gewährt. Das deutsche Recht aber erkennt sie (was streitig ist)[8] nicht an. Ein gleiches gilt für ausländische Verschollenheitserklärungen über Deutsche.

4. Eine Todeserklärung über Ausländer in einem Staate, der nicht ihr Heimatstaat ist, wird in Deutschland nur die Wirkungen haben, die der Heimatstaat ihr beilegt.

§ 17. Handlungsfähigkeit.

E. v. Caemmerer: RVglHWB IV 354ff. — v. Bar: IntPR I 377ff., 417ff. — Zitelmann, II 69ff. — Frankenstein, I 398ff. — Lewald, 54ff. — Nussbaum, 118ff. — Gutzwiller, 1629f. — Otto Levis: Das internat. Entmündigungsrecht 1906. — E. Aubry: L'incapacité de la femme mariée en droit int. pr. Paris 1933.

I. Die Fähigkeit, Rechtsgeschäfte abzuschließen (*Geschäftsfähigkeit*), wird seit den Zeiten der Statutentheorie als persönliche Eigenschaft des Menschen nach den die Person betreffenden Gesetzen beurteilt. So ist die Herrschaft des Personalstatuts gemeines kontinentales Gewohnheitsrecht geworden und in die neueren Gesetze übergegangen.

Zitelmann hat die selbständige Anknüpfung der Geschäftsfähigkeit an das Personalstatut als dem völkerrechtlichen internationalen Privatrecht widerstreitend bekämpft; m. E. auch de lege ferenda mit Unrecht. — Seine Anschauung, daß hier wie für alle übrigen Rechtsgeschäftserfordernisse das Wirkungsstatut (die lex causae), z. B. die lex obligationis, die lex rei sitae maßgebend sein müsse, findet sich immerhin im *anglo-amerikanischen* Recht wenigstens teilweise verwirklicht.

Auch nach deutschem Recht ist das Personalstatut maßgebend, demnach das *Heimatsrecht*, soweit nicht im Wege der Rück- oder Weiterverweisung Wohnsitzrecht gilt (vgl. oben § 13); Art. 7 Abs. 1 EG BGB. Beim *Wechsel der Staatsangehörigkeit* entscheidet der Zeitpunkt, für den die Rechtsfolge die Geschäftsfähigkeit oder -unfähigkeit als Tatbestandsstück voraussetzt. Aber die unter einer Staatsangehörigkeit einmal erworbene volle Geschäftsfähigkeit geht durch Wechsel der Staatsangehörigkeit nicht wieder verloren.

Das spricht freilich Art. 7 Abs. 2 EG nur für den Fall aus, daß ein Ausländer nach erlangter Volljährigkeit (oder Volljährigen-Stellung) die deutsche Reichsangehörigkeit erwirbt. So wenn

---

[8] Lit. bei Melchior: Grundlagen 323[5].

ein 20jähriger Schweizer Reichsdeutscher wird. Die herrschende Lehre bleibt dabei stehen. Richtiger wird die Norm zu einer vollkommenen Kollisionsnorm ausgebaut[1]: auch der 20jährige Schweizer, der Österreicher wird, auch der 21jährige Deutsche, der Chilene wird (in Chile wird man mit 25 Jahren volljährig), ist in Deutschland als volljährig zu behandeln.

II. Das Heimatsrecht beantwortet

1. die Frage, *ob Geschäftsfähigkeit vorliegt* oder ob sie fehlt oder gemindert ist. Sie entscheidet daher über den Einfluß des Lebensalters, des Geschlechts, der Ehe, über die Bedeutung von Krankheiten, von Verschwendung, Trunksucht u. dgl. für die Fähigkeit des Menschen, Geschäfte zu schließen. Sie entscheidet dagegen nicht die Frage, inwieweit Ehe, Konkurs u. a. ein Rechtssubjekt in der *Verfügung* über ein bestimmtes Vermögen oder über einzelne Vermögensrechte *beschränken*: diese Frage wird vielmehr von dem Wirkungsstatut (dem Recht der Ehewirkungen, dem Konkursstatut usw.) beantwortet.

Heiratet z. B. eine Französin einen Amerikaner (sie bleibt französische Staatsangehörige), so ist nach dem Ehestatut, d. h. dem amerikanischen Recht, zu prüfen, ob sie in der Verfügung über ihr eingebrachtes Vermögen beschränkt wird. Unabhängig davon ist zu fragen, ob sie nach ihrem Personalstatut (dem französischen Recht) in der Fähigkeit, Geschäfte abzuschließen, beschränkt wird. Die erste Frage ist zu verneinen (hätte sie einen Deutschen geheiratet, so wäre die Frage zu bejahen). Die zweite Frage wird meist bejaht, wie mir scheint, zu unrecht (doch ist das eine Frage der Auslegung des internen französischen Rechts)[2]. — Wenn ein Engländer oder ein Portugiese in Deutschland in Konkurs fällt, so entscheidet deutsches Recht darüber, ob eine Verfügungsbeschränkung eintritt (zu bejahen), dagegen englisches, portugiesisches Recht darüber, ob er als Bankrottierer voll geschäftsfähig bleibt (was man in beiden Ländern zu verneinen scheint).

In manchen Rechten macht „Heirat mündig"; so im schweizerischen, im niederländischen Recht. Bleibt die 17jährige Schweizerin auch in der Ehe Schweizer Staatsangehörige, heiratet sie z. B. einen Schweizer oder Russen, so wird sie nach Art. 7 EG voll geschäftsfähig; wird sie durch Ehe mit einem Niederländer Niederländerin, so ebenfalls. Aber dasselbe muß gelten, wenn sie einen Deutschen heiratet und Deutsche wird, wiewohl ihr neues Personalstatut, das deutsche, den Satz „Heirat macht mündig" nicht kennt, und sie unter ihrem alten Personalstatut nie verheiratet war[3].

Zu der Frage, ob Geschäftsfähigkeit vorliegt, gehört auch die Frage der Zulässigkeit behördlicher Akte, die die Geschäftsfähigkeit ganz oder teilweise herbeiführen (Volljährigerklärung, émancipation, code civ. art. 476ff.) oder mindern (Entmündigung). Auch hier ist das Heimatsrecht maßgebend. Vgl. unten VI.

2. Das Heimatrecht entscheidet weiter die Frage, *welche Wirkung* es hat, wenn bei Vornahme eines Geschäfts die volle *Geschäftsfähigkeit mangelt*: ob also die Handlung des nicht voll Geschäftsfähigen nichtig, schwebend unwirksam, anfechtbar usw. ist, und, wenn danach der Mangel heilbar ist, was zur Heilung nötig ist (z. B. Genehmigung eines Vertreters oder einer Behörde). Nicht aber ist das Heimatsrecht des Geschäftsunfähigen auch für die Frage maßgebend, *wer* gesetzlicher Vertreter ist: hier entscheidet das Heimatsrecht des Vaters oder der Mutter (Art. 19 EG), und nur im Vormundschaftsrecht geht Art. 23 EG von der Maßgeblichkeit des Heimatsrechts des Mündels aus. Vgl. § 41 II 3, § 45 III.

3. Dagegen ist die Frage, ob Geschäftsfähigkeit *nötig* ist, nicht nach Art. 7 EG dem Heimatsrecht, sondern dem Wirkungsstatut unterworfen: also der lex rei sitae, wenn zu prüfen ist, ob Besitzerwerb oder Dereliktion Geschäftsfähigkeit verlangt, der lex loci actus, wenn es sich um die Frage der auftragslosen Geschäftsführung durch einen nicht voll Geschäftsfähigen handelt (vgl. z. B. § 681 BGB) usw.

III. Eine *ausschließliche* Geltung des Heimatsrechts würde dem redlichen *Geschäftsverkehr* schädlich sein: wer mit einem Ausländer kontrahiert, müßte sich

[1] ZITELMANN, I 266, II 63 und LEWALD, 58 sehen in Art. 7 Abs. 2 überhaupt keine Kollisionsnorm, sondern eine den § 2 BGB ergänzende materiellrechtliche Bestimmung. Allein Art. 7 Abs. 2 beantwortet eine kollisionsrechtliche *Frage*: die nach dem maßgeblichen Recht bei Statutenwechsel (nicht anders als z. B. Art. 17 Abs. 2 EG).

[2] Vgl. dazu M. WOLFF: RVglHWB IV 408 a. E.

[3] Wer das für „sonderbare Logik" erklärt (FRANKENSTEIN, I 424[80]), urteilt doch wohl vorschnell. Richtig: RAAPE, S. 69, c; 77, e.

zunächst erkundigen, welche Voraussetzungen das ausländische Recht an die Geschäftsfähigkeit stellt, und wer schuldlos nicht erkennt, daß sein sprachkundiger Geschäftsgegner landfremd ist, würde, ohne eine Sorgfaltspflicht zu verletzen, in schweren Schaden kommen.

Deshalb hat schon die deutsche *Wechselordnung* v. 1848/50 Art. 84 nach dem Vorbilde des preuß. ALR (Einl. § 35) bestimmt, daß ein „nach den Gesetzen seines Vaterlandes nicht wechselfähiger Ausländer" (dazu gehörte auch der Deutsche, der außerhalb seines Landes in Deutschland Wechsel zeichnete) durch Eingehung von Wechselverpflichtungen im Inlande dann verpflichtet wird, wenn er „nach den Gesetzen des Inlands wechselfähig ist".

Es kann kein Zweifel sein, daß dieser Satz nicht nur dem ordre public des deutschen Staates, in dem gerade geklagt wird, diente. Der (vor 1869 minderjährige) 21 jährige Preuße, der in Bayern Wechsel ausstellte, mußte nicht nur in Bayern, sondern auch in Preußen als wechselverpflichtet behandelt werden.

Dem folgt nicht nur das *einheitliche Wechselgesetz* des *Genfer Abkommens* von 1930[4], sondern schon das EG BGB Art. 7 Abs. 3, das hier Gedanken, die für den Wechselverkehr entwickelt sind, auf den *allgemeinen Geschäftsverkehr* überträgt. Danach gilt ein Ausländer, der in Deutschland ein Rechtsgeschäft vornimmt, für das er nach seinem Heimatsrecht nicht voll geschäftsfähig ist, insoweit als geschäftsfähig, als er es nach deutschem Recht sein würde. Das Gesetz unterscheidet nicht, ob der Geschäftsgegner gutgläubig ist oder den Sachverhalt kennt, ob er in Deutschland wohnt oder nicht, ob er Deutscher oder Ausländer ist: der 21 jährige Chilene, der in Berlin einem durchreisenden chilenischen Juristen Waren verkauft, schließt ein gültiges Geschäft ab.

Daß man auch den Wissenden schützt, entspricht dem Bedürfnis des Handelsverkehrs, innere Seelenzustände ununtersucht zu lassen und nicht zum Gegenstand von Beweiserhebungen zu machen, einem Bedürfnis, das im HGB verschiedentlich anerkannt ist (Starrheit der Prokura, der Vertretungsmacht des Handelsgesellschafters usw.). Den *redlichen* Verkehr schützt man wirksam nur, indem man den Verkehr schlechthin schützt[5].

Der Schutz setzt voraus, daß das Geschäft *in Deutschland* vorgenommen worden ist: körperliche Anwesenheit des Ausländers in Deutschland ist notwendig[6].

Der Schutz des Art. 7 Abs. 3 gilt nur für *Verkehrsgeschäfte*. Er besteht nicht:

1. für *familien-* und *erbrechtliche* Geschäfte, die ein Ausländer im Inland schließt, wie Erbausschlagungen, Erbverzichte, Erbschaftskäufe, Testamente, Erbverträge; Eheverträge, Eheanfechtungen, Ehelichkeitsanfechtungen; Adoptionen. Hier gilt das Heimatrecht der Kontrahenten;

2. für Verfügungsgeschäfte über ein ausländisches *Grundstück*. Auch hier wird die Geschäftsfähigkeit durch das Heimatsrecht (und nicht etwa durch die lex rei sitae[7]) bestimmt. Diese Maßgeblichkeit des Heimatsrechts gilt nur für Verfügungen, d. h. für Geschäfte, die nach dem Wirkungsstatut die Rechtsmacht des Verfügenden unmittelbar mindern. Sie gilt demnach nicht für Grundstücksverkäufe: solche kann

---

[4] Genfer Abk. üb. d. WechselIntPR Art. 2 Abs. 2 (ebenso schon Haager EinhWO v. 1912 Art. 74 Abs. 2); deutsches Wechselgesetz v. 21. Juni 1933 Art. 91 Abs. 2 Satz 1.

[5] Nach dem IntPR-Gesetz *Polens* von 1926 Art. 3 (vgl. auch InterlokalPRGes Art. 5) ist ebenfalls die lex loci actus anzuwenden, „wenn es die Sicherheit des ehrlichen Verkehrs erfordert"; es läßt sich m. E. auch hier die Meinung vertreten, daß es nicht auf die Unkenntnis des Gegenkontrahenten im konkreten Falle ankommt. Doch ist die Wendung undeutlich. — Das Institut de droit international hat 1931 in Cambridge beschlossen (und es 1932 in Oslo wiederholt), die lex loci actus sei nur dann für maßgebend zu erklären, wenn der Geschäftsgegner im Lande der Vornahme wohnt und den Geschäftsfähigkeitsmangel nicht kennt und wenn außerdem das Geschäft in diesem Lande wirken soll; vgl. den Bericht von Baak: Rev. d. dr. internat. et d. lég. comp. 13 (1932) 820. M. E. sind diese Einschränkungen, besonders die zweite und dritte, wenig glücklich.

[6] Habicht, 58. Raape, 81. A. M. Frankenstein, I 417.

[7] Raape, 87 unter IV (mit Lit.).

der Ausländer in Deutschland wirksam vornehmen, wenn er nach deutschem Recht geschäftsfähig wäre, es aber nach seinem Heimatsrecht nicht ist.

Ein 21jähriger Chilene kann daher in Deutschland ein ihm gehöriges chilenisches Grundstück verkaufen; aber der Verkauf kann nicht die dem chilenischen Recht entsprechende Wirkung des Eigentumsübergangs haben.

Welche Rechte als Grundstücke, unserem Erbbaurecht entsprechend, zu behandeln sind, entscheidet die lex rei sitae.

IV. Der Text des Art. 7 Abs. 3 spricht nur von den Geschäften des *Ausländers* in *Deutschland*. Der Gedanke ist aber auch auf solche Fälle auszudehnen, in denen *Ausländer im Ausland*, und zwar in einem Staat, der nicht ihr Heimatsstaat ist, ein Verkehrsgeschäft vornehmen, wofern nach dem Kollisionsrecht der lex loci actus ein dem Art. 7 Abs. 3 ähnlicher Satz gilt[8].

So hat die Schweiz (Art. 7b Niedergelass. u. AufenthalterG) eine dem Art. 7 Abs. 3 völlig entsprechende Norm. Ein 21jähriger Niederländer wird, wenn er in der Schweiz kontrahiert, in der Schweiz, wenn in Deutschland, in Deutschland als vollgeschäftsfähig behandelt. Es würde befremden, wollte der deutsche Richter die in der Schweiz geschlossenen, der Schweizer Richter die in Deutschland geschlossenen Verträge dieses Niederländers für unwirksam erklären. Denn beide Länder erkennen es in gleicher Weise als ein Verkehrsbedürfnis, das Heimatsprinzip einzuschränken.

Sachlich geboten wäre es, noch weiter zu gehen und den Grundsatz des Art. 7 Abs. 3 auch dann gelten zu lassen, wenn *Deutsche im Ausland* ein Verkehrsgeschäft schließen und am Vornahmeort ein gleichartiger Kollisionsrechtssatz gilt, wenn z. B. ein 20jähriger Deutscher in der Schweiz ein Geschäft schließt: auch der deutsche Richter sollte solches Geschäft für gültig halten. Dennoch läßt sich diese analoge Ausdehnung angesichts des neuesten deutschen Wechselgesetzes v. 21. Juni 1933 Art. 91 Abs. 2 Satz 2 nicht rechtfertigen.

Gemäß dem *Genfer Abk.* Art. 2 Abs. 2 wird ein nach seinem Heimatsrechte Wechselunfähiger gleichwohl gültig verpflichtet, wenn er die Unterschrift im Gebiet eines Landes abgegeben hat, nach dessen Recht er wechselfähig ist. Aber nach Abs. 3 kann jeder der Vertragsstaaten die von einem ihm Angehörigen eingegangene Wechselverpflichtung als nichtig behandeln, wenn sie im Gebiete der anderen Vertragsstaaten nur in Anwendung des vorhergehenden Absatzes als gültig angesehen wird. Von diesem *Vorbehalt* hat *Deutschland* (WG Art. 91 Abs. 2 Satz 2) Gebrauch gemacht. Es liegt daher nicht im Geiste der deutschen Gesetzgebung, eine noch weitergehende Analogie zu Art. 7 Abs. 3 EG zuzulassen.

V. Als „*besondere*“ Geschäftsfähigkeiten pflegt man die *Ehefähigkeit* und die *Testierfähigkeit* zu nennen. Für sie gilt zwar Art. 7 EG nicht; aber die Normen des internationalen Ehe- und Erbrechts führen ebenfalls zur Geltung des Heimatsrechts; Art. 13, 24 Abs. 3 EG (vgl. unten § 46 II 1). Die Fähigkeit, Handelsgeschäfte zu treiben (*Handelsmündigkeit*), ist, obwohl sie nicht überall mit der allgemeinen Geschäftsfähigkeit zusammenfällt, nach dem Heimatsrecht (Art. 7 EG) zu beurteilen. Wo, wie in Deutschland, der Handelsgeschäftsbegriff den Begriff des Kaufmanns voraussetzt — im Gegensatz etwa zu dem französischen und dem spanischen Recht, die den Kaufmannsbegriff als sekundären Begriff gestaltet haben —, ist die Frage, ob der Vertragsschließende ein Kaufmann ist, vor der Prüfung der Handelsmündigkeit zu beantworten; die Antwort darauf aber wird nicht aus dem Heimatsrecht, sondern aus dem Recht der Handelsniederlassung gewonnen[9].

Die *Deliktsfähigkeit* richtet sich nicht nach dem Heimatsrecht, sondern nach dem Wirkungsstatut, der lex loci delicti commissi (vgl. § 28 II 1).

---

[8] Vgl. oben § 6 a. E. — Das muß selbst dann gelten, wenn am Orte der Vornahme des Geschäfts das Verkehrsprinzip, das Art. 7 Abs. 3 EG anerkennt, in Ermangelung eines Gesetzes und aus Verlegenheit als ein Satz des ordre public dargestellt wird, wie in Frankreich. Den richtigen Standpunkt nimmt hier die Schweizer Wissenschaft ein: Beck: Komm. z. Schlußtitel S. 142. v. Caemmerer: RVglHWB IV 357. Ferner das Institut de droit international nach den Beschlüssen von Cambridge (1931) und Oslo (1932). Vgl. Anm. 5.

[9] Vgl. Ficker: RVglHWB IV 463. Hartenstein, ebenda 712.

VI. *Staatsakte*, die auf die Geschäftsfähigkeit eines Menschen Einfluß haben, sind vor allem die Volljährigkeitserklärung und die Entmündigung, ferner die der Volljährigkeitserklärung ähnliche émancipation des französischen Rechts. Es ist schon oben bemerkt, daß für sie das Heimatsrecht des Pfleglings[10] maßgebend ist (Art. 7 Abs. 1). Das bedeutet grundsätzlich, daß nur seine Heimatsbehörde in der Lage ist, derartige obrigkeitliche Akte, sofern sie konstitutiver Natur sind, vorzunehmen, und daß andere Staaten sie ohne Nachprüfung mit denselben Wirkungen anerkennen, die die Akte im Heimatsstaat haben.

Die Grundsätze über die Anerkennung ausländischer Urteile (§ 328 ZPO) finden auf Akte freiwilliger Gerichtsbarkeit, selbst wenn sie in Form von Prozeßentscheidungen vorkommen, keine Anwendung[11].

Der Grundsatz erleidet Ausnahmen bei Entmündigungen, nicht bei Volljährigerklärungen[12]. Nach deutschem internationalem Privatrecht ist zu unterscheiden:

1. Eine von einem *ausländischen* Staate über einen *Ausländer* verhängte Entmündigung wirkt ohne weiteres in Deutschland, wenn sie im Heimatsstaat ergangen oder von ihm anerkannt ist. Gleichgültig ist, ob der Entmündigungsgrund in Deutschland bekannt ist oder nicht (Kokainismus, Morphinismus, lasterhafter Lebenswandel, Taubstummheit).

Die ausländische Entmündigung hat alle Wirkungen, die das Heimatsrecht ihr beilegt. Gehen diese Wirkungen über die hinaus, die eine deutsche Entmündigung hätte, so gilt zum Schutz des inländischen Verkehrs Art. 7 Abs. 3: der Wirkungsüberschuß entfällt, wenn der Entmündigte in Deutschland ein Verkehrsgeschäft schließt, das ein deutscher Entmündigter gültig schließen könnte (z. B. nach § 113 BGB); solch Geschäft ist gültig, auch wenn es nach Heimatsrecht unwirksam wäre.

2. Eine Entmündigung eines *Deutschen* ist *in Deutschland* möglich, auch wenn er im Ausland seinen ausschließlichen Wohnsitz hat (§ 648 Abs. 2 ZPO). Sie geschieht nach deutschem Recht, also auch aus solchen Gründen, die nach dem Rechte seines Wohnsitzes als Entmündigungsgründe nicht anerkannt werden (wie Verschwendung in England).

3. Eine Entmündigung von *Ausländern* in *Deutschland* wird nicht nur (selbstverständlich) dann zugelassen, wenn das Heimatsrecht auf deutsches Recht zurückverweist (wie bei Engländern mit Wohnsitz in Deutschland), sondern auffälligerweise auch sonst; Art. 8 EG. Es ist hierfür nichts nötig, als daß der Ausländer in Deutschland einen Wohnsitz (im Sinne des deutschen Rechts) hat oder, wenn er wohnsitzlos ist, daß er sich in Deutschland aufhält. Sie geschieht aus den Entmündigungsgründen des deutschen Rechts; es wäre daher sogar vorstellbar, daß jemand, der in seiner Heimat nicht entmündigt werden könnte (ein englischer Verschwender), in Deutschland entmündigt wird. Die deutsche Entmündigung ist selbst dann zulässig, wenn der Pflegling im Heimatsstaat schon entmündigt oder wenn sonst für ihn gesorgt sein sollte. Sie hat die Wirkungen, die das deutsche Recht ihr beilegt, und die möglicherweise weiter oder weniger weit gehen als die der Entmündigung des Heimatsrechts.

a) Der französische prodigue (der nicht entmündigt, sondern mit einem conseil judiciaire ausgestattet wird) wird nach art. 513 code civil nur unfähig, vor Gericht aufzutreten, sich zu vergleichen, Darlehen aufzunehmen, Forderungen einzuziehen, seine unbeweglichen (oder auch beweglichen? bestr.) Sachen zu veräußern oder mit Hypotheken zu belasten. Durch die deutsche Entmündigung wird er stärker beschränkt.

b) In Rußland ist ein wegen Geistesschwäche Entmündigter voll geschäftsunfähig; wird der Russe nach Art. 8 EG in Deutschland wegen Geistesschwäche entmündigt, so ist er hier nur in der Geschäftsfähigkeit beschränkt. Es scheint, daß in diesem Falle der deutsche Richter die heimatsrechtliche (russische) Entmündigung zu ignorieren hat, so daß die deutsche Ent-

---

[10] Wechselt dieser die Staatsangehörigkeit, so entscheidet die Zeit der Volljährigkeitserklärung, der Entmündigung. Vgl. dazu Raape, 106f.

[11] RG 80, 262ff.; RG JurW 1932, 590. Melchior: Grundlagen 309, 313ff.

[12] Streitig, ob hier Art. 23 EG analog anzuwenden sei (Frankenstein, I 428f.; Raape, 92). M. E. ist ein Bedürfnis für solche Analogie nie hervorgetreten.

mündigung die befremdliche Wirkung hat, den Pflegling geschäftsfähiger zu machen als er nach dem Heimatsrechte ist!

Die deutsche Entmündigung über Ausländer wirkt nicht über Deutschlands Grenzen hinaus. Das deutsche Gericht kann sie jederzeit wieder aufheben.

Von der Möglichkeit, Ausländer in Deutschland zu entmündigen, wird der verständige Richter selten Gebrauch machen; er ist nicht für verpflichtet zu achten, jedem Antrage eines nach § 646 ZPO Antragsberechtigten stattzugeben. Nur dann, wenn der Heimatsstaat nicht tätig wird und nach Heimatsrecht eine Entmündigung stattzufinden hätte, wird er gut tun, die Entmündigung zu verhängen, wofern das dem Wohle des Pfleglings oder dem Bedürfnis des deutschen Verkehrs dient.

4. Eine Entmündigung *Deutscher im Auslande* kommt vor allem in Staaten mit Wohnsitzprinzip vor (England). Sie ist in Deutschland nicht anzuerkennen[13].

5. Die dargestellte Regelung des Entmündigungswesens führt zu Entmündigungen mit einem räumlich begrenzten Wirkungsbereich und damit zu Störungen des Rechtseinklanges. Das *Haager Entmündigungsabkommen* v. 17. Juli 1905 (das freilich einen geringen Anwendungsraum hat; vgl. oben § 4 VI) hat gesündere Grundsätze entwickelt. Danach gilt:

a) Die *Hauptregel* ist: für die Entmündigung und die Vormundschaft, die auf Grund der Entmündigung eintritt, ist das *Heimatsrecht* des Pfleglings maßgebend; das gilt nicht nur für die Entmündigung „im eigentlichen Sinn", sondern auch für andere Maßnahmen, die die Geschäftsfähigkeit beschränken (z. B. die inabilitazione des ital. codice civile).

b) *Ausnahmsweise* (und nur subsidiär) kann der Staat, in dem der Pflegling sich aufhält (*Aufenthaltsstaat*), tätig werden. Sein Einschreiten kann von zweierlei Art sein. Er kann zunächst nur *vorläufige Maßregeln* zum Schutz der Person und des Vermögens des Pfleglings treffen (wofern der Pflegling sich in einem Zustand befindet, für den sein Heimatsrecht die Entmündigung vorsieht); diese vorläufigen Maßregeln fallen weg, wenn der Heimatsstaat das Nötige selbst regelt und dies den Behörden des Aufenthaltsstaats mitteilt. Der Aufenthaltsstaat kann ferner selbst *entmündigen*, das aber nur, wenn die Heimatsbehörden erklären, daß sie nicht einschreiten wollen, oder wenn sie sechs Monate lang seit den Mitteilungen des Aufenthaltsstaats schweigen.

Eine *Entmündigung* durch den Aufenthaltsstaat kann nur geschehen, wenn sie sowohl nach dem Rechte dieses Staats als nach Heimatsrecht geschehen kann.

So kann ein Deutscher in Ungarn nicht wegen Taubstummheit, in Schweden nicht wegen Narkotomanie entmündigt werden.

c) Die *Wirkungen* der durch den Aufenthaltsstaat ausgesprochenen Entmündigung richten sich nach dem Rechte dieses Staats. Jede Entmündigung, sowohl die durch den Heimatsstaat wie die durch den Aufenthaltsstaat, wirkt ohne weiteres in allen Vertragsstaaten. Die Kontroverse, ob der Entmündigungsbeschluß (oder das Urteil) noch besonders „anerkannt" oder „vollstreckbar erklärt" werden muß, wie das gegenüber Urteilen des Zivilprozesses nötig ist, wird hiernach im verneinenden Sinne entschieden, übrigens in Übereinstimmung mit der im deutschen internationalen Privatrecht herrschenden Auffassung (vgl. oben zu Anm. 11).

d) Eine Entmündigung, die der Aufenthaltsstaat ausgesprochen hat, kann nicht nur von diesem, sondern überraschenderweise auch von dem Heimatsstaat aufgehoben werden, und sie verliert damit von selbst in allen Vertragsstaaten ihre Wirkung: das durch den Akt des einen Staates geschaffene Rechtsverhältnis wird hier also durch den Akt eines anderen Staates beseitigt.

---

[13] Vgl. Raape, 99 (mit Lit. und Rechtsprechung). A. M. insbes. Frankenstein, I 442ff. Zweifelnd: Lewald, 62.

§ 18. Anhang: Die privatrechtliche Stellung der Ausländer in Deutschland.

Hans v. Frisch: Das Fremdenrecht 1910. — Ernst Isay: Das deutsche Fremdenrecht 1923. — H. Weck: RVglHWB I 313ff. — Steinbach: Untersuchungen zum intern. Fremdenrecht 1931. — Zur Geschichte: Rud. Hübner: Grundz. d. deutsch. Privatrechts[5] (1931) 83ff. (mit Lit.).

I. Der Ausländer (der „Elende"), ursprünglich schutzlos und rechtlos, höchstens durch die Fürsorge eines Gastfreundes eine Zeitlang gedeckt, hat schon im Mittelalter eine wenn auch beschränkte rechtliche Persönlichkeit erlangt. Die letzten Reste der alten Rechtlosigkeit[1] sind im 19. Jahrhundert verschwunden. Am längsten hat das *französische* Recht sich gegen die volle Gleichstellung des Fremden mit dem Einheimischen gesträubt.

Bis 1819 war hier die Fähigkeit des Fremden, zu erben und Schenkungen unter Lebenden zu empfangen, beschränkt (code civ. art. 726, 912) und die noch heute geltende Formulierung des art. 11 code civil: l'étranger jouira en France des mêmes droits civils que ceux qui sont ou seront accordés aux Français par les traités de la nation à laquelle cet étranger appartiendra" ist erst durch Wissenschaft und Rechtsprechung ihres feindlichen Charakters beraubt worden, indem man, in offenbarem Gegensatz zum Gesetzesinhalt, den Begriff der „droits civils" aufs äußerste einengte und darunter nur solche Privatrechte verstand, die ein Gesetz den Fremden ausdrücklich verweigert[2].

II. Im *heutigen* Privatrecht *Deutschlands* sind die Ausländer den Reichsdeutschen gleichgestellt. Beschränkungen treten für Angehörige solcher Staaten ein, die ihren Staatsangehörigen die Ausländer (oder gar nur die Deutschen) nicht gleichstellen. Hier kann ein *Vergeltungsrecht* (Retorsion) geübt werden. Doch kann nicht der deutsche Richter von sich aus Retorsion üben; vielmehr bedarf es dazu einer gemeinsamen Anordnung der Reichsminister der Justiz und des Auswärtigen und der Zustimmung des Reichsrates; Art. 31 EG. Retorsion nennt man Maßregeln, die ein Staat als Erwiderung auf unbilliges Vorgehen eines anderen Staates trifft: sowohl die Frage, ob ein Vergeltungsgrund vorliegt, wie die, welche Gegenmaßregel angezeigt ist, ist politischer Art; eine Nachprüfung durch den Richter ist ausgeschlossen.

Eine *gesetzliche* Sonderstellung der Ausländer im deutschen Privatrecht ergibt sich aus folgenden Bestimmungen:

1. Nach Art. 88 EG BGB können die Landesgesetze den *Erwerb von Grundstücken* durch Ausländer von staatlicher Genehmigung abhängig machen. Davon hat Hamburg allgemein Gebrauch gemacht, Hessen insoweit, als nicht die Gegenseitigkeit verbürgt ist. Preußen und Bayern verlangen die Genehmigung nur zum Grunderwerb durch ausländische juristische Personen. Alle solche Einschränkungen gelten nicht, soweit Ausländern durch Staatsvertrag freier Grunderwerb gewährleistet ist. Die meisten Handels- und Niederlassungsverträge enthalten derartige Gewährleistungen.

Der Erwerb deutscher Grundstücke durch Ausländer hatte in den Inflationsjahren (1919 bis 1923) so große Ausmaße angenommen, insbesondere war von Osteuropa her eine so starke Überfremdung deutschen Landes eingetreten, daß Abhilfe geboten war. Die Abhilfe geschah aber nicht durch Gesetze gegen den Ausländererwerb als solchen (sie wären durch Einschaltung inländischer Strohmänner, die als Salmannen das Grundstück erworben hätten, leicht umgangen worden), sondern durch Gesetze, die *allgemein* den Grundstückserwerb von obrigkeitlicher Genehmigung abhängig machten (Grundstücksverkehrsgesetze v. 1919—1923). Die meisten dieser Landesgesetze sind wieder aufgehoben worden[3].

2. Nach § 503 HGB kann ein deutscher Mitreeder (bei der Partenreederei) seine *Schiffspart* an einen Ausländer nur mit Zustimmung seiner Mitreeder ver-

---

[1] Besonders hat das ius albinagii lange bestanden: das Recht des Königs, des Landesherrn, der Stadt, den Nachlaß des Fremden an sich zu ziehen; der Fremde „lebt als Freier, aber stirbt als Knecht".

[2] Vgl. Niboyet: Manuel p. 321ff. Es scheint nur *ein* Recht zu geben, das man unter die droits civils des art. 11 c. c. bringt: es ist die Legalhypothek der französischen Ehefrau.

[3] Vgl. M. Wolff: Sachenrecht[9] (1932) § 61[16a].

äußern, wenn diese sämtlich Deutsche sind, da sonst durch die Veräußerung das Recht zur Führung der Reichsflagge verloren gehen würde[4].

Dagegen bedarf es keiner obrigkeitlichen Genehmigung. Deshalb ist auch eine Veräußerung eines deutschen *Schiffes* an Ausländer statthaft.

3. Nach dem RG über das Urheberrecht an Werken der *Literatur* und der *Tonkunst* v. 19. Juni 1901 §§ 54, 55 werden reichsdeutsche Urheber für alle ihre Werke geschützt, gleichviel ob diese, gleichviel wo sie erschienen sind. Ausländer dagegen genießen den Schutz nur für ihre zuerst in Deutschland (im Original oder in der Übersetzung) erschienenen Werke. Ähnlich für die Werke der *bildenden Künste* und der *Photographie*: § 51 KunstschutzG v. 9. Jan. 1907. Muster und Modelle (*Geschmacksmuster*) inländischer Urheber und solcher ausländischer Urheber, die im Inlande ihre gewerbliche Niederlassung haben, werden für die im Inlande gefertigten Erzeugnisse geschützt, gleichviel wo die Erzeugnisse verbreitet werden; § 16 GeschmacksMG v. 11. Jan. 1876. Das *Patentgesetz* (Fassung v. 7. Dez. 1923) § 12 stellt ebenfalls die Ausländer den Inländern gleich (abgesehen davon, daß die Reichsregierung unter Zustimmung des Reichsrats ein Vergeltungsrecht anwenden kann) und läßt allein den Wohnsitz entscheiden: wer in Deutschland nicht wohnt, kann Ansprüche auf Patenterteilung und aus Patenten nur geltend machen, wenn er in Deutschland einen Vertreter bestellt hat. — Nach dem Gebrauchsmustergesetz v. 1. Juni 1891 § 13 Abs. 1, dem Warenzeichengesetz v. 12. Mai 1894 § 23 Abs. 1 und dem Gesetz gegen den unlauteren Wettbewerb § 28 kann ein Ausländer, der in Deutschland keine Niederlassung hat, den deutschen *Gebrauchsmuster-*, *Warenzeichen-* und *Wettbewerbsschutz* nur in Anspruch nehmen, wenn nach einer Bekanntmachung im Reichsgesetzblatt die Gegenseitigkeit verbürgt ist. Vgl. Art. I RG v. 31. März 1913 (RGBl S. 236).

4. Bei der Rechtsverfolgung finden sich Sondersätze in §§ 110, 114 Abs. 2 ZPO und § 85 GerichtskostenG: sie betreffen die Pflicht des ausländischen Klägers zur Sicherheitsleistung für die *Prozeßkosten*, zur Leistung des Gerichtskostenvorschusses und sein *Armenrecht*.

III. Das in allen Ländern Europas seit dem großen Kriege neu belebte Nationalgefühl und der wirtschaftliche Zusammenbruch haben fast überall eine Zeit der *Fremdenabwehr* heraufgeführt. Sie kennzeichnet sich einmal durch einen Kampf gegen die Überfremdung des Kapitalbesitzes (Grundbesitz, Bergbau, Industrie), wobei man hie und da begonnen hat, auch den Verschleierungen der Überfremdung durch das Strohmännertum und durch Gründung angeblich nationaler Aktiengesellschaften nachzuspüren (Schweden 1916, 1925)[5], zweitens durch das Bestreben, die inländische Arbeiterschaft, zum Teil auch die inländischen Kaufleute und Handwerker gegen Zuzug und Konkurrenz von Ausländern zu schützen. Die Mittel, die man anwendet, liegen aber überwiegend auf dem Gebiet des öffentlichen Rechts (Paßwesen, Fremdenpolizei, Gewerbeverbote, Praxis der Gewerbekonzessionen usw.). Sie sind hier nicht zu besprechen. In Deutschland finden sich Eingriffe in die Freiheit des *Dienstvertrags*: die Einstellung und Beschäftigung ausländischer Arbeiter kann nicht ohne obrigkeitliche Genehmigung geschehen; VO vom 2. Januar 1923 in der Fassung vom 2. Januar 1926 (RGBl 1926 I S. 5). Dagegen fehlt in Deutschland noch eine geregelte Kontrolle des Grundstücks- und Bergwerkserwerbs durch Ausländer. Die romanistische Gleichbehandlung von Grundstücken und beweglichen Sachen, die den heimatlichen Boden nahezu zur Ware macht, hat hier verzögerlich gewirkt[6].

§ 19. Persönlichkeitsgüter, Berufsstand.

Giesker-Zeller: Der Name im IntPR in der Festschr. f. G. Cohn 1915. — Neumeyer: Int. VerwaltungsR I 285ff., II 175ff. — Frankenstein, I 393ff. — Nussbaum, 125ff.

I. Welche Befugnisse ein Mensch bezüglich seines Namens, seines Adels oder Wappens, seines Bildes, seiner Stimme hat, darf internationalprivatrechtlich nicht davon abhängen, ob man solche Befugnisse mit der herrschenden deutschen Lehre als Persönlichkeitsrechte oder als Monopolrechte oder als Rechte an unkörperlichen äußeren Gütern („Immaterialgüterrechte“) ansieht oder ihnen gar die Natur subjektiver Rechte abspricht. Jedenfalls stehen Güter dieser Art mit der Per-

---

[4] Flaggenges. v. 22. Juni 1899 §§ 2, 3. [5] Vgl. unten § 20[26].

[6] Über völkerrechtliche Garantien der Individualrechte von Ausländern: vgl. oben § 3 III 3.

sönlichkeit des Menschen in der Regel in so engem Zusammenhange, daß das Personalstatut, in Deutschland also das Heimatsrecht, maßgebend sein muß[1]. Das gilt besonders bezüglich der Frage, welcher bürgerliche Name einem Menschen zukommt und ob und in welchem Umfange ein ihm zukommender Name oder auch ein von ihm nur gebrauchter Name (Künstler-, Schriftsteller-Name) geschützt wird.

Aus diesem Grunde entscheidet es sich nach der Staatsangehörigkeit eines unehelichen Kindes, ob das Kind den stiefväterlichen Namen durch „Einbenennung" erhalten kann, was bei deutschen unehelichen Kindern nach § 1706 Abs. 2 Satz 2 BGB (ebenso bei Österreichern, Schweden, Finnländern[2]) zulässig ist[3]. Obrigkeitliche Namensänderungen geschehen nur durch den Heimatsstaat des Namensträgers; ist dieser ein Mehrstaater, so kann es zu Namensrechten mit räumlicher Begrenzung (hinkenden Namensrechten) kommen. — Bisweilen sind Namensänderungen die Wirkung gewisser *Statusänderungen*: einer Eheschließung, einer Ehescheidung, einer Legitimation, einer Adoption; dann sind sie dem Recht unterworfen, das die Statusänderung ordnet: dem Heimatsrecht der Gatten (Art. 14 EG), des Ehemannes bei Erhebung der Scheidungsklage (Art. 17)[4], des legitimierenden Vaters, des Adoptans (Art. 22 EG); vgl. unten § 38 II, § 40 V 3.

II. Anders bezüglich der kaufmännischen *Firma* (oder des sonstigen Gewerbenamens): hier ist, wie die Übertragbarkeit und Vererblichkeit der Firma ergibt, der Zusammenhang mit der Persönlichkeit des Kaufmanns so stark gelockert, daß der Schwerpunkt nicht im Heimatsrecht gefunden werden kann. Das Firmenrecht ist vielmehr, wie das kaufmännische Unternehmen, dem Recht der *Handelsniederlassung* unterworfen[5, 6]. Sind mehrere Handelsniederlassungen vorhanden, so entscheidet möglicherweise für die Hauptniederlassung ein anderes Recht als für die Filiale.

Wird in Deutschland eine Filiale einer ausländischen Unternehmung eröffnet, so ist die Filialfirma nach deutschem Recht zu bilden. Nach diesem aber hat sie der Hauptfirma gleichzulauten, selbst dann, wenn die Hauptfirma in einer Weise gebildet worden ist, die dem deutschen Rechte widerstreitet. So kann nach englischem Recht ein Kaufmann seine Firma beliebig bilden; die deutsche Filiale solcher von Anfang an unwahren englischen Firma hat diese Unwahrheit in ihre Firma zu übernehmen. Aus Art. 30 EG (Vorbehaltsklausel) ist nichts dagegen zu sagen, da auch das deutsche Recht unwahre, freilich nur unwahr gewordene Firmen kennt. Wohl aber müßten irreleitende Zusätze, falls solche nach ausländischem Recht zulässig sind, bei der deutschen Filialfirma gemäß Art. 30 EG gestrichen werden. — Der deutsche Zusatz „Zweigniederlassung" zu der ausländischen Firma ist stets zulässig, selbst wenn das dem ausländischen Recht widerspricht (er ist unter Umständen sogar notwendig; § 30 Abs. 3 HGB).

Wird umgekehrt im Ausland eine Filiale einer deutschen Unternehmung errichtet, so muß auch der deutsche Richter die nach ausländischem Recht richtig gebildete Filialfirma in Deutschland schützen.

Die *Pariser Union* [Verbandsübereinkunft zum Schutze des gewerblichen Eigentums von 1883 (1925)] stellt in Ansehung des Schutzes der Firmen (und der Geschäftsbezeichnungen) die Angehörigen jedes Vertragsstaates in den anderen Vertragsstaaten den Inländern gleich; der Firmenschutz tritt ohne Eintragung ein.

III. Während der Geburtsstand sich nach dem Personalstatut, dem Heimatsrecht, bestimmt, gilt dies nicht für den *Berufsstand*. Hier ist der Mittelpunkt der

---

[1] RG 29, 127; 95, 272. [2] KIPP in KIPP-WOLFF, Familienrecht § 94[4].

[3] KG, Jahrb. d. Entsch. üb. freiwill. Gerichtsb. 3, 130. — Unrichtig RG 118, 44 (über diese offensichtliche Fehlentscheidung: REICHEL, GruchotsBeitr 70, 51ff. LEWALD, 143. KIPP (-WOLFF): Familienrecht § 99[10]. Vgl. VEITH: RVglHWB IV 428.

[4] KG, Jahrb. d. Entsch. d. KG 50 A 62. — A. M. FRANKENSTEIN, I 396[44].

[5] Verbreitet, aber unzutreffend ist die Vorstellung, daß das Firmenrecht, weil Namensrecht, zu den „Persönlichkeitsrechten" gehöre, während seine Veräußerlichkeit zeigt, daß es sich um ein unpersönliches äußeres Gut handelt. Die Firma bezeichnet eine Person nur als Inhaberin eines bestimmten Unternehmens, das seinen Schwerpunkt da hat, wo die Handelsniederlassung belegen ist.

[6] Deshalb setzt die Klage aus der Verletzung eines ausländischen Firmenrechts voraus, daß das ausländische Recht solche Klage gewährt. So mit Recht RG 82, 167 (wo aber dann unrichtigerweise aus § 37 Abs. 2 HGB entschieden wird). — Eine reine Prozeßnorm ist § 17 Abs. 2 HGB (der Einzelkaufmann kann unter seiner Firma klagen und verklagt werden); daher auch für ausländische Firmen, die in Deutschland Prozeß führen, in Kraft, nicht aber für Prozesse deutscher Firmen im Ausland; OLG Hamburg, Rechtspr der Oberlandesgerichte 3, 274.

Berufsausübung maßgebend. Das hat vor allem für die Frage, ob jemand *Kaufmann* ist, Bedeutung, da sich an die Kaufmannschaft zahlreiche Sonderrechtssätze (des „Handelsrechts") anzuknüpfen pflegen. Die Kaufmannseigenschaft entscheidet sich nach dem Recht des *Ortes der gewerblichen Niederlassung*[7]. Die Frage, inwieweit eine Beschränkung der Geschäftsfähigkeit der Kaufmannseigenschaft entgegensteht, wird aber durch das allgemeine Personalstatut, also das Heimatsrecht, zu beantworten sein, wobei dem Verkehrsschutz durch Art. 7 Abs. 3 EG genügt wird.

Auch für die Eigenschaft einer Ehefrau, Kaufmann (*Handelsfrau*) zu sein, ist nicht ihr Personalstatut[8], sondern das Recht des Orts der Handelsniederlassung maßgebend. Betreibt sie das Unternehmen in Deutschland, so gilt zwar für ihre Geschäftsfähigkeit im allgemeinen ihr Heimatsrecht; aber die aus dem ausländischen Heimatsrecht oder aus dem Ehegüterrecht sich ergebenden Beschränkungen ihrer Geschäftsfähigkeit wirken in Deutschland nicht, Art. 36 EG BGB. Das gilt nicht nur, wie nach Art. 7 Abs. 3, für solche Geschäfte, die sie in Deutschland vornimmt, sondern für alle zu ihrem deutschen Unternehmen gehörigen Geschäfte, auch solche, die sie in ihrem Heimatslande schließt[9].

§ 20. Die juristische Person.

Mamelok: Die jurist. Person im IntPR 1900. — Arminjon: Genter Revue de droit intern. et d. législ. comp. 1927, 360ff. — Neumeyer: Intern. VerwaltR I 106ff. — Mamelok: Staatsangehörigkeit der jurist. Person, Referat für den schweizerischen Verein f. intern. Recht 1918. — Pillet: Des personnes morales en droit intern. privé 1914. — Leven: La nationalité des sociétés 1926. — Gieseke: RVglHWB II 326ff. — Lewald, 45ff. — Frankenstein, I 456ff. — Nussbaum, 185ff. — Melchior, 138f., 458ff. — Gutzwiller, 1627. — Gutzwiller, in Mitt. d. deutsch. Gesellsch. f. Völkerrecht 1933 (12) 116ff. — Geiler, ebenda 177ff., 227ff.

I. *Ob* ein menschlicher Verband juristische Persönlichkeit hat, bestimmt sich nach dem Recht, dem er unterworfen sein würde, wenn er Persönlichkeit hätte; man darf dieses Recht als sein *Personalstatut* bezeichnen (davon II). Hat er sie nach diesem Rechte nicht, so ist er auch im Ausland nicht rechtsfähig, mag auch der fremde Staat die ihm unterworfenen gleichartigen Gebilde als Personen ansehen. Hat er sie nach dem Personalstatut, so erkennt auch das Ausland seine juristische Persönlichkeit grundsätzlich an. Über die Sondernorm des Art. 10 EG siehe unter III.

Die bürgerlichrechtliche Gesellschaft und die offene Handelsgesellschaft sind in Deutschland nicht juristische Personen; in Frankreich sind sie es beide (in Italien ist es wenigstens die offene Handelsgesellschaft). Ist eine Gesellschaft dem deutschen Recht unterworfen, so ist sie auch in den romanischen Staaten nicht juristische Person. Um dort die Persönlichkeit zu erwerben, müßte sie ihr Personalstatut wechseln, wovon unten IV 5. Umgekehrt hat eine französische société civile ou commerciale in Deutschland Rechtsfähigkeit[1].

II. Personalstatut einer juristischen Person ist das Recht ihres *Sitzes*, d. h. ihres *Verwaltungszentrums*, ihrer Hauptniederlassung.

Bei der physischen Person, die ein Unternehmen betreibt, hat man ihr Personalstatut, das Heimatsrecht, von dem Rechte zu scheiden, das das Unternehmen beherrscht, dem am Sitz des Unternehmens geltenden Rechte. Vgl. oben § 19 II, III (S. 68f.). Bei der juristischen Person kommt ein vom Unternehmenssitz verschiedener Anknüpfungspunkt nicht in Frage, da ihr eine private Lebensbetätigung fehlt, wie sie der Einzelmensch hat. Hier fällt daher das das Unternehmen beherrschende Recht (das man als lex rei sitae bezeichnen kann; vgl. unten § 33 II 2) mit dem Personalstatut zusammen.

Der Verwaltungssitz deckt sich nicht mit dem Ausbeutungszentrum (dem centre d'exploitation): eine Aktiengesellschaft mag in Berlin ihren Sitz haben, aber in Böhmen eine Brauerei, in Österreich ein Theaterunternehmen betreiben, zahlreiche Länder mit Petroleum beliefern, ihre Schlafwagen in vielen Staaten laufen lassen. Der Verwaltungssitz liegt meist in dem Staate, in dem und nach dessen

---

7 Ficker: RVglHWB IV 462. 8 A. M. Hartenstein: RVglHWB IV 161.

9 Raape: S. 85 VII.

1 Lewald, 48. Geiler, 186f. A. M. Melchior, 138f. Aber wenn die Gesellschaft französischem Recht unterworfen ist, so muß sie allen Sätzen des französischen Rechts unterworfen sein: die Anerkennung der juristischen Persönlichkeit ist nicht eine „Konstruktion", sondern eine kurze Zusammenfassung einer Reihe von Rechtsnormen.

Recht die juristische Person errichtet worden ist, so daß das Recht des Sitzes mit diesem Recht regelmäßig zusammenfällt. Ist das aber nicht der Fall, so ist Personalstatut weder das Recht des Errichtungsortes[2], noch das des Rechtes, nach dessen Recht die Errichtung geschah (*Gründungsrecht*)[3]. Erlaubt freilich der Gründungsstaat, daß nach seinen Normen eine juristische Person (z. B. eine Aktiengesellschaft mit Auslandssitz) errichtet werde, so mag er eine so gegründete Körperschaft trotz des ausländischen Sitzes als ihm angehörig und seinem Rechte unterworfen behandeln[4]: der Staat des Sitzes wird das Gebilde kaum als juristische Person gelten lassen, wenn nicht zugleich seinen Normen Genüge getan ist[5]; ist ihnen aber genügt, so wird er ihn regelmäßig als einen Verein seines Rechts behandeln[6], und ebenso haben dritte Länder in solchem Falle nicht das Gründungsrecht, sondern das Recht des Sitzes zugrunde zu legen.

Der Sitz der juristischen Person wird gewöhnlich in der Gründungsurkunde angegeben; regelmäßig ist diese Angabe vorgeschrieben[7]. Es kann sein, daß der *satzungsmäßige* Sitz sich mit dem wirklichen Sitze der Verwaltung nicht deckt (z. B. erlaubt § 24 BGB dies ausdrücklich). Der satzungsmäßige Sitz hat dann zwar Bedeutung für die Gerichtszuständigkeit (§ 17 ZPO) und für die verwaltungsrechtliche Zuständigkeit der Behörden (§§ 22, 23, 55 BGB), nicht aber für das Personalstatut im internationalen und interlokalen Privatrecht[8].

III. Der Satz, daß die ausländische juristische Person ohne weiteres in Deutschland als Person anerkannt wird[9], gilt ohne Einschränkungen für ausländische Personen des öffentlichen Rechts (völkerrechtlich anerkannte Staaten; ferner Gemeinden, Kirchengemeinden, Handelskammern, Sozialversicherungsanstalten u. a.), weiter für privatrechtliche Körperschaften und rechtsfähige Stiftungen aller Art; mit einer Ausnahme: Solche ausländischen *Vereine*, die, wenn sie deutsch wären, nur nach §§ 21, 22 BGB rechtsfähig werden könnten, werden in Deutschland erst dann als rechtsfähig behandelt, wenn ihre *Rechtsfähigkeit* durch Beschluß des Reichsrats *anerkannt* ist; Art. 10 EG. Die Norm hat geringe Bedeutung. Die für den internationalen Verkehr wichtigsten Gebilde, die Aktiengesellschaften oder Gesellschaften mit beschränkter Haftung (also solche Personen, die auf ein bestimmtes in Mitgliedsanteile zerlegtes Grundkapital aufgebaut sind), würden in Deutschland die Rechtsfähigkeit nach anderen Normen als den §§ 21, 22 BGB erlangen und bedürfen daher keiner deutschen „Anerkennung“, um in Deutschland als rechtsfähig zu gelten[10].

---

[2] Anders das sowjetrussische Recht und Cód. Bustamante art. 16, 17.

[3] Anders die englisch-amerikanische Lehre und in Deutschland: Komm. v. Reichsgerichtsräten 4 vor § 21 BGB. Frankenstein, I 459. Geiler: a. a. O. 179ff., u. a. Dazu Raape, 126ff.

[4] So BGB § 23, wonach der Reichsrat einem Verein mit Auslandssitz (§ 23 spricht nicht nur von Vereinen, die in deutschen Konsulargerichtsbezirken oder deutschen Kolonien sitzen; a. M. Lewald, 47f. u. a.) Rechtsfähigkeit erteilen kann. Das ist z. B. bei Vereinen für Auslandsdeutschtum (Schulverein und dergleichen) geschehen.

[5] Dann liegt also eine „hinkende“ juristische Person vor.

[6] Anders aber überraschenderweise Preußen, das die unter gothaischem Recht errichteten Bergwerksgewerkschaften selbst dann als gothaische behandelt und gothaischem Recht unterwirft, wenn sie ihren „Verwaltungssitz“ in Preußen haben. Vgl. Anm. 8.

[7] Vgl. z. B. § 57 Abs. 1 BGB (für eingetragene Vereine), § 182 Abs. 2 Nr. 1 HGB (für Aktiengesellschaften).

[8] So herrschende Lehre und Rechtsprechung (z. B. RG 117, 217; 83, 369; 88, 54). Anders aber hat das RG in der Frage entschieden, ob die in Gotha nach Gothaischem Bergrecht errichteten Gewerkschaften diesem Recht auch dann unterstehen, wenn zwar Gotha in der Satzung als „Sitz“ der Gewerkschaft bezeichnet wird, der „Verwaltungssitz“ aber in Preußen liegt. Das RG nimmt an, daß es hier auf den satzungsmäßigen Sitz ankomme (RG JurW 1916, 494; 1918, 305; 1920, 51; RG 99, 218; 100, 210). Das ist schwer zu rechtfertigen. Vgl. dazu Melchior, 466ff. Raape, 154ff. Nussbaum, 197ff.

[9] RG 83, 367; 92, 76.

[10] Die ipso-jure-Anerkennung ausländischer Aktiengesellschaften und anderer handelsrechtlicher juristischer Personen besteht nicht in allen Staaten; in manchen Ländern setzt sie einen Staatsvertrag oder einen Verwaltungsakt voraus (Frankreich, Österreich). In zahlreichen Staatsverträgen ist die Anerkennung von „Aktiengesellschaften und anderen Handelsgesell-

Art. 10 bezieht sich nur auf „Vereine“; dabei ist der Vereinsbegriff des deutschen Rechts zugrunde gelegt, das den Verein, auch den nicht rechtsfähigen Verein, von der „Gesellschaft“ anders unterscheidet, als z. B. das französische Recht „association“ und „société“: auf den „but lucratif“, der der französischen société charakteristisch ist, kommt es in Deutschland nicht an; er mag der deutschen Gesellschaft fehlen, und der deutsche Verein mag ihn haben. — Ist eine französische société civile (oder commerciale) zugleich „Gesellschaft“ im deutschrechtlichen Sinn, so ist Art. 10 EG nicht anwendbar, und das Gebilde wird bei uns als juristische Person gelten, weil es in Frankreich als solche gilt, obwohl wir eine deutsche Gesellschaft nicht als Person behandeln (vgl. oben I).

Die „Anerkennung“ des Art. 10 EG ist von der „Verleihung“ des § 23 BGB zu unterscheiden. Beide sind konstitutiv[11], aber jene wirkt nur, wenn nach ausländischem Recht ein rechtsfähiges Gebilde schon vorliegt; diese ist von der Haltung des ausländischen Rechts unabhängig. Jene wirkt zurück[12], diese nicht. Der in Deutschland nur anerkannte Verein bleibt ein ausländischer Verein; der im Ausland durch deutsche Verleihung begründete Verein wird in Deutschland als deutscher behandelt.

Die Anerkennung ausländischer Vereine in Deutschland wird kaum jemals nachgesucht. Der nicht anerkannte ausländische Verein bildet die Regel. Er wird in Deutschland wie ein nichtrechtsfähiger Verein deutschen Rechts behandelt; es gilt also deutsches Gesellschaftsrecht[13] und § 54 Satz 2 BGB.

Danach haften die für den Verein rechtsgeschäftlich Handelnden persönlich; doch wird für die Anwendung des § 54 Satz 2 BGB vorauszusetzen sein, daß der rechtsgeschäftlich Handelnde in Deutschland tätig geworden ist[14].

IV. Das Personalstatut (Recht des Sitzes) ist nicht nur für die Frage maßgebend, *ob* eine juristische Person besteht (vgl. zu I), sondern auch für die Frage, wie diese Person *organisiert* ist, wie Mitgliedsrechte in ihr begründet werden, wer sie vertritt, wer ihre Geschäfte führt, ob und wie sie zu bilanzieren hat, wie ihre Verfassung oder Satzung *geändert* wird, wie sie *aufgelöst* wird, welche Wirkungen eine Auflösung hat, u. a.[15].

Es entstehen manche Zweifel: 1. Nicht untersteht dem Personalstatut der *Gründungsvorvertrag*, das pactum de condenda universitate. Für dieses pactum gilt Parteiautonomie, wie für jeden obligatorischen Vertrag. — Dagegen sind diejenigen Willenserklärungen, die Bestandteile der Gründung selbst sind (Aktienübernahmen oder -zeichnungen u. a.), dem Personalstatut der Gesellschaft unterworfen, so daß sich nach diesem Recht auch die Frage der Anfechtung wegen Willensmangels beantwortet.

2. Für die Übertragung von *Mitgliedschaftsrechten* wird, wenn diese in *Inhaber*- oder *Orderpapieren* (Aktien u. a.) verbrieft sind, sowohl das Personalstatut der Körperschaft wie die lex cartae sitae befolgt werden müssen. Aber ob die Urkunden Inhaber-(Order-)Papiere oder ob sie bloße Rektapapiere (d. h. Wertpapiere, die nicht nach Sondersätzen des Wertpapierrechts oder nach allgemeinen fahrnisrechtlichen Sätzen, sondern durch Zession des verbrieften Rechts begeben werden) oder gar bloße Beweisurkunden sind, kann nur das Personalstatut der Körperschaft entscheiden.

3. Die Frage, *welche Rechte* die juristische Person zu *erwerben*, welche Rechtsgeschäfte *vorzunehmen* sie imstande sei, ist kumulativ von dem Personalstatut der juristischen Person und der lex causae (dem Recht, dem das konkrete Rechtsverhältnis unterworfen ist) zu beantworten. Die fremde juristische Person kann höchstens soviel Recht haben, wie sie nach dem Recht ihres Sitzes hat, und höchstens soviel, wie eine deutsche juristische Person dieser Art in Deutschland hat (man denke an Schenkungen über 5000 RM., Art. 86 EG). — So wird nach englischem Recht das „power of a registered company“ durch ihr „Memorandum“ (Statut) begrenzt: alle Handlungen und aller Erwerb darüber hinaus (ultra vires) sind nichtig. Das muß auch in Deutsch-

schaften, einschl. der Industrie-, Finanz-, Verkehrs-, Transport- und Versicherungsgesellschaften, die in dem Gebiet des einen vertragschließenden Teils ihren Sitz haben und nach dessen Gesetzen zu Recht bestehen, auch im Gebiet des anderen Teils“ gewährleistet. Bisweilen erstreckt sie sich auf alle „juristische Personen des Privatrechts, mögen sie Erwerbszwecken dienen oder nicht“ (so Vertrag Deutschlands mit den Vereinigten Staaten v. 1923 bei MAKAROV S. 307; ähnlich mit Großbritannien 1924, MAKAROV S. 314).

[11] A. M. LEWALD, 52. Vgl. RAAPE, 159f.

[12] Wird z. B. ein ausländischer Verein von einem deutschen Erblasser zum Erben eingesetzt, so schadet es nichts, wenn die Anerkennung aus Art. 10 EG erst nach dem Erbfall eintritt.

[13] A. M. NIEMEYER, 132. FRANKENSTEIN, I 497.

[14] Vgl. HABICHT, 79f. über den Streitstand. — Es handelt sich um eine Schutznorm des deutschen Geschäftsverkehrs, wie Art. 7 Abs. 3 EG.

[15] RG 73, 366.

land gelten; doch wird in analoger Anwendung des Art. 7 Abs. 3 EG eine ultra-vires-Handlung dann für gültig zu achten sein, wenn sie in Deutschland vorgenommen worden ist[16].

4. Für die *Vertretungsmacht* (vertretungsberechtigte Personen, Umfang der Vertretungsmacht, Art ihrer Ausübung) gilt zweifellos grundsätzlich das Personalstatut der juristischen Person. Hat aber diese eine deutsche Zweigniederlassung, die im Handelsregister eingetragen ist, so sind die vom deutschen Recht abweichenden Vertretungsbeschränkungen des ausländischen Gesetzes eintragungsfähig, und der Mangel der Eintragung wird in Anwendung des § 15 HGB redlichen Dritten entgegengehalten werden können (ähnlich wie nach Art. 16 Abs. 1 EG ausländische gesetzliche Güterstände bei Eheleuten, die in Deutschland wohnen, wie vertragsmäßige Güterstände in das Güterrechtsregister eingetragen werden müssen, um redlichen Dritten gegenüber zu wirken; § 1435 BGB.)[17].

5. Zu den dem Personalstatut unterworfenen Satzungsänderungen gehört auch die *Verlegung des Sitzes* in ein anderes Land. Nach manchen Rechten (z. B. dem deutschen) ist sie nicht möglich: ihr Ziel kann nur durch Auflösung der bisherigen juristischen Person in dem einen Land und Neugründung einer juristischen Person im anderen Land erreicht werden[18] (anders nach einer in Frankreich viel vertretenen Lehre, die die Sitzverlegung zuläßt, bald mit der Wirkung der Änderung des Personalstatuts, bald unter Aufrechterhaltung des alten Personalstatuts). Eine Verlegung des Sitzes unter Identitätswahrung ist nur möglich, wenn sowohl das Recht des alten Sitzes wie das des neuen Sitzes sie gestattet. Mit Recht läßt aber die deutsche Praxis eine Sitzverlegung ins Inland dann zu, wenn bei der Errichtung der Aktiengesellschaft der Sitz sich im Inland befand, das Gebiet des Sitzes aber später Ausland wird (Elsaß) und nun aus dem abgetrennten Gebiet der Sitz ins Reich zurückverlegt wird[19].

6. Sollen zwei Gesellschaften verschiedener Länder miteinander verschmolzen werden („*Fusion über die Grenze*")[20], so müssen die Rechte beider Länder beobachtet werden. Ist die veräußernde Gesellschaft eine *deutsche* Aktiengesellschaft, so kann die Fusion nicht ohne Liquidation geschehen.

7. Wird die juristische Person in dem Lande ihres Sitzes nach dortigem Recht wirksam aufgehoben, so ist sie überall als aufgehoben zu behandeln, wofern nicht der Aufhebungsakt gegen den ordre public verstoßen sollte. Ob dieser Fall bei der sog. „*Nationalisierung*" *russischer Aktiengesellschaften*, d. h. Aufhebung ihrer Persönlichkeit durch Staatsakt und Überführung ihres Vermögens auf den Staat, vorgelegen hat, ist viel erörtert worden. In Deutschland hat man die Anwendung des Art. 30 EG abgelehnt; die früheren Aktionäre sind daher nicht in der Lage gewesen, durch Gründung einer Liquidationsgesellschaft auf deutschem Boden diese zur Rechtsnachfolgerin in bezug auf das Vermögen der längst erloschenen russischen Gesellschaft zu machen[21].

V. Man spricht oft von einer *Staatsangehörigkeit* (oder Staatszugehörigkeit, RG 88, 54) juristischer Personen, indem man die für Menschen gegebene Unterscheidung zwischen Inländern und Ausländern überträgt. So starke Bedenken gegen solche Übertragung bestehen, weil die natürlichen Grundlagen der Staatsangehörigkeit (Volkstum, Sprache, Heimatsliebe usw.) hier fehlen, so sind doch die Begriffe „deutsche", „französische" usw. juristische Person unentbehrlich. Auf allen den Gebieten, auf denen der Ausländer gegenüber dem Inländer zurückgesetzt wird (Grunderwerb, Schiffspartenveräußerung, Prozeßkosten-Sicherheitspflicht, vgl. § 18), entsteht die Frage, ob eine juristische Person, die den differenzierenden Tatbestand erfüllt (z. B. ein Grundstück erwirbt[22], einen Prozeß führt), als Ausländer oder als

[16] Vgl. NUSSBAUM, 191[6]. Vgl. GEILER, 193f., der richtig betont, daß für *deutsche Zweigniederlassungen* ausländischer Gesellschaften die ultra-vires-Lehre überhaupt nicht gilt.

[17] Dazu RABEL: Z. f. ausl. u. intern. PR 3, 810; Kammergericht, Jahrb. f. Entsch. d. FreiwGerichtsb. 6, 195.

[18] RG 7, 68; 88, 53; 107, 97; RG JurW 1918, 510. — Vgl. GEILER, 188ff. QUASSOWSKI: GruchotsBeitr 65, 403ff. v. SPINDLER: Wanderungen gewerbl. Körperschaften v. Staat zu Staat 1932. HAMEL: Z. f. ausl. u. intern. PR 2, 1002 (auch zum folgenden).

[19] RG 107, 97; KG JurW 1926, 1351. QUASSOWSKI: a. a. O. — In solchem Falle wird der deutsche Richter die Gesellschaft als deutsche (wieder) behandeln, während möglicherweise der ausländische Richter die Verlegung, sei es als unwirksam, sei es als ohne Einfluß auf das Personalstatut ansehen wird.

[20] v. SPINDLER, 70ff. GEILER, 194.

[21] RG 129, 98ff. — Weiteres Material bei NUSSBAUM, 193. — Über die Stellung Frankreichs zu den russischen Nationalisierungsdekreten: MAKAROV, Z. f. Ostrecht 7, 439ff.

[22] *Preußen* verlangt die obrigkeitliche Genehmigung für Grunderwerb durch ausländische juristische (nicht auch durch physische) Personen; Art. 7 § 2 Abs. 2 AG BGB; ähnlich *Bayern* (Art. 10 AG BGB) für solche ausländischen juristischen Personen, die religiöse oder wohltätige oder Unterrichts- oder Erziehungszwecke verfolgen.

Inländer zu behandeln ist[23]. Entsprechende Fragen treten im Kollisionsrecht auf, wenn (nach Art. 12, 25 Satz 2 EG BGB) ein beteiligter Deutscher günstiger behandelt wird, als den allgemeinen Grundsätzen des internationalen Privatrechts entspricht.

Beispiel: Eine Aktiengesellschaft begeht durch ihren Vorstand im Ausland eine unerlaubte Handlung und wird auf Ersatz des dommage moral (in Deutschland) verklagt, was der lex loci delicti commissi entsprechen mag. Ist sie eine deutsche Gesellschaft, so ist die Klage nach Art. 12 EG abzuweisen, wenn nicht § 847 BGB erfüllt ist.

Auch die Frage der Staatsangehörigkeit wird durch den *Sitz* der juristischen Person beantwortet: auch hier entscheidet (vgl. oben II) der wahre Sitz der Verwaltung[24].

Nur dann, wenn es der Zweck eines Gesetzes ist, die hinter der juristischen Person stehenden physischen Personen, die sie beherrschen, zu bekämpfen, wie bei Kriegsmaßnahmen (Beschlagnahme feindlicher Vermögen), ist es bisweilen nötig, den Schleier wegzuziehen, durch den man mit Hilfe der Rechtsfigur der juristischen Person die Wahrheit verhüllt, und die realen Kräfte aufzusuchen, die sich hier verbergen (sog. „*Kontrolltheorie*")[25]. In solchen Fällen schafft zwar der Sitz der Gesellschaft eine Vermutung für ihre Staatsangehörigkeit; aber eine Widerlegung (die nicht immer einfach ist) muß zugelassen werden.

Ist z. B. in Deutschland nach deutschem Recht eine Gesellschaft mit beschränkter Haftung gegründet worden, stehen die Geschäftsanteile dieser Gesellschaft zwei Aktiengesellschaften zu, die ebenfalls in Deutschland ihren Sitz haben, und läßt sich beweisen, daß die Aktien beider zum überwiegenden Teil ausländischen Kapitalisten aus Feindesstaaten gehören, so wird im Sinne solcher Kampfnormen auch die G. m. b. H. als ausländische Gesellschaft gelten müssen. Ja, man muß das sogar dann annehmen, wenn alle Aktien im Eigentum von Reichsangehörigen stehen, auch die Verwaltungsorgane nur Deutsche sind, aber bewiesen wird, daß hier Deutsche als Strohmänner vorgeschoben sind. — In gewissem Maße sind hier vorbildlich zwei (freilich allzu starr gefaßte) schwedische Gesetze von 1916 und 1925, die die Überfremdung des schwedischen Grundbesitzes und Bergbaus bekämpfen, indem sie sich gegen das „Strohmannsystem" wenden, das dort viel Schaden gestiftet hat[26].

VI. *Überstaatliche* juristische Personen, wie der Völkerbund und der Weltpostverein, leiten ihre Rechtspersönlichkeit von den sie begründenden Staatsverträgen ab[27]. Ihr Personalstatut ist, soweit sich aus dem Staatsvertrage nichts anderes ergibt, das an ihrem Sitz geltende Recht. Sie können jedoch in keinem der beteiligten Staaten als ausländische Personen behandelt werden.

Privatrechtliche Verbände sog. „internationalen" Charakters, sei es solche mit Gewinnabsicht, wie Aktiengesellschaften, sei es solche ohne Gewinnabsicht, wie

---

[23] Vgl. ferner § 105 RG über die Beaufsichtig. d. privaten Versicherungsunternehmungen (VAG) i. d. Fassg. v. 6. Juni 1931, wonach „ausländische" Versicherungsunternehmungen, die in Deutschland durch Vertreter oder Vermittler das Versicherungsgeschäft betreiben wollen, der Erlaubnis des Reichswirtschaftsministers bedürfen.

[24] Zum Stand der Meinungen: RAAPE, 142ff.; MELCHIOR, 462ff.; GEILER, 192ff. — Kraft Gesetzes ist auf den Sitz abgestellt im Preuß. AG BGB Art. 7 § 2.

[25] So insbes. während des großen Kriegs Engländer (bei Anwendung des Trading with the Enemy Act) und Franzosen (vgl. LEVEN, 116ff.), dann vergeltungsweise Deutschland seit VO v. 4. Sept. 1914 (RGBl S. 397), 26. Nov. 1914 (RGBl S. 487). MAMELOK: Referat a. a. O. 29ff. Die Kontrolltheorie liegt auch dem Versailler Vertrag Art. 297b zugrunde. — Vgl. FELLER: Z. f. ausl. öff. R II 2 (1930) 55f.

[26] W. FRAENCKEL: Auslandsrecht 6 (1925) 421ff.

[27] Ein reiches Material hierzu bei GUTZWILLER: Mitt. d. deutsch. Gesellsch. f. Völkerrecht 1933, 156ff., mit eingehenden Lit.-Nachweisen (dort auch Anm. 93, 96 über die Abhandl. v. VON DER LÜHE: Die internationale jurist. Person 1930; vgl. FICKER: JurW 1932, 570). — Die „Bank für internationalen Zahlungsausgleich" in Basel ist zwar auf Grund eines Staatsvertrags, aber nicht durch ihn, sondern durch ein von der Schweiz „gewährtes Grundgesetz" errichtet und mit Rechtsfähigkeit ausgestattet worden; Haager Abk. v. 20. Jan. 1930 über die Bank f. internat. Zahlungsausgl. Art. 1 (RGBl 1930 II 289, 291). Sie ist daher keine „überstaatliche juristische Person. Ebenso die Internationale Agrarbank. Vgl. GUTZWILLER: a. a. O. 174f. — Über das Internat. Landwirtschaftl. Institut in Rom: Entsch. d. Kassat.-Hofs Rom, Z. f. ausl. u. intern. PR 7 (1933) 142.

wissenschaftliche, humanitäre, religiöse Verbände[28], können heute nicht als überstaatliche Personen geschaffen werden. Sie sind genötigt, sich als nationale rechtsfähige Verbände (mit internationalen Arbeitszielen) zu konstituieren oder in verschiedene Landesgruppen zu spalten, deren jede dann in einem Staate nach dem Recht dieses Staates den Sitz begründet und die Rechtsfähigkeit erlangt, während der Gesamtverband nicht rechtsfähig wird.

Die Unvollkommenheit dieses Zustandes hat seit 1910 Änderungsbestrebungen geweckt; einzelstaatliche Lösungen (z. B. Belgien 1919) sind Scheinlösungen; Entwürfe des Institut de Droit International von 1923 und der Internationalen Handelskammer 1928 (der sich auf die „associations sans but lucratif" beschränkt) haben nicht weiter geführt.

Internationale Kartelle[29], mögen ihre Mitglieder Einzelunternehmer (nationale Aktiengesellschaften wie beim Glühlampenkartell) oder nationale Kartelle sein, wie beim Kontinentalen Röhrenkartell, sind meist nur schuldrechtliche Vertragsverhältnisse, z. B. bürgerlichrechtliche Gesellschaften ohne eigene Persönlichkeit: das für sie geltende Recht kann, wie bei allen Schuldverträgen, durch Parteiautonomie bestimmt werden (vgl. § 25); damit wird für die Kartellbindungen, die sich auf Produktion, Absatzgebiete, Preisberechnung u. a. beziehen, ein einheitliches Recht geschaffen, das nur durch den ordre public des jeweils entscheidenden Gerichts unausweichlich durchkreuzt werden mag. Die Organisation des Kartells und die Frage, ob es — wie etwa die offene Handelsgesellschaft der romanischen Rechte — juristische Persönlichkeit hat, wird durch das Recht des Sitzes des Kartells bestimmt[30].

Zweiter Abschnitt.

Die allgemeine Rechtsgeschäftslehre.

§ 21. Grundsätze.

Zitelmann, II 136ff. — Lewald, 63ff. — Frankenstein, I 519ff. — Nussbaum, 86ff. — Gutzwiller, 1585ff. (mit Lit.). — Rheinstein: RVglHWB IV 359ff.

I. Die Frage, *welche* Rechtswirkungen an ein bestimmtes (gültiges) Rechtsgeschäft angeknüpft werden, läßt sich nicht einheitlich beantworten. Ob sachenrechtliche Wirkungen eintreten, entscheidet die lex rei sitae, ob erbrechtliche: das Heimatsrecht des Erblassers, ob ehegüterrechtliche: das Heimatsrecht des Ehemannes bei Eheschließung, ob schuldrechtliche: dasjenige Recht, dem die Parteien das Rechtsgeschäft unterwerfen.

Das so zu bestimmende Recht (das „*Wirkungsstatut*", die *lex causae* — Art. 11 Abs. 1 Satz 1 EG spricht von „den Gesetzen, welche für das den Gegenstand des Rechtsgeschäfts bildende Rechtsverhältnis maßgebend sind" —) entscheidet grundsätzlich auch über die *Geschäftsvoraussetzungen:* ob ein gültiges Geschäft vorliegt, bestimmt diejenige Rechtsordnung, die, wenn ein gültiges Geschäft vorliegt, seine Wirkungen bestimmt.

Doch gibt es einige Einschränkungen:

1. Die Geschäftsfähigkeit der Parteien entscheidet sich nach ihrem Heimatsrecht; vgl. Art. 7 und oben § 17.

---

[28] Die ältesten: die Anti-Slavery and Aborigines Protection Society 1837, die Worlds Evangelical Alliance 1846, die Young Men's Christian Association 1855 (Normandin: Du statut juridique des associations internationales, Paris 1926, 20ff.). Weitere Literatur über die sog. internationalen Assoziationen: Gutzwiller: a. a. O. 150ff. (und die Angaben daselbst Anm. 78).

[29] Über sie insbes. Reinh. Wolff: Rechtsgrundlagen der internationalen Kartelle 1929, u. RVglHWB IV 620ff. W. Meinhardt: Z. f. ausl. PR 2 (1928) 460ff. W. Dörinkel: Internat. Kartellrecht 1932. Geiler: a. a. O. 196ff. und in Düringer-Hachenburg Komm. z. HGB I 474ff.

[30] Insbes. Geiler: a. a. O. 197ff., 229f. (dort auch über internationale Konzerne).

2. Die Form des Rechtsgeschäfts entscheidet sich zwar grundsätzlich, aber nicht immer, nach dem Wirkungsstatut. Davon § 22.

3. Die Frage, ob ein *bestimmtes Verhalten* einer Person überhaupt als *rechtsgeschäftliche Erklärung* aufgefaßt werden kann[1], bestimmt sich nach demjenigen Recht, in dem dieses Verhalten seinen Schwerpunkt findet, also nach dem Personalstatut dieser Person, bei Gewerbetreibenden nach dem Recht der Niederlassung, bei Verkehrsgeschäften, die Ausländer im Inland vornehmen, nach dem Recht des Vornahmeorts.

In Betracht kommt hier vor allem die Wertung des *Schweigens* einer Person. Geht z. B. einem französischen Kaufmann, der gewerbsmäßig Geschäfte besorgt, ein schriftlicher Antrag zur Besorgung solcher Geschäfte von jemand zu, dem gegenüber er sich dazu (z. B. durch Zirkulare) erboten hat und steht in dem Antrag, daß für das Geschäft deutsches Recht gelten solle, so kann das Schweigen des französischen Empfängers nicht gemäß § 362 HGB als Annahme gedeutet werden; vielmehr wird für die Frage, ob das Schweigen als eine rechtsgeschäftliche Erklärung aufzufassen sei, französisches Recht anzuwenden sein, falls der Schweigende seine Handelsniederlassung in Frankreich hat. (Nach französischem Recht ist die Frage zu verneinen, wenn nicht besondere Umstände vorliegen, die dem silence circonstancié die Bedeutung einer Annahme geben können[2].)

4. Bei *Wechsel* und *Scheck* entscheiden sich im bisherigen Recht alle Erfordernisse der Urkunde, materiellrechtliche wie formellrechtliche, nach der lex loci actus[3]. Nach den Genfer Abk. von 1930 gilt das nicht mehr (vgl. unten S. 79 V 1 b).

II. Von diesen Einschränkungen abgesehen ist das Wirkungsstatut maßgebend, und zwar

1. für die Frage, ob die Voraussetzungen für die *Gültigkeit* und Wirksamkeit der *Parteierklärungen selbst* vorliegen, ob z. B. eine Erklärung eine Vertragsofferte ist, ob die Offerte in rechter Zeit und rechter Weise angenommen ist, ob die Vollendung des Geschäfts mit Absendung der Erklärung oder mit ihrem Zugehen oder mit ihrer Kenntnisnahme durch den Empfänger eingetreten ist, welchen Einfluß Willensmängel haben (Anfechtbarkeit, Nichtigkeit usw.)[4], ob das Geschäft inhaltlich erlaubt ist (schuldrechtliche Verträge über eine unmögliche oder über eine durch das Wirkungsstatut verbotene Leistung[5], Erbverträge, Eheverträge nach Eheschließung; vgl. Art. 15 a. E. EG usw.);

2. für die Frage, ob die *außerhalb der Parteierklärungen* liegenden *Gültigkeits- oder Wirkungsvoraussetzungen* erfüllt sind: so, ob Zustimmungen Dritter oder behördliche Zustimmungen (z. B. zum Grundstückserwerb) notwendig sind.

Handelt es sich freilich um Zustimmungen, die zur Ergänzung des Willens eines nicht voll Geschäftsfähigen erteilt werden sollen (z. B. um Zustimmungen des gesetzlichen Vertreters, des Vormundschaftsgerichts), so kommt nicht das Wirkungsstatut, sondern das Personalstatut des Vaters oder der Mutter oder im Falle der Bevormundung das Vormundschaftsstatut in Betracht.

Ferner: ob ein Widerrufsrecht (z. B. eines Offerenten) besteht, wie lange es besteht, ob es wirksam ausgeübt ist, ob Tod vor Zugehen die Wirksamkeit hindert (wie nach der herrschenden französischen Praxis) oder nicht (wie nach BGB § 130 Abs. 2), ob eine Geschäftsbedingung bei treuloser Vereitelung des Eintrittes als eingetreten gilt (§ 162 BGB) usw. *Nicht* dagegen gehört hierher die Frage, ob und in welchem Umfang eine Person *Vertretungsmacht* zu dem Abschluß des Geschäfts

---

[1] Dieser Fassung stimmt zu: RABEL: Z. f. ausl. u. intern. PR 3, 754. Vgl. ferner WAHL, ebenda 800f. FICKER: RVglHWB IV 383. K. TH. KIPP in FISCHER-HENLE-TITZE BGB[14] II 1 hinter Art. 11 EG (S. 1109). Für zu eng hält sie LEWALD, 237. — Angreifbar: RG, Gruchot 55, 889ff.

[2] PLANIOL et RIPERT: Traité prat. d. droit civil VI (1930) 135.

[3] Vgl. VEITH: RVglHWB IV 494 und über Durchbrechungen dieses Satzes 499f.

[4] Feste Praxis; RG 53, 138; 78, 55; 95, 164 u. ö. Es spricht aber vieles dafür, die Bedeutung von Willensmängeln nach dem für die Geschäftsfähigkeit geltenden Personalstatut zu würdigen; dazu LEWALD, 239f. BARTIN: Principes II 29ff., 60ff. PERROUD: Journ. Clunet 60 (1933) 289ff.

[5] Gleichgültig, ob durch das Recht am Vornahmeort verboten (vgl. aber oben § 15 VI). Gleichgültig auch, ob durch die lex fori verboten. Doch kann hier die Vorbehaltsklausel eingreifen. Vgl. Art. 30 EG.

(oder Verfügungsmacht) hat. Hierfür gilt vielmehr, soweit es sich um gesetzliche Vertretung handelt, das Personalstatut des Vertreters (Art. 19) oder des Vertretenen (Art. 23 EG). Für *Prokuristen* und *ständige Handlungsbevollmächtigte* (z. B. Agenten) gilt das Recht derjenigen Handelsniederlassung des Prinzipals (oder des Agenten), von der aus der Vertreter tätig wird. Ob eine Vollmacht anderer Art besteht und welchen Umfang sie hat, wird sich regelmäßig nicht nach demjenigen Recht bestimmen, dem der auf Grund der Vollmacht abzuschließende Vertrag unterworfen wird, sondern nach dem Recht desjenigen Gebiets, in dem die Vollmacht ihre Wirkungen entfalten soll[6]. Das Ob und der Umfang der Vertretungs- und Verfügungsmacht eines Testamentsvollstreckers richtet sich nach dem Heimatsrecht des Erblassers.

III. Maßgeblichkeit *des* Wirkungsstatuts bedeutet nicht immer Maßgeblichkeit einer *einzigen* Rechtsordnung.

1. Es kann sein, daß ein Rechtsgeschäft mehrere Wirkungen erzeugt, die nach verschiedenen Rechtsordnungen zu beurteilen sind. Dann sind auch die rechtsgeschäftlichen Voraussetzungen nach diesen mehreren Rechtsordnungen zu beurteilen. Dabei ist wieder ein Doppeltes möglich:

a) Die *einzelne* Geschäftswirkung tritt ein, wenn nach dem *für sie* maßgebenden Wirkungsstatut der Geschäftstatbestand erfüllt ist (Sonderungsgrundsatz). Dies ist dann der Fall, wenn ihr Eintritt von dem Eintritt der übrigen Geschäftswirkungen unabhängig ist. So wenn es sich um die obligatorischen und die dinglichen Wirkungen desselben Vertrags handelt.

Beispiel: Zwei Franzosen schließen in Frankreich einen in Frankreich zu erfüllenden Kaufvertrag über eine noch in Deutschland befindliche bewegliche Sache. Ob die Kontrahenten aus dem Vertrage *verpflichtet* sind, entscheidet sich nach französischem Recht; nach ihm ist z. B. auch zu bemessen, ob ein Teil sich wegen Irrtums, Zwangs, Läsion u. dgl. vom Vertrage lossagen kann, in welcher Weise (action en nullité ou en rescision, art. 1117 c. c.) und wie lange. Ob der Vertrag *das Eigentum überträgt*, entscheidet sich nach der lex rei sitae, dem deutschen Rechte: der Eigentumsübergang wird wegen Fehlens der Übergabe (§ 929) regelmäßig zu verneinen sein; läßt sich der Vertrag als eine Abtretung des Herausgabeanspruchs (§ 931 BGB) auffassen, so geht das Eigentum über; ob aber diese Übereignung wegen Willensmangels angreifbar ist, mit welchen Mitteln (außergerichtliche Erklärung) und wie lange, entscheidet sich nach deutschem Recht.

b) Oder: *jede* Geschäftswirkung tritt nur ein, wenn nach *allen* Wirkungsstatuten der rechtsgeschäftliche Tatbestand erfüllt ist (Häufungsgrundsatz). Dies ist dann der Fall, wenn nach jeder der beteiligten Rechtsordnungen die ihr unterworfene Rechtswirkung nur eintreten soll, falls auch die dem anderen Rechte unterworfene Wirkung eintritt, vor allem bei synallagmatischen Verträgen[7].

Beim Kauf sind nach allen Rechten die Verpflichtungen jeder Partei von denen der anderen Partei abhängig. Nach deutschem internationalem Privatrecht gilt für die Verpflichtungen jeder Partei regelmäßig das Recht ihres Erfüllungsorts; daher sind oft zwei Rechtsordnungen anzuwenden. Nur wenn nach beiden Rechtsordnungen ein gültiger Kaufvertrag besteht, kann er Wirkungen haben.

2. Es kann sein, daß das *Wirkungsstatut* während des Abschlusses des Rechtsgeschäfts oder zwischen Abschluß und Wirkungseintritt *gewechselt* hat: so wenn zwischen der Übereignungsofferte und ihrer Annahme die zu übereignende Sache aus einem Lande in das andere transportiert worden ist oder wenn nach dem Abschluß des bedingten Übereignungsvertrags, aber vor Bedingungseintritt die Sache den Ort wechselt oder wenn der Testator nach der Testamentserrichtung eine andere Staatsangehörigkeit erlangt. In Fällen dieser Art kann eine einheitliche Lösungsformel nicht gegeben werden[8]. In der Regel entscheidet das neue Statut. Es

---

[6] Hierzu insbes. RABEL: Z. f. ausl. u. intern. PR 3, 807ff. ZITELMANN, II 206ff. FRANKENSTEIN, I 589f. FICKER: RVglHWB IV 464f.; RG 38, 196; 51, 149; 78, 60; 134, 67; SeuffA 66 Nr. 73.

[7] ZITELMANN, II 411f.

[8] Vgl. hierzu ZITELMANN, II 164ff. FRANKENSTEIN, I 136ff.

gibt aber Fälle, in denen nur das alte Statut maßgebend ist (vgl. z. B. Art. 24 Abs. 3 EG). Ist unter der Herrschaft des alten Rechts ein subjektives Vor-Recht, insbesondere ein *Anwartschaftsrecht*, und nicht eine bloße Hoffnung oder Aussicht, entstanden, so bleibt dieses Recht der alten Rechtsordnung gemäß erhalten (wofern das neue Statut Rechte dieser Art kennt), und nur die Frage, ob das Vor-Recht sich zu einem Vollrecht entwickelt, ob z. B. die Bedingung als eingetreten zu gelten habe (vgl. § 162 BGB), beantwortet sich nach dem neuen Statut[9].

§ 22. Die Form des Rechtsgeschäfts.

Literatur: zu § 21. — E. SILZ: Du domaine de l'application de la règle locus regit actum. Paris 1933 (eine Neuausgabe des Buches: La notion de forme en droit int. pr. 1929, mit Zusätzen).

I. Das EG Art. 11 übernimmt zwar den alten, der Statutentheorie entstammenden[1] Satz „*locus regit actum*", stattet ihn aber nicht (wie viele ältere Gesetze und heute noch das Recht der Niederlande, Spaniens, Portugals und für obligatorische Rechtsgeschäfte das englische Recht) mit zwingender Kraft aus[2], sondern läßt ihn, in Übereinstimmung mit dem bisherigen deutschen Recht und mit den meisten Rechtsordnungen der Erde, nur *wahlweise* (fakultativ) gelten. Ja es stellt sogar (Art. 11 Abs. 1 Satz 1) die Geltung der *lex causae* als Grundsatz an die Spitze: auch für die Form eines Rechtsgeschäfts ist zunächst das Recht entscheidend, welches „für das den Gegenstand des Rechtsgeschäfts bildende Rechtsverhältnis maßgebend" ist. Es gilt daher alles im § 21 Bemerkte auch für die Geschäftsform.

Daher kann ein schuldrechtliches Geschäft, z. B. ein Verkauf eines ausländischen Grundstücks, gültig in der Form desjenigen Rechts geschlossen werden, welchem die Parteien kraft ihrer Autonomie den Verkauf unterstellt haben, und wenn sie keine Rechtskürung vorgenommen haben, in der Form des Rechts, das am Erfüllungsort (d. h. da, wo das Grundstück liegt) gilt[3]. — Daher kann ferner nach deutschem internationalem Privatrecht eine Ehe zwischen einem Bulgaren und einer Bulgarin (oder Griechin) in Paris gültig in der Form geschlossen werden, die durch die beiden Heimatsrechte der Verlobten gesetzt ist, also in kirchlicher Form. Daß die lex loci actus diese Form nicht zuläßt, ist gleichgültig.

Die Möglichkeit, in der Form der lex causae zu kontrahieren, ist vor allem dann unentbehrlich, wenn die lex loci actus ein Rechtsgeschäft der vorzunehmenden Art überhaupt nicht kennt (z. B. den Erbvertrag nicht zuläßt), also auch keine Formvorschriften dafür aufstellt.

Erst an zweiter Stelle ordnet Art. 11 an: „Es *genügt* die Beobachtung der Gesetze des Orts, an dem das Rechtsgeschäft vorgenommen wird" (Abs. 1 Satz 2).

Man spricht hiernach oft von einem Recht der Kontrahenten, zwischen der Form der lex loci actus und der der lex causae zu „wählen". Allein, es kommt nicht darauf an, welche Form die Kontrahenten beobachten wollten, sondern darauf, daß sie eine dieser beiden Formen beobachtet haben. Haben z. B. zwei Deutsche in Wien einen privatschriftlichen Kaufvertrag über ein in Deutschland gelegenes Grundstück geschlossen, so ist der Vertrag gültig, auch wenn die Parteien damit der deutschen Vorschrift zu genügen glaubten und ihr genügen wollten. Nur wenn man annehmen darf, daß die Parteien die Wahrung der deutschrechtlichen Form des § 313 BGB rechtsgeschäftlich bestimmt haben (§ 154 Abs. 2 BGB, vgl. § 127 BGB), kann die Wahrung der gesetzlichen Ortsform nicht genügen[4].

---

[9] Über den Fall des Statutenwechsels bei Ersitzung und Funderwerb vgl. unten § 32 VII.

[1] Zur Geschichte: NEUMEYER: Die gemeinrechtliche Entwicklung II 84ff., 135ff. GUTZWILLER, 1585f. SILZ, 55ff.

[2] Die „notwendige" Unterwerfung aller „Handlungen" unter die lex loci actus ist oft geradezu mit Bedürfnissen der staatlichen Gebietshoheit begründet worden! Vgl. dazu v. BAR, I 337f.

[3] LEWALD, 67 (mit Nachweisungen).

[4] Denn wenn jede Rechtsordnung (in gewissem Umfange) die Bestimmung von Formen durch Rechtsgeschäft gestattet, so tritt vor solchem formbestimmenden Rechtsgeschäft die gesetzliche Form zurück, und zwar auch dann, wenn das formbestimmende Rechtsgeschäft einer anderen Rechtsordnung unterworfen ist.

II. Ort der Vornahme eines Rechtsgeschäfts ist bei einseitigen Rechtsgeschäften der Ort, an dem die Willenserklärung abgegeben wird, nicht der Ort, an dem sie zugeht[5]; bei Verträgen unter Abwesenden nicht der Ort, an dem die Annahmeerklärung abgegeben wird (so RG[6]), da auch die Vertragsofferte Vertragsbestandteil und nicht Vertragsvorstufe ist; vielmehr ist hier Wahrung beider Ortsformen zu fordern. Bei schriftlichen Erklärungen kommt es stets auf den wahren Ort der Erklärung an, nicht auf den in der Urkunde angegebenen Ort[7]. Die Wahrung der Ortsform genügt auch dann, wenn die lex causae die Ortsform nicht genügen läßt[8].

Nach dem Niederländ. Wetboek art. 992 darf der im Ausland testierende Niederländer grundsätzlich nicht in holographischer Form testieren, auch wenn die lex loci actus die holographische Form unbeschränkt gestattet. Dennoch ist ein von ihm in Deutschland abgefaßtes holographisches Testament nach deutschem Internationalprivatrecht gültig[9].

III. Der Satz locus regit actum bezieht sich *nur* auf die *Form* des Geschäfts (locus regit formam). Was Form und was materieller Geschäftsteil ist, läßt sich nicht allgemein bestimmen[10]. Die deutsche Rechtsordnung rechnet die Vorschriften über das Aufgebot bei der Eheschließung zu den Formvorschriften, die französische sieht darin materiellrechtliche Normen. Ja innerhalb derselben Rechtsordnung wird dieselbe Frage verschieden beurteilt: so betrachtet man die Unzulässigkeit der Stellvertretung bei der Eheschließung als Formvorschrift (BGB § 1317), bei anderen Geschäften als materielle Norm. Wenn nun nach Art. 11 EG entweder die Form der lex causae oder die der lex loci actus zu wahren ist, so bedeutet das eine Wahrung entweder derjenigen Normen, die von der lex loci actus, oder derjenigen, die von der lex causae als Formvorschriften behandelt werden.

Beispiel: Nach englischem Recht wird die u. U. notwendige Zustimmung gewisser Verwandter zur Eheschließung als Formerfordernis angesehen („the consent of parents must be considered a part of the ceremony of marriage, and not a matter affecting the personal capacity of the parties to contract marriage"; Sottomayor v. de Barros)[11]; nach französischem Recht ist die (nicht unter denselben Voraussetzungen erforderliche) Zustimmung gewisser Verwandter ein materielles Eheerfordernis. Schließen zwei Franzosen ohne den nach französischem Recht nötigen Ehekonsens, aber unter Wahrung des englischen Konsensrechts, die Ehe in London, so sind die Formen der lex loci actus gewahrt (Art. 11 also erfüllt); aber da die materiellrechtlichen Ehevoraussetzungen des Heimatsrechts (Art. 13 Abs. 1 EG) nicht vorliegen, ist die Ehe (in Deutschland wie in Frankreich) nach art. 182f. code civil anfechtbar[12].

Zur Form gehört vielfach die Mitwirkung öffentlicher *Behörden* (Gerichte, Notare, Standesbeamte usw.). Wenn die Kontrahenten die Form der lex causae, z. B. ihres Heimatsrechts, im Auslande beobachten wollen und die lex causae eine solche obrigkeitliche Mitwirkung verlangt, so ist damit nicht gesagt, daß sie eine Mitwirkung der *heimischen* Behörden verlangte. Vielmehr sind die Parteien meist in der Lage, am Abschlußorte die Mitwirkung entsprechender ausländischer Behörden zu erreichen. Das hat besonders für die Aufnahme „öffentlicher Urkunden" Bedeutung: hier taucht die Frage auf, ob die Beurkundung und Beglaubigung

---

[5] RG, NiemeyerZ 18, 449; KG, IPRechtspr 1931 (Sonderheft der Z. f. ausl. u. intern. PR 1932) 42.

[6] RG 62, 381. Lewald, 71.

[7] Doch kann die bewußte Falschdatierung eine kraft Parteiautonomie u. U. gestattete Unterwerfung unter das Recht des locus datus sein. Dann gilt aber dieses Recht nie aus Art. 11 Abs. 1 Satz 2, sondern nur aus Abs. 1 Satz 1. Vgl. Frankenstein, I 549 und für Wechsel und Schecks: Veith RVglHWB IV 497f.

[8] Lewald, 63f. RG 133, 163. Melchior, 184f.

[9] Dazu Fragistas: Z. f. ausl. u. intern. PR 4, 930ff. (klärend und eine alte Kontroverse m. E. endgültig erledigend).

[10] Vgl. insbes. Zitelmann, II 154ff. Raape, 174ff.

[11] Dicey-Keith: Conflict of Laws[4] S. 689f. Lewald, 65.

[12] Nicht aber deswegen, weil der deutsche Richter an Hand der deutschen Auffassung zu prüfen hätte, welche Erfordernisse sich als Formerfordernisse qualifizieren (so Lewald: a. a. O.). Würde das französische Recht den Konsens, wie das englische, zur Form rechnen, so würde die Bedeutungslosigkeit der deutschen Qualifikation für den deutschen Richter erhellen. Vgl. oben § 11 II 3.

durch einen ausländischen „Notar“ der durch einen deutschen Notar gleichwertig ist; sie kann nicht allgemein bejaht oder verneint werden: bei einer „einfachen und alltäglichen“ Erscheinung, wie es eine Unterschriftsbeglaubigung ist[13], wird eine Bejahung eher unbedenklich sein, als bei einer Vertragsbeurkundung, für deren Wertung auch die Art der Vorbildung und Auslese der ausländischen Urkundsbeamten im Vergleich mit dem deutschen Notartyp zu beachten ist.

IV. Die Wirkung der *Formverletzung* (unheilbare oder heilbare Nichtigkeit? Vernichtbarkeit? Gültigkeit trotz der Verletzung?) bestimmt sich nach dem Gesetz, dessen Form verletzt worden ist. Da nach Art. 11 Abs. 1 EG die Wahl zwischen der Form der lex loci actus und der Form der lex causae besteht, so tritt, wenn keine der beiden Formen voll erfüllt ist, die dem Geschäft günstigere Folge ein[14].

V. Von dem Grundsatz der fakultativen Geltung der lex loci actus neben der lex causae gibt es Ausnahmen:

1. Die lex loci actus gilt *zwingend*

a) für die Form von *Eheschließungen* in Deutschland (Art. 13 Abs. 3 EG)[15].

Diese Regelung ist kaum zu billigen. Sie erklärt sich, wie mir scheint, aus dem engen Fanatismus, mit dem man in Deutschland seit den Tagen des sog. Kulturkampfes an der obligatorischen Zivilehe festhält, obwohl kein ernstliches Interesse daran besteht, zwei rechtgläubigen Bulgaren die Eheschließung vor ihrem Geistlichen auf deutschem Boden zu verbieten und sie zu einer (nach ihrem Heimatsrecht unwirksamen) Eheschließung vor dem Standesbeamten zu nötigen, und obwohl hierdurch manche territorial „hinkende“ Ehe entsteht.

b) für *Wechselerklärungen*; Art. 92 WG vom 21. Juni 1933 (Art. 3 Genfer WechselIntPRAbk. von 1930).

Doch hat Deutschland von dem Vorbehalt des Genfer Abk. Art. 3 Abs. 3 Gebrauch gemacht: eine Wechselerklärung, die ein Deutscher im Ausland abgibt, ist in Deutschland gegenüber anderen Deutschen gültig, wenn sie den Formerfordernissen des deutschen Rechts genügt; Art. 92 Abs. 3 WG. — Die Form des Wechselprotestes und anderer zur Ausübung und Erhaltung der Wechselrechte erforderlicher Handlungen (z. B. Notifikationen) bestimmt sich nach dem Rechte des Landes, in dessen Gebiet der Protest zu erheben oder die Handlung vorzunehmen ist; Art. 97.

c) für *Scheckerklärungen*; § 26 ScheckG. — Doch wird nach dem Genfer IntPR-Scheckabkommen von 1930 Art. 4 ähnliches gelten, wie nach dem WechselAbk. Außerdem aber bringt das Genfer Abk. eine wesentliche Verbesserung des bisherigen Rechts, indem es die Form des Zahlungsorts genügen läßt.

Beim *Scheck* ist es in der Tat kaum zu rechtfertigen, daß man für eine Ausstellung auf deutschem Boden die Wahrung der deutschen Scheckform vorschreibt, auch wenn der Scheck auf ein Formular gesetzt wird, das aus einem ausländischen Scheckbuch stammt und das die nach deutschem Recht notwendige Scheckklausel nicht enthält: der Engländer, der auf einer Reise durch Deutschland mit solchen Schecks Gastwirte und Kaufleute bezahlt, wird nicht auf den Gedanken kommen, das englisch geschriebene und in England zahlbare Papier durch Einfügung der deutschrechtlichen Erfordernisse zu ergänzen!

2. Die lex loci actus gilt *überhaupt nicht* (sondern statt dessen die lex causae) für die Form von Rechtsgeschäften, durch welche ein Sachenrecht begründet oder über ein Sachenrecht verfügt wird, z. B. für die Form einer Hypothekenbestellung, Hypothekenzession, Hypothekenverpfändung, einer Fahrnisübereignung, Fahrnisverpfändung, Dereliction, einer Grundstücksauflassung; Art. 11 Abs. 2 EG.

a) Die lex causae gilt hiernach zwingend für Verfügungs-, nicht für Verpflichtungsgeschäfte: der Verkauf eines deutschen Grundstücks kann im Auslande ohne Wahrung der Form des § 313 BGB geschlossen werden[16]. Für Vermietungen und Pachtverträge kommt es darauf an, ob sie nach der lex rei sitae als Begründung von Sachenrechten erscheinen oder nicht.

b) Er gilt ferner nicht für Verfügungen über andere als Sachenrechte: Abtretung von Forderungen, Verpfändung von Forderungen, Übertragung von Urheberrechten.

c) Die nach Art. 11 für Sachenrechtsverfügungen geltende lex causae ist stets die lex rei sitae.

---

[13] KG, Entscheid. d. Oberlandesger. 7, 223. Frankenstein, I 536. Rheinstein: RVglHWB IV 368. Nussbaum, 95[3].

[14] RG 133, 165f. [15] Vgl. unten § 36.

[16] RG 121, 156f.; RG JurW 1931, 574; KG, Rechtspr. d. OLGe 44, 152.

d) Die Ausschließung der lex loci actus für Sachenrechtsgeschäfte bedeutet aber nicht, daß solche Geschäfte nur im *Lande* des situs rei vorgenommen werden könnten[17]. So kann ein deutsches Grundstück auch im Auslande aufgelassen, eine in Deutschland belegene Fahrnis im Auslande (z. B. durch Anspruchsabtretung nach § 931, oder durch Besitzkonstitut, § 930 BGB) übereignet werden.

VI. Die Grundsätze über *Rück- und Weiterverweisung* (vgl. oben § 13) gelten auch für die Form von Rechtsgeschäften. Das führt dann nicht zu Zweifeln, wenn die Form der lex causae (Art. 11 Abs. 1 Satz 1 Abs. 2 EG) beobachtet werden soll. Dagegen entsteht eine Schwierigkeit dann, wenn die Parteien die Form des Vornahmeorts wahren wollen, das Recht des Vornahmeorts aber auf ein drittes Recht verweist. Mit Recht hat MELCHIOR, 230ff., der diese Schwierigkeit anerkannt hat, ausgeführt, daß es in solchem Falle im Interesse der Aufrechterhaltung des Geschäfts genügen muß, wenn entweder die Form des internen Rechts des Vornahmeorts oder die Form des dritten Rechts, auf das verwiesen wird, gewahrt wird. Das von ihm gebildete Beispiel kennzeichnet die Lage gut: In den Vereinigten Staaten kann ein Testament nur in der Form der lex domicilii des Testators errichtet werden; will ein in Holland wohnender Deutscher, der durch Amerika reist, in New York testieren, so muß er entweder in der deutschen Form (lex causae, Erbstatut) oder in der (innerrechtlichen) amerikanischen Form oder endlich in der (durch die lex loci actus internationalprivatrechtlich gebotenen) holländischen Form seines Domizils testieren können.

Dritter Abschnitt.

Der Schutz der Rechte.

§ 23. Selbsthilfe und Klageschutz. Verjährung.

v. BAR, II 355ff. — ZITELMANN, II 222ff. — FRANKENSTEIN, I 358ff., 328ff. — LEWALD, 72ff. — NUSSBAUM, 376ff. — J. MICHEL: Revue Darras 8 (1912) 302ff. — G. WUNDERLICH: Verjährung nach internat. Recht, in d. Festschr. f. E. HEINITZ (1926) 481ff. — Über BAGGE, En präskriptionsfråga inom den internat. privaträtten: W. PAPPENHEIM, Z. f. ausl. u. intern. PR 5 (1931) 740.

I. Ob die Voraussetzungen vorliegen, unter denen jemand befugt ist, ein ihm zustehendes Recht mit *Eigenmacht* durchzusetzen, entscheidet nicht die für dieses subjektive Recht maßgebende Rechtsordnung, sondern das Recht des Orts, an dem die eigenmächtige Handlung vorgenommen werden soll.

II. Für die Durchsetzung der Rechte im *Klagewege* gilt das Recht des Orts, an dem der Prozeß geführt wird, die *lex fori*. Jeder Richter hat nur die Prozeßnormen seines Gerichtsbezirks zu beachten. Dabei sind aber die prozeßrechtlichen Vorschriften von den materiellrechtlichen nicht nach einem der Maßstäbe abzugrenzen, die in der Prozeßwissenschaft zu systematischen Zwecken angegeben werden. Vielmehr gibt es manche Sätze, die zwar das Verfahren des Richters betreffen, dabei aber bestimmte Privatrechtsgedanken begleiten. Hierher gehören z. B.

1. alle *Beweislastnormen* und *Vermutungen*, gleichviel wohin man sie systematisch stellt. Der deutsche Richter, der über eine dem französischen Recht unterworfene Forderung zu urteilen hat, muß auch die Beweislast nach den Grundsätzen des französischen Rechts beurteilen. Der nahe Zusammenhang zwischen den Beweislastnormen und den Zivilrechtssätzen ergibt sich schon daraus, daß jene regelmäßig in den Zivilgesetzbüchern (so auch im BGB und HGB) mit abgehandelt sind.

2. Die Normen über *Beweisführung* sind überwiegend durch die lex fori bestimmt; ob und wann Eideszuschiebung zulässig ist, wie die Leistung des Parteieides wirkt, ob ein Recht zur Zeugnisverweigerung besteht, ob ein Zeuge eidlich zu hören ist, welche Beweiskraft eine Urkunde hat usw., das entscheidet der deutsche Richter nach deutschem Recht[1]. Anders aber bei den Beweisführungsnormen vieler roma-

---

[17] A. M. NEUMEYER[2] S. 16, der für die Beurkundung sachenrechtlicher Geschäfte die ausschließliche Zuständigkeit des Staates des situs rei behauptet.

[1] Über die Frage, ob eine ausländische Urkunde eine „öffentliche" Urkunde ist: § 438 ZPO.

nischer Rechte, durch die bei Rechtsgeschäften eines bestimmten Gegenstandswerts der Zeugenbeweis ausgeschlossen wird.

So muß nach art. 1341 code civil über alle Gegenstände, die einen Wert von (früher 150, jetzt:) 500 frcs. überschreiten, eine notarielle oder privatschriftliche Urkunde aufgenommen werden, und gegen den Inhalt der Urkunde oder über mündliche Nebenabreden gibt es keinen Zeugenbeweis. Ähnlich *Italien* c. c. art. 1341 u. a.

Solche Normen wollen denselben Gedanken verwirklichen, den andere Rechtsordnungen mit der zivilrechtlichen Vorschrift erreichen, nach der Verträge über einen bestimmten Gegenstandswert hinaus schriftlich errichtet werden müssen, um gültig zu sein[2]. Der Unterschied jener Beweisführungsnorm von dieser zivilrechtlichen Formvorschrift ist praktisch gering: er beschränkt sich auf die Fälle der freiwilligen Leistung[3] und des Zugeständnisses. Er rechtfertigt internationalprivatrechtlich keine verschiedene Behandlung[4].

III. Die *Verjährung* ist, auch wenn man sie nicht als Anspruchs-, sondern als Klagenverjährung betrachtet, ein Institut des Zivilrechts[5]. Es gilt daher für sie grundsätzlich die Rechtsordnung, die für das verjährende Recht selbst gilt[6], also bei der Verjährung von Forderungen das Obligationsstatut, bei der Verjährung dinglicher Ansprüche die (wechselnde) lex rei sitae.

Auch die Unterbrechung der Verjährung durch Klageerhebung richtet sich nicht etwa nach dem Recht des Gerichts, vor dem die Klage erhoben ist, sondern nach dem Statut des verjährenden Anspruchs. Durch eine im Ausland erhobene Klage wird die Verjährung eines deutschrechtlichen Anspruchs nur unterbrochen, wenn das ausländische Verfahren von der deutschen Rechtsordnung „anerkannt“ wird (d. h. wenn das Verfahren zu einem Urteil führen wird, das nach § 328 ZPO in Deutschland anerkannt wird)[7]; vgl. unten § 24[2].

Doch wendet man vielfach aus Gründen des ordre public die lex fori auf die Verjährung an. Vgl. oben § 11 zu Anm. 12.

§ 24. Anerkennung und Vollstreckung ausländischer Urteile.

Lit. im vorigen Paragraphen; Kommentare zur ZPO § 328, insbes. v. Stein-Jonas. — Lehmann-Krauss: In Leske-Loewenfeld: Rechtsverfolg. im intern. Verkehr I (1930). — J. Magnus: Tabellen z. internat. Recht[2] Heft 1 (1931). — Satter: Zeitschr. f. Zivilprozeß 55, 459ff. (1930). — Helmuth Gesler: § 328 ZPO (Beiträge z. ZivProzeß Heft 14) 1933. — Ferner: Rechtsvergleichend: R. v. Simson: RVglHWB IV 537.

Die Lehre der Anerkennung und Vollstreckung ausländischer Urteile gehört systematisch nicht in eine Darstellung des internationalen *Privat*rechts. Doch empfiehlt sich, wegen des nahen Zusammenhangs damit, ein Überblick.

I. Bis 1900 war in Deutschland nur die *Vollstreckung* ausländischer Urteile gesetzlich geordnet. Das war, namentlich im Hinblick auf die einer Vollstreckung nicht fähigen Feststellungs- und Gestaltungsurteile, zu eng. Die ZPO von 1898 scheidet mit Recht von der Vollstreckung (§§ 722, 723) die „Anerkennung“ ausländischer Urteile (§ 328). Die Vollstreckung geschieht auf Grund eines „Vollstreckungsurteils“ (eines „Exequatur“) des deutschen Gerichts, das dann und nur dann ergeht, wenn das ausländische Urteil nach § 328 anerkannt wird. Wo keine Vollstreckung möglich ist, wie bei Ehescheidungsurteilen, oder wo sie nicht begehrt wird (sondern der im Ausland rechtskräftig abgewiesene Kläger im Inland noch

---

[2] Z. B. § 131 AllgLandrecht I 5: Verträge über 50 Thaler.

[3] Selbst hier besteht nicht immer ein Unterschied, da vielfach nach Zivilrecht der Formmangel durch freiwillige Erfüllung geheilt wird (vgl. BGB §§ 518 Abs. 2, 766 Satz 2 u. a.).

[4] Niboyet: Manuel p. 678f. v. Bar, II 375ff. Richtig scheidet der italien. codice civile art. 10 disposiz. prelimin. zwischen Kompetenz und Verfahrensformen einerseits, die er der lex fori unterwirft, und den „mezzi di prova delle obligazioni“, für die das Obligationsstatut (d. i. die lex loci contractus) entscheidet. — Abweichend insbes. Frankenstein, I 364ff. Nussbaum, 413.

[5] Über die angeblich abweichende Regelung des englischen Rechts vgl. oben § 11 zu Anm. 12.

[6] RG 74, 173 (mit Zit.).

[7] RG, JurW 1926, 374 (a. M. Neumeyer, ebenda); RG 129, 389. Lewald, 74f.

einmal klagt), da besteht nur die Frage der „Anerkennung“ des Urteils. Diese setzt keinen deutschen Staatsakt (Urteil, Beschluß u. dgl.) voraus, sondern tritt ohne weiteres ein, wenn ihre gesetzlichen Voraussetzungen erfüllt sind.

II. Der deutsche *Grundsatz* geht dahin, daß ausländische Urteile in Deutschland *anerkannt* werden. Davon gelten gewisse, in § 328 ZPO aufgezählte, Ausnahmen[1]. Liegt keine dieser Ausnahmen vor, so hat daher das ausländische Urteil in Deutschland alle Wirkungen[2], die es im Urteilsstaat hat. Diese Wirkungen treten selbst dann ein, wenn der Heimatsstaat der Parteien oder der Staat des sonst sachlich maßgebenden Rechts dem Urteil jede Anerkennung versagt.

Werden z. B. zwei italienische Gatten in Paris rechtskräftig geschieden (was nicht hätte geschehen dürfen, da Italien keine Scheidung dem Bande nach zuläßt), so wird das Urteil in Deutschland anerkannt, obwohl es in Italien nicht anerkannt wird[3].

Anerkannt werden nur rechtskräftige Urteile ausländischer *Zivil*gerichte, nicht solche von Verwaltungsgerichten oder von Strafgerichten, mögen diese auch nebenher über zivilrechtliche Ansprüche (z. B. im Adhäsionsverfahren[4]) entscheiden. Urteil ist, ohne daß es auf die ausländische Bezeichnung ankäme, eine gerichtliche Entscheidung nur dann, wenn sie einen Parteienprozeß endgültig auf Grund eines Verfahrens abschließt, das dem deutschen Zivilprozeß entspricht (mag es ihm auch wenig ähneln), bei dem insbesondere beide Parteien gehört werden[5].

III. Die *Anerkennung* eines ausländischen Urteils ist in fünf Fällen *ausgeschlossen*:

1. wenn *kein Gericht* des Staats, in dem das Urteil ergangen ist, nach deutschem Rechte *zuständig* ist; § 328 Nr. 1. Ist also sowohl ein deutscher wie ein ausländischer Gerichtsstand gegeben, so wirkt das ausländische Urteil. Ob das *entscheidende* ausländische Gericht zuständig war, ist gleichgültig;

Beispiel: Nach (österreichisch-)tschechoslowakischem Rechte begründet die anstandslose Annahme einer mit dem Vermerke „klagbar in Prag“ versehenen Faktura durch den Käufer eine Zuständigkeit, nach deutschem Rechte nicht. Klagt der Verkäufer nun im Prager Fakturengerichtsstand, so wird das dort ergehende Urteil in Deutschland dann anerkannt, wenn nach deutschem Recht aus einem anderen Grunde ein Gerichtsstand bestand (z. B der des Erfüllungsorts); anderenfalls nicht[6].

2. wenn ein deutscher Beklagter verurteilt ist, ohne sich auf den Prozeß eingelassen zu haben, wofern im Ausland die Klage nicht persönlich oder durch deutsche Rechtshilfe (z. B. den deutschen Konsul) zugestellt ist; § 328 Nr. 2. Diese Norm dient dem *Schutze Deutscher* gegen *Versäumnisurteile*, wenn der Beklagte nur durch Ersatzzustellung oder öffentliche Zustellung geladen ist;

3. wenn in Ehe- oder Familienstandssachen eine deutsche Partei durch Nichtanwendung deutschen materiellen Rechts schlechter gestellt ist, als sie nach den

---

[1] Liegt einer der Ausnahmefälle vor, wird also das ausländische Urteil nicht anerkannt, so kann es immer noch als Tatsache (z. B. in einem neuen Prozeß, den der Kläger im Inland über denselben Streitgegenstand anstellt) wirken. So erklärt das RG 129, 387, daß ein nicht anzuerkennendes norwegisches Urteil „in Anbetracht der eingehenden und sorgfältigen Prüfung und Feststellung des Sachverhalts als wichtiges Beweismittel dafür zu verwenden sei, daß die Beklagte unerlaubte Handlungen begangen hat“. — Wird auf Grund eines nicht anerkannten ausländischen Urteils von dem Verurteilten geleistet, so ist die Leistung weder unentgeltlich, noch gar sine causa geschehen, sondern es ist eine Schuld erfüllt, die freilich nur für das Gebiet des Urteilsstaats entstanden ist, die aber auch in Deutschland als eine dort bestehende Schuld zugegeben werden muß. Vgl. KG Rechtspr. d. OLGe 18, 55 und FRANKENSTEIN, I 356ff.

[2] Übrigens hat nicht erst das Urteil Wirkungen. Schon die *Klageerhebung* erzeugt eine Rechtshängigkeit im Sinne des deutschen Rechts, z. B. für die Unterbrechung der Verjährung, für Prozeßzinsen (BGB § 291), für die Übertragbarkeit des Kranzgeldanspruchs der verführten Braut (BGB § 1300 Abs. 2), für den Eigentumsanspruch (§§ 987—989) u. a.

[3] ZITELMANN, II 771f. Abweichend FRANKENSTEIN, I 345ff. RAAPE, 421ff.

[4] Sehr zweifelhaft. Für Anerkennung: KOHLRAUSCH, RheinZ 12, 130; gegen Anerkennung: PAGENSTECHER, ebenda 130.

[5] STEIN-JONAS: Komm. zu § 328 III 1; RG 16, 428.

[6] RG 65, 330. Anders jetzt für Deutsch-Österreich nach dem Rechtsschutzvertrage von 1923 (RGBl 1924 II 59) Art. 25, 34.

Normen des deutschen Internationalprivatrechts (Art. 13, 17, 18, 22 EG BGB) stehen würde;

Weist z. B. der belgische Richter die Klage der deutsch gebliebenen Ehefrau gegen ihren belgisch gewordenen Ehemann auf Scheidung wegen Ehebruchs im Einklang mit dem belgischen Recht (aber entgegen dem deutschen Recht, § 1565 BGB) ab, so hat das Urteil in Deutschland keine Rechtskraftwirkung, da Art. 17 Abs. 3 EG verletzt ist.

4. wenn das ausländische Urteil dem deutschen *ordre public* zuwiderläuft, der hier ebenso wie in Art. 30 EG bestimmt wird; § 328 Nr. 4 ZPO. Vgl. oben § 12;

5. wenn die *Gegenseitigkeit nicht verbürgt*, d. h. durch Staatsvertrag, Gesetz oder Gewohnheitsrecht sichergestellt ist und in fester Praxis geübt wird; § 328 Nr. 5 ZPO. Dieser Ausschließungsgrund ist für alle vermögensrechtlichen Urteile der bei weitem wichtigste; denn die Gegenseitigkeit besteht nur zu sehr wenigen Staaten: Dänemark, Island, Danzig, Memelgebiet, Österreich, Tschechoslowakei, Spanien, Schweiz, Ägypten, Brasilien[7].

Vermögensrechtliche Urteile aus Frankreich, den Vereinigten Staaten, Italien, Schweden, Norwegen, Ungarn u. a. werden also in Deutschland nie anerkannt. *England* hat jüngst durch den „Foreign Judgment (reciprocal enforcement) Act 1933" allen ausländischen Urteilen die gleiche Wirkung zugesprochen, wie den Urteilen der englischen High Court of Justice, wenn die Urteile bei der High Court registriert werden; solche Registrierung hat dann zu geschehen, wenn durch königl. Verordnung die Gegenseitigkeit als verbürgt erklärt worden ist.

Man kann Zweifel hegen, ob das deutsche System, das die Vollstreckung ausländischer Urteile von der Verbürgung der Gegenseitigkeit abhängig macht, Lob verdient. Die Tatsache, daß ein Staat mit schlechter Rechtspflege, ungenügender Juristenausbildung, politisch abhängigen Richtern gute Urteile eines anderen Staates vollstreckt, kann für diesen kein Anreiz sein, die Urteile jenes Staates zu vollstrecken[8]! Dennoch ist dieses System der Gegenseitigkeit in der Welt weitverbreitet; es findet sich in der Tschechoslowakei, Spanien, Rumänien, Bulgarien, Jugoslawien, Ungarn, einzelnen Schweizer Kantonen, in zahlreichen außereuropäischen Staaten und, wie bemerkt, neuestens in England.

Günstiger stehen Urteile über *nichtvermögensrechtliche Ansprüche*, daher vor allem Ehescheidungsurteile. Hier kommt es auf die Verbürgung der Gegenseitigkeit dann nicht an, wenn für den Prozeß ein deutscher Gerichtsstand nicht begründet war; § 328 Abs. 2.

Wann ein deutscher Gerichtsstand begründet ist sagt § 606 ZPO. Für deutsche Ehegatten ist ein Gerichtsstand in Deutschland stets begründet (§ 606 Abs. 2 Satz 1 ZPO). Deshalb wird eine Scheidung Deutscher durch ausländisches Urteil in Deutschland nie anerkannt, soweit nicht die Gegenseitigkeit verbürgt ist; das gilt auch, wenn die Ehegatten ihren Wohnsitz im Ausland haben[9]. Sind beide Gatten Ausländer (und nicht deutsch gewesen), so ist in Deutschland ein Gerichtsstand für eine Scheidung jedenfalls dann nicht gegeben, wenn der Ehemann seinen Wohnsitz nicht in Deutschland hat; ein französisches Scheidungsurteil über Franzosen, die in Frankreich leben, oder über Engländer, die in Frankreich leben, wird also in Deutschland anerkannt, obwohl die Gegenseitigkeit nicht verbürgt ist. Sind endlich beide Gatten Ausländer und hat der Ehemann einen deutschen Wohnsitz, so kann die Scheidungsklage an diesem Wohnsitz nur dann erhoben werden, wenn das Heimatsrecht des Mannes die Zuständigkeit des deutschen Gerichts anerkennt: ist dieser Fall gegeben, so erkennt daher Deutschland ein ausländisches Scheidungsurteil nur bei verbürgter Gegenseitigkeit an[10]; ist er nicht gegeben, so ohne weiteres; § 606 Abs. 4 ZPO[11]. Die Zuständigkeit des deutschen Gerichts ist übrigens nicht nur dann zu verneinen, wenn das Heimatsrecht die Zuständigkeit ausdrücklich ausschließt, sondern auch dann, wenn der Heimatstaat ein deutsches Scheidungsurteil nicht anerkennen würde[12].

Auch ohne Anerkennung erlangt ein ausländisches Scheidungsurteil dann Bedeutung, wenn es im Heimatstaat der Geschiedenen erlassen oder anerkannt wird und wenn nun einer der Geschiedenen, gestützt auf seine heimatsrechtliche Ehelosigkeit, in Deutschland wieder heiraten will. Der deutsche Standesbeamte hat nach Art. 13 EG nur zu prüfen, ob nach dem Heimatsrecht des Verlobten das Ehehindernis des bestehenden Bandes vorhanden ist; das ist aber zu

---

[7] Genaueres: STEIN-JONAS: Komm. z. ZPO I 974ff. [8] v. BAR, II 510ff.

[9] Dazu und zum Folgenden: NUSSBAUM, 441. RAAPE, 393ff.

[10] A. M. RAAPE, 418; WIERUSZOWSKI in LESKE-LOEWENFELD, Rechtsverfolgung IV 1[2], 93[636].

[11] In Scheidungssachen ist die Gegenseitigkeit noch mit einigen anderen als den oben genannten Staaten verbürgt: z. B. Großbritannien, Sowjetrußland, Norwegen, Rumänien. Vgl. WIERUSZOWSKI, 91f. Vgl. ferner Haager EhescheidungsAbk. Art. 5, 7.

[12] WIERUSZOWSKI, 38[195] (mit Literatur), 76f.

verneinen, wenn das Scheidungsurteil im Heimatstaat anerkannt ist, mag es auch in Deutschland nicht anerkannt sein[13].

IV. Die Anerkennung und Vollstreckung ausländischer Urteile ist durch einige *Staatsverträge* erleichtert. Deutschland hat solche Verträge mit Österreich (1923) und der Schweiz (1929) geschlossen[14]. Der Abschluß von *Kollektiv*verträgen ist bisher nicht gelungen, weil eine Einigung über die anzuerkennenden Gerichtsstände bei den hier bestehenden großen Unterschieden nicht möglich zu sein scheint. Auch das Haager Zivilprozeßabk. vom 17. Juli 1905 hat keine Verständigung über Urteilsanerkennung gebracht. Das erste (bisher einzige europäische) Kollektivabkommen über ausländische Vollstreckungstitel ist das *Genfer Abk.* vom 26. Sept. 1927 zur Vollstreckung *ausländischer Schiedssprüche*[15], das in Deutschland seit dem 1. Dez. 1930 in Kraft steht. Vollstreckt wird danach der Schiedsspruch selbst, ohne daß es eines Vollstreckungsurteils der Gerichte des Ursprungslandes bedarf; vorausgesetzt wird, daß der Schiedsvertrag nach demjenigen Rechte gültig ist, dem er bei unterstellter Gültigkeit unterworfen ist.

Vierter Abschnitt.

Obligationenrecht.

§ 25. Der Schuldvertrag. Parteiautonomie.

Hauptschrift: Haudek: Die Bedeutung des Parteiwillens im IntPR 1931 (Rechtsvergl. Abhandlungen, herausg. v. Titze u. M. Wolff Nr. VII) mit eingehenden Lit.-Nachweisen. — Hervorzuheben: M. Caleb: Essai sur le principe de l'autonomie de la volonté 1927. — K. Neumann: Vertragsgültigkeit u. Parteiwille in Lehre u. Rechtsprechung des intern. SchuldRs 1930. — Niboyet: La théorie de l'autonomie de la volonté, Recueil des Cours de l'Académie d. dr. int. 1927 I. — Audinet in den Mélanges Pillet 1929, 57ff. — Görtz in NiemeyersZ 41 (1929) 1ff. — Algot Bagge: Les conflits de lois en matière de contrats de vente (1929) 33ff. — Melchior, 498ff., 238f. — Lewald, 196ff. — Nussbaum, 214ff. — F. Leonhard: Schuldrecht I 760ff. — Gutzwiller, 1601ff. — Frankenstein, II 123ff. — Erich Kaufmann: Deutsche Hypothekenforderungen in Polen (1922), 68ff. — Rechtsvergleichend insbes.: Ficker: RVglHWB IV 371ff.

I. Auf keinem Gebiete des internationalen Privatrechts besteht zwischen dem in der Rechtsprechung geübten Recht und den Sätzen, die die überwiegende Rechtslehre als geltendes Recht vorträgt, ein so starker Gegensatz wie auf dem Gebiete des Schuldrechts. Der Streit geht darum: Ist es in *erster* Linie Sache der *Vertragschließenden* zu bestimmen, welcher Rechtsordnung das Vertragsverhältnis unterworfen werde, und kommt eine gesetzliche Ordnung des Obligationsstatuts gar nicht oder nur subsidiär in Betracht? *Oder* ist es zunächst Sache des *Gesetzes*, das grundsätzlich anwendbare Recht zu bestimmen, und haben die Parteien nur die Befugnis, insoweit als dieses Recht es gestattet, das Vertragsverhältnis einer anderen Rechtsordnung zu unterwerfen?

Die *Praxis* verficht jenes, und zwar sowohl in Deutschland wie in den meisten romanischen Ländern, in England und den Vereinigten Staaten, wenn auch mit manchen Unterschieden im einzelnen[1]. Namhafte Theoretiker, besonders Deutschlands und Frankreichs, bekämpfen den internationalprivatrechtlichen Prinzipat des Parteiwillens mit größter Schärfe, und zwar nicht nur de lege ferenda, sondern

---

[13] Stein-Jonas: Komm. (14. Aufl.) I S. 978 mit Lit. [14] Nussbaum, 445ff.

[15] Vorbereitend: das Protokoll v. 24. Sept. 1923. Vgl. oben § 4[45]. — Zu den beiden Abkommen: Volkmar: JurW 1930, 2745ff. Nussbaum, 474ff.

[1] Haudek, 47ff. Melchior, 501ff.

trotz der kaum zu leugnenden gewohnheitsrechtlichen Festigung überraschenderweise auch de lege lata[2].

Der herrschenden Praxis wird vorgeworfen, sie begehe einen logischen Fehler; zuerst müsse feststehen, was die Kontrahenten auf Grund einer bestimmten Rechtsordnung wollen können, ehe man feststelle, was sie wollen. Der Vorwurf trifft nicht: die Rechtsordnung, die erklärt, daß die Kontrahenten ihre Schuldverträge einem von ihnen gekorenen Recht unterwerfen können, ist eben das deutsche, das französische, das belgische, das englische (usw.) internationale Privatrecht.

Die Vertreter der Doktrin gehen aber, indem sie die herrschende Anknüpfung an den Parteiwillen ablehnen, stark auseinander in dem, was sie an ihre Stelle setzen.

1. Die einen erklären (so vor allem die französische Doktrin) grundsätzlich den *Abschlußort* für maßgebend; er aber hängt oft vom Zufall ab und ist bisweilen (z. B. bei telephonischen Abschlüssen) schwer zu bestimmen.

2. Andere legen den *Erfüllungsort* zugrunde, was bei gegenseitigen Verträgen zu einer Spaltung des Vertrags führt, wenn jeder Teil an einem anderen Orte zu erfüllen hat. Verwandt damit ist

3. die Lehre, daß der *Wohnsitz* oder Niederlassungsort des Schuldners entscheide (so v. Bar); hier entstehen ähnliche Schwierigkeiten wie zu 2.

4. Weiter hat man aus angeblichen völkerrechtlichen oder allgemeinen Erwägungen das Recht der *Staatsangehörigkeit* (Zitelmann, Frankenstein) als primäres Obligationsstatut behauptet, weil die Obligation auf einem Befehl der Rechtsordnung an den Schuldner beruhe, aber nur das Heimatsrecht die völkerrechtlich anerkannte Macht habe, dem Schuldner zu befehlen.

Von diesen vier generalisierenden Lehren befriedigt keine stets; die vierte, die der staatlichen Souveränität eine Macht zuweist, die sie nicht beansprucht, befriedigt nie. So hat auch die Theorie immer mehr erkannt, daß eine *allgemeine* für das ganze Gebiet der Schuldverträge passende Formel nicht möglich ist. Sie setzt deshalb überwiegend heute

5. dem *Richter* die Aufgabe, den Schwerpunkt des Rechtsverhältnisses im *einzelnen Falle* unter objektiver Würdigung *aller Umstände* (Vertragstypus, Vertragsgegenstand, Vertragsparteien u. a.) zu suchen. Das so bestimmte Recht soll dann das „an sich maßgebende Recht" sein. Von diesem Recht soll es abhängen, wieweit die Parteien die Freiheit haben, andere Rechtssätze zu wählen. Solche Freiheit hätten sie gegenüber dispositiven Normen des an sich geltenden Rechts, nicht aber gegenüber seinen zwingenden Normen. Jene, und nur sie, könne man vertraglich im Wege sog. „materiellrechtlicher Verweisung"[3] durch die Sätze einer fremden Rechtsordnung ersetzen.

In dem letzten liegt praktisch der Hauptunterschied der Doktrin von der herrschenden Rechtsprechung. Nach dieser ist es nicht Sache des Gesetzes oder des Richters, sondern der Kontrahenten selbst, beim Vertragsschlusse unter den verschiedenen Rechten, zu denen ihr Vertrag Beziehung haben könnte, dasjenige Recht auszuwählen, in das sie den Schwerpunkt verlegen. Haben sie so „the proper law of the contract" bestimmt, so sind sie den zwingenden Normen dieses Rechts unterworfen, nicht dagegen den zwingenden Normen irgendeines anderen Rechts, in das vielleicht der Richter den Sitz des Rechtsverhältnisses auf Grund anderer Wertung verlegt haben würde.

Beispiele: Nach deutschem Recht (§§ 59, 60 VVG) ist eine Doppelversicherung in der Regel gültig, aber die Summe herabsetzbar, nach niederländischem Recht (art. 252 wetboek v. koop-

[2] Wenn man ein Gewohnheitsrecht leugnet, weil gelegentlich in höchstrichterlichen Entscheidungen auch einmal eine andere Auffassung hervortritt (vgl. die Entscheidungen bei Lewald S. 202) und weil die Grenzen der Parteiautonomie (davon unten II) nicht immer einheitlich abgesteckt werden, so ist jeder gewohnheitsrechtlichen Bildung eine derartige Unsicherheit der Konturen eigen.

[3] Ausdruck Zitelmanns, I 270, II 374.

handel) ist die Versicherung zeitweise, d. h. während des Nebeneinanderlaufens der beiden Versicherungen, nichtig; der Versicherungsnehmer ist Niederländer, der Versicherer Deutscher; im Vertrage ist für die typisch versicherungsrechtlichen Beziehungen niederländisches Recht als anwendbar erklärt[4]; das ist gültig, ohne daß es darauf ankommt, ob beim Mangel der Einigung über das anzuwendende Recht der Richter (wie anzunehmen) den Schwerpunkt ins deutsche Recht gelegt hätte. — Ein abstraktes Schuldanerkenntnis, nach deutschem Recht gültig, nach brasilianischem Recht nichtig, wird vertraglich zwischen einem deutschen Gläubiger und einem brasilianischen Schuldner abgeschlossen; unterwerfen sich die Kontrahenten dem deutschen Recht, so ist der Vertrag gültig, auch wenn man zweifeln sollte, ob die Schwerpunktsbestimmung der Kontrahenten „objektiv“ sachgemäß ist[5]. — Ein Ehemakellohn war vor 1900 in Preußen klagbar, in Sachsen nicht; gesetzt, ein Berliner schloß mit einem Leipziger schriftlich einen Ehemäklervertrag, unter Ausbedingung der Geltung des preußischen Rechts ab[6]: der preußische Richter hatte diese Bestimmung zu achten, auch wenn er fand, daß die Beziehungen stärker nach Sachsen weisen. — Zwingendes Recht in bezug auf den Inhalt der Schuldverträge ist zur Zeit in den europäischen Rechten (wenn von Rußland abgesehen wird) nicht eben häufig. Seine Vermehrung mag aber im Zuge einer autarkisch gerichteten und einer autoritär geführten Wirtschaft liegen.

Die herrschende Praxis stellt nicht nur geltendes Recht dar; sie trifft auch de lege ferenda das Richtige. Für einen Vertrag mit Auslandsberührung den örtlichen Schwerpunkt zu finden, ist oft schwierig: von mehreren außenstehenden Beurteilern möchte leicht jeder den Vertrag anders lokalisieren, und jeder nach langem Schwanken und mit Zweifeln. Die unwägbaren Kräfte, die das eigene Interesse verleiht, machen die Vertragschließenden zu den geeignetsten Beurteilern.

II. Hiermit ist zugleich die *Grenze der Parteiautonomie* bezeichnet. Die Parteien können das Recht, dem ihr Vertrag unterworfen sein soll, nicht *willkürlich* bestimmen[7]. Sie können nur *unter denjenigen Rechtsordnungen wählen*, die *als Sitz* des Vertragsverhältnisses in Frage kommen *können*: nur ein nach den Umständen möglicher Vertrags-Schwerpunkt kann zum Vertrags-Schwerpunkt erklärt werden. Dabei ist vor allem[8] auf folgende Umstände zu achten.

1. *Staatsangehörigkeit* und *Wohnsitz* der Vertragschließenden oder eines von ihnen. Ein Deutscher, der sich in der Schweiz aufhält, dort eine Bürgschaft für einen Schweizer Freund mit dessen Schweizer Gläubiger eingeht und einen Schweizer Erfüllungsort verabredet, kann sich dennoch der Anwendung deutschen Rechts unterwerfen, obwohl es näher läge, solche Bürgschaft in der Schweiz zu lokalisieren.

Gilt für diese Bürgschaft deutsches Recht, so ist sie selbst dann gültig, wenn die Hauptforderung ihrem Betrage nach nicht feststeht und der Bürge keinen Haftungs-Höchstbetrag angegeben hat. Anders, wenn Schweizer Recht anwendbar wäre; Art. 493 SchwObligR.

2. *Abschlußort.* Wird ein Vertrag zwischen zwei Deutschen bei deren Aufenthalt in Paris abgeschlossen, so sind sie — selbst wenn als Erfüllungsort Berlin verabredet wird — in der Lage, den Vertrag französischem Recht zu unterwerfen, obwohl es näher liegen würde, das Schwergewicht in Deutschland zu finden.

Es kann an der Vereinbarung französischen Rechts ein starkes Interesse bestehen, so, wenn die Kontrahenten beim Abschluß von französischen Advokaten beraten worden sind, die den Vertrag unter Zugrundelegung des französischen Rechts formuliert haben, und wenn die Folgen, die die Anwendung deutschen Rechts hätte, von den rechtlich ungebildeten Parteien damals nicht überblickt werden konnten. — Aber *daß* in concreto ein Interesse bestand, brauchen die Parteien, wenn es später zum Streit über das anwendbare Recht kommt, dem Richter nicht darzutun; es muß genügen, daß es bestehen kann.

---

[4] OLG Düsseldorf in IPRechtspr. (Sonderheft d. Z. f. ausl. u. intern. PR) 1930 Nr. 48; Melchior, 508.

[5] Melchior, 507[4].

[6] In dem Fall RG 44, 300ff. waren beide Parteien des Ehemäklervertrags in Sachsen wohnhaft, und keine Beziehung wies auf Preußen. Deshalb war *hier* (vgl. II) die Unterwerfung unter preußisches Recht unzulässig. Vgl. Melchior, 511.

[7] RG 44, 301f.; 74, 173 u. a.

[8] Das ist keine erschöpfende Aufzählung. Sie wäre nicht möglich; der Versuch des *polnischen* IntPRGesetzes v. 1926 Art. 7, die Parteienwahl auf eine Reihe aufgezählter Anknüpfungsrechte zu beschränken, verdient keine Folge. Haudek, 44f.

3. *Erfüllungsort.* Daß die Kontrahenten das Recht des Erfüllungsorts zum maßgebenden Recht erklären können, ist für das deutsche internationale Privatrecht selbstverständlich; es gilt aber auch für diejenigen ausländischen Rechte, die (wie das französische) dem Erfüllungsort für die Anknüpfung des Schuldvertrags kaum Bedeutung beimessen. Ferner: bei gegenseitigen Verträgen kann der *ganze* Vertrag dem Rechte unterworfen werden, das am Erfüllungsort *eines* der Schuldner gilt, so daß z. B. auch die Schuld des Käufers zur Kaufpreiszahlung dem am Verkäuferdomizil geltenden Recht unterworfen werden kann.

Zu betonen ist, daß das auch gegenüber zwingendem Recht gilt. Ist z. B. bei einem Verkauf von Berlin nach Zürich als Erfüllungsort für die Verkäuferpflichten Berlin, für die Kaufgeldschuld Zürich vereinbart, so kann dennoch verabredet werden, daß der ganze Vertrag dem deutschen Recht unterworfen sei, was zur Folge hat, daß die Kaufgeldschuld in 2 oder 4 Jahren (§ 196 Nr. 1 und Abs. 2 BGB) verjährt und nicht in den nach Schweizer Recht unverkürzbaren 10 Jahren des Art. 127 SchwOblR (vgl. Art. 129).

4. Auch die rechtliche oder wirtschaftliche *Anlehnung des Vertrags an einen anderen Vertrag* kann ein hinreichender Grund dafür sein, den Vertragsschwerpunkt in das Gebiet des anderen Vertrages zu verlegen. Ein Deutscher, der sich in Deutschland einem Deutschen verbürgt und Zahlung in Deutschland zusichert, kann verabreden, daß die Bürgschaft dem ausländischen Rechte unterworfen werde, dem die Hauptschuld untersteht. Für eine Rückversicherung kann vertraglich das Recht der durch sie zu deckenden Versicherung vereinbart werden[9]. Bei Beleihung schwimmender Ware, die bereits einmal versichert ist, wird bisweilen auf Verlangen der kreditgebenden Bank eine zweite Versicherung bei einer anderen Versicherungsgesellschaft genommen, und der Zweitversicherer kann daran interessiert sein, nur unter den Voraussetzungen zu haften, unter denen der Erstversicherer haftet: dann wird für den zweiten Vertrag dasselbe Recht vereinbart wie für den ersten. Ein deutscher Importeur amerikanischen Getreides verkauft die nach dem La-Plata-Grain-Contract eingekaufte Ware weiter an einen Deutschen, indem er die Anwendbarkeit desselben (englischen) Rechts vereinbart, nach dem er eingekauft hat, um bei Mängeln, für die er seinem Abnehmer haftet, des Rückgriffs gegen seinen Lieferanten sicher zu sein.

Alle solche vertraglichen Bestimmungen des proper law of the contract müssen zulässig sein, auch soweit das gekorene Recht von zwingenden Normen anderer Rechte abweicht.

Unterwerfen die Kontrahenten ihr Vertragsverhältnis *über die der Parteiautonomie gesetzten Grenzen hinaus* einem fremden Rechte, so gilt grundsätzlich diejenige materielle Rechtsordnung, die beim Fehlen jeder Abrede, *also dispositiv*, gelten würde. (Davon V.) Von dieser hängt es dann ab, ob die Kontrahenten ihr Rechtsverhältnis einem anderen Rechte unterwerfen können. Das ist insoweit der Fall, als sie nachgiebige Normen enthält. In der vertraglichen Unterwerfung unter ein fremdes Recht liegt ein Ersatz dieser nachgiebigen Normen durch die des fremden Rechts; die kollisionsrechtliche Verweisung, die hier mißlungen ist, bleibt als materiellrechtliche Verweisung in Kraft[10].

So könnte z. B. auch bei einem rein deutschen Kauf verabredet werden, daß der Verkäufer für Rechts- und Sachmängel nach Schweizer Recht haften solle, gerade so gut, wie die Parteien in die Vertragsurkunde den Text der Art. 192—210 des SchwOblR wörtlich aufnehmen könnten. — Eine materiellrechtliche Verweisung auf fremdes Recht ist übrigens nicht notwendig eine Verweisung auf das bei Vertragsschluß geltende Recht. Sie kann auch als Verweisung auf das *jeweilige* fremde Recht vereinbart werden (nicht anders als wenn ein Speditionsvertrag auf die jeweilig in Kraft stehenden allgemeinen Spediteurbedingungen Bezug nimmt).

III. Die Vertragschließenden sind nicht nur befugt, für ihr gesamtes Vertragsverhältnis *ein* Recht zu küren, sondern auch die einzelnen Bestandteile des Ver-

---

[9] Hierzu und zum folgenden insbes. HAUDEK, 39ff., der aber die Grenzen der Parteiautonomie weniger weit absteckt; NUSSBAUM, 227[1].

[10] HAUDEK, 3f., 15ff.

tragsverhältnisses *verschiedenen* Rechten zu unterwerfen[11]. Davon geht sogar die deutsche Praxis als von dem bei gegenseitigen Verträgen Normalen aus, indem sie annimmt, daß jeder Kontrahent seine Pflichten dem Rechte seines Erfüllungsorts unterstellen wolle[12]. Häufig ist es ferner, bei internationalen Anleihen mit mehreren Erfüllungsorten in den verschiedensten Staaten das Erfüllungsgeschäft vereinbarungsmäßig nach dem Rechte des Orts, an dem die Erfüllung begehrt wird, zu behandeln[13].

Möglich ist es auch, bei Auslandsverkäufen zwar im allgemeinen das Recht am Wohnort des Verkäufers gelten zu lassen, aber für die Frage der Voraussetzungen, Formen und Fristen der Mängelrüge das Recht des Ablieferungsorts einzusetzen. Doch wird man hier, da kaum zwingende Sätze in Frage stehen, mit der Annahme einer materiellrechtlichen Verweisung ebensoweit kommen, wie mit der einer internationalprivatrechtlichen Rechtskürung.

IV. Die Maßgeblichkeit des Partei*willens* für die Bestimmung des Obligationsstatuts ist in Wahrheit eine Maßgeblichkeit von Parteiwillens*erklärungen*[14]. Die Vereinbarung der Geltung eines bestimmten Rechts kann *ausdrücklich* getroffen werden, wie das nicht selten geschieht (in „allgemeinen Bedingungen" des Bank-, Seehandels-, Landtransport-, Versicherungsverkehrs usw.). Oder sie wird *stillschweigend* getroffen: es ergibt sich aus den Umständen, daß die Parteien sich beim Vertragsschluß einem bestimmten Recht unterwerfen wollten[15]; so wenn sie einen einheitlichen Erfüllungsort für beide Parteien verabreden[16], oder wenn sie auf bestimmte Paragraphen eines Gesetzbuchs verweisen und ersichtlich ist, daß sie damit nicht eine Sondernormierung für Teilfragen anstreben.

In einem Vertrage zwischen einem Österreicher und einem Deutschen, erfüllbar in Deutschland, hieß es: Die Vertragschließenden verzichten ausdrücklich auf das Recht, im Falle der Verkürzung über die Hälfte Aufhebung und Herstellung in den vorigen Stand zu fordern. Dieser nicht ausdrückliche, aber stillschweigende Hinweis auf §§ 934, 935 ÖstAllgBGB ergibt hinreichend, daß die Parteien die Geltung österreichischen Rechts annahmen und wollten; sie ist eine konkludente Erklärung dieses Willens[17].

Auch in der Vereinbarung der ausschließlichen Zuständigkeit eines bestimmten Gerichts kann die Unterwerfung unter das dort geltende materielle Recht gefunden werden[18].

V. Eine (ausdrückliche oder stillschweigende) *Vereinbarung* der Vertragschließenden über das den Vertrag beherrschende Recht *fehlt* in den meisten Fällen, weil die Beteiligten die Frage beim Vertragsschlusse gar nicht bedacht haben. In solchen Fällen erklärt die Rechtsprechung Deutschlands (wie die anderer Länder) überwiegend: es müsse der „*hypothetische Parteiwille*" (der mutmaßliche Parteiwille) erforscht werden, d. h. festgestellt werden, was die Kontrahenten gewollt haben würden, wenn sie auf die Lücke ihrer Abmachungen hingewiesen worden wären[19].

Diese Formulierung hat in der Rechtslehre viel Widerstand gefunden: sie arbeite mit einer Fiktion; sie führe der Lösung nicht näher. Da aber ein nach einfachem Schema ein für alle Male feststellbares subsidiäres Vertragsstatut (Recht des Erfüllungsorts, des Abschlußorts, Personalstatut des Schuldners usw.) nicht vorhanden ist, so stellt man dem Richter die Aufgabe, nach *objektiven* Gesichtspunkten den Schwerpunkt des Schuldverhältnisses im Einzelfall aufzusuchen[20].

[11] HAUDEK, 61ff. MELCHIOR, 521ff.

[12] Vgl. dazu unten S. 90[31, 32]. Belege bei HAUDEK, 73.

[13] RG 118, 374; 126, 205ff. Dazu aber HAUDEK, 70f. Vgl. unten § 27[1].

[14] MELCHIOR, 515ff. [15] Vgl. LEWALD, 210f.

[16] RG 58, 367; 68, 207; 81, 275. [17] Vgl. auch RG 122, 318.

[18] RG JurW 1906, 452; 1928, 1197. (Anders FRANKENSTEIN, II 170.) Ähnliches kann in der Vereinbarung eines Schiedsgerichts gefunden werden. — Auch daraus, daß die Parteien im Prozeß darüber einig sind, es sei deutsches Recht anzuwenden, hat man bisweilen auf eine Einigung beim Vertragsschluß zurückgeschlossen; RG 95, 42; 118, 283; RG IPRechtspr 1929 Nr. 31; 1931 Nr. 34. LEWALD, 211f.

[19] RG 68, 205; 73, 388; 120, 72; 126, 206; u. ö.

[20] So übrigens nicht nur die Rechtslehre, sondern gelegentlich auch das Reichsgericht: RG 74, 174. Vgl. LEWALD, 213f.

Vgl. das S. 85 zu I 5 Gesagte. Dort handelte es sich um die Meinung, daß das vom Richter nach objektiven Gesichtspunkten zu ermittelnde Recht (oder das Recht des Erfüllungsorts, des Abschlußorts, des Wohnsitzes usw.) *prinzipal* („an sich“) maßgebend sei. Hier um die Lehre, daß es wenigstens *subsidiär* hinter der ausdrücklichen oder stillschweigenden Parteivereinbarung gelte.

Diese Doktrin führt zum größten Teil zu denselben Ergebnissen wie die Lehre von der Geltung des hypothetischen Parteiwillens. Wer untersuchen will, was die Parteien gewollt haben würden, wird prüfen müssen, wie sie *verständigerweise* den Schwerpunkt bestimmt haben würden; und das ist meist nichts anderes, als was die Doktrin dem Richter als Aufgabe setzt.

Zu bemerken ist: 1. Der Unterschied ist ein solcher zwischen objektiver und subjektiver *Fassung*. Man macht auch sonst im Recht die Erfahrung, daß die subjektive Formulierung eine größere Lebensnähe und Anschaulichkeit und damit eine größere Sicherheit der Entscheidung vermittelt, daß eine objektive Stempelung an Schärfe gewinnt, wenn man sich mindestens ergänzend die beteiligten Personen vorstellt. Dafür zwei Beispiele: Statt der objektiv gefaßten Diligenzpflicht des BGB § 276 („die im Verkehr erforderliche Sorgfalt“), hat man im Handelsrecht das Wesen der im Handelsverkehr erforderlichen Sorgfalt dadurch lebendig gemacht, daß man gebietet, sich das Verhalten des ordentlichen Kaufmanns, des ordentlichen Geschäftsmanns, des ordentlichen Frachtführers vorzustellen. Was im Verkehr objektiv erforderlich ist, wird am besten der beantworten, der sich fragt: wie würde sich dieser oder jener, der als erfahrener und gewissenhafter Kaufmann geschätzt wird, verhalten? Aus gleichem Grund bedeutet es eine Belebung, wenn das Reichsgericht die Wendung der §§ 138, 826 BGB („Verstoß gegen die guten Sitten“) durch vermenschlichende Wendungen, durch den Hinweis auf das „Anstandsgefühl der billig und gerecht Denkenden“ erläutert. So ist es auch hier. Der Richter, der den Schwerpunkt des Vertragsverhältnisses aufsucht, soll sich dabei die Vertragschließenden selbst vorstellen und versuchen, sich in ihre Lage beim Abschluß zu versetzen. Ich glaube nicht, daß dies entbehrlich ist, und sehe darin die Weisheit der reichsgerichtlichen Rechtsprechung.

2. Der „Vorwurf“, daß mit einer *Fiktions*formel gearbeitet werde, da kein wirklicher Parteiwille vorhanden ist, mag erhoben werden[21]. Aber er könnte geradeso gut gegen den § 140 BGB erhoben werden.

3. Die subjektive Formel des RG genügt dagegen nicht, wenn die Parteien sich über die Geltung eines bestimmten Rechts geeinigt zu haben glauben, aber versteckter *Dissens* vorliegt (BGB § 155) oder wenn sie sich geeinigt haben, dann aber die eine Partei ihre Erklärung wegen Irrtums *anficht* (§ 119). In solchem Falle kann man die Frage, welches Recht nun zu gelten habe, nicht ohne arge Verrenkung von ihrem gemeinsamen mutmaßlichen Willen beantworten lassen!

4. Die subjektive Formel des RG könnte ferner nicht erklären, daß auch im Bereich des Rechts der Vertragsobligation die Rück- und Weiterverweisung (s. oben § 13 V) gilt. Eine solche Geltung ist aber immer dann anzunehmen, wenn es an einer ausdrücklichen oder stillschweigenden Vereinbarung der Parteien über das anzuwendende Recht fehlt[22].

Nach den Erwägungen zu 3 und 4 ergibt sich hiernach:

Fehlt es an einer gültigen ausdrücklichen oder stillschweigenden Vereinbarung über das, was als Recht gelten soll, so hat der Richter den Schwerpunkt des Rechtsverhältnisses aufzusuchen und dabei sowohl alle *objektiven* Umstände des konkreten Falles als auch das zu berücksichtigen, was die Parteien bei Aufklärung subjektiv als Recht bestimmt oder von der Geltung ausgeschlossen haben würden.

Dabei haben sich schon mancherlei Grundsätze für verschiedene Vertragstypen entwickelt:

1. Verträge mit Personen des *öffentlichen Rechts* (Staat, Gemeinden) oder mit Personen, die einen öffentlichrechtlich geregelten Beruf haben, wie Ärzten, Anwälten, Post, Eisenbahn, beherrscht im Zweifel die Rechtsordnung, der diese Personen unterworfen sind, also ihr Wohnsitz oder der Ort ihrer beruflichen Niederlassung. Denn in derartigen Fällen hat der andere Vertragsteil auf die Gestaltung des Vertragsinhalts kaum einen Einfluß (abgesehen etwa von der Höhe des Entgelts); so hätte er auch keine Macht, die Vereinbarung eines anderen Rechts durchzusetzen. Dasselbe gilt für typenmäßig, insbesondere nach *festen Formularen*, allgemeinen

[21] Immerhin läßt sich oft wenigstens sagen, daß die Parteien dieses oder jenes Recht sicherlich *nicht* zugrunde gelegt haben würden; RG 108, 242; RG JurW 1928, 1196 (Darlehnsvertrag in Rußland zwischen zweien, die aus Rußland zu entfliehen gedachten). Vgl. auch RG 68, 208.

[22] MELCHIOR, 238f. Ein anderer Gedankengang bei LEWALD, 206f.

„Vertragsbedingungen" u. dgl. geschlossenen Verträge von Banken, Versicherungsgesellschaften, Verfrachtern, Lagerhaltern[23]. Auch für die Dienstverträge mit kaufmännischen Angestellten und Agenten ist regelmäßig das Recht der Niederlassung des Prinzipals maßgebend[24].

2. Verträge auf *Börsen, Messen, Märkten*, öffentlichen *Versteigerungen* sind der lex loci actus unterworfen.

Von dem Satz, daß für Geschäfte an Auslandsbörsen das ausländische Recht gilt, besteht aber eine Ausnahme nach § 61 BörsenG v. 8. Mai 1908, der sich als eine Spezialisierung der Vorbehaltsklausel (Art. 30 EG) darstellt: danach sind gewisse Sätze des deutschen Börsengesetzes über Börsentermingeschäfte (vor allem über die Fähigkeit zum Abschluß solcher Geschäfte, die den in Deutschland wohnhaften Personen nur zusteht, wenn sie in das Handelsregister eingetragene Vollkaufleute, Bankiers, frühere Bankiers oder Börsenbesucher sind) auch dann anzuwenden, wenn das Börsengeschäft im Ausland geschlossen oder zu erfüllen ist[25].

Die Maßgeblichkeit des am Börsenort geltenden Rechts erstreckt sich nicht auf die zwischen Kommittent und Kommissionär abgeschlossene, auf ein Börsengeschäft gerichtete Kommission: hier wird vielmehr regelmäßig der Ort der Niederlassung des Kommissionärs entscheiden[26].

3. Obligatorische Verträge, die sich auf *Grundstücke* beziehen, werden nach manchen ausländischen internationalen Privatrechten (England, Schweiz, Polen) der lex rei sitae unterworfen[27]. Für die Grundstücksmiete und -pacht ist das auch in Deutschland anzunehmen; für den Grundstückskauf läßt es sich nach bisherigem Recht kaum behaupten, soweit nicht der Erfüllungsort (vgl. unten zu 6.) in Deutschland liegt, vor allem also nicht für die Pflicht zur Kaufpreiszahlung.

4. Verträge, bei denen *alle Kontrahenten Deutsche* sind, werden oft, wenn kein anderer Schwerpunkt gefunden werden kann, dem deutschen Rechte unterworfen, gleichviel wo die Verträge geschlossen, wo sie zu erfüllen, wo die Parteien wohnhaft sind[28]. Man wird entsprechend entscheiden dürfen, wenn alle Beteiligten Angehörige desselben ausländischen Staates sind: hier ist im Zweifel ihr Heimatsrecht anzuwenden[29].

5. Bisweilen ergibt sich der Schwerpunkt eines Schuldverhältnisses aus einer Beziehungshäufung, d. h. daraus, daß *mehrere* Anknüpfungsbeziehungen auf das Recht desselben Gebiets weisen, mag auch jede einzelne Beziehung für sich genommen ohne erhebliche Bedeutung sein: so wenn am Wohnsitz der einen Partei der Vertrag bei persönlicher Anwesenheit beider Teile oder ihrer Vertreter abgeschlossen und dabei eine Urkunde in der Landessprache aufgesetzt ist.

Besonders sucht man nach solchen Anknüpfungshäufungen dann, wenn man dadurch vermeiden kann, daß bei gegenseitigen Verträgen für die Verpflichtungen jeder Partei verschiedenes Recht zur Anwendung kommt. Denn es ist in der Regel davon auszugehen, daß die Parteien das zwischen ihnen bestehende Rechtsverhältnis einem einheitlichen Recht würden unterwerfen wollen[30].

6. Wenn, wie häufig der Fall, jede individualisierende Betrachtung versagt, so greift die deutsche Praxis, nach dem Vorbilde SAVIGNYS (S. 208), zum Rechte des *Erfüllungsorts*[31].

---

[23] LEWALD, 219f. Für Versicherungsverträge: ERNST BRUCK: Zwischenstaatl. Versicherungsrecht 1924; E. BRUCK: Privatversicherungsrecht (1930), 39ff. Für Frachtgeschäfte: v. BAR in Ehrenbergs HBdHR I 407ff. SCHAPS (-MITTELSTEIN-SEBBA): Seerecht² 1921, 305ff. mit Nachweisungen der RG-Praxis, die bei Seefrachtgeschäften fehlerhafterweise das Recht des Bestimmungshafens gelten läßt.

[24] FICKER: RVglHWB IV 465.

[25] BRÄNDL: Internationales Börsenprivatrecht 1925; RVglHWB II 597ff. NUSSBAUM, 276ff.

[26] NUSSBAUM, 275f. mit Nachweisen über die schwankende Praxis.

[27] FICKER: RVglHWB IV 379. [28] RG 68, 207; 120, 72f. LEWALD, 212.

[29] OLG Kiel JurW 1931, 156. — Auch Italien Art. 9 dispos. prel. läßt das gemeinsame Heimatsrecht der Kontrahenten maßgebend sein.

[30] RG 68, 205; 122, 318 u. ö. Vgl. RG 120, 72.

[31] Zahllose Entscheidungen aus den Gebieten des gemeinen Rechts (seit SeuffA 2, 119; WINDSCHEID-KIPP: Pandekten § 35⁹), des preußischen Rechts (DERNBURG: PreußPR I § 28²), des heutigen Rechts (LEWALD, 224ff. MELCHIOR, 238). Vgl. RG 6, 131; 9, 227; 12, 36; 14, 239; 20, 335; 46, 199; 54, 316; 55, 117; 58, 367; 74, 173; 107, 123 u. ö.

Der Gedanke, daß das Recht des Erfüllungsorts als von den Kontrahenten mutmaßlich gewollt gelte, klingt heute in der Rechtsprechung nur noch selten an[32]. Er war jahrzehntelang herrschend, offenbar zu Unrecht: würde man bei einem gegenseitigen Vertrage, z. B. einem Kauf, mit zwei Erfüllungsorten die Kontrahenten fragen, welches Recht für den Vertrag gelten solle, so würde man — wie auch immer positiv geantwortet würde — stets eine Einigkeit dahin feststellen, daß jedenfalls kein verschiedenes Recht für die Pflichten des Verkäufers und für die des Käufers gelten sollte! Nachdem aber der Glaube, daß die Maßgeblichkeit des Erfüllungsorts dem hypothetischen Parteiwillen entspreche, zu einem festen Gewohnheitsrecht geführt hat, bedarf diese subsidiäre Geltung der lex loci solutionis nicht mehr der Krücke des mutmaßlich Gewollten.

Den Erfüllungsort hat der deutsche Richter nach deutschem Recht (§§ 269, 270) zu bestimmen. Sind mehrere Erfüllungsorte gegeben, so wird bald der Ort, an dem die Erfüllung verlangt wird, bald der Wohnort des Schuldners (so bei Unterlassungspflichten) entscheidend sein[33].

Über die Schwierigkeiten, die die Anknüpfung an den Erfüllungsort beim gegenseitigen Vertrage, insbes. beim Kauf, im einzelnen macht (Gefahrübergang, Mängelhaftung), vgl. unten § 26 II.

VI. Die grundsätzliche Maßgeblichkeit des Parteiwillens gilt nicht für die Begründung von *Wechsel- und Scheckverbindlichkeiten* gemäß den beiden *Genfer Abkommen* von 1930 betr. das internationale Wechselprivatrecht Art. 4ff. und das internationale Scheckprivatrecht Art. 5ff. sowie dem deutschen Wechselges. vom 21. Juni 1933 Art. 93—98[34].

Das neue *Wechselrecht* unterwirft alle Wechselverpflichtungen dem Recht des Landes, in dem die Erklärungen *unterschrieben* sind, so daß ein einheitliches Recht für die Form, die materiellen Voraussetzungen und die Wirkungen der Wechselerklärungen gilt. Davon gelten aber Ausnahmen:

1. Das Recht des *Zahlungsorts* ist maßgebend für das Akzept der Tratte und für die Verpflichtung des Ausstellers eines Eigenwechsels. Es bestimmt ferner, ob das Akzept auf einen Teil der Wechselsumme beschränkt werden kann und ob der Wechselinhaber Teilzahlungen annehmen muß. Es bestimmt endlich die Maßnahmen, die bei Verlust oder Diebstahl des Wechsels zu ergreifen sind.

2. Das Recht des *Ausstellungsorts* ist maßgebend für die Frage, ob der Erwerber einer Tratte auch die der Ausstellung zugrunde liegende Forderung erwirbt. Es bestimmt ferner die Fristen für die Ausübung der Wechselregreßrechte, und zwar für alle Wechselschuldner einheitlich (während die Protestfristen sich nach dem Rechte des Landes richten, in dessen Gebiet der Protest zu erheben ist).

Das hiernach „an sich“ maßgebende Recht bestimmt, wieweit die Parteien befugt sind, im Wege materiellrechtlicher Verweisung Sätze eines anderen Rechts gelten zu lassen.

VII. Ist das Schuldverhältnis unter der Herrschaft eines bestimmten Rechts, z. B. des am Erfüllungsort geltenden Rechts, entstanden, so bleibt in der Regel dieses Recht maßgebend, auch wenn *nachträglich Änderungen eintreten.*

1. Bedeutungslos ist eine vereinbarte Änderung des *Vertragsinhalts*, wenn sie nicht deutlich auf eine neue Bestimmung des maßgebenden Rechts hinweist. So kann aus einer vertraglichen Verlegung des Erfüllungsorts nicht auf die Unterwerfung unter das Recht des neu bestimmten Erfüllungsorts geschlossen werden.

2. Bedeutungslos ist in der Regel auch ein *Souveränitätswechsel.* Wird das Gebiet, dessen Recht nach der Parteibestimmung maßgebend sein soll, Teil eines anderen Staates (Danzig, Posen, Nord-Schleswig usw.), so kann man nicht davon ausgehen, daß es dem Willen der Kontrahenten entspreche, das Schuldverhältnis der *neuen* staatlichen Rechtsordnung für dieses Gebiet zu unterwerfen. Vielmehr bleibt regelmäßig das Recht desjenigen Staates maßgebend, der bei Schuldbegründung die Herrschaft hatte. Ein anderes gilt nur dann, wenn entweder der gemeinsame Wille aller Vertragsteile auf die Unterwerfung unter das wechselnde Recht ging, oder wenn alle Vertragsteile örtlich unter der Herrschaft des neuen Rechts stehen[35].

---

[32] RG 107, 123. [33] Vgl. Lewald, 228.

[34] Über das bisherige internationale Wechselrecht insbes. Raiser: Die Wirkungen der Wechselerklärungen im IntPR 1931, 17ff., 43ff. Veith: RVglHWB IV 489ff. Rabel: Z. f. ausl. u. intern. PR 6, 324ff.

[35] RG 107, 123; 121, 344; 123, 134; 131, 46, 48; 139, 81; RG IPRechtspr 1931 (Sonderheft d. Z. f. ausl. PR 1932), 63f.

Ist z. B. zwischen zwei Posener Einwohnern vor dem Kriege ein Schuldverhältnis begründet und sind die beiden oder einer von ihnen nach Kriegsende nach Berlin übersiedelt, so bleibt das Schuldverhältnis dem deutschen Recht unterworfen und untersteht nicht dem polnischen Recht, was insbesondere im Aufwertungsrecht von Bedeutung ist; vgl. § 27 III. Sind Gläubiger und Schuldner in Posen geblieben und haben sie die polnische Staatsangehörigkeit erlangt, so ist es angemessen, das polnische Recht als dem hypothetischen Parteiwillen entsprechend gelten zu lassen.

3. Hat sich dagegen *ohne* Souveränitätswechsel das Recht eines bestimmten Gebiets durch Erlaß neuer Gesetze geändert, so ist im Zweifel anzunehmen, daß die Parteien, die sich dem Gebietsrecht unterwarfen, dieses in seiner neuen Gestalt gelten lassen werden. Anders freilich bei umstürzenden Eingriffen der Gesetzgebung in die alten Schuldverhältnisse: dann wird zwar der Richter dieses Gebiets die Rechtsänderung, wofern sie zwingendes Recht enthält (Zinsherabsetzungen, Moratorien), beachten müssen, aber nur er, und auch er nur, wenn es sich um Parteien handelt, die der hier herrschenden Staatsgewalt unterworfen sind.

§ 26. Der Geltungsbereich des Obligationsstatuts.

Haudek: Die Bedeutung des Parteiwillens (1931) 72ff. — Neuner: Z. f. ausl. u. intern. PR 2 (1928) 108ff. — Rabel u. Raiser: Z. f. ausl. u. intern. PR 3, 77ff. — A. Bagge: Les conflits de lois en matière de contrats de vente 1929. — Zitelmann, II 391ff. — Frankenstein, II §§ 37—41. — Lewald, 245ff. — Gutzwiller, 1614ff. — Ignaz Herzfeld: Kauf u. Darlehn im IntPR (Basler Studien H. 3) 1933.

Das nach den Grundsätzen des vorigen Paragraphen zu ermittelnde *Obligationsstatut* (zunächst also die von den Parteien gekorene Rechtsordnung, an zweiter Stelle die Rechtsordnung, die im Hinblick auf den Schwerpunkt das Rechtsverhältnisses im einzelnen Falle zu bestimmen ist, und im äußersten Falle das Recht des Erfüllungsorts) beherrscht das Vertragsverhältnis nach *allen* Richtungen. Daß das Obligationsstatut für die Fragen der Vertragsgültigkeit maßgebend ist (abgesehen von der Geschäftsfähigkeit der Kontrahenten und von der Geschäftsform), wurde schon oben in der allgemeinen Rechtsgeschäftslehre dargestellt, § 21.

I. Das Obligationsstatut entscheidet über den gesamten Inhalt der Obligation, gleichviel ob es sich dabei um vorausgesehene Wirkungen („effets") oder um unvorhergesehene („suites") handelt.

Die Unterscheidung beider (jene: vertraglich gewollter Inhalt; diese: Folgen von „incidents") ist sehr alt; sie findet sich auch heute nicht selten in der französischen Literatur[1]. Dem deutschen Recht ist sie fremd.

Das Obligationsstatut gilt hiernach auch für die Veränderungen, die die Obligation infolge von Verzug, Unmöglichkeit der Erfüllung, Mangelhaftigkeit des Vertragsgegenstandes u. dgl. erleidet: nach ihm entscheidet es sich, ob wegen Verzuges ein Zinsanspruch entsteht und in welcher Höhe, ob infolge Unmöglichwerdens Schadenersatz gefordert werden kann und worauf er gerichtet ist (Naturalherstellung, Geldersatz, Ersatz immateriellen Schadens), ob das störende Ereignis durch Verschulden eingetreten ist, welchen Einfluß ein mitwirkendes Verschulden des Gläubigers hat. Gleichgültig ist, ob die durch das störende Ereignis entstehende Verpflichtung (zu Ersatz oder Verzinsung), würde man sie isoliert betrachten, in derselben oder in einer anderen Weise als die Grundverpflichtung lokalisiert werden würde.

Beispiel: Der Schuldner zerstört die vertraglich geschuldete Sache fahrlässig; die Vertragsobligation ist dem französischen Recht unterworfen, die Zerstörung geschieht in Deutschland: ob die Zerstörung vertragliche Wirkungen hat, entscheidet das französische Recht, die Deliktsfolgen regelt das deutsche Recht als die lex loci delicti commissi.

Nach dem Obligationsstatut richtet es sich auch, ob auf das Schuldverhältnis Sondersätze des *Handelsrechts* anzuwenden sind (z. B. über höhere Zinsen, über

[1] z. B. Valery: Manuel d. dr. int. pr. p. 987f. Dawider insbes. Surville: Cours élém. p. 355ff. Vgl. Neuner: a.a.O. 110.

Rügepflicht bei Sachmängeln). Wenn freilich die Anwendung handelsrechtlicher Sätze davon abhängt, daß ein Beteiligter Kaufmann ist, so entscheidet sich die Frage, *ob* er Kaufmann ist, nicht nach dem Obligationsstatut, sondern nach dem Rechte des Orts der gewerblichen Niederlassung[2]. Vgl. § 19 III.

Nur die schuldrechtlichen Vertragswirkungen sind dem Obligationsstatut unterworfen; ob sachenrechtliche Wirkungen, z. B. Eigentumsübergang infolge des Kaufabschlusses, eintreten, bestimmt sich nach der lex rei sitae.

II. Bei *gegenseitigen Verträgen*, vor allem beim Kauf, bereitet die Anknüpfung dann Schwierigkeiten, wenn die Verpflichtungen des Verkäufers einem anderen Statut unterworfen sind als die des Käufers, wenn z. B. (mangels einer Rechtskürung) für jede Partei das Recht ihres Erfüllungsorts gilt. Dem *Verkäufer-Recht* unterwirft man die Frage, zu welchen Leistungen er primär verpflichtet ist, in welchem Zustand die Ware zu liefern ist[3], wann und wie er für Rechtsmängel einzustehen hat, ob er bei Sachmängeln zur Nachlieferung fehlerloser Ware, ob zum Schadenersatz verpflichtet ist. Nach dem *Käuferrecht* dagegen richtet es sich, ob der Käufer abnahmepflichtig (oder nur abnahmeberechtigt) ist, wie er den Preis zu zahlen hat, ob die (Preis-)Gefahr[4] auf den Käufer übergegangen ist, zu welchen Leistungen der Käufer bei Vertragsverletzung verpflichtet wird. Auch, ob der Käufer wandeln oder mindern kann, ist dem Käuferrecht unterworfen, da er sich durch Wandlung und Minderung von seiner Zahlungspflicht ganz oder teilweise befreien will[5]. Zur Frage der Voraussetzungen des Wandlungs- und Minderungsrechts gehört es auch (und ist daher nach dem Käuferrecht zu beurteilen), ob der Käufer bei mangelhafter Lieferung sich eine mangelfreie Nachlieferung gefallen lassen muß. Das gleiche gilt für die Mängelrüge, und zwar gleichviel, ob diese der Erhaltung von Ansprüchen dienen soll, die dem Käuferrecht unterliegen (Wandlungs- und Minderungsansprüchen) oder von Ansprüchen, die nach Verkäuferrecht zu beurteilen sind (Schadensersatz- und Nachlieferungsansprüchen)[6]. Ob wegen Vertragsverletzung ein Rücktrittsrecht besteht, unter welchen Voraussetzungen (Fristsetzung u. dgl.), welchen Inhalt es hat, entscheidet das Recht des vertragstreuen Teils. Ist er nach diesem Recht durch Rücktritt frei geworden, so entscheidet das Obligationsstatut des anderen Teils, welche Wirkungen der Rücktritt auf seine Verpflichtungen hat, z. B. ob er ersatzpflichtig ist[7].

III. Das Obligationsstatut entscheidet ferner, ob die Obligation noch besteht oder *erloschen ist*; es bestimmt daher auch, was zum Untergang durch Erfüllung, durch Leistung an Erfüllungs Statt, durch Erlaß (Vertrag oder einseitiger Verzicht ?), durch Hinterlegung, durch Novation usw. nötig ist. Ob die zur Erfüllung etwa notwendige Sachübereignung zustande gekommen ist, wird nach der lex rei sitae beurteilt.

Schwierigkeiten bereitet die *Aufrechnung*, wenn die zu verrechnenden Forderungen zwei verschiedenen Rechten unterworfen sind. Entscheidend ist hier[8], daß die „Hauptforderung", d. h. diejenige, gegen die aufgerechnet wird, durch einen

---

[2] Ficker: RVglHWB IV 461ff. Anderer Meinung L. v. Bar: Ehrenbergs HBdHR I 330.

[3] Vgl. Haudek, 87 zu Anm. 3.

[4] Im Gegensatz zur „Leistungsgefahr" (§ 300 Abs. 2 BGB); Planck-Siber: Komm. z. BGB II 1 S. 50. Haudek, 84[2]. — Von dem Gefahrübergang hängen dann wieder ab: Verteilung der Nutzungen zwischen Käufer und Verkäufer, Pflicht zur Verzinsung des Kaufpreises (Haudek, 79f.); für die Transportkosten kommt es darauf an, wo der Erfüllungsort des Verkäufers ist (Genaueres bei Haudek, 80f., zutreffend gegen Neuner, 118 und gegen Frankenstein, II 299[18]).

[5] Das gilt auch, wenn er schon gezahlt hat und nun das Gezahlte ganz oder teilweise zurückfordert; denn wenn es sich auch um eine Verpflichtung des Verkäufers handelt, so hängt diese doch davon ab, ob der Käufer, hätte er noch nicht bezahlt, zur Preiszahlung verpflichtet sein würde. Vgl. RG 55, 107; 66, 76.

[6] RG 73, 390f.; 81, 275. Lewald, 254f.

[7] Haudek, 85ff.

[8] Insbes. Lewald, 280ff.

Akt des Schuldners ohne den Willen des Gläubigers unbar getilgt wird, während die unbare Tilgung der „Gegenforderung“ auf einem Akt ihres Gläubigers beruht, also mit seinem Willen geschieht[9]. Die Aufrechnung ist daher nur zulässig, wenn diejenige Rechtsordnung sie gestattet, der die Hauptforderung unterworfen ist. Das Statut der Gegenforderung ist nur für die Frage erheblich, ob der Schuldner der Gegenforderung „frei wird, wenn sich ihr Gläubiger im Wege der Verrechnung Befriedigung verschafft hat“[10], und das wird fast ausnahmslos zu bejahen sein.

Beispiele: 1. Eine dem französischen Recht unterworfene illiquide (nach Grund und Betrag streitige) Forderung des A gegen B und eine dem deutschen Recht unterworfene ebenfalls illiquide Forderung des B gegen A stehen sich gegenüber; das französische Recht (c. c. art. 1291) verlangt zur Aufrechnung Liquidität der beiden Forderungen, das deutsche Recht nicht. Der Schuldner der deutschrechtlichen Forderung kann diese durch Aufrechnung tilgen; der Schuldner der französischrechtlichen Forderung kann es nicht.

2. Aus einem in Bern begangenen Betruge schuldet der Betrüger Schadenersatz; der Betrogene schuldet ihm aus einem deutschrechtlichen Darlehn den gleichen Betrag (nach BGB § 393 kann gegen eine Betrugsforderung nicht aufgerechnet werden; nach Schweizer Recht kann aufgerechnet werden): hier kann jeder der beiden aufrechnen; der Betrüger, weil die Deliktsforderung, gegen die er aufrechnen will, dem Schweizer Recht unterworfen ist; der Betrogene, weil das für seinen Aufrechnungsakt maßgebende deutsche Recht die Aufrechnung *mit* einer Deliktsforderung nicht verbietet.

3. Eine dem deutschen Lohnbeschlagnahmegesetz unterworfene und nach § 2 Abs. 2 unaufrechenbare Lohnforderung eines Angestellten steht einer auslandsrechtlichen Schuld des Angestellten an den Prinzipal gegenüber: hier kann selbstverständlich der Prinzipal nicht aufrechnen; aber auch der Angestellte kann es nicht, da der Prinzipal nach deutschem Recht durch solche Aufrechnung von seiner Lohnschuld nicht frei werden würde.

IV. Auch die *Abtretung*[11] einer Forderung wird von dem Obligationsstatut der abzutretenden Forderung beherrscht[12]; denn von der Rechtsordnung, die eine Verpflichtung regelt, muß es auch abhängen, wem der Schuldner zu leisten hat oder leisten darf. Danach entscheidet es sich, ob die Forderung abtretbar ist, wie die Abtretung geschehen muß (ob durch bloßen Vertrag zwischen Zedent und Zessionar oder unter Anzeige [signification] an den Schuldner[13] oder unter Übergabe von Urkunden[14]), wie die Zession wirkt, insbesondere also auch, ob der Schuldner sich trotz ihrer noch durch Leistung an den Zedenten befreien kann (vgl. § 407 BGB), ob er dem Zessionar nur so viel zu zahlen braucht, wie dieser dem Zedenten als Entgelt für die Zession gezahlt hat[15], welche Einreden oder Aufrechnungsrechte er hat. Auch ob die Nebenrechte (Bürgschaften, Pfandrechte) mit der zedierten Forderung übergehen, hängt von dem Recht ab, dem diese unterworfen ist; ist der Übergang danach zu bejahen, so kann er aber nur eintreten, wenn er auch nach dem Statut der Bürgschaftsforderung (vgl. VII), nach der lex pignoris siti eintritt. Ob die Zession als kausaler Vertrag aufzufassen ist, also eine gültige causa voraussetzt (wie nach französischem und italienischem Recht), oder (wie nach BGB) abstrakter Vertrag ist, richtet sich ebenfalls nach dem Statut der abzutretenden Forderung. Ob aber

---

[9] Das gilt auch da, wo „ipso iure compensatur“ (französ. code civ. art. 1290); denn auch diese Tilgung, die „de plein droit, par la seule force de la loi, même à l'insu des débiteurs“ erfolgt, wirkt nur, wenn eine Partei sich darauf beruft, so daß es stets eines Aufrechnungsakts, einer Geltendmachung der vollzogenen Aufrechnung bedarf; PLANIOL et RIPERT: Traité prat. VII p. 623[1]. Vgl. LEWALD, 281.

[10] So mit Recht LEWALD, 283. Anders ZITELMANN, II 397; DÖLLE: RheinZ 13, 32ff., die eine Aufrechnung nur zulassen, wenn sie nach beiden Obligationsstatuten zulässig ist.

[11] Dazu GULDENER: Zession, Legalzession u. Subrogation im IntPR. Aarau 1930.

[12] Im amerikanischen Recht wird nur die Abtretbarkeit vom Obligationsstatut geprüft; die Abtretung selbst unterliegt der lex loci contractus; vgl. RG SeuffA 87, 161ff.

[13] RG 65, 358.

[14] Bedarf es nach dem Obligationsstatut der Übereignung einer Urkunde, z. B. eines Wertpapiers, so hat diese nach der lex cartae sitae zu geschehen. RG, SeuffA 87, 161ff.

[15] So nach der lex Anastasiana, die sich in manchen Rechten in der (deutschrechtlichen) Gestalt eines Näherrechts (Retraktrechts) wieder findet: wird eine Forderung verkauft, so ist der Schuldner „näher als ein Fremder“ und mag den Zessionar auskaufen; code civil art. 1699; für niederländ. Recht: HECHT-KOHLER: Z. f. HandelsR 59, 333f.

ein gültiges Kausalverhältnis *vorliegt* und welche Wirkungen es erzeugt, entscheidet sich möglicherweise nach einer anderen Rechtsordnung (dem Statut des Kausalverhältnisses).

Die Verpflichtungen aus dem Kausalverhältnis (z. B. die Pflicht aus Forderungskauf oder die gesetzliche Pflicht zur Zession kraft eines beneficium cedendarum actionum[16]) sind von den Verpflichtungen aus der Zession selbst zu scheiden. So ist, wenn die abgetretene Forderung dem deutschen Recht unterworfen ist, der Zedent aus § 402 zur Auskunft verpflichtet, ohne daß es darauf ankommt, ob auch das Kausalverhältnis, das einem ausländischen Recht unterworfen sein mag, solche Auskunftspflicht erzeugt. So ist ferner die Frage, inwieweit der Zedent dem Zessionar für Bestand und Güte der Forderung einzustehen hat, in manchen Rechten (so im BGB § 437) aus dem Kausalverhältnis, in anderen Rechten (Frankreich, Italien) auch aus der Zession selbst zu beantworten.

Ob ein *gesetzlicher* Übergang einer Forderung (cessio legis) kraft Befriedigung des Gläubigers eintritt, ist eine Frage desjenigen Rechts, dem das Rechtsverhältnis zwischen dem bisherigen Gläubiger und dem ihn befriedigenden Dritten unterworfen ist: der zahlende Bürge, Versicherer oder Drittverpfänder erwirbt die Forderung nur, wenn das Statut, dem die Bürgschaft oder der Versicherungsvertrag unterworfen ist, das Recht des Orts, an dem das Pfand gelegen ist, solchen gesetzlichen Übergang anordnen. Entsprechend erwirbt der Legatar die vermachte Forderung ipso jure nur, wenn das Erbstatut (das Heimatsrecht des Erblassers) ein Vindikationslegat zuläßt. Kann nach diesem Statut der gesetzliche Übergang eintreten, so ist aber außerdem nötig, daß alle Normen gewahrt werden, die das Obligationsstatut (d. h. die Rechtsordnung, die die Hauptforderung beherrscht) zum Schutze des Schuldners aufstellt[17], z. B. eine Anzeige an den Schuldner geschieht, wenn die Forderung dem französischen Recht unterworfen ist (art. 1690 code civil).

V. Eine *Schuldübernahme* kann nur eintreten, wenn das bisherige Obligationsstatut sie kennt und dessen Normen befolgt sind. So wird bei einer dem deutschen Recht unterworfenen Schuld der bisherige Schuldner frei, wenn (ohne sein Wissen) ein Dritter mit dem Gläubiger einen Übernahmevertrag (§ 414 BGB) schließt, mag auch dieser Vertrag einem fremden Recht unterworfen sein. Voraussetzung für das Freiwerden des Altschuldners ist aber — bei dem, was man heute Schuldübernahme nennt[18] — daß statt seiner der Dritte wirklich Schuldner wird. Ob er es wird, entscheidet sich nicht notwendig nach dem alten Obligationsstatut; vielmehr ist für das Rechtsverhältnis, durch das er es (angeblich) wird, der Schwerpunkt selbständig zu suchen[19].

Bei einem auf Schuldübernahme gerichteten *Vertrage* wird oft anzunehmen sein, daß die Kontrahenten (seien es Alt- und Neuschuldner oder Gläubiger und Neuschuldner) das Obligationsstatut der bisherigen Schuld zugrunde legen wollen (oder bei Überlegung wollen würden). Aber es kann anderes vereinbart werden oder sich aus den Umständen als gewollt oder hypothetisch gewollt ergeben; so dann, wenn die Schuldübernahmeabrede Teil eines umfassenden Vertrages ist, der seinen Schwerpunkt in einem anderen Rechte hat. Verkauft z. B. ein deutscher Grundeigentümer sein Grundstück einem Deutschen in Deutschland und wird dabei Übernahme der hypothekarisch gesicherten Schulden in Anrechnung auf den Kaufpreis ausgemacht, so ist dieser Vertrag deutschem Recht unterworfen, auch wenn eine der übernommenen Schulden kraft Parteiautonomie unter Schweizer Recht stehen sollte. Damit der Erwerber Schuldner werde, muß also § 416 BGB erfüllt sein; zugleich muß aber Art. 832 Abs. 2 SchwZGB gewahrt werden, damit der Altschuldner frei wird: m. a. W. die Schuldübernahme gelingt nur, wenn 1. die Eintragung des Erwerbers im Grundbuch schon geschehen ist, der Veräußerer dem Hypothekengläubiger die Schuldübernahme schriftlich mitteilt und dieser darauf genehmigt oder 6 Monate schweigt und 2. die Jahresfrist des Schweizer Rechts, die von der Mitteilung der Grundbuchbehörde an läuft (Art. 834 ZBG), abgelaufen ist.

Bisweilen ist die kumulative Schuldübernahme die *gesetzliche* Wirkung einer *Vermögensübernahme* (so nach § 419 BGB) oder der Übernahme eines Handelsgeschäfts (§ 25 HGB): für die Frage, ob diese Wirkung eintritt, ist das Statut maßgebend, das den Vermögens- oder Geschäftsübergang bestimmt.

---

[16] LEWALD, 275. [17] So m. E. überzeugend LEWALD, 276.

[18] Reprise de dette, Eintritt in die bestehende Schuld; im Gegensatz zur Novation mit Schuldnerwechsel (expromission).

[19] Vgl. ZITELMANN, II 395f.; FRANKENSTEIN, II 268f., die aber — konsequent — stets an das Personalstatut des Neuschuldners anknüpfen. — Nicht zutreffend m. E.: RG JurW 1932, 3811.

Wo, wie in Deutschland, ein Vermögen nicht uno actu, sondern durch Übertragung der einzelnen Vermögensstücke (Auflassung und Eintragung bei Grundstücken, Tradition der Fahrnis usw.) übergeht, ist das Statut maßgebend, in dessen Bereich die Vermögensstücke liegen. Liegen sie in mehreren Rechtsgebieten, so tritt die Schuldübernahmewirkung möglicherweise nur in einem der Gebiete ein, und sie kann dann nur die dort belegenen Sachen als Haftungsobjekte ergreifen. — Ob die Übernahme eines Handelsgeschäfts eine Schuldübernahme bewirkt, wird nach dem Rechte des Sitzes des Unternehmens zu bestimmen sein[20].

VI. Bei *Gesamtschuldverhältnissen* kann für jedes der Schuldverhältnisse verschiedenes Recht gelten. Gesetzliche Rückgriffsrechte unter den Gesamtschuldnern bestehen nur, wenn sie nach beiden Rechtsordnungen bestehen[21].

VII. Angelehnte (akzessorische) Schulden entstehen durch *Bürgschaft*[22]. Sie setzen den Bestand der Hauptschuld voraus; ob diese besteht, und wie hoch sie ist, bestimmt sich nach ihrem Obligationsstatut. Ob, wenn sie besteht und bis zu ihrer Höhe, die Schuld des Bürgen entstanden ist, bestimmt sich nach einem eigenen Statut, das selbständig nach allgemeinen Grundsätzen zu ermitteln ist[23]: die Parteiautonomie entscheidet; fehlt es an einer Vereinbarung, so gilt das Recht des Erfüllungsorts der Bürgenschuld; die gesetzliche Bürgschaft des § 1251 Abs. 2 Satz 1 BGB tritt ein, wenn die Pfandsache sich zur Zeit der Besitzerlangung durch den neuen Pfandgläubiger in Deutschland befindet; die des § 571 Abs. 2 Satz 1 besteht für deutsche Mietsgrundstücke. Nach dem Bürgschaftsstatut richtet es sich, ob der Bürge selbstschuldnerisch oder subsidiär haftet, und letzterenfalls, ob er nur eine Einrede hat oder ob die Insolvenz des Hauptschuldners Klagevoraussetzung ist; weiter ob er die Einreden des Hauptschuldners, ob er ein Aufrechnungs- und Anfechtungsrecht hat.

Über die Frage des Übergangs der Hauptforderung auf den leistenden Bürgen vgl. oben S. 95.

§ 27. Die Geldschuld.

NEUMEYER: Int. VerwaltungsR III 2 S. 118ff. — SCHLEGELBERGER: Z. f. ausl. u. intern. PR 3 (1929) 69ff. — NUSSBAUM: IntPR 251ff. — MELCHIOR, 272ff. — ECKSTEIN: Geldschuld u. Geldwert im materiellen u. internationalen PR (1932) 103ff. — FRANKENSTEIN, II 196ff. — ERICH KAUFMANN: Deutsche Hypothekenforderungen in Polen (1922) 43ff. — K. WAHLE in den Gutachten für den VI. deutschen Juristentag in der Tschechoslowakei 1933, 181ff.

I. Auch der Inhalt der Geldschuld richtet sich nach dem allgemeinen Obligationsstatut (dem vertraglich vereinbarten oder dem für den Einzelfall zu ermittelnden Recht, äußerstenfalls dem Recht des Erfüllungsorts), wenn nicht das „Zahlungsgeschäft" vertraglich einem besonderen Rechte unterworfen worden ist.

Es ist schon früher erwähnt, daß solche Sonderanknüpfung des Zahlungsgeschäfts besonders bei öffentlichen Anleihen, die auf „bunte Währung" gestellt sind, häufig ist: so wenn die Schuld nach Wahl des Papierinhabers in Wien in Kronen, in Berlin in Reichsmark, in Zürich in Schweizer Franken usw. zu zahlen ist. In solchen Fällen unterwerfen sich die Parteien für das Zahlungsgeschäft im Zweifel dem Recht des Orts, an dem der Gläubiger die Zahlung verlangen wird[1].

Aus dem Obligationsstatut ergibt sich daher:

1. *welcher Währung* Geld geschuldet wird. Ist insbesondere der Ausdruck der vertraglichen Geldschuld-Benennung mehrdeutig („Franken", die französische oder Schweizer Franken sein können, „Kronen": dänische oder schwedische), so gelten die vom Obligationsstatut gegebenen Auslegungsregeln;

Ist z. B. in einem dem deutschen Recht unterworfenen Handelsgeschäft zwischen einem deutschen Verkäufer und einem in Malmö wohnenden dänischen Käufer der Kaufpreis in Kronen festgestellt, so gilt § 361 HGB, wonach unter den Kronen schwedische Kronen zu verstehen sind.

---

[20] Vgl. NUSSBAUM, 210[7].

[21] Vgl. FRANKENSTEIN, II 232f. Bei Doppelversicherung: § 59 Abs. 2 Satz 2 VersichVertragsGes. v. 30. Mai 1908.

[22] LETZGUS: Z. f. ausl. u. intern. PR 3, 837ff. [23] RG 54, 315; 137, 11.

[1] RG 118, 374; 126, 205ff. Vgl. oben § 25[13].

2. ob der Geldschuldner, der ausländische Währung schuldet, *nur* Geld dieser Währung oder ob er auf Grund einer *Umrechnung* Geld inländischer Währung leisten oder gar der Gläubiger solches Geld verlangen darf. Doch gibt das deutsche Recht hier eine versteckte Kollisionsnorm (§ 244 BGB)[2], indem es das Recht des Zahlungsorts dann entscheiden läßt, wenn er in Deutschland liegt; jeder Geldschuldner, der in Deutschland zu leisten (d. h. regelmäßig: in Deutschland das Geld abzusenden) hat, hat im Zweifel das Umrechnungsrecht. Das gilt auch dann, wenn das deutsche Recht nicht das Obligationsstatut ist: so wenn der Kaufvertrag dem französischen Recht unterworfen ist, der Käufer aber in Deutschland wohnt und hier Franken zu zahlen hat. Ist umgekehrt der Vertrag dem deutschen Recht unterworfen, aber die Geldschuld im Ausland zu erfüllen, so wird die in § 244 versteckte Kollisionsnorm analog anzuwenden sein[3]; d. h. ob der Schuldner den in Reichsmark ausgedrückten Kaufpreis in der Währung des Zahlungsorts leisten darf, entscheidet das Recht des Zahlungsorts.

Ist das Obligationsstatut ein ausländisches Recht *und* die Geldschuld im Ausland (vielleicht in einem dritten Land) zu erfüllen, so bewendet es bei dem Satze, daß über das Umrechnungsrecht des Schuldners das Obligationsstatut, und nicht das Recht des Zahlungsorts, entscheidet.

Ob der *Gläubiger* ein Umrechnungsrecht hat, ob also eine facultas alternativa creditoris besteht, kraft der er statt des ausgedrückten Fremdwährungsgeldes eigene Währung fordern kann, entscheidet stets nur das Obligationsstatut. Ist die Schuld dem deutschen Recht unterworfen, so besteht solch Umrechnungsrecht nicht.

Wenn nach dem Vertrage mehrere Zahlungsorte zur Wahl des Gläubigers oder des Schuldners stehen, so kommt die Kollisionsnorm des § 244 BGB nur zur Anwendung, wenn der Wahlberechtigte einen deutschen Zahlungsort wählt oder wenn die Schuld dem deutschen Recht unterliegt.

Das Umrechnungsrecht aus § 244 Abs. 1 BGB kann vertraglich wegbedungen werden; das geschieht dadurch, daß Zahlung in ausländischer Währung „ausdrücklich" bedungen wird. Es kann aber auch dadurch geschehen, daß die Parteien vereinbaren, für die Frage der Umrechenbarkeit solle trotz des deutschen Zahlungsorts nicht § 244, sondern das Obligationsstatut gelten, daß sie also die in § 244 enthaltene Internationalprivatrechtsnorm wegbedingen. Es ist m. E. nicht richtig, diese Norm als eine solche des deutschen ordre public aufzufassen[4].

3. Dasselbe gilt für die Frage, *nach welchem Maßstab* umzurechnen ist. Nach deutschem Internationalprivatrecht ist dafür das Recht des Zahlungsorts bei den in Deutschland erfüllten und wohl auch bei allen dem deutschen Recht unterworfenen im Ausland erfüllten Geldschulden maßgebend; § 244 Abs. 2 BGB.

Die Umrechnung geschieht gemäß § 244 Abs. 2 nach dem (Brief-)Kurs, den ausländische Noten am Zahlungsort zur Zeit der tatsächlichen Zahlung[5] haben.

II. Veränderungen der Währung, wie sie besonders in Krisenzeiten nicht ausbleiben, sind von zweierlei Art.

1. Rein geld*rechtliche* Änderungen: der Übergang von der Silber- zur Goldwährung, die Einführung neuer Münzen, neuer Arten von Geldscheinen, die Ausstattung von Banknoten mit Legalkurs (cours légal) oder mit Zwangskurs (cours forcé) u. dgl. Solange man die Geldschuld „metallistisch" als Schuld eines bestimmten Quantums Edelmetall auffaßte, solange man in dem Geld einen „geprägten

---

[2] Daß § 244 eine Kollisionsnorm enthält, hat wohl zuerst Th. Kipp (Windscheid-Kipp: Pandekten[9] I 151, II 54) beobachtet, ohne daß aber m. E. die allgemeinen Schlüsse für die Bestimmung des Obligationsstatuts, die er zieht, gezogen werden dürfen.

[3] Anders — auf Grund der Entstehungsgeschichte — Melchior, 285ff.

[4] Wie Melchior, 285 zu Anm. 3 anregt.

[5] RG 101, 312. Anders nach der WO Art. 37, wo die Zeit der Fälligkeit („Verfallzeit") entscheidet. Die Lösung des BGB ist vorzuziehen. Nach dem Genfer Wechselgesetz Art. 41 (Deutsch. WG v. 21. Juni 1933 Art. 41) entscheidet, wie nach WO Art. 37, die Fälligkeitszeit; doch kann, wenn der Wechselschuldner in Verzug ist, der Gläubiger nach seiner Wahl Umrechnung vom Fälligkeits- oder vom Zahlungstage fordern. — Für Schecks gilt nicht Art. 37 WO, sondern BGB § 244 Abs. 2. Das Genfer ScheckRAbk. v. 1930 Art. 36 läßt aber dieselben Sätze gelten wie beim Wechsel.

und beglaubigten Barren" sah[6], bestand im Falle eines Währungswechsels sowohl übergangsrechtlich wie internationalprivatrechtlich ein Problem. Im (inneren) Übergangsrecht wurde hier oft gesetzlich eine Umrechnungsnorm geschaffen; war sie auf das Wertverhältnis abgestellt, das zwischen dem alten und dem neuen Währungsmetall zur Zeit der Geldänderung bestand (so z. B. im deutschen Münzgesetz vom 9. Juli 1873), so war sie auch internationalrechtlich für maßgebend zu halten; anders wenn sie (nicht selten von wuchernden Staaten und Herrschern) dahin gestaltet wurde, daß der schlechten neuen Münze die Zahlkraft der besseren alten beigelegt wurde. Die größten Zweifel entstanden, wenn eine Umrechnungsnorm völlig fehlte.

Die metallistische Auffassung der Geldschuld ist verschwunden[7]. Überall herrscht heute der „Nominalismus" (Chartalismus): geschuldet wird die Übereignung solcher Sachen, die zur Zahlungszeit Geld sind, und so vieler derartiger Sachen, daß die in ihnen verbrieften Rechnungsgrößen nach ihrem Nennbetrage zusammen die geschuldete Geldsumme ergeben[8]. Welche Sachen Geld sind, und mit welchem Nennbetrage (Nennwert) sie es sind, entscheidet die Rechtsordnung, und zwar heute regelmäßig staatlich gesetztes Recht[9].

Das dem Gelde wesentliche Vertrauen der Verkehrsgenossen darein, daß man gegen Hingabe der Geldzeichen Güter verschiedenster Art werde erwerben können, ruht nicht notwendig in den Eigenschaften des Edelmetalls und gründet sich heute, da Metallgeld zum großen Teil durch nicht voll gedecktes Papiergeld ersetzt ist, auf das Vertrauen in den geldausgebenden Staat (seine Wirtschaft, seine Finanzen, seine Politik, seine Aussichten). Dieses Vertrauen erfaßt auch den den Geldstücken vom Staate verliehenen Nennwert.

Wer ins Ausland verkauft und der eigenen Währung weniger vertraut als der des Käuferlandes oder auch dieser weniger als einer dritten Währung, mag sich Zahlung des Kaufpreises in der ihm vertrauenswert scheinenden Währung versprechen lassen, oder, wenn er der Währung keines Staates der Erde vertraut, Zahlung in Edelmetall ausbedingen. Wählt er aber eine staatliche Währung, z. B. die englische, so gibt er damit seinem Vertrauen in das Gebaren des englischen Staates auf geldpolitischem Gebiet Ausdruck. Wird er in diesem Vertrauen getäuscht, werden z. B. die ihm durch Vertrag v. 1. Sept. 1931 versprochenen 10000 englischen £ infolge der Einstellung der Goldeinlösung in ihrer Kaufkraft wenige Wochen später um ein Viertel oder mehr geniedert, so kann er nicht etwa den Goldbetrag von 10000 £ fordern, sondern leidet wie jeder zu unrecht Vertrauende.

Welche Rechtsordnung die Entscheidung darüber trifft, ob eine Sache Geld ist und welchen Nennwert sie hat, kann nicht zweifelhaft sein: es ist die Rechtsordnung, die den Sachen die Geldnatur und einen bestimmten Nennwert verleiht: das sog. *Währungsstatut*[10].

Was 1000 Reichsmark sind, bestimmt keine andere als die deutsche Rechtsordnung; das außerdeutsche *Obligationsstatut*, dem eine Geldschuld von 1000 RM. unterworfen sein mag, enthält keinen Satz über den Sinn einer solchen Bezeichnung. Es gibt insbes. keine Rechtsordnung der Welt, die heute noch, nach Überwindung des Metallismus, erklärte: 1000 deutsche Reichsmark seien 100/279 kg Feingoldes.

So ist auch bei einer geldrechtlichen *Veränderung* nur das Währungsstatut, nicht

---

[6] So noch L. GOLDSCHMIDT: HB des Handelsrechts I 2 S. 1093, 1074 (1868); BEKKER: Couponsprozesse der österr. Eisenbahngesellschaften (1881) 93ff., 121.

[7] In bereinigter Form lebt sie in der sog. „valoristischen" Auffassung der Geldschuld fort, wonach „ein bestimmter wirtschaftlicher oder Vermögenswert" in Geld geschuldet werde. Die bedeutendste Arbeit dieser Richtung ist die F. ECKSTEINS (der S. 131 einige Vorläufer nennen kann). Diese Lehre krankt m. E. an der Unbestimmtheit und damit rechtlichen Unbrauchbarkeit des Begriffs „wirtschaftlicher Wert": einen „üblichen" Sinn dieser Worte, eine Bedeutung, die „dem täglichen Leben" angehörte (ECKSTEIN S. 3), gibt es nicht. — Keinesfalls stellt diese Lehre geltendes Recht dar.

[8] Vgl. MARTIN WOLFF in EHRENBERGS HB d. Handelsrechts IV 1 (1917) 637.

[9] Vgl. dazu die berühmten Worte KNAPPS (staatliche Theorie des Geldes 1905): das Geld sei „ein Geschöpf der Rechtsordnung". Zu KNAPPS Lehre, die manche Übertreibungen enthalten würde, wenn man sie der Absicht des Verfassers zuwider als Jurist würdigen dürfte, die in der vorigen Anm. bezeichnete Schrift 566[6], 568[12], 571f.

[10] Vgl. Haager Cour perman., Journal Clunet 1929, 1005 betr. die Serbischen Goldanleihen.

das Obligationsstatut, imstande, den Maßstab für die Umrechnung der Geldschuld zu geben.

a) Beschränkt sich die Veränderung auf die Einführung neuer Arten von Münzen oder Scheinen (Schaffung silberner 10-RM-Stücke, staatlicher Kassenscheine, hochwertiger Banknoten nach englischem Muster u. dgl.), so behält die Schuld ihren Nennbetrag[11], und sie ist in denjenigen Geldsorten zu erfüllen, die zur Zahlungszeit von dem Währungsstatut als Geld anerkannt sind.

b) Wird eine *Währung* durch die andere *ersetzt* (die Talerwährung durch die deutsche Markwährung, die Markwährung durch die Reichsmarkwährung, die Danziger Markwährung durch die Guldenwährung usw.), so ist eine *Umrechnung* der auf die alte Währung gestellten Schulden auf die neue Währung nötig. Sie kann wieder nur auf Grund des Währungsstatuts geschehen, da das davon etwa verschiedene Obligationsstatut die Frage nicht beantwortet. Eine 1870 in Österreich begründete und dortigem Recht unterworfene Schuld von 1000 Talern war seit dem 1. Jan. 1876 eine Schuld von 3000 M der deutschen Goldwährung (also in 300 goldenen Zehnmarkstücken) zu tilgen, mochte auch der Silberpreis seither um ein Viertel gesunken sein[12]. Jedes moderne Währungsgesetz regelt den „rekurrenten Anschluß" der neuen Währung an die alte[13], und man hat (übertreibend) geradezu gesagt, daß in einer nominalistischen Geldwirtschaft das Geld *nur* durch seinen rekurrenten Anschluß definiert werde: 1 Mark sei zu definieren als $^1/_3$ Taler, eine Reichsmark als 1 Billion Mark.

2. Anders zu beurteilen ist der Einfluß von *Veränderungen der Kaufkraft* des Geldes (Geldentwertung, Geldwertsteigerung) auf den Inhalt des Schuldverhältnisses. Hier entscheidet das *Obligationsstatut*, sowohl dann, wenn es sich darum handelt, ob der Geldschuldner oder der Geldgläubiger wegen der Kaufkraftveränderung ein Rücktritts- oder Kündigungsrecht hat, wie dann, wenn eine Aufwertung oder Abwertung der Geldschuld selbst in Frage steht. So gilt insbesondere das deutsche *Aufwertungsrecht*, sei es das aus § 242 BGB entwickelte, sei es das Aufwertungsgesetz vom 16. Juli 1925, grundsätzlich nur dann und stets dann, wenn die aufzuwertende Geldschuld dem deutschen Recht unterworfen ist.

a) Nicht jede auf „Mark" gestellte Schuld ist daher aufzuwerten. Die Aufwertungsnormen sind keine währungsrechtlichen Normen[14] (der zu 1 behandelten

---

[11] Ob die neuen Münzen stoffwertärmer sind als die alten, ob neue Papiergeldscheine in größerer Menge geschaffen sind als zur Zeit der Schuldentstehung vorhanden, ist also *in diesem Zusammenhang* bedeutungslos. Vgl. aber unten zu 2.

[12] Diese Frage wurde vor allem in den Streitigkeiten deutscher Gläubiger gegen österreichische Eisenbahngesellschaften aus den Zinscoupons der vor 1871 ausgegebenen Obligationen ausgetragen. Die Obligationen und Coupons lauteten auf „bunte Währung", z. B. „200 Gulden österr. Währung gleich 133$^1/_3$ Taler der Talerwährung". Als nach Übergang Deutschlands zur Goldwährung das Silber stark sank (das Verhältnis von Gold zu Silber ging rasch von 1 : 15$^1/_2$ auf 1 : 19) und hierdurch die österreichischen Silbergulden stark entwertet wurden, weigerten sich die Eisenbahngesellschaften, ihre deutschen Gläubiger in deutschem Gelde zu bezahlen. Wenn man annahm, daß die Gesellschaften sich überhaupt verpflichtet hatten, nach Wahl des Gläubigers in deutschem oder in österreichischem Geld zu zahlen (das war zu bejahen), so war das internationalprivatrechtliche Problem das: war die deutsche Umrechnungsnorm (1 M. = $^1/_3$ Taler) auch dann maßgebend, wenn Obligationsstatut das österreichische Recht war? Die Frage war zu bejahen und wurde von den deutschen Gerichten überwiegend bejaht. Vgl. ROHG 23, 205ff.; 25, 41ff.; RG 1, 23; 6, 126ff.; 19, 48ff. Aus der Lit. insbes. HARTMANN: Internat. Geldschulden 1883.

[13] Ausdruck KNAPPS, staatl. Geldtheorie 12ff. Dazu die oben Anm. 8 genannte Darstellung des Geldrechts S. 571f., 644f.

[14] Überwiegende Praxis und Lehre. Die „Schuldrechtstheorie" wird vertreten besonders von FRANKENSTEIN, II 222f.; SCHLEGELBERGER a. a. O.; REICHEL: JurW 1928, 3146 u. Festschr. f. d. 24. Deutschen Anwaltstag 1929, 441ff.; MELCHIOR: JurW 1926, 2345; Z. f. Ostrecht 1928, 502; Grundlagen d. IntPR 295ff. und RG 119, 259; 120, 70ff.; JurW 1930, 1587; 1932, 1049; BayrObLG, IPRechtspr 1931 (Sonderheft d. Z. f. ausl. PR 1932) 16; RG ebenda S. 62f.; RG Warneyer Rspr 25 (1933) 228 und andere Entscheidungen (vgl. MELCHIOR, 300[1]). Die gegenteilige Auffassung, daß das Aufwertungsrecht Währungsrecht oder Annex des Währungsrechts sei, daher nicht dem Obligations-, sondern dem Währungsstatut unterworfen sei, findet sich nur in wenigen RGEntscheidungen (120, 279; JurW 1932, 583 u. a.) und wird vor allem von NEUMEYER: JurW 1928, 137ff.; Intern. VerwR III 2, 350ff.; NUSSBAUM: Bilanz der Aufwertungstheorie 33ff.; LEWALD, 29f. vertreten. — Die Währungstheorie wird in der ausländischen Rechtsprechung und Literatur allgemein abgelehnt; man entscheidet Aufwertungsfragen nach der lex causae. Nachweisungen bei MELCHIOR, 302ff.

Art); sie haben den rekurrenten Anschluß (1 RM = 1 Billion Mark) nicht geändert. Ist also die *Markschuld ausländischem Recht* unterworfen, so ist zu prüfen, ob nach dem ausländischen Recht die Geldwertänderung zu einer Änderung des Vertragsinhalts führt.

Die Prüfung ist nicht immer einfach. Die Aufwertungsgesetze des Auslands (Danzig, Memelgebiet, Polen, Ungarn, Litauen u. a.) beziehen sich regelmäßig nur auf solche Geldschulden, die in der eigenen Währung des Landes ausgedrückt sind, sind also auf auslandsrechtliche Markschulden meist nicht anwendbar. Aber auch diejenigen Länder, die (wie Frankreich und England) die Aufwertung versagen, denken dabei in erster Linie an Schulden eigener Währung, da das Aufwertungsverbot regelmäßig der Sicherung der Landeswährung im öffentlichen Interesse dient (besonders deutlich in Frankreich). Es ist daher eine Frage der Auslegung der *allgemeinen* schuldrechtlichen Normen des Obligationsstatuts, vor allem der Normen, die die Pflichten des Schuldners dem Gebot von Treu und Glauben (z. B. Code civil art. 1134 Abs. 3) unterwerfen, ob danach eine Aufwertung geboten ist. Die Judikatur des Auslands gibt hie und da Anhaltspunkte[15].

b) Eine auf *Auslandswährung* lautende, aber dem *deutschen Recht* unterstehende Schuld, z. B. eine deutschrechtliche Schuld englischer Pfunde, ist dann aufzuwerten, wenn das dem deutschen Recht entspricht. Da das deutsche Aufwertungsgesetz nur von Markschulden handelt, kommt hier allein § 242 BGB in Betracht.

Nach deutscher Auffassung entspricht es grundsätzlich nicht Treu und Glauben, eine deutsche Forderung auf Auslandswährung dann aufzuwerten, wenn die Währung in ihrer Heimat nicht aufgewertet wird. Anders nur dann, wenn die Entwertung der ausländischen Valuta so weit vorgeschritten ist, daß es angemessen ist, „die Notmaßnahmen, die die *katastrophale* Geldentwertung in Deutschland erforderlich gemacht hat, nun auch auf Forderungen auszudehnen, die mit der Entwertung der deutschen Mark nichts zu tun haben“[16]. Danach ist die Aufwertung deutschrechtlicher Schulden französischer oder belgischer Franken, englischer £, niederländischer Gulden, nordamerikanischer Dollar oder italienischer Lire abzulehnen[17], während Schulden auf österreichische und ungarische Kronen deswegen aufgewertet worden sind, weil es sich um eine „wertlos gewordene“ Leistung handelte[18].

c) Unter Umständen greift die *Vorbehaltsklausel* (Art. 30 EG, § 328 Nr. 4 ZPO) ein, vor allem gegenüber solchen ausländischen Urteilen, die eine dem deutschen Recht unterworfene Markforderung dem deutschen Aufwertungsrecht zuwider nicht aufwerten[19].

Dagegen sollte keine Rede davon sein, daß die Nichtaufwertung einer ausländischem Recht unterworfenen Markforderung dem Zwecke eines deutschen Gesetzes widerspräche oder gar, daß sie gegen die guten Sitten verstieße[20].

d) Nicht währungsrechtlicher Art sind Eingriffe des Gesetzgebers in bestehende *Goldklauseln*, z. B. die deutsche KriegsVO vom 28. Sept. 1914, die alle vor dem 31. Juli 1914 vereinbarten Goldklauseln für unverbindlich erklärte. Der räumliche Geltungsbereich solcher Eingriffe ergibt sich aus ihren Zwecken: den Goldabfluß zu verhindern und den Schuldnern den Nachweis des Leistungsunvermögens und die Last des entstehenden Disagios zwischen Gold und Papiergeld abzunehmen. Sie richten sich daher in der Regel nur gegen Zahlungen, die innerhalb des Staatsgebiets oder durch eigene Staatsangehörige erfolgen würden, nicht gegen Zahlungen, die im Auslande durch Ausländer (an in- oder ausländische Gläubiger) geschehen. Die gesetzlichen Eingriffe eines Staates in bestehende Goldklauseln

---

[15] Schwankende Praxis in den Niederlanden und in den Vereinigten Staaten von Amerika. Ablehnend gegen die Aufwertung von Markforderungen: England, Dänemark u. a. Günstiger die Schweizer Praxis, die trotz Maßgeblichkeit des Schweizer Rechts bei Markschulden mit der Vermutung hilft, daß die Parteien eine Aufwertung gewollt haben. Einzelnes bei MELCHIOR, 302ff.; HARMENING: RVglHWB II 297ff.

[16] RG JurW 1925, 1987.

[17] Französ. Frcs.: RG JurW 1925, 1987; 1926, 1323; niederländ. Gulden: RG, DRichterZtg 1925 Nr. 200; italien. Lire: OLG München, Rechtspr d. Oberlandesgerichte 46, 78; belgische Frcs.: KG, JurW 1929, 446; englische Pfund: RG, Warneyer Rspr 25 (1933) 228.

[18] RG 120, 74ff. (österr. Kronen); KG IPRechtspr 1931 (Sonderheft 1932) 213 (ebenso); KG IPRechtspr 1929 (Sonderheft 1930) 64 (ungar. Kronen).

[19] RG 114, 171ff. [20] Zutreffend: RG 119, 259ff. Vgl. RG 132, 193ff.

dürfen aber der Entscheidung nur dann zugrunde gelegt werden, wenn der Richter das Recht dieses Staats überhaupt anzuwenden hat, d. h. wenn dieses Recht Obligationsstatut ist.

Haben z. B. zwei Deutsche einen Vertrag über Dollar mit Goldklausel abgeschlossen, so kommt die amerikanische Aufhebung der Goldklauseln 1933 für diesen Vertrag nicht in Betracht. Anders nur dann, wenn der Vertrag zwar deutschem Recht unterliegt, aber in den Vereinigten Staaten der Erfüllungsort liegt; worüber oben § 15 VI 2b.

Soweit die Eingriffe in die Goldklauseln das Vermögen ausländischer Gläubiger verletzen, werden sie im Auslande als *Enteignungen* ohne Entschädigung anzusehen und daher nur soweit anzuerkennen sein, als die Schuld im Gebiete des enteignenden Staats lokalisiert erscheint[21].

III. Bei *Gebietsabtretungen*, wie sie der Versailler Vertrag gebracht hat, erhebt sich die Frage nach dem Schicksal der Geldschulden, die in dem abgetretenen Gebiet ihren Schwerpunkt haben, z. B. der vor dem Krieg mit Erfüllungsort in Posen, Danzig, Straßburg, Nordschleswig begründeten Schulden, mögen sie hypothekarisch gesichert sein oder nicht, mag das Pfandgrundstück in dem abgetretenen Gebiet oder im Stammland oder in einem dritten Staate liegen.

Die Geldschuld bleibt, wie jede Schuld, grundsätzlich dem Recht des Staats unterworfen, dem sie vor der Abtretung unterworfen war. Aber da der neue Gebietsstaat jetzt die Herrschaft hat, kann er den Schuldinhalt abweichend vom bisherigen Recht bestimmen. Solche Neuordnung wirkt jedoch außerhalb des neuen Gebietsstaats nur dann, wenn entweder die durch die Rechtsänderung berührten Parteien dem neuen Gebietsstaat angehören oder die Parteien die Geltung des neuen Gebietsrechts wollen (vgl. oben § 25 zu [35], S. 91).

Der neue Gebietsstaat (Polen, Danzig usw.) kann insbesondere eine neue Währung schaffen und die hier lokalisierten alten Geldschulden auf diese Währung umstellen (immer mit der eben gemachten Einschränkung). Bis er eine neue Währung schafft, bleibt die Geldschuld auf die bisherige Währung gestellt, die insoweit Eigenwährung des Gebietsstaats, nicht Fremdwährung ist. *Aufwertungsrecht*, das sich im Stammland entwickelt, wirkt auf den Schuldinhalt insoweit nicht ein, als es auf besonderen Aufwertungsgesetzen beruht, wohl aber (im Zweifel) soweit es aus allgemeinen Grundsätzen des Schuldrechts abgeleitet wird.

So gilt die aus § 242 BGB abgeleitete Aufwertungspflicht auch für die in den abgetretenen Gebieten lokalisierten Schulden; denn mögen auch die deutschen Gerichte erst nach der Gebietsabtretung Anlaß gehabt haben, die 1922 einsetzende sog. „katastrophale" Geldentwertung mit Hilfe des § 242 im Einzelfall zu mildern, so handelte es sich dabei nicht um die Schaffung neuen Rechts, sondern um die Anwendung eines bei Gebietsabtretung (1920) bestehenden Rechts[22].

§ 28. Deliktsschulden.

v. Schelling: Z. f. ausl. u. intern. PR 3, 854ff. — Lewald, 260ff. — Raape, 194ff. — Zitelmann, I 111f., II 464ff. — Frankenstein, II 358ff. — Nussbaum, 286ff. — Gutzwiller, 1622 (mit Lit.).

Fast in allen Ländern hat sich der Gedanke durchgesetzt, daß Voraussetzungen und Wirkungen einer unerlaubten Handlung nach dem Recht des Begehungsorts (der lex loci delicti commissi) zu beurteilen sind.

Die ältere Auffassung Savignys, wonach „die auf Delikte bezüglichen Gesetze stets unter die zwingenden, streng positiven zu rechnen sind", deshalb auf Delikte stets die lex fori anzuwenden sei (VIII 278), findet sich noch in *Griechenland*[1]; eine Kombination beider Gedanken in *England*, wo die deliktische Ersatzpflicht nach der lex fori beurteilt wird, wo aber eine Verurteilung voraussetzt, daß die Tat auch nach der lex loci delicti rechtswidrig ist.

I. Nach deutschem Recht entscheidet, wie zwischen den Zeilen des Art. 12 EG zu lesen, übrigens gewohnheitsrechtlich festbegründet ist, für unerlaubte Hand-

[21] Nussbaum, 257f. (mit Nachweisungen). [22] Vgl. RG 114, 171ff.; 139, 81.

[1] Ficker: RVglHWB IV 388.

lungen das Recht des Begehungsorts. Begehungsort ist zunächst jeder der Orte, an dem der Täter selbst oder durch eines seiner wissenden oder unwissenden Werkzeuge handelt (*Handlungsort*)[2]: durch den Briefboten, der den verleumdenden Brief an den vom Absender bestimmten Ort bringt, durch den Zeitungsausträger, der die kreditschädigende Zeitungsnachricht verbreitet. Es kann hiernach mehrere „Handlungsorte“ geben[3]. Begehungsort ist aber nach überwiegender Praxis auch jeder der Orte, an dem ein schädigender Erfolg eintritt (*Erfolgsort*)[4], gleichviel ob an diesem noch eine menschliche Handlung stattfindet: so wenn eine an der Landesgrenze liegende Fabrik fahrlässig zur Explosion gebracht und dadurch auch ein Haus jenseits der Grenze zerstört wird. Es kann auch mehrere „Erfolgsorte“ geben. Dennoch sind Handlungs- und Erfolgsort nicht gleichwertig. Auf das Recht des Erfolgsorts allein kann ein Deliktsanspruch nicht gestützt werden; aber *wenn* nach dem Recht des Handlungsorts eine unerlaubte Handlung vorliegt, und nach eben diesem Recht der Erfolg als durch die Handlung verursacht anzusehen ist, so kann der Geschädigte sich auch auf das Recht des Erfolgsorts berufen, um Ansprüche geltend zu machen, die er nach dem Recht des Handlungsorts nicht hätte (z. B. auf Geldersatz, statt Naturalherstellung, oder auf Ersatz des dommage moral). Sind mehrere Handlungsorte vorhanden, z. B. weil der Täter den Angegriffenen im Eisenbahnabteil nach der Abfahrt von Aachen in Deutschland betäubt und jenseits der belgischen Grenze aus dem Abteil hinausgeworfen hat, so kann der Verletzte sich nach Belieben auf jedes der Ortsrechte berufen[5], und der Richter hat von Amts wegen nach dem für den erhobenen Anspruch günstigeren Rechte zu entscheiden.

II. Das Recht des Begehungsorts ist *maßgebend*:

1. für den *Tatbestand* der unerlaubten Handlung; demnach auch für die *Deliktsfähigkeit*, die also abweichend von der Geschäftsfähigkeit nicht an das Personalstatut angeknüpft wird. Soweit sich das Delikt gegen ein bestimmtes *subjektives Recht* (Eigentum, Urheberrecht, Firmenrecht usw.) richtet, entscheidet über die Frage der Existenz dieses Rechts nicht das Deliktsstatut, sondern das Statut, dem das verletzte Recht, wenn es besteht, unterworfen ist: z. B. bei Eigentumsverletzung die lex rei sitae. Vorausgesetzt ist dabei aber, daß dieses Recht als Recht auch in demjenigen Staat anerkannt wird, in dem der Begehungsort liegt: wer z. B. im Ausland einem deutschen Patent- oder Warenzeichenrecht zuwiderhandelt, kann nicht (im Inland oder Ausland) deswegen auf Ersatz verklagt werden, weil das Patentrecht nach deutschem Recht gültig entstanden ist; denn ein Patentrecht wirkt nicht über die Grenzen des Verleihungsstaats hinaus: die Auslandsfabrikation enthielt keine „Verletzung“, sondern war rechtlich irrelevant[6]. — Nach der lex loci delicti richten sich auch die Gründe für den *Ausschluß der Rechtswidrigkeit* (Notwehr, Notstand), richtet sich das „Verschulden“, richtet sich endlich (was streitig ist) die Kennzeichnung der Handlung als einer deliktischen: eine im Ausland vorgenommene Handlung, die nach deutschem Recht Verletzung eines dem deutschen Recht unterworfenen Vertrags ist, also alle deutschrechtlichen Wirkungen der Vertragsverletzung erzeugt, kann außerdem die Deliktsfolgen des ausländischen Rechts haben, wofern sie nach dem Recht des Begehungsorts Delikt ist (vgl. oben §11);

---

[2] Dazu Raape, 204β. — Bei Unterlassungsdelikten: der Ort, an dem zu handeln wäre; RG 36, 27.

[3] RG 54, 205; 138, 246.

[4] Nachweise bei Lewald, 261. Dies auch ständige Rechtsprechung im deutschen internationalen Strafrecht (zu § 3 StrGB); doch ist hier die Problemlage eine andere.

[5] Anders, aber m. E. praktisch überspitzt, Zitelmann, II 485ff., der die Frage am gründlichsten untersucht hat.

[6] RG 118, 76; 140, 29. Genaueres bei Nussbaum, 337ff. Ein Delikt kann aber darin liegen, daß ein deutscher Gewerbetreibender zum Schaden seiner deutschen Konkurrenten seinen Gewerbebetrieb für das Ausland in unlauterer Weise ausgestaltet. Nussbaum, 340; RG 140, 29.

2. für die *Wirkungen* der unerlaubten Handlung: die Art und das Maß des Schadenersatzes (Naturalherstellung oder Geldersatz, dommage moral), die Bedeutung des konkurrierenden Verschuldens des Verletzten, die Mithaftung Dritter für die unerlaubte Handlung.

III. Maßgebend ist grundsätzlich *nur* das Recht des Begehungsorts. Allein:

1. wenn am Begehungsort kein Recht gilt (Tötung auf einer Nordpolexpedition), so wird statt dessen das Personalstatut des Täters, für den deutschen Richter also das Heimatsrecht, einzusetzen sein[7]. Delikte auf See- oder Luftschiffen werden nach dem Heimatsrecht des Schiffs beurteilt[8].

2. Eine Schutznorm für Deutsche bietet Art. 12 EG, der eine Spezialisierung der Vorbehaltsklausel des Art. 30 von bestrittenem und bestreitbarem Werte enthält. Gegen einen *Deutschen* können aus einer im Auslande vorgenommenen Handlung, die nach deutscher Auffassung[9] eine „unerlaubte Handlung" sein würde, *nicht weitergehende Ansprüche* gerichtlich oder außergerichtlich (durch Aufrechnung, Zurückbehaltung) *geltend gemacht* werden, als nach den deutschen Gesetzen begründet sind. Man hat also zu prüfen, ob der Täter zu Ersatzleistungen und zu welchen Leistungen er verpflichtet sein würde, wenn im Ausland das deutsche Recht gölte. Die Antwort auf diese Frage bietet das Maximum der Verpflichtung.

Man hat die Frage nicht so zu stellen[10]: zu welchen Leistungen würde der Täter verpflichtet sein, wenn die Tat in Deutschland begangen wäre? Wird z. B. ein in Deutschland unbekanntes französisches „Schutzgesetz" in Frankreich verletzt, so kann daraus in Deutschland geklagt werden, da das Schutzgesetz (würden §§ 823ff. BGB in Frankreich gelten) unter § 823 Abs. 2 fiele. Oder: wird ein im Ausland geschütztes Patent (das in Deutschland nicht geschützt ist) im Ausland verletzt, so kann nicht aus Art. 12 EG die Haftung abgelehnt werden.

Im einzelnen ist manches undeutlich, und die Antwort wird aus dem Geist der Vorbehaltsklausel zu finden sein.

a) Das Verbot betrifft nur die Geltendmachung weitergehender Ansprüche gegen einen *Deutschen.* Es ist ausreichend und erforderlich, daß der in Anspruch Genommene zur Zeit der letzten mündlichen Tatsachenverhandlung Reichsangehöriger oder daß er Erbe eines als Reichsangehöriger Verstorbenen ist. (Doch bleibt daneben Art. 30 EG anwendbar; vgl. oben S. 45 hinter Anm. 27.) Ist einer der Täter Deutscher, ein anderer Ausländer, so haftet dieser u. U. auf mehr als jener und sein Rückgriffsrecht gegen den deutschen Mittäter dürfte durch Art. 12 nicht verkürzt sein.

b) Maximum ist nach Art. 12 das, was der Beschädigte „nach den deutschen Gesetzen" fordern könnte. Das bedeutet nicht: was er nach dem deutschen Recht der unerlaubten Handlung fordern könnte. Könnte er z. B. nach dem BGB aus unechter Geschäftsbesorgung (§ 687 Abs. 2) oder aus ungerechtfertigter Bereicherung Herausgabe des Erlangten oder Wertersatz verlangen, und ist dieser Anspruch noch nicht verjährt, während der Deliktsanspruch nach deutschem Recht (§ 852 BGB) verjährt wäre, so kann er den unverjährten ausländischen Deliktsanspruch bis zur Höhe des Geschäftsbesorgungs- oder Bereicherungsanspruchs noch geltend machen[11].

c) Leistet der deutsche Täter in Deutschland aus Rechtsunkenntnis mehr als wozu er nach Art. 12 vom deutschen Richter verurteilt werden würde, so fragt es sich, ob er den Überschuß kondizieren kann. Die Frage ist zu verneinen, da der Täter immerhin eine auslandsrechtliche Pflicht, die freilich in Deutschland nicht Rechtspflicht war (eine hinkende Rechtspflicht) erfüllt hat. Die Erfüllung derartiger Pflichten wird oft auch in Deutschland durch den Anstand geboten sein (§ 814 BGB), und wenn sie das nicht ist, so verstößt die Aufrechterhaltung solcher Leistung doch keineswegs gegen die guten Sitten oder den Zweck eines deutschen Gesetzes, daher auch nicht gegen Art. 12 EG.

d) Haftet der Deutsche nach deutschem Recht strenger als nach der lex loci delicti, so kann u. U. in der Anwendung des milderen ausländischen Rechts ein Verstoß gegen die Zwecke eines deutschen Gesetzes liegen, so daß das strengere deutsche Recht nach Art. 30 EG anzuwenden ist. So haftet nach amerikanischem common law, wer den Tod eines Menschen verschuldet hat, den Hinterbliebenen nicht auf Schadenersatz; ist der Getötete Deutscher, so werden seine Hinterbliebenen sich auf §§ 844, 845 BGB stützen dürfen[12].

---

[7] Frankenstein, II 371. [8] RG 138, 246. [9] Anders Zitelmann, II 504.

[10] Darauf hat vor allem Zitelmann, II 506f. hingewiesen.

[11] RG 118, 143. [12] Frankenstein, II 382.

§ 29. Sonstige Verpflichtungen.

Zitelmann, II 510ff. — Frankenstein, II 384ff. — Raape, 224ff. — Nussbaum, 294ff.

Die alte, unfruchtbare Scheidung der Obligationen in solche aus Quasikontrakten und solche aus Quasidelikten — die man in internationalprivatrechtlichen Untersuchungen noch findet — führt hier nicht weiter.

I. Ersatzpflichten aus *unverschuldeter* rechtswidriger Handlung, aber auch Ersatzpflichten aus *rechtmäßigen*, aber anomalen Eingriffen (wie nach BGB § 228 Satz 2, 904 Satz 2) sind dem Recht *des Orts der Vornahme* der Handlung unterworfen. Für jene (Tierhalterhaftung, Eisenbahnhaftung usw.) hat man aber die Schutznorm des Art. 12 EG anzuwenden, wonach Deutsche nicht stärker als nach deutschem Recht haften sollen. Kraft eines argumentum a maiore ad minus muß die Schutznorm erst recht gelten, wenn es sich um eine Ersatzpflicht bei rechtmäßiger Handlung handelt, da der Deutsche, der rechtswidrig geschädigt hat, nicht günstiger stehen kann als wer es rechtmäßig getan hat.

Statt des Vornahmeorts ist, wenn die Handlung auf offenem Meer geschah, das Heimatsrecht des Schiffs einzusetzen (vgl. § 28 III 1). Das hat besonders Bedeutung für die Haftung aus einem *Zusammenstoß* von Schiffen[1]. Sind die Schiffe verschiedener Nationalität, so kann der Kläger, da ein Begehungsort auf jedem der beiden Schiffe liegt, sich auf jedes der beiden Rechte stützen[2].

Auch im Falle der *großen Haverei* entscheidet das Heimatsrecht des Schiffs, ob und unter welchen Voraussetzungen der Schiffer zur Opferung von Schiff und Ladung befugt war. Dagegen ist für die Frage der Ausgleichsansprüche nicht dieses Heimatsrecht maßgebend, sondern, wie § 835 HGB erkennen läßt, das Recht des Orts, an dem die amtliche Schadensfeststellung und Verteilung zu geschehen hat (Dispacheort): d. h. regelmäßig des Bestimmungshafens, möglicherweise des Nothafens, den das Schiff aufgesucht hat[3]. Denn die Dispache ist die Grundlage der Ersatzansprüche; die Dispacheure aber machen die Dispache auf Grund des Rechts des Vornahmeorts auf.

Das Recht, nach welchem der *Reeder haftet*, gibt auch Antwort auf die Frage, in welchem Umfange er haftet, ob unbeschränkt oder *beschränkt*, und im letzten Fall: ob gegenständlich beschränkt (mit Schiff und Fracht: deutsches System) oder rechnerisch beschränkt (englisches System), sowie ob er bei unbeschränkter Haftung ein Abandonrecht hat (französisches System)[4].

Die Frage, ob die haftenden Gegenstände *dinglich* (pfandrechtlich) haften, beantwortet sich nach der lex rei sitae, auf offener See also nach dem Heimatsrecht des Schiffs.

II. Auch bei der *auftragslosen Geschäftsbesorgung* wird der Schwerpunkt am Ort der Vornahme der Handlung zu finden sein, und nicht im Personalstatut des Geschäftsherrn (Zitelmann) oder des Geschäftsführers. Besteht die Geschäftsbesorgung in einem Vertragsabschluß, so ist das Recht der Vertragsobligation nicht notwendig das der negotiorum gestio.

Zur auftragslosen Geschäftsführung gehört auch die Tätigkeit des *Finders* und oftmals die *Bergung und Hilfeleistung in Seenot* (die freilich auch auf Vertrag beruhen kann). Dort gilt das Recht des Fundorts auch in Ansehung der Handlungen, die der Finder anderwärts vornimmt; so wenn er die Sache auf dem Wege zum Bahnhof gefunden und mit auf die Reise genommen hat. Für die Bergung in Seenot ist — auch wenn sie auf Grund Vertrags geschehen ist — der Vornahmeort maßgebend; geschieht sie auf offener See, so gilt das Heimatsrecht des geretteten Schiffs[5].

III. Zweifelhafter ist die Behandlung der Ansprüche aus *ungerechtfertigter Bereicherung*. Bisweilen wird das Recht des Erfüllungsorts, bisweilen das des Wohn-

---

[1] soweit hier nicht *materielle* Rechtseinheit auf Grund des internationalen Abk. über einheitliche Feststellung von Regeln über den Zusammenstoß von Schiffen v. 23. Sept. 1910 (RGBl 1913 S. 49) besteht, somit die Internationalprivatrechtsfrage überhaupt nicht auftaucht. Dem Abkommen gehören alle europäischen Seefahrer-Staaten, Argentinien, Brasilien und Japan an.

[2] RG 138, 246. [3] RG 38, 3. Nussbaum, 285[2]. Ficker: RVglHWB IV 482.

[4] Ficker: a. a. O. 477. Der deutsche Reeder haftet nicht stärker als nach deutschem Recht; Art. 12 EG.

[5] Freilich streitig. Vgl. Nussbaum, 296. Ficker, 483f. — Im übrigen tritt die internationalprivatrechtliche Frage hier ähnlich wie bei der Haftung aus Zusammenstoß von Schiffen zurück, da zwischen den wichtigsten Staaten durch ein Abk. v. 23. Sept. 1910 auch hier materielle Rechtseinheit in den Hauptfragen geschaffen ist.

sitzes (oder der Staatsangehörigkeit) des Schuldners für maßgebend erklärt. Meist schließt sich der Bereicherungsanspruch an einen Rechtsübergang an, den er wirtschaftlich einschränkt; deshalb ist es angemessen, ihn dem Recht zu unterwerfen, nach welchem sich jene Vermögensverschiebung selbst beurteilt.

So wird die Kondiktion wegen Schenkungswiderrufs dem Recht unterworfen sein, dem die Schenkung unterlag[6]; die Kondiktion des Verlierers gegen den Finder, der durch Zeitablauf Eigentum erworben hat (vgl. BGB § 977), ist der lex rei sitae unterworfen; desgleichen der Anspruch auf Bereicherung, der sich aus Vermischung, Verbindung, Verarbeitung ergibt (vgl. BGB § 951). Auch für die Kondiktion nicht geschuldeter Leistungen ist das Recht des Leistungsgeschäfts selbst für maßgebend zu halten; nur die Frage, ob die Leistung geschuldet oder nicht geschuldet war, ist dem Recht unterworfen, das für die Schuld, wenn diese bestände, maßgebend wäre[7].

Fünfter Abschnitt.

Sachenrecht.

Niboyet: Conflits de lois relatifs à l'acquisition de la propriété, Paris 1912. — Desbois: Journal Clunet 58 (1931) S. 281ff. — Louis Roussell: Du conflit des lois en ce qui concerne l'acquisition et la transmission entre-vifs de la propriété, Thèse, Paris 1893. — Hans Elter: Die grundsätzliche Beurteilung der Rechte an bewegl. Sachen im internat. Privatrecht, Breslau, Diss. 1914. — Diena: I diritti reali considerati nel dir. int. priv., Turin 1895. — Donle: Arch. f. öffentl. Recht Bd. 8, S. 249ff., 513ff. — Frankenstein: Mitt. d. Deutsch. Gesellsch. f. Völkerrecht 9 (1929) S. 3ff. — W. Weisflog: Der Schutz des Erwerbes beweglicher Sachen vom Nichteigentümer im IntPR. Diss. Zürich 1930. — Martin Wolff: Sachenrecht[9] (1932) §§ 25, 50, 89, 125, 126 VIII, 128 VI, 158, 179; RVglHWB IV 390ff. — Heck: Grundriß des Sachenrechts (1930) S. 483f. — Zitelmann, II 301ff. — Frankenstein, II 1ff. — Gutzwiller, 1590ff. — Lewald, 169ff. — Nussbaum, 298ff.

§ 30. Die Einteilung der Sachen.

I. Alle materiellen Rechte teilen die (körperlichen oder unkörperlichen) Herrschaftsobjekte (Sachen im weiteren Sinne) ein: in bewegliche und unbewegliche, verbrauchbare und unverbrauchbare, vertretbare und nicht vertretbare. Bei den beiden ersten Gruppierungen ist der Einteilungsmaßstab recht verschieden.

So erklären manche Rechte die Hypotheken, die Forderungen auf Grundstücksübereignung für beweglich, andere Rechte erklären sie für unbeweglich; so rechnet das deutsche Recht die zu einem Warenlager gehörigen Sachen zu den verbrauchbaren, die meisten, insbesondere die romanischen Rechte, nicht.

Die Frage ist: nach welcher Rechtsordnung richtet es sich, ob eine Sache *beweglich* oder *unbeweglich, verbrauchbar* oder *unverbrauchbar* ist? Diese Frage ist nicht nur für das Sachenrecht, sondern auch für Familienrecht (Rechte des Mannes am Frauengut) und Erbrecht (Verschiedenheit der Mobiliar- und der Immobiliarbeerbung) erheblich. Man könnte auf den ersten Blick geneigt sein, die Antwort dem Wirkungsstatut, d. h. derjenigen Rechtsordnung zu überlassen, die für die sachen-, familien-, erbrechtliche Hauptfrage selbst entscheidet: hat z. B. der deutsche Richter über die Beerbung eines Engländers zu urteilen, und gehören zum Nachlaß Gegenstände, die nach deutscher Auffassung mobil, nach englischer immobil sind, so hätte er die englische Einordnung zugrunde zu legen. Die mit Recht überwiegende Lehre läßt aber jedenfalls für *körperliche* Gegenstände das *Recht der belegenen Sache* entscheiden und nicht jenes Wirkungsstatut[1]. Ob unkörperliche Güter, Rechte,

---

[6] Besonders deutlich beim Widerruf wegen Undanks, also wegen Verletzung der aus dem Schenkungsvertrage fließenden Dankbarkeitspflicht.

[7] Überblick über den Streitstand bei Neuner: Z. f. ausl. u. intern. PR 2 (1928) 122 Anm. 1; Nussbaum, 294.

[1] Indiskutabel ist die Verlegenheitsmeinung, die lex fori entscheide. — Das deutsch-estnische Konsularabkommen v. 13. März 1925 Art. XVIII § 14 Abs. 1 (RGBl 1926 II 337) setzt die Maßgeblichkeit der lex rei sitae voraus.

beweglich oder unbeweglich, verbrauchbar oder nicht, sind, bestimmt sich dagegen nach der Rechtsordnung, der das Recht selbst unterworfen ist: so wird eine an einem deutschen Grundstück bestehende Hypothek oder Grundschuld als bewegliches Vermögen (dem deutschen Recht, § 1551 Abs. 2 BGB, entsprechend) selbst dann beurteilt werden müssen, wenn über sie ein Wertpapier auf Namen oder sogar auf Inhaber (Inhabergrundschuldbrief) ausgestellt ist und dieses sich im Ausland befindet[2].

II. In gleicher Weise ist für sonstige Eigenschaften der Sache zu entscheiden. Ob eine Sache *Zubehör* einer anderen ist, richtet sich nicht nach dem Wirkungsstatut (z. B. dem Erbrechtsstatut, wenn die Hauptsache vermacht worden ist), sondern nach dem Recht der belegenen Sache.

Das hat besonders Bedeutung für landwirtschaftliches Inventar, das nach deutschem und den meisten Rechten Landgutszubehör ist, nach manchen Rechten, wie dem früheren gemeinen, dem früheren Züricher Recht, dem heutigen baltischen Recht es nicht ist.

Auch die Eigenschaft einer Sache, *Frucht* zu sein, wird nach der lex rei sitae zu beurteilen sein: der deutsche Ehemann, der nach dem maßgebenden deutschen Ehewirkungsstatut ein Recht auf die Früchte des Frauenguts hat, kann hiernach von einem ausländischen Grundstück die Raub- und Übermaßfrüchte nicht erwerben, die er bei einem in Deutschland gelegenen Grundstücke nach §§ 1384, 1039 BGB. zu Eigentum (mit Erstattungspflicht) erwerben würde.

III. Auch die Frage, ob eine Sache *verkehrsfähig* oder *extrakommerziell* ist, entscheidet sich nach der jeweiligen lex rei sitae.

Die nach spanischem Recht unveräußerliche res sacra (Kirchengerät), die nach Frankreich oder Deutschland gelangt, kann hier gültig veräußert werden[3].

§ 31. Die Anknüpfung der Sachenrechte im allgemeinen.

Literatur vor § 30.

I. Das EG BGB enthält sich jeder Norm; mit Recht: die Maßgeblichkeit der *lex rei sitae* steht für die Rechte an Immobilien seit Jahrhunderten fest. Aber auch für Rechte an beweglichen Sachen ist sie in Deutschland seit nahezu einem Jahrhundert unzweifelhaftes Gewohnheitsrecht[1].

Sie war es nicht immer. In der älteren Doktrin Italiens und Frankreichs hat sich der Satz entwickelt: *mobilia ossibus inhaerent* oder *mobilia personam sequuntur*, ein freilich mehrdeutiger Satz, da er bald auf die Personalstatuten des Eigentümers, bald auf die des Besitzers bezogen wurde, bisweilen nur für das bewegliche Gesamt„vermögen" (Erbrecht, Ehegüterrecht) angenommen, bisweilen aber auch auf die Rechte an einzelnen Mobilien (Sachenrechte) angewendet wurde. Er ist mit den übrigen Sätzen der Statutentheorie auch außerhalb seines Entstehungsgebietes durchgedrungen: so in Deutschland, im anglo-amerikanischen Rechtskreis („personality [d. i. personal property] has no locality") u. a. Noch das preußische Allgemeine Landrecht (§ 28 Einl.) hat ihn zum Ausdruck gebracht; doch haben die Praxis und die Theorie des 19. Jahrhunderts, unter dem Einfluß der von Savigny ausgehenden Mißbilligung des Satzes, diesen umgedeutet und auf das bewegliche „Vermögen" (Erbrecht, Ehegüterrecht) beschränkt[2]. Heute findet sich der alte Satz noch im Geltungsgebiet des Liv-, Est- und Kurländ. Privatrechts und in Spanien. Einige südamerikanische Rechte (Argentinien, Paraguay, Brasilien) lassen für *gewisse Mobilien* das Personalstatut des Eigentümers gelten: nämlich für solche Sachen, die er stets bei sich trägt oder die seinem persönlichen Gebrauch dienen; daß ein künstliches Gebiß

---

[2] Der deutsch-russische Konsularvertrag v. 12. Okt. 1925 Schlußprotokoll z. Anl. zu Art. 22 zu § 11 (RGBl 1926 II S. 83) regelt selbst die Frage, welche Gegenstände als immobil gelten sollen: danach sind unbeweglich „Gebäude aller Art (?) und das Erbbaurecht".

[3] Trib. d. l. Seine, Journal Clunet 13 (1886) 593. Nach Niboyet nr. 508 soll hier die lex fori entscheiden.

[1] A. M. aber H. R. Habicht in d. Festschrift f. Heinitz 1926, 463ff.

[2] Eccius: PreußPrivR I[7] (1896) 59f. mit Belegen aus der Praxis schon des preußischen Obertribunals. Eine ähnliche Umdeutung haben das Österreichische allgemeine bürgerliche Gesetzbuch § 300 und der cod. civ. Italiens dispos. prelim. art. 7 erfahren; hierzu Diena: Principî di dir. intern. II[2] 36ff., 223ff. — Vgl. oben § 4[24] (S. 13).

ossibus inhaeret, ist in der Tat eine verständige Vorstellung. Würde hier in der Praxis je ein internationalprivatrechtlicher Streit entstehen, so würde auch der deutsche Richter kaum zögern, im Personalstatut den Schwerpunkt derartiger quasi partes corporis zu finden.

Zum Siege gelangte die Maßgeblichkeit der lex rei sitae durch SAVIGNY, der als den „Sitz“ der sachenrechtlichen Verhältnisse den Ort der Lage erkannte. In der Begründung der Maßgeblichkeit der lex rei sitae ist man freilich nicht einig. Die „Natur der Sache“, die Natur des Rechtsverhältnisses, der vermutliche Unterwerfungswille des Eigentümers, ja sogar die staatliche Souveränität und völkerrechtliche Erwägungen haben, neben praktischen Überlegungen der Zweckmäßigkeit, als Begründung gedient.

II. Die Maßgeblichkeit der lex rei sitae gilt sicherlich für diejenigen beweglichen Sachen, die eine *feste Lage von einer gewissen Dauer* haben, wie Hausmobiliar, Bibliothek, Gartengerät, auch Waren im Warenlager, aber auch für Sachen wechselnder Lage, die ein bestimmtes Rechtsgebiet nicht verlassen (Straßenbahnwagen, Lokomotiven der Reichsbahn). Zweifelhaft ist dagegen, welches Recht für solche Sachen maßgebend ist, die ohne bestimmte Lage sind und den Ort derart wechseln, daß sie aus einem Rechtsgebiet ins andere gelangen. SAVIGNY u. a. wollen hier in Ermangelung einer festen Belegenheit einen anderen „Ruhepunkt“ aufgesucht sehen, an dem die Sache „auf längere, vielleicht unbestimmte Zeit zu bleiben bestimmt ist“[3]. Nach anderen gilt auch hier das Recht des Ortes, an dem sich die Sache gerade, wenn auch vorübergehend, befindet (ZITELMANN, FRANKENSTEIN), obwohl hier von einer „Lage“, einem „situs rei“ offensichtlich nicht gesprochen werden kann. Die Frage wird besonders für die Rechte an Sachen von zweierlei Art erörtert:

1. für die Rechte an *res in transitu*, Sachen, die, während sie sich auf dem Transport von einem Rechtsgebiet ins andere befinden, übereignet, belastet, entlastet werden sollen[4]. NIBOYET u. a. lassen hier das Recht des Orts gelten, an den die Sachen transportiert werden sollen, also eine *lex loci futuri*[5].

Sicherlich kann der locus *praesens* nicht entscheiden. Zwar darüber, daß er oft nicht zu ermitteln ist, ließe sich mit Anwendung der allgemeinen Beweislastregeln hinwegkommen (ZITELMANN). Aber es ist unziemlich, das Recht des Durchfahrtorts zum Schwerpunkt der sachenrechtlichen Verhältnisse zu machen. Man räumt damit dem Zufall einen ungebührlichen Raum ein, und das aus einer Starrheit des Denkens, indem man die Maßgeblichkeit der lex rei sitae zu einem völkerrechtlichen Axiom erhebt. Dennoch ist auch die Annahme der lex loci *futuri* nicht immer angemessen, sondern nur dann, wenn alle am Geschäft Beteiligten den Bestimmungsort kennen; verkauft ein deutscher Kaufmann in Berlin Waren, die nach Paris zu gehen bestimmt sind, von denen er aber irrig annimmt, sie seien noch nicht abgesandt, so überträgt der Kauf kein Eigentum: das französische Recht, das die Übergabe für den Eigentumsübergang nicht verlangt, gilt nicht.

Richtiger wird man bei Sachen, die der festen Lage entbehren (mag der Ort, an dem sie sich derzeit befinden, bekannt oder unbekannt sein), den Schwerpunkt des Rechtsverhältnisses nicht allgemein, sondern *nach den Umständen des konkreten Falles* zu bestimmen haben. Dabei ist dem (wirklichen oder hypothetischen) *Parteiwillen* eine ähnliche Rolle zuzusprechen, wie im Recht der obligatorischen Verträge: ob der Absendungsort oder der Bestimmungsort oder der Durchgangsort, an dem die Sachen sich gerade befinden, maßgebend sein soll, wird unter Berücksichtigung der Vorstellungen und des Willens der betroffenen Personen zu prüfen sein, wobei (wie im Schuldrecht) eine Rechtswahl nur unter den Rechten möglich ist, deren Gebiete als Schwerpunkt in Betracht kommen können.

So wird der Gläubiger, der die Sachen am Durchgangsort pfändet, nach dem Rechte dieses Orts (und nur nach ihm) ein Pfandrecht erwerben können. So wird es dem Verkäufer und dem Käufer fahrender Güter erlaubt sein, die Übereignung dem Recht des Bestimmungsorts zu unterwerfen, und zwar auch für den Fall, daß die Güter das Bestimmungsland nie erreichen.

---

[3] SAVIGNY: System VIII 178.

[4] Vgl. die korrekte Formulierung bei LEWALD, S. 190f. — Zur Literatur: HILDE WEIL: Die kollisionsrechtliche Beurteilung von Tatbeständen des Sachenrechts in Beziehung auf „res in transitu“; Berliner Diss. 1933.

[5] Ebenso Vertrag v. Montevideo Art. 28 für Schiffsladungen in außerstaatlichen Gewässern.

Im Zweifel wird die *letzte feste Lage*, die die Sachen vor dem Transporte hatten, entscheidend sein[6]. Sind über die Waren Traditionspapiere (Konnossemente, Ladescheine) oder Frachtbriefduplikate ausgestellt, so entscheidet zwar über den Erwerb von Sachenrechten an diesen Papieren selbst die lex cartae sitae; aber ob dadurch auch dingliche Rechte an den Gütern übergehen, entscheidet sich nach dem Recht, dem das im Papier verbriefte Rechtsverhältnis unterworfen ist, und das wird regelmäßig das Recht desjenigen Ortes sein, an dem der Verfrachter oder Frachtführer die Güter dem Empfänger auszuliefern verpflichtet ist.

2. für Rechte an *Seeschiffen*[7] und *Luftfahrzeugen*. Die Neigung, das Schiff zu personifizieren, ist alt. Das Schiff hat einen Namen wie ein Mensch. Es wird ihm eine Art Staatsangehörigkeit zugesprochen. Es gibt Schiffs„taufen", Ordensverleihungen an Schiffe. Im anglo-amerikanischen Recht wird das Schiff geradezu als Prozeßpartei gedacht. Es hat einen Wohnsitz wie ein Mensch: den Heimatshafen. So läßt es sich verstehen, daß wie das Personalstatut des Menschen an seinen Wohnsitz oder seine Staatsangehörigkeit anknüpft, auch die das Schiff berührenden Schicksale, sei es durch das *Recht des Heimatshafens*, sei es durch das der *Flagge*, bestimmt werden. Dazu kommt, daß das Schiff, obwohl bewegliche Sache, den Immobilien seit alter Zeit rechtlich stark angenähert ist: es erscheint als „schwimmendes Haus" (HEUSLER). Vollstreckung, Verpfändung, Registrierung geschehen im Heimatshafen. So tritt heute das *Recht des Heimatshafens*, wofern dort das Schiff registriert ist — bisweilen mit dem Recht der Flagge verwechselt — an die Stelle der lex rei sitae, soweit es sich um Begründung und Aufhebung von Rechten an dem Schiffe handelt. Das gilt sicherlich für Staatsschiffe stets und für Handelsschiffe während der Zeit, in der das Schiff sich auf hoher See befindet; aber auch Handelsschiffe in fremden Küstengewässern, ja wohl auch solche in fremden Territorialgewässern (Hafen, Flußmündung) unterstehen dem *Heimatsrecht*, soweit es sich um Übereignung oder Verpfändung des Schiffs selbst handelt.

Dagegen gilt für die Entstehung dinglicher Rechte an den auf dem Schiff befindlichen Sachen, z. B. durch Fund einer Sache auf einem deutschen Schiff im fremden Hafen[8], das Gebietsstatut, das in dem Hafen in Kraft steht.

Eine andere Frage ist es, ob die Beteiligten ein im fremden Territorialgewässer befindliches Schiff nach dem Recht des Aufenthaltsorts behandeln *dürfen*. Das ist zu bejahen. Das Schiff kann daher im fremden Hafen mit Arrest belegt werden, selbst wenn nach dem Heimatsrecht die Voraussetzungen des Arrestpfandrechts nicht vorliegen[9].

Was für das Seeschiff gilt, ist auch für das *Luftschiff* anzunehmen[10].

§ 32. Der Geltungsbereich des Gebietsrechts.

Literatur vor § 30.

Die lex rei sitae ist für den ganzen Bereich des Sachenrechts und nur für diesen maßgebend.

I. Nach ihr entscheidet sich die Frage, *welche Sachenrechte* überhaupt entstehen können. Ein der lex rei sitae unbekannter Sachenrechtstypus kann nicht gewählt

---

[6] RABEL-RAISER: Z. f. ausl. u. intern. PR 3, 64f.

[7] Vgl. dazu MELCHIOR, 491ff. — Für Rechte an Binnenschiffen gelten keine Sondersätze. Vgl. FICKER: RVglHWB IV 475.

[8] Vgl. den Fall, den das OLG Hamburg 1904 (Entsch. d. OLGe 10, 114) zu entscheiden hatte: Fund an Bord eines deutschen Dampfers im New Yorker Hafen, nach New Yorker Recht zu beurteilen.

[9] Vgl. LEWALD, 193f. — Ein Seeschiff, das unter einer ihm nicht zustehenden Flagge und mit gefälschten Schiffspapieren fährt, kann m. E. nach dem Recht der vorgeblichen Flagge, des vorgeblichen Heimatshafens wirksam veräußert und belastet werden.

[10] MELCHIOR, 495f.

werden: z. B. kann in Deutschland keine dingliche Miete, kein Sondereigentum an wesentlichen Bestandteilen einer hier belegenen Sache begründet werden.

II. Die lex rei sitae entscheidet, ob an einer bestimmten Sache *ein bestimmtes Sachenrecht entsteht, übergeht, untergeht, geändert* wird.

1. Ist es nach der lex rei sitae *gültig entstanden* und gelangt die Sache in ein anderes Rechtsgebiet, in welchem das Recht nicht auf dieselbe Weise hätte entstehen können, so geht das Recht nicht unter. Vgl. oben S. 8.

Beispiele: a) Eine Sache ist in Frankreich durch Verkauf ohne Übergabe gültig übereignet worden und dann nach Deutschland gelangt; jenes Eigentum besteht weiter, obwohl es hier durch bloße Einigung nicht entstanden wäre.

b) Eine Sache ist in Deutschland von einem Geisteskranken verkauft und übereignet worden; der Erwerber hat sie durch 10jährigen Besitz ersessen. Dann gelangt die Sache nach Österreich, wo sie mangels gültigen Titels erst in 30 Jahren ersessen worden wäre (§ 1477 AllgBGB). Der Ersitzungserwerb bleibt wirksam.

c) Im Auslande ist (nach dortigem Recht gültig) durch bloße Einigung ein Fahrnispfandrecht begründet worden und die Sache dann in ein Gebiet gekommen, dessen Recht für die Verpfändung Übergabe verlangt (Frankreich, Deutschland): jenes Pfandrecht besteht grundsätzlich weiter, außer wenn man auf Grund einer Auslegung des neuen Gebietsrechts zu dem Ergebnis kommt, daß dieses Gebietsrecht nicht nur die Entstehung, sondern auch den Bestand einer „Mobiliarhypothek" verbieten wolle (so z. B. für Frankreich nach dem Satze: les meubles n'ont pas de suite par hypothèque)[1].

2. Ist umgekehrt nach der lex rei sitae das dingliche Recht *nicht entstanden* (oder nicht übergegangen oder nicht untergegangen) und kommt danach die Sache in ein Rechtsgebiet, in dem das Recht entstanden (übergegangen, untergegangen) wäre, so tritt die dingliche Wirkung nicht ein: ersteht ein Deutscher in einer Baseler Versteigerung eine gestohlene Sache, so wird er nach schweizerischem Recht (Art. 934 ZGB) nicht Eigentümer, und ein Transport der Sache nach Deutschland nützt ihm nichts.

Er kann in Deutschland erst nach 10 Jahren (durch Ersitzung) Eigentümer werden, hat aber bis dahin die dem BGB unbekannte, aber unter Schweizer Recht entstandene und deshalb in Deutschland fortgeltende Einrede des Lösungsrechts.

3. Auch die *Form* der dinglichen Rechtsgeschäfte richtet sich nach der lex rei sitae und nicht nach dem Recht des Vornahmeorts; Art. 11 Abs. 2 EG BGB. Vgl. oben § 22 V 2.

4. Die lex rei sitae gilt nicht nur für die *rechtsgeschäftlich* bestimmten Sachschicksale; sie gilt auch für Rechtserwerb durch Ersitzung, Verarbeitung, Fund u. a., insbesondere auch für Rechtserwerb und -verlust durch *Staatsakte*. Eine *Konfiskation* oder *Enteignung* ist nur an solchen Sachen möglich, die sich im Gebiet des konfiszierenden oder enteignenden Staates befinden.

Jeder andere Staat hat also solche Akte als gültig anzuerkennen. Die Frage ist viel erörtert anläßlich der sowjetrussischen Enteignungen und Konfiskationen gegenüber Emigranten. Soweit es sich um Sachen handelt, die sich zur Zeit der Enteignung in Rußland befanden, ist die Enteignung gültig. Kommen die Sachen später ins Ausland (und erkennt der ausländische Staat die Sowjetverfassung an), so können die früheren Eigentümer daselbst „ihre" Sachen nicht vindizieren, insbesondere auch nicht unter Berufung auf Art. 30 EG. Vgl. oben S. 43[9].

Der Staatsakt ist völkerrechtswidrig, wenn die Sachen sich zur Zeit seiner Vornahme im Ausland befinden, mag auch der Eigentümer ein Angehöriger des konfiszierenden Staates sein. Der Akt ist daher unwirksam in dem Sinne, daß andere Staaten ihn nicht gelten zu lassen brauchen; sie können aber auch von dem konfiszierenden Staate verlangen, daß er Veräußerungen, die nach dem (nichtigen) Konfiskationsakt im Ausland vorgenommen sind, als gültig behandele, mögen auch die Sachen später wieder in sein Gebiet gelangen.

---

[1] Anders für Deutschland. Hier kann ein Pfandrecht bestehen bleiben, auch wenn der Verpfänder den Besitz (ohne Willen des Pfandgläubigers) wieder erlangt hat. Die wissentliche Belassung des Besitzes beim Verpfänder steht einer Rückgabe im Sinne des § 1253 BGB nicht gleich.

5. Die lex rei sitae gilt für den Erwerb (Verlust usw.) *aller* Sachenrechte, auch des *Besitzes*, gleichviel ob man diesen überhaupt zu den Rechten und zu den Sachenrechten zählt. Ob auf Grund eines bestimmten Ereignisses Besitz überhaupt (im Gegensatz zur Detention des gemeinen Rechts oder zur Besitzdienerschaft) und ob ein bestimmt gearteter Besitz (z. B. ein publizianisch schützbarer) erworben sei, entscheidet sich nach dem Recht des Orts, an dem sich die Sache zur Zeit jenes Ereignisses befunden hat. Auch für den Übergang des Besitzes gilt das Gebietsrecht. Deshalb geht der Besitz an einer in Deutschland belegenen Sache auf den Erben über, mag auch das Heimatsrecht des Erblassers (also das Erbstatut) eine Besitzvererbung ablehnen[2]. Das Gebietsrecht ordnet ferner auch den *mittelbaren* Besitz. Hier kann es kommen, daß der Herausgabeanspruch, auf dem der mittelbare Besitz (nach deutschem und schweizerischem Recht) beruht, nach einem anderen Recht als dem Gebietsrecht zu beurteilen ist, z. B. nach dem Recht des Erfüllungsorts oder des Vertragsschlußortes, und daß dieses Recht einen mittelbaren Besitz nicht kennt (so wenn ein Österreicher eine bewegliche Sache in Berlin verliehen, aber als Erfüllungsort Wien verabredet hat): dann besteht dennoch der mittelbare Besitz nach dem Recht der belegenen Sache. Befindet sich die Sache in Deutschland, so entscheidet deutsches Recht darüber, ob durch Abtretung des Herausgabeanspruchs der mittelbare Besitz übergeht (bejahend; § 870), aber nicht darüber, *wodurch* der Herausgabeanspruch abgetreten wird (ob durch formlosen Vertrag, ob Anzeige an den unmittelbaren Besitzer nötig sei): hierfür ist vielmehr das Recht maßgebend, dem der Herausgabeanspruch unterworfen ist.

6. Der Ort, an dem sich die Sache zur Zeit des Erwerbs- (oder Verlust-) Tatbestandes befunden hat, und dessen Recht daher für Erwerb und Verlust maßgebend ist, deckt sich nicht immer mit dem Ort, an dem sich der Erwerbstatbestand selbst abgespielt hat. So untersteht z. B. eine in der Schweiz zwischen Schweizern vorgenommene Abtretung der Vindikation dem deutschen Recht (§ 931 BGB), wenn die Sache sich in Deutschland befindet. So kann der Deutsche dem Deutschen in Deutschland eine in Paris befindliche Sache durch bloßen Kaufvertrag nach art. 1138 code civ. übereignen (ob die Parteien das wollen oder ob sie, heimischem Recht gemäß, beim Verkauf nur eine obligatorische Abrede meinen, ist eine andere Frage).

III. Die lex rei sitae entscheidet, welchen *Inhalt* ein Sachenrecht hat. Wie im intertemporalen Recht das unter altem Recht entstandene Eigentum mit der Gesetzesänderung den Inhalt des neuen Eigentums bekommt, so *ändert sich* der Inhalt des Sachenrechts auch mit dem Gebietswechsel. Nach dem jeweiligen Ortsrecht richtet es sich also, ob die bewegliche Sache veräußerlich oder unveräußerlich, pfändbar oder unpfändbar, beweglich oder unbeweglich im Rechtssinn (z. B. immeuble par destination im Sinn des Art. 524 franz. C. c.) ist. Auch kann sich der Inhalt eines *Besitzes* dadurch ändern, daß die Sache in ein Land kommt, das dem Fremdbesitzer (detentor) den Besitzschutz versagt. Die wechselnde Gebietsnorm entscheidet insbesondere auch über den *Inhalt* der *begrenzten dinglichen Rechte.*

1. *Nießbrauch.* Nach deutschem Recht gehört zum Inhalt des Nießbrauchs auch ein gesetzliches Schuldverhältnis zwischen Eigentümer und Nießbraucher; nach den meisten fremden Rechten gehört es nicht dazu: das Gebietsstatut entscheidet, ob solch Schuldverhältnis im Nießbrauch enthalten ist[3]. Ferner: ein Nießbrauch besteht zugunsten einer juristischen Person an einer in Frankreich belegenen oder nach Frankreich gelangten Sache stets nur als ein höchstens 30jähriger (art. 619 c. c.); er erlischt also, wenn die in Deutschland belastete Sache bei Ablauf der 30 Jahre sich in Frankreich befindet (und kann auch durch Rückkehr nach Deutschland nicht wieder aufleben)[4].

2. *Pfandrecht.* Auch hier besteht nach deutschem Recht ein Legalschuldverhältnis zwischen Pfandgläubiger und Verpfänder, während die fremden Rechte meist obligatorische Wirkungen

[2] ZITELMANN, II 951. [3] ZITELMANN, II 515.
[4] Vgl. M. WOLFF: Sachenrecht[9] § 125 II 1.

nach römischrechtlichem Muster an einen besonderen contractus pigneraticius knüpfen: solange sich das Pfand in Deutschland befindet, besteht hiernach jenes Schuldverhältnis. — Das wechselnde Gebietsrecht ist maßgebend auch für die Frage, *wie* der Pfandgläubiger das Pfand *verwerten* darf, daher für die der Gültigkeit von *Verfallklauseln*: sind solche nach dem Gebietsrecht der Bestellungszeit gültig geschlossen, und kommt das Pfand in ein Gebiet, dessen Recht diese Art der Gläubigerbefriedigung nicht anerkennt, so wirkt hier die Verfallklausel nicht.

3. *Reallasten.* Das Recht des belasteten Grundstücks entscheidet auch die Frage, ob der Grundeigentümer auf Grund der Reallast persönlicher Schuldner wird (§ 1108 BGB).

Kennt das Ortsrecht ein unter einem anderen Ortsrecht entstandenes Rechtsgebilde überhaupt nicht (z. B. ein Heimfallsrecht), so kann dieses nicht weiter bestehen. Kennt es ein ähnliches, nur anders benanntes oder aus anderer Wurzel gewachsenes Gebilde (publizianisches Besitzrecht — Besitzrecht „aus älterer Gewere", § 1007 BGB)[5], so besteht es mit dem Inhalt solchen inhaltsverwandten (international äquivalenten) Rechts oder in der schwächeren Gestalt, die das gegenwärtige Ortsrecht gewährt (z. B. als obligatorisches Mietrecht, statt des bisherigen dinglichen), fort.

IV. Die lex rei sitae entscheidet die Frage, wie ein Sachenrecht *geschützt* wird. Mit der Ortsveränderung ändert sich der *Rechtsschutz.* Das gilt auch, wenn die Ortsveränderung erst während eines Prozesses vorgenommen wird; doch gehen überall die durch Klageerhebung entstandenen Rechte durch eine nachträgliche Ortsveränderung nicht unter. Bisweilen (nicht aber in Deutschland) werden gewisse Rechtsschutzmittel als prozessuale Einrichtungen aufgefaßt, so besonders die Besitzschutzklagen. Alsdann läßt man für sie nicht die lex rei sitae, sondern die lex fori entscheiden. Dem wechselnden Ortsrecht unterliegt von den Ansprüchen des Eigentümers nicht nur der auf Herausgabe der Sache selbst, sondern auch der auf Herausgabe derjenigen *Nutzungen*, an denen der Vindikationsgegner kein Eigentum erlangt hat (in Deutschland sind dies die vom bösgläubigen Besitzer gezogenen natürlichen Sachfrüchte).

Dagegen untersteht der Anspruch wegen der vom Beklagten zu Eigentum erworbenen Früchte (insbesondere der vom gutgläubigen Besitzer im Übermaß gezogenen Früchte) dem Recht des Orts, an dem der die Bereicherung erzeugende Tatbestand geschehen, d. h. die Frucht gezogen ist, gleichviel, ob sich die Frucht noch jetzt an diesem Orte befindet[6]. Ebenso unterstehen die Ansprüche wegen *Schadenszufügung*, wie sie z. B. gegen den bösgläubigen Besitzer gegeben sind, nicht dem Recht der belegenen Sache, sondern dem des Orts, an dem der Schaden zugefügt ist[7]. Für die *Gegenrechte des Besitzers* gegen den Eigentümer wegen Verwendungen oder Finderlohns (oder wegen seines Lösungsrechts) ist das Recht des Orts maßgebend, an dem sich die Sache zur Zeit der Verwirklichung jenes Tatbestandes (zur Zeit der Verwendung, des Fundes) befand. Dieses Recht entscheidet sowohl, ob und in welcher Höhe Gegenrechte entstanden sind (Erstattungsfähigkeit der notwendigen oder nützlichen Verwendungen, Höhe des Finderlohns), als auch welche Rechte entstanden sind, ob nur eine Einrede oder auch ein Anspruch oder ein Recht, sich aus der Sache zu befriedigen; bezüglich des Befriedigungsrechts freilich muß das *jetzige* Ortsrecht dann entscheiden, wenn nach ihm (anders als in Deutschland) das Befriedigungsrecht als dingliches Recht (Pfandrecht) ausgestaltet ist[8].

V. Maßgebend ist stets nur die Ortslage *des belasteten* (zu belastenden, zu veräußernden) *Gegenstandes.*

1. Besteht ein Recht zugunsten des jeweiligen Eigentümers eines anderen Gegenstandes (Grunddienstbarkeiten, subjektiv dingliche Reallasten u. dgl.) und befindet sich dieser Gegenstand in einem anderen Rechtsgebiet, so kommt dessen Recht nicht in Betracht.

Wenn z. B. das Land Thüringen subjektiv dingliche *Reallasten* verboten, Preußen sie erlaubt hat, so kann zwar kein thüringisches Grundstück zugunsten eines preußischen, wohl aber ein preußisches zugunsten eines thüringischen belastet werden. Auch die Frage, ob bei *Grunddienstbarkeiten* der Eigentümer des herrschenden Grundstücks zu positiven Leistungen (Unterhaltspflichten bei der servitus oneris ferendi) verpflichtet sei, entscheidet sich dann nach dem Recht des dienenden Grundstücks, wenn solche Pflichten nach diesem Recht als Inhalt der Dienstbarkeit erscheinen (wie im BGB § 1021).

---

[5] ZITELMANN, II 343ff. [6] Vgl. oben § 29 III. [7] ZITELMANN, II 236ff., 365, 526f.
[8] JOSEF: Arch. civ. Prax. 127, 349. FRANKENSTEIN, II 73ff. LEWALD, 182f.

2. Zum Inhalt des Grundeigentums gehören die gesetzlichen Einwirkungsschranken. Soweit solche zugunsten eines *Nachbargrundstücks* bestehen, gelten, wenn das eine Grundstück diesseits, das andere jenseits der Landesgrenze liegt, nur die von beiden Gebietsrechten anerkannten Schranken des freien Einwirkungsbeliebens[9].

3. Gesamtrechte an *mehreren* in verschiedenen Gebieten gelegenen *Sachen*, insbesondere *Gesamthypotheken*, können nur entstehen, wenn sie nach dem Recht jedes belasteten Grundstücks an diesem gültig begründet sind[10]. Ist die Gesamthypothek entstanden, so bemißt sich die Stellung des Berechtigten zu jedem der Grundstücke nach dem dieses Grundstück beherrschenden Recht.

Für eine Hypothek haften außer dem Grundstück regelmäßig auch zahlreiche bewegliche Sachen mit: getrennte Erzeugnisse, Zubehör u. dgl. Für diese Mithaftung entscheidet das Recht des Orts, an dem diese Sachen belegen sind. Deshalb treten z. B. Erzeugnisse eines deutschen Grundstücks aus der hypothekarischen Haftung, wenn sie in ein Gebiet gebracht werden, in dem sie nach dem dort geltenden Recht hypothekenfrei werden, mögen sie auch nach BGB §§ 1121, 1122 noch haften[11]; sie bleiben in solchem Falle hypothekenfrei, auch wenn sie nach Deutschland zurückgelangen. Dagegen werden bewegliche Sachen nicht schon dadurch hypothekenfrei, daß sie in ein Land gelangen, in dem die Haftung nicht entstanden sein würde.

VI. Die lex rei sitae des belasteten Gegenstandes ist auch bei solchen Rechten maßgebend, die von einem anderen Rechte abhängig (*akzessorisch*) sind, daher besonders bei *Pfandrechten* und *Hypotheken*. Doch bleibt die durch das dingliche Recht gesicherte *Forderung* ihrem eigenen Rechte unterworfen, so wie wenn sie ungesichert wäre. Wird z. B. eine dem französischen Recht unterworfene Forderung durch Hypothek an einem deutschen Grundstück gesichert, so bleibt das französische Recht für die Forderung grundsätzlich maßgebend (wenn nicht die Umstände eine stillschweigende Unterwerfung unter deutsches Recht ergeben)[12]. In solchem Fall ist daher die Forderung formlos abtretbar und § 1154 BGB nicht anwendbar. Aber solche Abtretung kann den Mitübergang dann nicht bewirken, wenn die lex rei sitae für die Hypothekenzession eine bestimmte Form der Forderungszession verlangt (wie § 1154 BGB). Geht hiernach nur die Forderung über, nicht die Hypothek (an dem deutschen Grundstück), so wird die Hypothek zur Eigentümergrundschuld. Ist umgekehrt die Form der lex rei sitae gewahrt, aber nicht die des ausländischen Forderungsstatuts (fehlt es z. B. an der nach französischem Recht nötigen signification), so kann die Hypothek nicht übergehen, da die Forderung nicht übergeht.

Auch für die Frage der *Aufwertung* der Hypothekenforderung gilt nicht das Recht der Hypothekenaufwertung, sondern das Recht, dem die Forderung unterworfen ist. Handelt es sich um Aufwertung einer ausländischem Rechte unterworfenen Forderung, für die ein deutsches Grundstück haftet, so gilt hiernach für jene das ausländische Recht: die Anwendung ausländischen Rechts wird keineswegs durch Art. 30 EG ausgeschlossen[13]. Wenn das maßgebende Auslandsrecht (z. B. das englische) keine Aufwertung zuläßt, so ist folglich nach § 4 Aufwertungsgesetz von 1925 auch die deutsche Hypothek nicht aufzuwerten.

VII. Zweifelhaft (und besonders im internationalen Sachenrecht viel erörtert)

---

[9] Zitelmann, II 317ff., 516, 565[250]. Anders Frankenstein, II 96.

[10] Die Möglichkeit der Entstehung leugnet: Nussbaum, 300[4]. Vgl. noch ObTrib. Kaunas, JurW 1928, 1475.

[11] Anders Frankenstein, II 103.

[12] Daher gilt z. B. zwar § 1164 BGB, aber nicht §§ 1165—1167 BGB. — Auch § 1138 BGB gilt, wenn die Forderung dem ausländischen Recht unterworfen ist; denn er ist kein Satz, der die Forderung selbst betrifft. Vgl. M. Wolff: Sachenrecht[9] § 137 I 4, II 3.

[13] A.M. Frankenstein, II 216.

ist die Frage, welches Recht dann anwendbar ist, wenn ein dingliches Recht auf Grund eines „*gestreckten*“ (*Sukzessiv-*)*Tatbestandes* (d. h. eines Tatbestandes, der aus mehreren zeitlich einander folgenden Tatsachen zusammengesetzt ist) entstanden, verändert, untergegangen sein soll, die Sache aber *während* dieses Tatbestandes die Lage gewechselt hat.

1. Entscheidend ist das *neue* Gebietsrecht, unter dem sich der unter dem alten Gebietsrecht unabgeschlossene Tatbestand vollendet haben soll. Die Erfordernisse des neuen Gebietsrechts müssen erfüllt sein; aber es genügt, daß einige von ihnen sich schon unter dem alten Recht erfüllt haben: solche früher verwirklichten Tatbestandsstücke werden mit ihrem jetzigen „Rechtswert“ (Ausdruck ZITELMANNS) eingesetzt.

a) Das steht besonders für die *Ersitzung* heute nahezu fest. In Deutschland ersitzt man in 10, in der Schweiz in 5 Jahren. Hat jemand in Zürich 4 Jahre redlich besessen und kommt dann die Sache nach Deutschland, so kann er nur ersitzen, wenn alle deutschrechtlichen Ersitzungsvoraussetzungen vorliegen; aber es schadet nichts, daß ein Teil davon sich in der Schweiz verwirklicht hat: er hat noch 6 Jahre zu besitzen.

Die abgelaufene Zeit wird nicht etwa „verhältnismäßig“ angerechnet, so daß, da 4/5 der schweizerischen Ersitzungszeit abgelaufen sind, nur noch 1/5 der deutschen (d. h. 2 Jahre) laufen müßten: so v. BAR und MEILI, sowie das ZivGB Liechtensteins[14].

Hat jemand umgekehrt in Deutschland die Ersitzung begonnen und bringt er die Sache nach 7 Jahren in die Schweiz, so wird sie sein Eigentum, sobald ein situs rei in der Schweiz vorhanden ist (also nicht etwa schon, wenn er mit der Sache im Schlafwagen von Frankfurt a. M. durch den Gotthard nach Mailand fährt).

b) Ein Gleiches gilt für den Eigentumserwerb durch *Fund*: das Recht, dem die Sache bei Vollendung der Erwerbsfrist unterworfen ist, ist maßgebend. — Hat jemand in der Schweiz eine Sache gefunden und nach Anzeige bei der Polizei dort ein halbes Jahr besessen, und bringt er sie nach Deutschland, so wird er schon nach einem weiteren Halbjahr Eigentümer, und nicht, wie nach Schweizer Recht, erst auf Grund 5jährigen Besitzes. Hat er aber, z. B. bei einem Funde von 5 RM. Wert, die Polizeianzeige nicht erstattet (das Schweizer Recht erfordert solche Anzeige erst bei Werten von mehr als 10 Fr., das deutsche Recht schon bei mehr als 3 RM.), so kann er auch nicht in der deutschen Jahresfrist das Eigentum erlangen. Vgl. aber unten zu 2.

c) Veräußert ein Nichteigentümer die Sache durch Besitzkonstitut in einem Lande, das die Herleitung des Eigentums vom Nichtberechtigten nicht kennt (z. B. Portugal), kommt dann die Sache nach Deutschland und wird sie hier dem Käufer übergeben, so wird er Eigentümer (§ 933 BGB).

2. Ist bei dem Ortswechsel zwar der Tatbestand für den Erwerb des dinglichen Rechts noch nicht abgeschlossen, aber nach der Auffassung des bisher herrschenden Gebietsrechts doch schon ein „*Anwartschaftsrecht*“ entstanden[15], so kann dieses Recht nicht dadurch untergehen, daß die Sache in ein Gebiet kommt, in dem sich der Erwerb nicht vollenden kann. Das ist vor allem von Bedeutung für den Eigentumserwerb an Fundsachen (vgl. 1 b): das Recht des Fundorts bleibt zugunsten des Finders dann maßgebend, wenn nach diesem Recht der Finder zwar noch nicht Eigentum, aber ein Anwartschaftsrecht an der Sache (ein vererbliches, übertragbares, pfändbares Recht) erworben hatte, wie das in Deutschland der Fall ist.

Ein solches wohlerworbenes Recht kann nicht dadurch verlorengehen, daß die Fundsache in ein Land kommt, das, wie die Schweiz, längere Verschweigungsfristen oder, wie England, keinen Eigentumserwerb des Finders kennt. Nur kann der Finder das Eigentum auf Grund des alten Gebietsrechts so lange nicht erwerben, wie sich die Sache im Ausland befindet, und er kann es überhaupt nicht mehr erwerben, wenn nach der Rechtsordnung der neuen Lage ein anderer (z. B. der Staat) das Eigentum erworben hat.

---

[14] Genaueres RVglHWB IV 396.

[15] Die Frage, ob vor der Vollendung des Tatbestandes schon ein festes Anwartschaftsrecht besteht oder nur eine schutzunwürdige Hoffnung, ist nicht immer leicht zu beantworten. Vgl. v. TUHR: Allgem. Teil I 182.

§ 33. Rechte an unkörperlichen Gütern und an einem Vermögen.

I. Wie auch immer man das *Recht am Recht* (Pfandrecht an einer Forderung, Nießbrauch an einer dinglichen Rente) auffassen mag, ob man als Objekt des belastenden Rechts das belastete Recht selbst oder nur dessen Gegenstand betrachtet: internationalprivatrechtlich ist kein Zweifel, daß dieselbe Rechtsordnung, der *das beschwerte Recht* unterworfen ist (das Grundrechtsstatut), auch für das Recht an diesem Rechte maßgebend ist: so gilt für den Nießbrauch an einer Reallast das Gebietsrecht des mit der Reallast belasteten Grundstücks, für das Pfandrecht an einer Forderung das diese Forderung beherrschende Statut, für das Pfandrecht an einem Aktienrecht das Personalstatut der Aktiengesellschaft.

Ist nach dem also maßgebenden Statut die Übertragung (Verpfändung usw.) einer *Urkunde*, z. B. eines Inhaber- oder Orderpapiers, notwendig, damit das verbriefte Recht gültig belastet werde, so kommt für die Frage, wie diese Urkunde übertragen werde, die *lex cartae sitae* in Betracht.

Das maßgebende Statut gilt auch für die gesetzlichen Verpflichtungen, die nach ihm zwischen dem Inhaber des belasteten Rechts und dem Inhaber des Rechts am Recht (z. B. dem Gläubiger und dem Forderungsnießbraucher) etwa bestehen.

II. Zu den unkörperlichen Gütern gehören außer den „Rechten" und den Persönlichkeitsgütern (wovon oben § 19) auch die künstlerischen und technischen Geisteswerke, die Warenzeichen und die Unternehmen.

1. Die alte, seit langem überwundene Lehre, daß die Rechte an *Geisteswerken* und an *Warenzeichen* die Natur von Monopolrechten (oder gar von Privilegien) haben[1], wirkt noch heute darin nach, daß jeder Staat grundsätzlich nur die von ihm durch Einzelakt verliehenen oder nach seiner Gesetzgebung allgemein anerkannten Urheberrechte nach Maßgabe dieser *seiner* Gesetzgebung schützt[2], dagegen *ausländisches Urheberrecht nicht* anwendet, und die von ausländischen Staaten verliehenen Patent-, Muster- und Warenzeichenrechte nicht als Rechte anerkennt. Man spricht hier von einem Territorialitätsprinzip.

2. Das *Unternehmen*, insbesondere das kaufmännische oder sonstige gewerbliche Unternehmen, gilt als an demjenigen Orte belegen, an dem sich die gewerbliche Niederlassung des Inhabers befindet. Nach dem Recht des Niederlassungsorts, dem Quasi-Realstatut des Unternehmens, entscheidet es sich, ob einheitliche Rechte an dem Unternehmen entstehen können und wodurch sie entstehen, wie das Unternehmen übertragen wird u. dergl.[3].

Wenn nach dem Ortsrecht die Übertragung des Unternehmens den Übergang des im Unternehmen arbeitenden Vermögens oder gewisser Teile erfordern sollte, so entscheidet der Ort der Lage der einzelnen Vermögensstücke über die Art ihres Übergangs.

III. Rechte, die das *Gesamtvermögen* einer Person oder ein ihr zustehendes *Sondervermögen* (z. B. das eingebrachte Gut der Ehefrau) in seinem wechselnden Bestande ergreifen, sind internationalprivatrechtlich leicht zu lokalisieren: das Recht des Ehemannes am Frauengut richtet sich nach dem Ehegüterrechtsstatut (Art. 15 EG); das des Vaters am Kindesgut nach dem Heimatsrecht des Vaters (Art. 19 EG); das Verwaltungsrecht des Testamentvollstreckers am Nachlaß unterliegt, wie das Recht des Erben am Nachlaß, dem Erbstatut (dem Heimatsrecht des Erblassers) usw.

Das deutsche Recht kennt auch einen „*Nießbrauch am Vermögen*", §§ 1085ff. BGB, der in Wirklichkeit nur ein Nießbrauch an den einzelnen zum Vermögen gehörigen Gegenständen ist und daher, entsprechend der rechtsgeschäftlichen Übertragung eines Vermögens, nicht uno actu geschaffen werden kann, sondern nur durch Einzelübertragung aller zum Vermögen gehörigen Gegenstände entsteht. Ein echter Nieß-

---

[1] Vgl. O. Gierke: DPrivR I 757. [2] Vgl. oben § 18 II 3 (S. 67).

[3] Über die Bedeutung des Rechts des Niederlassungsorts für die Firma und die Kaufmannseigenschaft: vgl. oben § 19 II, III (S. 68f.).

brauch an einem Vermögen in seinem wechselnden Bestande kann nur entstehen, wenn das Statut, in dem das Vermögen seinen Schwerpunkt hat, d. i. das Personalstatut des Vermögenssubjektes, einen solchen kennt, und nur hinsichtlich derjenigen Einzelsachen, für die auch nach der lex rei sitae eine Gesamtbestellung möglich wäre.

Die Frage, inwieweit ein Vermögensnießbraucher durch die Schulden des Vermögensherrn (des Bestellers) mitbetroffen (duldungspflichtig, zahlungspflichtig?) wird, entscheidet sich nach den die Nießbrauchsbestellung beherrschenden Rechten, also den für die einzelnen Nießbrauchssachen maßgebenden Gebietsrechten. Vgl. oben § 26 V a. E. (S. 96).

Sechster Abschnitt.

Familienrecht.

I. Eherecht.

§ 34. Die Verlobung.

Zitelmann, II 797ff. — Lewald, 77. — Gutzwiller, 1633. — Nussbaum, 130f. — Spiegel: Das Verlöbnis im IntPR, Heidelberg, Diss. 1929. — v. Schelling: Z. f. ausl. u. intern. PR 3, 863. — Martin Wolff: RVglHWB IV 397f.; Lehrb. des Familienrechts (mit Th. Kipp)[7] 1931 § 7.

I. *Ob* ein *gültiger* Verlobungs-„Vertrag" *geschlossen* ist, entscheidet sich nach dem Heimatsrecht der beiden Verlobten[1]. Hat jeder eine andere Staatsangehörigkeit, so ist das Verlöbnis nur wirksam, wenn bei jedem Verlobten die Erfordernisse seines Heimatsrechts gewahrt sind. Ob die Form erfüllt ist, ist nach Art. 11 EG zu beurteilen.

So ist z. B. das mündliche Verlöbnis zweier Italiener in Berlin oder zweier Deutscher in Florenz gültig (obwohl der cod. civile ital. art. 54 nur schriftliche Eheversprechen mit Wirkungen ausstattet), jenes auf Grund des Abs. 1 Satz 2, dieses auf Grund des Abs. 1 Satz 1 des Art. 11 EG. Vgl. oben § 22 (S. 77).

Erkennen die Heimatsrechte die Verlobung als einen Vertrag überhaupt nicht an (wie das französische Recht)[2], so fragt es sich, ob der Verlöbnisbruch nach dem Recht des Orts, an dem das Verlöbnis verletzt wurde (lex loci delicti commissi), als „Delikt" anzusehen ist. Vgl. oben § 11 (S. 39 a, 40 c).

II. Liegt ein gültiges Verlöbnis vor, so hat es nur die den Heimatsrechten beider Verlobten gemeinsamen *Rechtswirkungen*[3]: es würde dem Gemeinschaftsgedanken widerstreiten, für den einen Verlobten stärkere Wirkungen entstehen zu lassen als für den anderen.

Verlobt sich z. B. ein Deutscher mit einer Französin und tritt er ohne wichtigen Grund zurück (aber auch ohne daß darin ein Delikt im Sinne des art. 1382 cod. civ. läge), so hat er keinerlei Ersatz zu leisten, da im umgekehrten Fall die Braut ihm keinen Ersatz schulden würde.

III. Im Verlöbnisrecht ist der *ordre public* (Art. 30 EG) von Bedeutung: der deutsche Richter darf durch Anwendung eines ausländischen Gesetzes die Freiheit der Eheschließung nicht stärker beeinträchtigen als es das deutsche Gesetz erlaubt[4].

Er darf daher nicht zu einer Eheschließung verurteilen, selbst wenn das Heimatsrecht der Verlobten solche Urteile zuläßt[5]. Er darf versprochene Vertragsstrafen nicht für verfallen

[1] Herrschende Lehre. Etwas anders: Nussbaum: a. a. O. — Verfehlt die ältere Praxis, die das Recht des „Erfüllungsorts" entscheiden ließ.

[2] Planiol et Ripert: Traité pratique II S. 68ff.

[3] OLG München, Bayr. Z. f. Rechtspflege 1929, 333.

[4] Hat er umgekehrt ausländische Gesetze von der Anwendung auch dann auszuschließen, wenn sie einen Ersatz bei Verlöbnisbruch ablehnen? Das behauptet OLG Köln LeipzZ 1926, 602; zu unrecht.

[5] Erläßt er dennoch solches Urteil, so ist es nicht vollstreckbar; ebenso wenn die Verurteilung im Ausland ausgesprochen worden ist. ZPO §§ 888, 894, 328 Nr. 4.

erklären. Er darf die weitgehenden Ersatzansprüche, die das englische Recht der verlassenen Braut einräumt, nicht zusprechen.

§ 35. Die materiellen Voraussetzungen der Eheschließung (Ehehindernisse).

Quellen des deutschen Rechts: EG BGB Art. 13 und das Haager Eheschließungsabkommen v. 12. Juni 1902, dessen Geltungsbereich oben § 4 (S. 19) bezeichnet ist.

Literatur: ZITELMANN, II 603ff. — LEWALD, 79ff. — GUTZWILLER, 1632ff. — NUSSBAUM, 131ff. — RAAPE zu Art. 13 EG. — MARTIN WOLFF: RVglHWB IV 398ff. und in (Kipp-)WOLFF, Familienrecht[7] § 39. — ALEX. BERGMANN: Internationales Ehe- und Kindschaftsrecht I 1926. — WIERUSZOWSKI in LESKE-LOEWENFELD, Rechtsverfolgung im internat. Verkehr IV 1[2] (1932) 50ff. — Zum Haager Abk.: LEWALD: WB des VölkerRs I 454ff. — BEER: NiemeyersZ 25 (1915) 305ff. — F. KAHN: Abhandl. II 37ff. — TRAVERS: La Convention de la Haye, relative au mariage 1912. — MEILI-MAMELOK: Das IntPR auf Grund der Haager Konvention 1911.

Aus dem Schrifttum über ausl. IntPR insbes. PILLET: Traité prat. I 542ff. — NIBOYET: Manuel nr. 611ff. — DICEY-KEITH: Conflict of Laws[4] 418ff. — F. KESSLER: Z. f. ausl. u. intern. PR 1, 858ff. Weiteres: RVglHWB IV 406.

Unter den Problemen des internationalen Privatrechts sind diejenigen, die das persönliche Eheschließungs- und Ehescheidungsrecht berühren, die im Schrifttum und insbesondere in der Rechtsprechung meistbehandelten. Die materiellen Eherechtsnormen der Welt weichen in ungleich höherem Maße voneinander ab als die Sätze des Verkehrsrechts. Viele von ihnen wurzeln so stark im Kulturleben der einzelnen Völker, daß sie als Sätze des ordre public angesehen werden. So ist man hier dem Ziele des Internationalprivatrechts, einen Entscheidungseinklang herbeizuführen, noch merklich ferner als sonst: daß dieselbe Verbindung zweier Menschen, die in dem einen Staate als gültige Ehe gilt, in anderen Staaten als nichtige Ehe oder gar als Konkubinat behandelt wird, ist bei dem heutigen Zustande der materiellen und der Kollisionsrechte eine häufige und leider noch unausweichliche Folge. Das große Haager Werk der Staatenkonventionen über Fragen des internationalen Eherechts muß im wesentlichen als gescheitert angesehen werden.

I. Die Frage, nach welchem Recht die sachlichen Voraussetzungen der Eheschließung oder, wie man in Anlehnung an den ehrwürdigen Sprachgebrauch des kanonischen Rechts sich auszudrücken pflegt, die *Ehehindernisse* zu beurteilen sind, wird auf der Erde sehr verschieden beantwortet. Man kann drei *Hauptgruppen* von Rechtsordnungen unterscheiden:

1. Den Vorzug der Einfachheit hat das nordamerikanische Recht, dessen Prinzip sich auch in einigen lateinamerikanischen Rechten findet: das *Recht des Eheschließungsorts* entscheidet: „a marriage valid where consummated is valid everywhere“[1]. Dieses System erspart dem mitwirkenden Beamten und den juristischen Ratgebern der Verlobten jede Untersuchung von Rechtssätzen aus ihnen fremden Rechten. Aber es erkauft die Einfachheit mit innerer Ungerechtigkeit: man knüpft an ein Recht an, dessen Geltung vermögende Verlobte durch eine Reise herbeiführen können, ohne zu ihm in sachlicher Beziehung zu stehen, und ermöglicht so die Flucht aus einem Heimatstaat mit strengen Eheforderungen in ein Land mit laxerem Recht.

Freilich lassen manche Gesetze solche in fraudem legis auswärts geschlossene Ehen nicht gelten; aber sie mehren damit die Unsicherheit, wofern sie den Nachweis der Umgehungsabsicht verlangen, und verlassen das Prinzip, wenn sie von solchem (schwer zu führenden) Nachweis absehen. Vgl. oben § 10[1] (S. 31).

2. England und Dänemark lassen das *Recht des Wohnsitzes* entscheiden, ebenso wie das bis 1900 in Deutschland geltende gemeine und preußische Recht. Bei diesem System kann man, wenn auch nicht so leicht, wie bei dem amerikanischen, so doch durch eine Wohnsitzverlegung über die Eheverbote, die das Heimatsrecht aufstellt, hinweghelfen.

---

[1] GOODRICH: Harvard Law Rev 32, 806 (1918); Michigan Law Rev 26, 211 u. 327 (1927).

3. Die beste Lösung ist die des französischen und des österreichischen Rechts: die *Staatsangehörigkeit* der Verlobten entscheidet. Ihr folgen das deutsche EG BGB, die meisten romanischen Rechte (Belgien, Niederlande, Italien, Spanien, Portugal, Luxemburg, Rumänien), ferner Griechenland, Bulgarien, Polen, Ungarn, Schweden, weiter die Schweiz für solche Ehen, die in der Schweiz abgeschlossen werden. Auch das *Haager* Eheschließungsabkommen hat das Heimatsrechts-Prinzip übernommen.

II. Maßgebend ist in Deutschland sowohl für die trennenden und aufschiebenden Ehehindernisse[2] wie für die Willensmängel[3] das Recht der *Staatsangehörigkeit beider Verlobten*; für staatenlos Gewordene gilt das jetzige Recht ihres früheren Staates; für staatenlos Geborene das Recht ihres Wohnsitzes; Art. 13, 29 EG.

Erforderlich ist, daß das Heimatsrecht *jedes Verlobten ihm* die Eheschließung gestatte: sein Heimatsrecht sagt, wann er den anderen Verlobten, nicht wann der andere Verlobte ihn heiraten darf. Regelmäßig bestimmt das Heimatsrecht nur die Voraussetzungen, die in der Person des ihm unterworfenen Verlobten vorliegen müssen. Es kann aber sein, daß es *ihm* die Ehe nur gestatten will, wenn auch in der Person des anderen Verlobten bestimmte Voraussetzungen vorliegen. Danach unterscheidet man „einseitige" und „zweiseitige" Hindernisse[4].

1. *Einseitig* ist das impedimentum *aetatis*; § 1303 BGB will, daß der deutsche Bräutigam volljährig, die deutsche Braut 16 Jahre alt sei, nicht: daß der deutsche Bräutigam kein Mädchen heirate, das noch nicht 16 Jahre alt ist. So kann er eine 14jährige Italienerin heiraten (vgl. Vc); so mag ein älteres deutsches Mädchen einen 17jährigen Serben ehelichen.

2. *Zweiseitig* sind z. B. die Hindernisse der *Epilepsie* oder *Geschlechtskrankheit* des schwedischen oder das impedimentum *impotentiae* des italienischen Rechts. Jenes steht der Ehe eines kranken Schweden mit einer gesunden Deutschen geradeso entgegen wie der eines gesunden Schweden mit einer kranken Deutschen. Zweiseitig ist auch das deutsche Hindernis des *Ehebruchs* (§ 1312 BGB): es besteht sowohl, wenn eine deutsche Ehe wegen Ehebruchs der Frau mit einem Engländer, wie wenn eine englische Ehe wegen Ehebruchs der Frau mit einem ledigen Deutschen geschieden ist (das englische Recht kennt das Hindernis nicht)[5]. — Auch das Verbot der Ehe zwischen *Adoptans* und Adoptivkind wendet sich an den deutschen Verlobten nicht nur, wenn er Adoptans, sondern auch wenn er Adoptivkind ist: ein von einem Österreicher adoptiertes deutsches (und deutsch gebliebenes) Mädchen darf den Wahlvater nicht heiraten[6].

3. Bisweilen ist es zweifelhaft, ob ein Hindernis einseitig oder zweiseitig ist; die Frage ist dann eine solche der Auslegung der materiellrechtlichen Norm des einzelnen Staates. Viel erörtert sind besonders die impedimenta *ordinis* und *disparitatis cultus* (Verbot der Priesterehe und der Ehe zwischen Christen und Nichtchristen), wie sie sich z. B. in Österreich noch finden und das österreichische Hindernis des *Katholizismus*, wonach ein Katholik bei Lebzeiten seines ersten Gatten selbst dann keine weitere Ehe schließen kann, wenn die erste Ehe im Auslande dem Bande nach geschieden ist. Zweifellos darf danach ein österreichischer Priester nicht heiraten, ein österreichischer Christ keine deutsche Jüdin heiraten, ein im Ausland geschiedener österreichischer Katholik keine zweite Ehe eingehen. Aber darf eine Österreicherin einen deutschen Priester, ein österreichischer Jude eine deutsche Christin heiraten? Darf eine ledige Österreicherin in erster Ehe einen deutschen Katholiken heiraten, dessen erste deutsche Ehe nach deutschem Recht gültig geschieden ist? Die Fragen sind nach österreichischem Recht streitig; heute neigt die Praxis zu ihrer Bejahung[7].

III. Maßgebend ist das Heimatsrecht, dem der Verlobte *bei Eingehung der Ehe* angehörte. Eine nach diesem Recht nichtige Ehe wird nicht durch Erlangung einer anderen Staatsangehörigkeit gültig; umgekehrt wird eine gültige Ehe nicht durch Staatsangehörigkeitswechsel nichtig.

---

[2] Der Mangel des Aufgebots ist in Deutschland und den meisten Ländern nicht materiellrechtliches Ehehindernis, sondern Formmangel. Anders Frankreich, worauf Art. 5 Abs. 3 Haager Abk. Rücksicht nimmt (vgl. o. S. 36). — Das Fehlen der Zustimmung dritter Personen zur Eheschließung (Eltern, Großeltern, Vormund u. dgl.) ist in allen kontinentalen Rechten ein materiellrechtlicher Mangel, in England Formmangel; vgl. oben S. 78[11].

[3] RG JurW 1931, 1340. [4] RG JurW 1930, 1003.

[5] Es ist also in beiden Fällen die Ehe der Ehebrecher nur mit Dispens zulässig; SASSE, Gruchot Beitr 71, 211ff. BERGMANN: Z. f. d. Standesamtswesen 1925, 103. Vgl. LEWALD, 81.

[6] A. M. wegen der Fassung des § 1311: HABICHT, 103.

[7] Vgl. JurW 1925, 1678, 2171. — Eine andere Frage ist, ob diese österreichischen Ehehindernisse in Deutschland überhaupt zu beachten sind oder unter Art. 30 EG fallen. Vgl. hierüber IV 2.

Heiratet eine Spanierin ihren Vetter, so bleibt die Ehe spanischem Recht gemäß nichtig, auch wenn die Frau durch die Eheschließung oder wenn beide Gatten nach der Eheschließung Reichsdeutsche werden. Heiratet ein deutscher Priester und wird er dann Österreicher, so bleibt er verheiratet.

Ein Heimatsrecht, dem ein Gatte *vor* Eingehung der Ehe angehörte, das er aber bei Eingehung der Ehe wieder verloren hat, kommt nicht in Betracht. Davon gilt eine Ausnahme für den Fall der Ausländerin, deren erster Mann für tot erklärt ist, und die wieder heiratet: war sie vor ihrer ersten Ehe Deutsche gewesen, so soll ihre zweite Ehe deutschem Rechte gemäß gültig sein, wofern auch nur einer der Gatten dieser zweiten Ehe redlich war; aber jeder der irrenden Gatten ist anfechtungsberechtigt; Art. 13 Abs. 2 EG. Diese Durchbrechung eines wohlbegründeten Prinzips ist nichts als die Einzelausprägung eines Gedankens des ordre public zum Schutze von ursprünglich deutschen Mädchen gegen auslandsrechtliche Hindernisse kirchlichen Ursprungs. Die Nichtbeachtung des Personalstatuts der wiederheiratenden Frau führt zu einer „hinkenden Ehe“: die Ehe wird in Deutschland als gültig, aber anfechtbar behandelt; dagegen ist sie nichtig in dem Staate, dem der erste Mann angehörte, und in allen anderen Staaten, die auf das Personalstatut abstellen, wofern jener Staat beim Fortleben des Verschollenen das Hindernis des Bandes anerkennt. Vgl. S. 122 I a. E.

IV. *Alle* heimatsrechtlichen Ehehindernisse sind zu beachten. Doch können sich Ausnahmen erstens aus dem Grundsatz der Rück- und Weiterverweisung (vgl. oben § 13), zweitens aus dem ordre public (vgl. § 12) ergeben.

1. *Renvoi.* Beispiel: Ein in Berlin wohnender Engländer oder Nordamerikaner kann hier ohne Rücksicht auf die Hindernisse seines Heimatsrechts heiraten; es gelten für ihn die Ehehindernisse des BGB, da England das Wohnsitzrecht, die USA. das Recht des Eheschließungsorts entscheiden lassen.

Im *Haager Abk.* gilt der Grundsatz des renvoi nicht.

2. *Ordre public.* Hier kann es sich entweder um den ordre public des Eheschließungsorts handeln, falls die Ehe erst geschlossen werden soll, oder um den der lex fori, falls die Frage geprüft wird, ob eine geschlossene Ehe gültig ist. Im letzteren Fall hat der Richter nur den ordre public der lex fori, nicht außerdem den der lex loci celebrationis zu beachten. Für Deutschland ist es zweifelhaft, ob auslandsrechtliche *religiöse Hindernisse* (impedimenta voti, ordinis, disparitatis cultus, mixtae religionis), die sich besonders in Österreich und Polen finden, durch die Vorbehaltsklausel getroffen werden; das RG (132, 418) hat das für das impedimentum disparitatis cultus geleugnet, m. E. zu unrecht. — Hindernisse der *Rassenverschiedenheit* (Verbot der Ehen mit Farbigen in Louisiana, Georgia, Arizona) werden von den europäischen Staaten (wie übrigens auch von den amerikanischen Nordstaaten) als dem ordre public zuwiderlaufend nicht berücksichtigt; ebenso Ehehindernisse aus der *Kastenzugehörigkeit* (Indiens); weiter sog. *politische* Ehehindernisse, z. B. solche, die im ausländischen Beamten- oder Militärdienst wurzeln (Mangel der Zustimmung des Vorgesetzten; vgl. BGB § 1315 Abs. 1) und solche wegen politischer Proskription.

Das *Haager Abk.* Art. 3 hat die Fälle, in denen aus Gründen des ordre public ausländische Ehehindernisse unbeachtet bleiben können, spezialisiert: die Nichtbeachtung ist nur bei religiösen Hindernissen zulässig, *nicht* dagegen bei *politischen Hindernissen.* Deshalb durfte Frankreich, solange es dem Haager Abk. angehörte, deutschen Deserteuren nicht erlauben, ohne Zustimmung ihrer deutschen militärischen Vorgesetzten in Frankreich zu heiraten: hierin lag der Grund, aus dem Frankreich und Belgien das Abkommen gekündigt haben. — Ein Vorschlag (1926), diese Lücke zu füllen, ist noch nicht angenommen worden.

V. *Nur* die heimatsrechtlichen Ehehindernisse sind zu beachten. Davon gelten wieder Ausnahmen erstens im Falle der Rück- und Weiterverweisung[8], zweitens wegen des *ordre public*: die nach den Heimatsrechten zulässige Ehe darf in Deutschland nicht geschlossen werden, wenn die Eheschließung gegen die guten Sitten oder den Zweck eines deutschen Gesetzes verstieße; und die in der Heimat der Verlobten etwa schon (gültig) geschlossene Ehe kann in Deutschland (höchst ausnahmsweise) dann für nichtig erklärt werden, wenn nicht nur die Eheschließung, sondern der Ehebestand gegen die guten Sitten verstößt (muselmanische Mehrehe)[9].

Beispiele: Ein Sowjetrusse oder ein New Yorker Bürger darf in Deutschland nicht seine russische oder amerikanische Schwieger- oder Stieftochter heiraten, obwohl das Hindernis der *ehelichen Schwägerschaft* den Heimatsrechten unbekannt ist; und wenn die Ehe dennoch (in Deutschland[10]) geschlossen wird, so ist sie wegen der Verletzung des § 1310 Abs. 1 BGB nichtig.

---

[8] die wieder im Bereich des Haager Abk. nicht zu beachten ist. [9] Raape, 802f.

[10] Wird sie in Rußland oder New York geschlossen, so verstößt es nicht gegen die deutschen guten Sitten, sie gelten zu lassen; daher keine Nichtigkeitsklage zulässig. Vgl. § 12 II 1e (S. 42).

— Ein österreichischer Katholik kann nach Trennung von Tisch und Bett in Deutschland nicht gültig heiraten, selbst wenn ihm in Österreich *Dispens vom Ehehindernis des Bandes* gegeben ist (wie das in vielen Tausenden von Fällen unter Mißbrauch des § 83 des österreichischen allgbürgerlichen Gesetzbuchs geschehen ist)[11]. — Ein österreichischer Knabe und ein österreichisches Mädchen, beide erst 14 Jahre alt und in Österreich ehefähig (§§ 21, 48 ABGB), würden in Deutschland von Standesbeamten zurückzuweisen sein, weil solche Eheschließung deutscher guter Sitte zuwiderliefe. — Ein deutscher Standesbeamter darf ferner bei einer Eheschließung von Ausländern nicht mitwirken, wenn ein deutsches Hindernis, das den Schutz eines deutschen Kindes bezweckt, entgegensteht: so darf ein Witwer, der Ausländer geworden ist, erst nach Auseinandersetzung mit seinen ersteheliehen, deutsch gebliebenen Kindern wieder heiraten; § 1314 BGB[12]. — Dagegen würde das Ehehindernis der *Wartezeit* (§ 1313 BGB), oder das des *Ehebruchs* (§ 1312) oder das impedimentum *affinitatis illegitimae* (Heirat eines Sohns mit der Maitresse des Vaters, § 1310 Abs. 2 BGB) einer auf deutschem Boden geschlossenen, nach dem Heimatsrechte erlaubten Ehe nicht entgegenstehen: Art. 30 EG ist hier nicht anwendbar[13]. Auch das Anfechtungsrecht wegen Irrtums über persönliche Eigenschaften des anderen Gatten (§ 1333 BGB), das z. B. dem österreichischen Recht, wie dem kirchlichen Recht unbekannt ist, kann nicht mit Art. 30 EG durchgesetzt werden[14].

Im Bereich des *Haager Abk.* (Art. 2) ist die Vorbehaltsklausel des Art. 30 EG nicht anwendbar. Eine nach den Heimatsrechten der Verlobten gestattete Eheschließung kann daher im Eheschließungsstaat grundsätzlich nicht verboten werden. Davon gibt es zwei Gruppen von Ausnahmen:

a) Der Eheschließungsstaat kann solche Ehe *aufschiebend* verbieten, wenn sie gegen seine eigenen indispensablen Ehehindernisse der Verwandtschaft, der Schwägerschaft, des Ehebruchs oder der gemeinsamen Lebensnachstellung verstößt.

So darf die Schweiz verbieten, daß ein Deutscher seine deutsche Nichte in der Schweiz heirate, da das Hindernis der Verwandtschaft nach Schweizer Recht (Art. 100 Nr. 1 ZBG) indispensabel ist; schließt er die Ehe dennoch, so darf sie aber (auch in der Schweiz) nicht als nichtig behandelt werden. Dagegen kann Deutschland eine Eheschließung zwischen zwei Schweizern, denen, wären sie Deutsche, das Hindernis des Ehebruchs entgegenstände, nicht verbieten (da dieses Hindernis nach deutschem Recht dispensabel ist; § 1312 Abs. 2 BGB).

b) Der Eheschließungsstaat kann eine nach Heimatsrecht gestattete Ehe sogar *trennend* verbieten, wenn sie „mit Rücksicht auf eine vormalige Ehe“ oder auf ein religiöses Hindernis dem Recht des Eheschließungsorts widerstritte. Wird die Ehe dennoch geschlossen, so beschränkt sich aber ihre Nichtigkeit auf das Gebiet des Eheschließungsstaats.

So kann z. B., wenn eine Deutsche, deren erster (deutscher) Mann für tot erklärt ist, in Schweden einen Deutschen heiratet, und wenn dann der Verschollene heimkehrt, Schweden die neue Ehe für nichtig erklären, während sie nicht nur in Deutschland, sondern auch in anderen Vertragsstaaten wirksam ist.

c) Dagegen dürfen im Bereich des Haager Abk. andere Ehehindernisse des Eheschließungsstaats, als die genannten, nicht berücksichtigt werden, so daß ein deutscher Standesbeamter z. B. genötigt ist, bei der anstößigen Eheschließung eines Deutschen mit einem italienischen Kinde von 14 Jahren in einem Falle mitzuwirken, in dem in Deutschland ein Dispens nie erteilt werden würde.

VI. Der deutsche Standesbeamte hat hiernach, wenn ein Ausländer vor ihm heiraten will, zu prüfen, ob das Heimatsrecht die Ehe erlaubt. Da ihm eine genaue Kenntnis ausländischer Rechte nicht zuzumuten ist, bestimmen die meisten deutschen Landesgesetze, daß ein Ausländer erst heiraten darf, wenn er ein *Zeugnis* seiner *Heimatsbehörde* (so in Preußen, Baden, Hessen) oder eine *Erlaubnis* der *inländischen* (deutschen) Behörde (so Bayern, Sachsen, Württemberg) beibringt; hier wird dem Heiratenden bescheinigt, daß nach seinem Heimatsrecht keine Ehehindernisse bestehen. Vgl. § 1315 Abs. 2 BGB.

---

[11] Zu diesen „Dispensehen“, die man nach ihrem Erfinder, dem Landeshauptmann Sever, als „Sever-Ehen“ bezeichnet, vgl. die bei (Kipp-)Wolff FamilR § 11 Anm. 3 u. 3a Genannten. Vgl. unten Anm. 15.

[12] Über Zitelmann, II 656 vgl. (Kipp-)Wolff a. a. O. § 39[16].

[13] A. M. Zitelmann, II 657[336].

[14] OLG München u. BayrObLG, IPRechtspr 1931 (Sonderheft 1932), S. 123ff.

Das preußische System (Zeugnis der Heimatsbehörde) ist dem bayrischen (Zeugnis der deutschen Behörde) vorzuziehen, da die ausländische Behörde den neuesten Stand des eigenen Eherechts, insbes. unter Berücksichtigung der jüngsten Gerichtspraxis, zuverlässiger feststellen kann, als das einer (selbst durch auslandsrechtliche Bibliotheken gut ausgestatteten) deutschen Behörde möglich sein würde.

Liegt das Zeugnis vor, so braucht der Standesbeamte die materiellen Ehevoraussetzungen des Heimatsrechts nicht von sich aus nachzuprüfen. Aber er *darf* es. Deshalb darf er z. B. den Abschluß einer sog. Dispensehe katholischer Österreicher (s. o. Anm. 11) ablehnen, auch wenn ein Wiener Zeugnis die Eheschließung für zulässig erklärt[15].

§ 36. Die Form der Eheschließung.

Quellen und Literatur: Siehe den vorigen Paragraphen.

I. Wird die Ehe *in Deutschland* geschlossen, so bestimmt sich die Form ausschließlich nach deutschem Recht: der Satz „locus regit actum" hat hier ausnahmsweise imperativen Charakter; Art. 13, Abs. 3 EG (vgl. oben § 22 V 1a; S. 79).

Deutschland läßt, wie die meisten Staaten, die die obligatorische Zivilehe kennen, auf seinem Boden keine Eheschließung in geistlicher Form zu, mag auch diese dem Personalstatut der Heiratenden gemäß zulässig (Skandinavien, England) oder gar geboten (Bulgarien, Jugoslawien, Polen) sein.

Eheschließungen, die gegen die deutsche Form verstoßen, sind nichtig („Nichtehen"), auch wenn sie im Heimatstaat gültig sind. Umgekehrt sind Ehen, die in Deutschland in deutscher Form geschlossen sind, gültig, auch wenn das Heimatsrecht sie für nichtig erklärt (vgl. § 37 I).

Heiraten z. B. zwei Bulgaren oder Serben in Berlin vor ihrem Geistlichen, oder heiraten zwei Sowjetrussen in Berlin durch private Konsenserklärung (der Satz: consensus facit nuptias gilt in Rußland), so erscheinen alle diese in ihrer Heimat als Eheleute, in Deutschland als ledig. — Heiraten die beiden Bulgaren oder Serben in Deutschland vor dem Standesbeamten, so sind sie nach deutschem Recht Eheleute, nach ihrem Heimatsrecht ledig.

Nach dem *Haager Abkommen* muß die in Deutschland in deutscher Form abgeschlossene Ehe in allen Vertragsstaaten als formgültig anerkannt werden. Ausnahme: ein Staat mit kirchlicher Form (Polen) braucht eine von *seinen* Angehörigen in Deutschland geschlossene Zivilehe nicht anzuerkennen; Art. 5 Abs. 1, 2.

II. Für eine Eheschließung *außerhalb Deutschlands* gilt nach deutschem Internationalprivatrecht der Satz locus regit actum nur fakultativ. Die Ehe kann *entweder* nach dem Recht des Eheschließungsorts *oder* nach den Heimatsrechten beider Verlobten[1] formgültig geschlossen werden. Art. 11 Abs. 1 EG.

Beispiele: 1. Zwei Deutsche heiraten in New York durch bloßen formfreien Konsens (sog. Common-Law-Ehe); die Ehe ist auch bei uns gültig[2].

2. Zwei katholische Österreicher heiraten einander in Frankreich in kirchlicher Form; die Eheschließung wird zwar in Frankreich als nichtig, aber nicht nur in Österreich, sondern auch in Deutschland als gültig behandelt. Daß sowohl Frankreich wie Deutschland eine religiöse Eheschließung auf seinem eigenen Boden für nichtig erklärt, steht dem nicht entgegen, da der Zivilehezwang in beiden Ländern auf ihrem ordre public beruht[3], kein Land aber den ordre public eines anderen Landes beachtet, selbst wenn er sich mit dem eigenen deckt.

Im Bereich des *Haager Abk.* (Art. 5, 7) unterliegt die Eheschließung außerhalb Deutschlands der Form des Abschlußorts (nur die Staaten mit imperativer religiöser Form dürfen die Anerkennung der im Ausland geschlossenen Zivilehe ihrer Angehörigen ablehnen, was für Deutschland keine Bedeutung hat). Andererseits gestattet das Haager Abkommen statt der Wahrung der lex loci actus auch die der Heimatsrechte der Verlobten, freilich in unvollkommener Weise: der Eheschließungsstaat kann solche Eheschließung als nichtig behandeln (entsprechend der in fast

---

[15] Vgl. BayrObLG, JurW 1928, 3121; KG, Rspr. d. ObLGe 46, 166; ObLG Karlsruhe, IPRechtspr 1931 (Sonderheft 1932), 130.

[1] RG 133, 161. [2] RG JurW 1902, 361; RG 138, 215.

[3] Für Frankreich vgl. z. B. Surville, 402f. (gegründete Bedenken gegen diese Praxis bei Pillet: Traité pratique I Nr. 255). — Für Deutschland: Art. 13 Abs. 3 EG ist nur eine Spezialisierung des Art. 30; vgl. oben § 12 III, V (S. 45, 46).

allen Staaten herrschenden Auffassung); die anderen Länder aber können die Ehe als gültig behandeln (Art. 7). So läßt das Haager Abkommen nach zwei Richtungen „hinkende“ Ehen zu; vgl. § 37 I.

Heiraten z. B. zwei Angehörige der schwedischen Kirche in der Schweiz vor dem schwedischen Geistlichen, so ist die Ehe in der Schweiz nichtig, in Schweden, Deutschland, Italien, Ungarn usw. aber gültig.

III. Sog. *diplomatische* und *konsularische Eheschließungen:*

1. *Deutscher im Ausland.* Nach dem Gesetz über die Eheschließung und Beurkundung des Personenstandes von Bundes-(Reichs-)Angehörigen im Ausland vom 4. Mai 1870 (dazu Art. 40 EG) kann der Reichskanzler einen diplomatischen Vertreter für das ganze Gebiet des Empfangsstaats und einen Reichskonsul für seinen Amtsbezirk allgemein ermächtigen, bei Eheschließungen (als Standesbeamter) mitzuwirken, wofern auch nur einer der Verlobten Deutscher ist.

Darauf, ob der andere Verlobte Deutscher oder Angehöriger des Empfangsstaats oder eines dritten Staats ist, kommt nichts an; ebensowenig darauf, ob der Empfangsstaat oder der Heimatstaat des anderen Verlobten die diplomatische oder konsularische Eheschließungsform anerkennt. Es kann daher leicht geschehen, daß solche Ehe nur in Deutschland als gültig, in dem Heimatstaat des anderen Verlobten aber als nichtig behandelt wird[4].

2. Eheschließung von *Ausländern in Deutschland.* Da Deutschland für die auf seinem Gebiet geschlossenen Ehen den Satz locus regit actum imperativ gelten läßt (Art. 13 Abs. 3 EG), muß es die Eheschließung von Ausländern vor ihrem Gesandten oder Konsul für nichtig erklären. Eine Ausnahme gilt nur soweit ein *Staatsvertrag* solche Eheschließungen gestattet.

Solche Verträge hat Deutschland mit Italien, der Union der Sowjetrepubliken, der Türkei und Bulgarien geschlossen[5]; Voraussetzung der Eheschließung ist aber, daß beide Verlobte dem Entsendestaat angehören.

3. Nach dem *Haager Abkommen* Art. 6 setzt die diplomatische und die konsularische Eheschließung voraus, daß keiner der Verlobten dem Empfangsstaat angehört und daß dieser der Eheschließung nicht widerspricht. Ein Widerspruch darf nicht auf religiöse Hindernisse gestützt oder im Hinblick auf eine vormalige Ehe erhoben werden. — Eine solche diplomatische oder konsularische Ehe muß von allen Vertragsstaaten anerkannt werden, außer von demjenigen Staat, dessen Angehöriger nur religiös heiraten kann.

§ 37. Die fehlerhafte Eheschließung.

Literatur: Vgl. zu § 35.

Die Folgen der Verletzung der für die Eheschließung maßgebenden Rechtsordnung regelt die verletzte Rechtsordnung.

I. Wie das Heimatsrecht der Verlobten maßgebend die *Ehehindernisse* aufstellt, so bestimmt es auch, ob sie trennend oder aufschiebend sein sollen, d. h. ob die dennoch geschlossene Ehe „nichtig“, „anfechtbar“ oder gültig ist. Soweit das Recht des Eheschließungsorts die *Form* maßgebend normiert, bestimmt es auch, welche Wirkung die formwidrige Eheschließung hat[1]. Sind *mehrere* maßgebende Rechtsordnungen verletzt, z. B. bei Verschiedenheit der Staatsangehörigkeit der beiden Verlobten, so ist die Ehe nichtig, wenn auch nur eine der Rechtsordnungen die Nichtigkeit bestimmt[2]. Ist die Ehe nach beiden Rechten nichtig, ist aber nach dem einen Recht die Nichtigkeit von selbst wirksam („Nichtehe“), nach dem anderen erst infolge gerichtlicher Nichtigerklärung, so wirkt die Nichtigkeit von selbst[3]. Die Anfechtbarkeit einer Ehe beurteilt sich nach dem Heimatsrecht nur des Anfechtungsberechtigten[4].

---

[4] Vgl. Zitelmann, II 613. S. u. § 37 I. [5] Wieruszowski, 56[321].

[1] Dazu RG 133, 165f. [2] RG 136, 143. [3] Zitelmann, II 623.

[4] Zitelmann, II 632ff.; Kammergericht, Entsch. d. ObLGe 27, 108. — Kennt das Heimatsrecht des Irrenden ein Anfechtungsrecht nicht (wie das russische Recht), so ist daher die Ehe

In allen diesen Fällen beantwortet man die Frage nach der Kraft der verbotenerweise geschlossenen Ehe für alle Rechtsgebiete *einheitlich*.

Schließen z. B. ein Deutscher und eine Belgierin, die miteinander Ehebruch begangen haben, nach Scheidung ihrer früheren Ehen, die Ehe miteinander, so ist diese Ehe, der sowohl nach deutschem wie nach belgischem Recht ein Ehehindernis entgegensteht, nach deutschem Recht nichtig, nach belgischem Recht gültig. Sie ist daher nach deutschem Recht zu beurteilen, also nichtig; und das gilt nicht nur für den deutschen, sondern auch für den belgischen Richter.

Anders in solchen Fällen, in denen die Verletzung einer Rechtsordnung im Gebiete einer anderen Rechtsordnung nicht zu beachten ist. So wenn die in Berlin nur vor dem Geistlichen geschlossene Ehe in Deutschland Nichtehe, in der polnischen Heimat Ehe, oder die in Berlin zwischen einem Kalifornier und seiner Schwiegertochter geschlossene Ehe hier nichtige, in der Heimat gültige Ehe ist, oder wenn ein in England wohnender Deutscher, dessen Ehe wegen seines Ehebruchs geschieden ist, seine Mitschuldige heiratet: solche Ehe ist im Heimatstaat nichtig, im Wohnsitzstaat gültig.

In allen solchen Fällen spricht man von „*hinkenden*" (klaudikanten) Ehen; man könnte sie auch raumbegrenzte Ehen nennen.

II. Das *Verfahren* bei der Nichtigkeits- und Anfechtungsklage ist dem Recht des Prozeßorts unterworfen. Für die Anerkennung ausländischer Nichtigkeitsurteile gelten dieselben Grundsätze wie für die Anerkennung von Scheidungsurteilen. Vgl. oben § 24 (S. 83).

III. Nach dem für die Beurteilung der Ehegültigkeit maßgebenden Recht beurteilt es sich auch, ob die nichtige Ehe trotz der Nichtigkeit *Ehewirkungen* hat, und ob sie (durch Bestätigung, Dispens u. dgl.) *geheilt* werden kann. Sind mehrere Rechtsordnungen verlezt, so setzt eine Heilung voraus, daß sie nach allen Rechtsordnungen möglich ist und nach allen geschieht.

Haben beide Gatten nach der Eheschließung die Staatsangehörigkeit gewechselt, so kann die Ehe nur dann für nichtig erklärt werden, wenn dies auch nach ihrem jetzigen Heimatsrecht möglich ist.

Das steht zwar nicht im Gesetz; aber mit Recht betont das Reichsgericht, „daß der deutsche Richter keine Veranlassung hat, eine Ehe für nichtig zu erklären, die im Heimatstaat der Ehegatten als gültig behandelt wird" (132, 419). Daraus folgt aber nicht, was das RG meint, daß Art. 17 EG, also die Scheidungsgrundsätze, entsprechend anzuwenden wären, daß es also auf die Staatsangehörigkeit des *Ehemannes* zur Zeit der *Erhebung* der Nichtigkeits- oder Anfechtungsklage ankäme; denn 1. hat die Ehefrau ihre ursprüngliche Staatsangehörigkeit behalten, so muß immer geprüft werden, ob sie nach *ihrem* Heimatsrecht gültig verheiratet ist (Art. 13), und wenn sie es danach nicht ist, so muß die Ehe für nichtig erklärt werden, auch wenn sie nach dem neuen Heimatsrecht des Mannes gültig sein sollte; 2. ein Staatsangehörigkeitswechsel nach Klageerhebung ist zu berücksichtigen, wofern er vor der letzten mündlichen Tatsachenverhandlung eingetreten ist.

IV. Die Wirkungen nichtiger Ehen im *Geschäftsverkehr mit Dritten* können sich nicht nach dem Heimatsrecht der Gatten allein richten. Vielmehr ist hier § 1344 BGB entsprechend anzuwenden (wie § 1435 BGB gemäß Art. 16 EG), wofern entweder die deutschen Gatten, die im Ausland geheiratet haben, in Deutschland leben oder ausländische Gatten, deren Ehe sich in bezug auf ihre materielle Gültigkeit nach ausländischem Recht bemißt, ihren Wohnsitz in Deutschland haben.

Für die Anwendung des § 1344 Abs. 2 BGB ist dabei an Stelle der formnichtigen und nicht einmal in das Heiratsregister eingetragenen Ehe die im Ausland geschlossene formnichtige Ehe, die dort als Konkubinat (Nichtehe) behandelt wird, zu setzen.

---

unanfechtbar, mag auch nach deutschem Recht ein Anfechtungsgrund bestehen: RG Warneyer Rspr 1928, 25. Ob Art. 30 EG dann anzuwenden ist, wenn das Heimatsrecht auch im Falle der arglistigen Täuschung oder der Drohung ein Anfechtungsrecht versagt, mag zweifelhaft sein (m. E. zu bejahen).

§ 38. Die persönlichen Wirkungen der Ehe.

Quellen: EG BGB Art. 14; Haager Abkommen betr. die Wirkungen der Ehe auf die Rechte und Pflichten der Ehegatten in ihren persönlichen Beziehungen und auf das Vermögen der Ehegatten v. 17. Juli 1905 Art. 1, 9, 10. Geltungsbereich: oben § 4 (S. 19).
Literatur: Vgl. oben § 35.

I. Die persönlichen Beziehungen der Ehegatten werden, wenn und solange beide Ehegatten *demselben Staate* angehören, durch das Recht dieses Staats geordnet. Wechseln sie während der Ehe die Staatsangehörigkeit gemeinsam, so ist das neue Recht maßgebend. Zweifelhaft ist dagegen, welches Recht dann gilt, wenn die Gatten nicht dieselbe Staatsangehörigkeit haben oder staatenlos sind. Das EG BGB regelt den Fall, daß beide Gatten Deutsche waren, aber der Mann die Reichsangehörigkeit verloren, die Frau sie behalten hat; dann gilt deutsches Recht. Dasselbe muß gelten, wenn der Mann Deutscher geblieben, die Frau Ausländerin geworden ist. Nach der herrschenden Lehre soll in anderen Fällen stets die Staatsangehörigkeit des Mannes entscheiden[1]. Das ist jedenfalls dann angreifbar, wenn die Ehegatten einmal eine gemeinsame Staatsangehörigkeit gehabt haben: dann muß diese so lange maßgebend sein, wie einer der Gatten sie behält[2]. Denn die daraus der Frau erwachsenden Rechte können nicht wohl ohne ihr Zutun dadurch verlorengehen, daß der Mann eine fremde Staatsangehörigkeit erlangt, während sie die alte behält. Hat aber keiner von ihnen mehr die letzte gemeinsame Staatsangehörigkeit oder gehören die Gatten von Anfang an verschiedenen Staaten an, so ist der herrschenden Lehre von der Geltung des Heimatsrechts des Mannes beizustimmen.

Eine Rückverweisung ist zu beachten[3].

Nach dem *Haager Ehewirkungsabk.* Art. 1, 9 ist für die persönlichen Beziehungen der Ehegatten stets nur ihr jetziges gemeinsames und im Fall eines Wechsels ihr früheres gemeinsames Heimatsrecht maßgebend. Wie es bei Ehegatten steht, die nie ein gemeinsames Heimatsrecht hatten, ist nicht bestimmt. Versuche, hier staatsvertraglich Klärung zu bringen, sind bisher gescheitert.

II. *Was* zu den *persönlichen* Ehewirkungen *gehört*, läßt sich nicht einheitlich beantworten. Zweifellos gehört überall dahin die Frage, in welchem Umfange eine Pflicht zur Lebensgemeinschaft und ein Anspruch auf Herstellung der ehelichen Gemeinschaft besteht, in welchem Maße der Ehemann ein Entscheidungsrecht hat, ob er das Recht hat, Verträge der Frau zu kündigen, ob die Ehe einen gesetzlichen Wohnsitz der Frau schafft, wieweit die Frau befugt ist, die Geschäfte des Haushalts zu führen („interne" Schlüsselgewalt)[4], für welches Maß von Sorgfalt die Ehegatten bei Erfüllung der ihnen obliegenden wechselseitigen Pflichten haften. Zu den Ehewirkungen gehört aber auch die Frage, in welcher Weise die Eheschließung auf den *Namen* der Frau einwirkt, ob diese den Mannesnamen erlangt oder befugt ist, ihn zu führen oder ihrem Familiennamen hinzuzufügen. Auch der *Unterhaltsanspruch* der Gatten gegeneinander[5] wird von den meisten Rechten als allgemeine eherechtliche Wirkung angesehen.

Doch sind manche Ansprüche, die hie und da als Teile des Unterhaltsanspruchs erscheinen, anderwärts in das eheliche Güterrecht eingeordnet: so der Anspruch der Frau auf Prozeßkostenvorschuß, den der Österreicher als unterhaltsrechtlich, der Deutsche als ehegüterrechtlich ansieht. Vgl. oben § 11 II (S. 35).

In manchen, z. B. den romanischen Rechten erscheinen die persönlichen Beschränkungen, denen die Frau durch die Ehe unterworfen wird, zugleich als *Be-*

---

[1] Über den Streitstand: WIERUSZOWSKI, 61[352]. Auch im Ausland (insbes. in Frankreich) herrscht die Lehre von der Prävalenz des Mannes-Rechts.
[2] OLG Kiel, Höchstrichterl. Rechtspr. 1931, 1320.
[3] Art. 27 EG schweigt freilich. Vgl. oben § 13[7] (S. 48). Aus der Praxis: RG 62, 404.
[4] im Gegensatz zu der in der Schlüsselgewalt *auch* enthaltenen Vertretungsmacht gegenüber Dritten, wovon Art. 16 II (§ 1357). Vgl. WIERUSZOWSKI, 62 cc.
[5] Vgl. BayrObLG, Rechtspr. d. OLGe 30, 165.

schränkungen der Geschäftsfähigkeit. Es entsteht die Frage, ob sie sich dann nach dem Ehestatut (Art. 14 EG) oder nach dem Personalstatut der Frau (Art. 7 EG) richten.

Die Frage ist vor allem dann praktisch, wenn beim Fehlen eines gemeinsamen Heimatsrechts der Gatten das Heimatsrecht des Mannes entscheidet: so wenn eine Amerikanerin einen Franzosen heiratet (Ehestatut: französ. Recht; Personalstatut der Frau: Recht der USA.).

M. E. ist die Antwort zunächst nach dem Ehestatut zu geben. Tritt nach diesem als Ehewirkung eine Beschränkung der Geschäftsfähigkeit ein (Frankreich), so gilt dies, mag auch das Personalrecht der Frau (amerikanisches Recht) solche Beschränkung nicht anerkennen. Tritt sie nach dem Ehestatut nicht ein, so ist zu prüfen, ob die Frau nach ihrem Heimatsrecht in der Geschäftsfähigkeit beschränkt wird. Ist das zu bejahen, so wird sie durch die Ehe in der Geschäftsfähigkeit beschränkt, trotz des ablehnenden Ehestatuts.

Aber *ob* die Frage zu bejahen ist, ist nur aus einer sorgfältigen Analyse desjenigen Rechts, das das Personalstatut der Frau ist, zu entnehmen. Man darf sie z. B. für Frankreich nicht schon deswegen bejahen, weil nach dem Code civil die Frau durch die Ehe im „plein exercice de sa capacité civile" beschränkt wird (art. 311). Denn diese Beschränkung der Geschäftsfähigkeit ist möglicherweise nur für eine dem französischen Recht unterworfene Ehe gemeint und gilt selbst bei ihr nicht ausnahmslos, z. B. nicht bei séparation de corps. So wird die herrschende Doktrin, die das Personalstatut der Frau überhaupt nicht beachten will, im Ergebnis, wenn auch nicht in der Begründung, oft recht haben.

III. Gilt hiernach ausländisches Recht, so ist doch Art. 30 EG (ordre public) zu beachten. Daher ist ein ausländisches Recht, das (wie das sowjetrussische) eine Rechtspflicht zur ehelichen Lebensgemeinschaft leugnet, nicht anzuwenden[6]; ebensowenig ein Gesetz, das einem Ehegatten gegen den anderen geringere Unterhaltsansprüche gewährt als das deutsche Recht[7].

Das Haager Abkommen läßt eine allgemeine Berücksichtigung des ordre public nicht zu: jeder Gatte hat grundsätzlich die dem Heimatsrecht entsprechenden Befugnisse. Diese können aber nur durchgeführt werden mit den dem Durchführungsstaat bekannten Mitteln (ein Satz, der sich außerhalb des Bereichs des Haager Abkommens für alle Staaten aus dem ordre public ergeben dürfte).

§ 39. Das eheliche Güterrecht.

Quellen: EG Art. 15, 16. Haager Ehewirkungsabkommen v. 17. Juli 1905; s. o. § 4 (S. 19).
Literatur: Mariolle: Seufferts Blätter f. Rechtsanwendung 56, 85ff., 103ff. — Wieruszowski: Handbuch d. Eherechts II 19ff. — Graf Luxburg: NiemeyersZ 23, 10ff. — Zitelmann, II 675ff. — Lewald, 96ff. — Gutzwiller, 1638f. — M. Wolff: RVglHWB IV 409ff. — M. Wolff in Kipp-Wolff Familienrecht[7] § 73. — Nussbaum, 148ff. — Audinet: Des conflits de lois relatifs aux effets patrimoniaux du mariage (Recueil des Cours 1932 II, 241ff.). — Neubecker: Der Ehe- und Erbvertrag im internat. Verkehr (1914), 222ff., 310ff.

I. Für das *gesetzliche* eheliche Güterrecht bestehen fünf Gruppen von Fragen:

1. *Worauf beruht es?* In den meisten Ländern auf Gesetz oder Gewohnheitsrecht. In Frankreich lehnt die Rechtsprechung eine allgemeine (auch nur dispositive) Norm ab und stellt den Grundsatz der *Parteiautonomie* an die Spitze: je nach den Umständen sieht man bald das Heimatsrecht der Verlobten, bald das Recht des von ihnen in Aussicht genommenen Ehewohnsitzes oder anderes als vermutlich gewollt an[1]. Im *deutschen Recht* wird das anwendbare Recht durch Gesetz bestimmt. Dem Parteiwillen wird Raum nur gewährt, soweit das an sich maßgebende Recht ihm Raum gibt.

---

[6] RG WarneyerRechtspr 1928, 25.

[7] Dem stimmt zu: Wieruszowski, 62[358]. OLG Dresden, Sächs. Annalen 28, 534 (Lewald, 33). Vgl. RG 62, 401ff. — Französische Praxis: Niboyet: Manuel nr. 628, 3.

[1] Planiol et Ripert: Traité prat. VIII nr. 9. Surville, 553f. Niboyet: Manuel nr. 715. Haudek: Die Bedeutung des Parteiwillens (1931) 13. Ähnlich in Italien, England u. a. Haudek, 14.

Es steht also hier anders als im Obligationenrecht, wo der Grundsatz der Parteiautonomie herrscht. Vgl. oben § 25.

2. *Heimatsrecht oder Recht des Ehewohnsitzes?* Die Frage deckt sich nicht mit der Frage, ob das Personalstatut eines Menschen durch seinen Wohnsitz oder durch seine Staatsangehörigkeit bestimmt wird. Es gibt Länder, die das Ehegüterrecht an den Wohnsitz anknüpfen, obwohl das Personalstatut das Heimatsrecht ist: so Österreich und für die im Lande Niedergelassenen die Schweiz. Deutschland gehört nicht dazu. Maßgebend ist das *Heimatsrecht*[2], wobei es nur auf die Staatsangehörigkeit *des Mannes*, nicht auf die der Frau ankommt; Art. 15. Dasselbe gilt auch im Bereich des Haager EhewirkungsAbk (Art. 2): das Heimatsrecht der Frau wird, im Gegensatz zu der Anknüpfung der persönlichen Ehewirkungen (vgl. § 38 I) nicht beachtet.

3. *Wandelbarkeit oder Unwandelbarkeit* des Ehegüterstatuts? Die Frage, ob in einer Ehe das gesetzliche Güterrecht mit dem Wechsel der Staatsangehörigkeit oder des Wohnsitzes (wo dieser maßgebend ist) wechselt, war früher eine der bestrittensten des internationalen Privatrechts, „famosissima quaestio"[3]. Heute ist sie meist im Sinne der Unwandelbarkeit gelöst[4]: maßgebend bleibt das Recht des ersten Heimatsrechts. So ist auch in Deutschland die Staatsangehörigkeit, die der Mann zur Zeit der Eheschließung hatte, dauernd maßgebend.

4. *Einheitlichkeit* des Ehegüterrechtsstatuts oder *Sonderung* von *Immobiliar- und Mobiliarvermögen?* Heute überwiegt in der Welt die Einheitlichkeitslehre: die ehegüterrechtlichen Kollisionsnormen gelten gleichmäßig für Mobilien wie für Immobilien. Auch das deutsche Recht nimmt diesen Standpunkt ein.

In England, den Vereinigten Staaten v. Amerika, auch wohl (was streitig) in Italien, Frankreich und Österreich gilt die ältere, im Feudalismus wurzelnde Auffassung, wonach für jedes Grundstück die lex rei sitae maßgebend ist, während das Mobiliarvermögen einem anderen Statut, sei es dem Personalstatut, sei es dem durch Parteiautonomie bestimmten, unterworfen ist.

Auf diese Anschauungen nimmt Art. 28 EG BGB Rücksicht; der Grundsatz einheitlicher Anknüpfung tritt zurück, wenn zum Ehevermögen Grundstücke gehören und diese in einem Staate liegen, der für die Ehegüterrechte an Liegenschaften die lex rei sitae gelten läßt. Ebenso Haager Abk. Art. 7. Vgl. oben § 14 (S. 52).

5. Wirkung ausländischer Güterstände *auch gegen Dritte* oder *Verkehrsschutz?* Das deutsche Recht gewährt gegenüber der unbeschränkten Geltendmachung eines auslandsrechtlichen Güterstandes dem Dritten einen ähnlichen Verkehrsschutz, wie gegenüber heimatsrechtlichen Geschäftsunfähigkeiten; aber nur einen ähnlichen, nicht denselben.

Nach Art. 7 Abs. 3 EG gilt ein Ausländer, der im Inland ein Rechtsgeschäft vornimmt, für das er nach seinem Heimatsrecht nicht voll geschäftsfähig ist, für dieses Geschäft insoweit als geschäftsfähig, als er es nach deutschen Gesetzen sein würde. Ob er im Inland seinen Wohnsitz hat und ob der Geschäftsgegner den Sachverhalt kennt oder nicht, ist ohne Bedeutung; vgl. oben § 17 (S. 62). Anders hier.

a) Leben die Ehegatten nach einem ausländischen Güterrecht, und haben sie ihren Wohnsitz in Deutschland, so bedarf ihr Güterstand der Eintragung in das deutsche *Güterrechtsregister*, um *unwissenden* Dritten, die auf die Wirksamkeit von Rechtsgeschäften oder Urteilen vertrauen, entgegengesetzt zu werden. Der ausländische Güterstand wird also wie ein deutscher vertraglicher Güterstand behandelt. Art. 16 Abs. 1 EG.

b) Die deutschen Vorschriften über die *Schlüsselgewalt* und die eherechtlichen Eigentumsvermutungen (§§ 1357, 1362) gelten bei Ehegatten, die in Deutschland

---

[2] Die Kollisionsnorm ist unvollkommen. Die Lücke wird durch Analogie gefüllt. Vgl. oben § 6 IV (S. 25).

[3] TEICHMANN: Über die Wandelbarkeit od. Unwandelbarkeit des gesetzl. ehel. Güterrechts, Basel 1879. ZITELMANN, II 725ff. — AUDINET a.a.O. 252.

[4] Anders noch im Liv-, Est- u. Kurländ. PrivR. Streitig in England (SIEGFR. GOLDSCHMIDT in Zivilgesetze d. Gegenwart II 1, 227f.).

wohnen, zugunsten Dritter insoweit, als sie diesen günstiger sind als das ausländische Recht; Art. 16 Abs. 2 EG.

Schließt z. B. eine in Berlin lebende Italienerin ein Geschäft, das in den Rahmen der deutschen Schlüsselgewalt fällt, aber über das hinausgeht, was nach der italienischen Praxis zu ihrer Vertretungsmacht gehört (in Italien kann die Frau den Mann nur entsprechend seiner wahren Vermögenslage, nicht entsprechend seinem äußeren Auftreten verpflichten)[5], so haftet dem Gläubiger nach deutschem Recht der Mann, nach italienischem die Frau; er kann daher den Mann *oder* die Frau (nur nicht beide zusammen) in Anspruch nehmen. Sein Recht, sich auf deutsches Recht zu stützen, besteht auch, wenn er weiß, daß die Eheleute nach einem Recht leben, das in diesem Punkt vom deutschen abweicht. Seine Redlichkeit kommt aber insoweit in Betracht, als die rechtsgeschäftliche Einschränkung der deutschrechtlichen Schlüsselgewalt durch den Mann gegen redliche Dritte nur wirkt, wenn sie in das Güterrechtsregister eingetragen war, gegen unredliche Dritte auch sonst.

c) Ähnliches gilt für ein von der Frau selbständig mit Zustimmung des Mannes betriebenes Erwerbsgeschäft, und zwar hier nicht nur dann, wenn die Frau in Deutschland wohnt, sondern auch dann, wenn sie, bei *Auslandswohnsitz*, in Deutschland das Geschäft betreibt (Art. 16 Abs. 2, 36 I EG); eine deutsche Zweigniederlassung genügt.

Das *Haager Abk.* gibt selbst keine Norm zum Schutze des Geschäftsverkehrs. Es gestattet aber den Vertragsstaaten (Art. 8) besondere Förmlichkeiten zu erfordern, wenn der ausländische Güterstand Dritten gegenüber geltend gemacht werden soll, sowie Vorschriften anzuwenden, welche Dritte in ihren Beziehungen zu einer im Staatsgebiet berufstätigen Ehefrau schützen sollen. Die deutsche Regelung des Art. 16 EG gilt hiernach auch im Bereich des Haager Abkommens.

II. Der Bereich dessen, was unter *ehelichem Güterrecht* zu verstehen ist, ist ungleich abgesteckt.

1. Manche Rechte betrachten als güterrechtliche, was andere als *personenrechtliche* Ehewirkung ansehen.

Vgl. über die Prozeßkostenvorschußpflicht des Mannes, die in Deutschland güterrechtlich ist (§ 1387 BGB), in Österreich als Teil der Unterhaltspflicht aufgefaßt wird, oben S. 35, 123.

2. Manche Rechte betrachten als güterrechtlich, was andere als *allgemein vertragsrechtlich* ansehen und dem Obligationsstatut unterwerfen: Schenkungen unter Ehegatten, Mitgift[6] u. a.

3. Manche Rechte sehen gewisse Wirkungen, die der Güterstand bei der Eheauflösung hat, als ehegüterrechtlich an; andere Rechte, die diese Wirkungen auf den Fall der Eheauflösung durch Tod beschränken, kennzeichnen sie als *erbrechtlich* oder als Teil des *Eltern- und Kindesrechts*: so die Fortsetzung einer Gütergemeinschaft zwischen dem überlebenden Elternteil und den gemeinschaftlichen Abkömmlingen[7].

Wenn *deutsches* Ehegüterrecht anzuwenden ist, d. h. wenn der Ehemann bei Eheschließung Deutscher war, sind alle die Sätze anzuwenden, die nach deutschem Recht zum Ehegüterrecht gehören (vgl. oben S. 37); daher auch die über schuldrechtliche Wirkungen des Güterstandes[8] (z. B. §§ 1377, 1386—1388, 1390 BGB). Auch in der Frage, ob ein Ausländer einer deutschen Ehefrau testamentarisch etwas wirksam mit „Vorbehaltsklausel“ zuwendet (§ 1369 BGB), entscheidet deutsches Ehegüterrecht, nicht ausländisches Erbrecht darüber, ob das Zugewendete zum Vorbehaltsgut gehört[9].

III. *Eheverträge.* 1. Die *Zulässigkeit* des Abschlusses eines Ehevertrags bestimmt sich nach dem Recht, das das gesetzliche Ehegüterrecht ordnet. Es kommt weder darauf an, wo die Ehe, noch wo der Ehevertrag selbst geschlossen wird. Da in Deutschland der Unwandelbarkeitsgrundsatz gilt, entscheidet hiernach bei Wechsel der Staatsangehörigkeit das alte Heimatsrecht des Mannes darüber, ob auch während der Ehe ein Ehevertrag geschlossen werden kann.

---

[5] K. Th. Kipp: RVergl. Studien z. Lehre v. d. Schlüsselgewalt 1928, 76f.

[6] Vgl. Polen Ges. über IntPR Art. 15; Código Bustamante art. 191f.

[7] M. Wolff in Kipp-Wolff, FamR[7] 286. Kaden: RVglHWB III 401. W. Pappenheim: Z. f. ausl. u. intern. PR 6 (1932) 120ff.

[8] Zitelmann, II 710. [9] Zitelmann, II 692. Lewald, 99.

Die meisten Rechte lassen, unter Führung des französischen Rechts, den Abschluß von Eheverträgen nur vor der Eheschließung zu[10]; das deutsche Recht auch während der Ehe.

Doch gilt hiervon eine Ausnahme: wenn nach dem maßgebenden Güterrechtsstatut ein Ehevertrag während der Ehe unzulässig ist, so soll er dennoch zugelassen werden, falls entweder der Ehemann nach der Eheschließung Deutscher geworden ist oder die ausländischen Gatten in Deutschland wohnen; Art. 15 Abs. 2 EG.

Im Bereich des *Haager Abkommens* entscheidet das Heimatsrecht *beider* Gatten über die Zulässigkeit von Eheverträgen; bei einem Staatsangehörigkeitswechsel während der Ehe ist nicht, wie sonst im Ehegüterrecht, das Recht der ersten Staatsangehörigkeit maßgebend, sondern das neue Heimatsrecht, aber nur, wenn es beiden Gatten gemeinsam ist; Art. 4, 9.

Wie es liegt, wenn beide Gatten nie dieselbe Staatsangehörigkeit gehabt haben, ist im Haager Abk. nicht vorgesehen. Der Vorschlag von 1928, in diesem Falle das Recht des Ehemannes für maßgebend zu erklären, ist bisher nicht verwirklicht worden.

2. Die Ehevertrags*fähigkeit* richtet sich nach demselben Gesetz, dem die allgemeine Geschäftsfähigkeit unterworfen ist (Art. 7 EG); für die Frau also nach ihrem Heimatsrecht auch dann, wenn (wie in Deutschland) Zulässigkeit und Inhalt des Ehevertrags sich nur nach dem Heimatsrecht des Mannes richten. Maßgebend ist dabei nach allgemeinen Grundsätzen die Zeit des Vertragsschlusses, nicht die der Eheeingehung.

Das Haager Abk. Art. 3 läßt, wenn Brautleute den Vertrag schließen, die Zeit der Eheeingehung entscheiden.

3. Für die Ehevertrags*form* gelten in Deutschland keine Sondersätze: die lex loci actus gilt neben der lex causae fakultativ; Art. 11 EG. Ebenso nach dem Haager Abkommen; doch muß danach, wenn das Heimatsrecht eines der Kontrahenten die Vertragsgültigkeit von der Wahrung einer bestimmten Form, auch bei Abschluß im Ausland, abhängig macht, diese Form gewahrt werden[11]; Art. 6.

4. Über die Frage, welchen *Inhalt* der Ehevertrag haben darf, ob eine freie Wahl des Güterstandes zulässig ist oder ob sich die Wahl, wie in Italien, auf einige (Dotalsystem und Errungenschaftsgemeinschaft) beschränkt, ob Vorbehaltsgut für einen der Gatten verabredet werden kann, ob Abreden von Todes wegen, Zuwendungen an Dritte zulässig sind usw., entscheidet das Gesetz, das über das Ehegüterrecht überhaupt entscheidet: in Deutschland also das Heimatsrecht des Ehemanns bei der Eheschließung. Der Zeitpunkt der Eheschließung gilt auch für solche Eheverträge, die vor der Ehe abgeschlossen werden, mag auch der Mann damals eine andere Staatsangehörigkeit gehabt haben als bei Eheschließung. Er gilt ferner für solche Eheverträge, die nach der Heirat in einem Zeitpunkt geschlossen werden, in dem der Ehemann die erste Staatsangehörigkeit aufgegeben hat.

Doch weicht davon das *Haager Abkommen* ab, indem es (Art. 5) für diesen Fall das gemeinsame Heimatsrecht der Ehegatten zur Zeit des Vertragsschlusses entscheiden läßt.

Zur Frage des Vertragsinhalts gehört auch die Frage, ob die Ehegatten einen Güterstand ausländischen Rechts durch Verweisung auf fremdes Recht wählen dürfen. Das BGB beschränkt solch Verweisungsrecht der Parteien: § 1433. Derartige Verbote, die sich auch in anderen Staaten finden[12], sind nicht nur von den Gerichten des verbietenden Staates zu beachten, sondern auch von den Behörden anderer Staaten, falls nach deren internationalem Privatrecht das Recht des verbietenden Staates für die Ehegüterrechtsverhältnisse maßgebend ist.

5. Die *Wirkungen* des Ehevertrags *gegenüber Dritten* bestimmen sich nach dem oben zu I 5 Gesagten.

---

[10] Vgl. KADEN: RVglHWB II 740.

[11] Dazu der Hinweis LEWALDS, WB d. Völkerrechts I 478c, auf einen Fall aus dem schwedischen Recht.

[12] Vgl. KADEN: RVglHWB II 752.

§ 40. Ehescheidung und Ehetrennung.

Quellen: Art. 17 EG BGB und Haager Ehescheidungsabkommen v. 12. Juni 1902 (vgl. über den Geltungsbereich oben § 4; S. 19).

Literatur: Vgl. oben zu § 35. — Insbes. ZITELMANN, II 675ff. — LEWALD, 105ff. — GUTZWILLER, 1640ff. — RAAPE, 367ff. — WIERUSZOWSKI in LESKE-LOEWENFELD: Rechtsverfolgung IV 1, 69ff. — M. WOLFF in KIPP-WOLFF: Familienrecht § 39C. — M. WOLFF: RVglHWB IV 412ff. (dort weitere Literatur). — B. SCHUSTER: Vorbehaltsklausel bei d. Scheidg. v. Ausländern, Z. f. ausl. u. intern. PR 6, 517ff.; JurW 1932, 2228.

I. Die Frage, *wer* eine Ehe dem Bande nach *scheiden* (oder die Trennung von Tisch und Bett aussprechen) *darf*, wird von dem Recht des Scheidungs- oder Trennungsorts beantwortet. Die meisten Rechte lassen eine Scheidung nur durch den Richter zu; so auch Deutschland. Daneben kennen manche Staaten die Scheidung im Verwaltungsgange und durch das Staatsoberhaupt (Dänemark, Norwegen), die geistliche Scheidung (z. B. Litauen, Jugoslawien, Polen), die Scheidung durch eine im Einverständnis abgegebene Erklärung vor dem Standesbeamten (Sowjetrußland)[1], die Scheidung durch Einzelgesetz (Irland), sowie die private Scheidung, sei es durch einfachen Vertrag oder durch einseitigen Verstoßungsakt (unter Mitwirkung des Rabbiners: jüdisches Recht).

1. Wird am Scheidungsorte eine Scheidung durch eine Person ausgesprochen, die nach dem Ortsrecht zu Scheidungen *nicht* befugt ist, so liegt keine gültige Scheidung vor, selbst wenn der Scheidungsakt dem Heimatsrecht der Ehegatten entspricht.

Freilich mag in solchem Falle der Heimatstaat eine dem Ortsrecht widerstreitende Scheidung für wirksam ansehen, so daß eine „hinkende Ehe" (vgl. oben S. 122) bleibt: werden z. B. in Deutschland litauische Juden unter Mitwirkung von Rabbinern ohne Gericht geschieden, so ist die Ehe in Litauen als geschieden, in Deutschland als nicht geschieden anzusehen[2].

2. Wird umgekehrt die Ehe durch eine am Scheidungsorte zur Scheidung von Ehen *berufene* Behörde geschieden, so kann solche Scheidung im Heimatstaate unwirksam sein, z. B. wenn nach dem Heimatsrecht die Behörden des scheidenden Staats nicht zuständig waren (vgl. § 328 Nr. 1 ZPO): dann besteht die Ehe im Heimatstaat noch, nicht dagegen im Scheidungsstaat und nicht in denjenigen dritten Staaten, die das Scheidungsurteil anerkennen.

II. *Scheidbar* sind nur Lebensverhältnisse, die im *Scheidungsstaat* als gültige oder als anfechtbare oder als sog. nichtige (vernichtbare) Ehen anerkannt werden.

1. Was im Scheidungsstaat als „Nichtehe" (matrimonium non existens) angesehen wird, ist hier nicht scheidbar.

Haben z. B. zwei Warschauer in Berlin nur vor dem Geistlichen geheiratet, so kann ihre Gemeinschaft, obwohl sie in Polen eine Ehe ist, in Deutschland nicht geschieden werden. Der Gedanke, eine russische (Sowjet-)Ehe wegen ihrer leichten Auflöslichkeit außerhalb Rußlands als Nichtehe und deshalb als unscheidbar zu behandeln, ist in England aufgetaucht, aber vom Berufungsgericht mit Grund verworfen worden[3].

2. Umgekehrt: was im Scheidungsstaat als Ehe angesehen wird, ist hier scheidbar, mag es auch nach dem Heimatsrecht als Nichtehe gelten.

Haben zwei Warschauer in Berlin vor dem Standesamt, nicht kirchlich, geheiratet, so kann ihre Ehe in Berlin (oder in Paris) geschieden werden, obwohl sie nach polnischem Recht als Nichtehe unscheidbar wäre.

III. Ob das Gericht eines Staats *zuständig* ist, eine bestimmte Ehe zu scheiden oder zu trennen, bestimmt das innerstaatliche Prozeßrecht.

Für Deutschland gilt § 606 ZPO. Danach ist eine Gerichtsbarkeit in Deutschland immer gegeben, wenn ein Ehegatte Deutscher ist; sind beide Teile Ausländer, so ist die Klage in Deutsch-

---

[1] Vgl. RG 136, 146.

[2] RG 102, 126; 113, 41; RG WarneyerRspr 17 (1925) 175; KG IPRechtspr 1931 (Sonderh. 1932) 246ff.

[3] Vgl. über das englische Urteil in Sachen NACHIMSON v. NACHIMSON: Z. f. ausl. u. intern. PR 4, 420. Vgl. oben S. 36[8].

land (im allgemeinen Gerichtsstande des Ehemanns) nur möglich, wenn das deutsche Gericht auch nach dem Heimatsrecht des Mannes zuständig ist. An dieser Voraussetzung fehlt es auch dann, wenn das Heimatsrecht überhaupt nur eine geistliche Scheidung zuläßt[4].

Nach dem *Haager* Abkommen Art. 5, 8 wird die Zuständigkeit grundsätzlich nach dem Gesetz des Heimatstaates der Ehegatten (oder nach dem letzten gemeinsamen Gesetz) bestimmt; die Scheidungsklage kann aber auch am Wohnsitz des Beklagten erhoben werden, sowie bei böslicher Verlassung oder, wenn der Wohnsitz nach Eintritt des Scheidungsgrundes verlegt wird, am letzten gemeinsamen Wohnsitz.

Die Gerichtsbarkeit des Heimatstaates ist *allein* berufen, wenn sie ausschließlich zuständig ist; nur dann, wenn wegen einer Ehe die Scheidungs- oder Trennungsklage vor der zuständigen Gerichtsbarkeit des Heimatstaates nicht erhoben werden kann, bleibt die fremde Gerichtsbarkeit (d. h. die des Wohnsitzes) zuständig.

Die Zuständigkeit des Gerichts ist keine Voraussetzung für die Wirksamkeit der Scheidung. Scheidet ein unzuständiges Gericht rechtskräftig, so ist die Ehe jedenfalls mit Wirkung für das Gebiet des Scheidungsstaats geschieden.

IV. *Wann* darf der deutsche Richter eine Ehe scheiden? Für das frühere gemeine Recht war es streitig, ob die lex fori oder das Personalstatut des Mannes entscheide. Das heutige Recht läßt zwar das Personalstatut des Mannes, sein *Heimatsrecht*, maßgeblich sein, räumt aber auch der lex fori einen Einfluß ein; Art. 17 EG[5].

1. Eine Scheidung dem Bande nach ist nur zulässig, wenn

a) sowohl das Heimatsrecht des Mannes wie die lex fori das Institut der Scheidung dem Bande nach kennt — ein österreichischer Katholik kann also in Deutschland nicht auf Ehescheidung klagen;

b) und außerdem nach jedem der beiden Rechte ein Scheidungsgrund besteht. Nicht nötig ist, daß nach beiden Rechten derselbe Scheidungsgrund besteht; Scheidungsgrund ist aber immer nur der vom Heimatsrecht des Mannes zugelassene.

Klagt z. B. in Deutschland eine Belgierin gegen ihren belgischen Gatten auf Scheidung, erstens wegen Ehebruchs, zweitens wegen gegenseitiger Einwilligung, so ist, wenn beide Gründe bewiesen werden, auf Scheidung zu erkennen, obwohl der erste Scheidungsgrund nur dem deutschen, der zweite nur dem belgischen Recht angehört. Geschieden wird dann aus dem belgischen Grund, der gegenseitigen Einwilligung, so daß der Ehemann nicht für den allein schuldigen Teil erklärt werden darf. — Ebenso, wenn Russen in Deutschland klagen: nach sowjetrussischem Recht ist der Antrag stets begründet; ist er es auch nach deutschem Recht, weil z. B. Ehebruch vorliegt, so ist die Ehe zu scheiden, und zwar aus dem russischen Recht[6]. — Mit anderen Worten: das *Ob* der Scheidung beantworten lex fori und lex patriae kumulativ, das *Warum* der Scheidung beantwortet die lex patriae allein.

Ganz anders liegt es jedoch, wenn die Scheidung durch Klage und Widerklage begehrt wird, das eine Recht aber nur den Klagegrund, das andere Recht nur den Widerklagegrund kennt: die Belgierin klagt in Berlin nur wegen Ehebruchs, der belgische Mann erhebt Widerklage wegen Verurteilung der Frau zu einer *peine afflictive et infamante*; hier ist nach der deutschen lex fori möglicherweise nur die Klage begründet (da der Widerklagegrund nicht notwendig unter § 1568 fällt), nach dem belgischen Heimatsrecht ist nur die Widerklage begründet; deshalb ist die Scheidung nicht zulässig, die Klage und die Widerklage sind abzuweisen.

---

[4] In Frankreich ist die Frage streitig: in dem Prozeß des russischen Juden Levinçon (1905) hat der Kassationshof die Zuständigkeit des französischen Gerichts verneint, weil das Heimatsrecht eine geistliche Scheidung vorschrieb; doch ist die Praxis dem nur zum Teil gefolgt; vgl. NIBOYET: Manuel nr. 752. RAAPE, 395 (mit Nachweisungen).

[5] *Nur* die *lex fori*, die mit dem Wohnsitzrecht regelmäßig zusammenfällt, ist maßgebend insbesondere in Großbritannien, den Vereinigten Staaten von Amerika, Griechenland, Dänemark, Norwegen, Österreich, Rußland, Estland, Lettland, sowie in vielen Teilen Latein-Amerikas. — *Nur* das *Heimatsrecht* ist (neben dem ordre public der lex fori) maßgebend in Frankreich, Belgien, Luxemburg, den Niederlanden, Portugal, Spanien, Polen, Rumänien und, für die Trennung von Tisch und Bett, Italien.

[6] So unsittlich uns die russische Norm erscheint, so führt ihre Anwendung hier nicht zu einem unsittlichen Ergebnis, da man zu diesem Ergebnis auch bei Anwendung des deutschen Rechts kommen würde; für Art. 30 EG ist also kein Raum. Vgl. auch OLG Hamburg und RG IPRechtspr 1931 (Sonderheft 1932) 143ff.

c) Statt des Heimatsrechts des Mannes gilt deutsches Recht erstens im Fall der Rückverweisung (Art. 27 EG), zweitens dann, wenn der Mann während der Ehe die Reichsangehörigkeit verloren, die Frau aber sie behalten hat (Art. 17 Abs. 3 EG).

d) Im Bereich des *Haager Abkommens* gilt dasselbe wie nach deutschem Recht. Doch kann hier erstens die lex fori erklären, daß die lex patriae ausschließlich gelten solle; und zweitens ist statt des Heimatsrechts des Mannes das letzte gemeinsame Heimatsrecht der Ehegatten maßgebend; Art. 1—3, 8.

Auffälligerweise ist dieses gemeinsam gewesene Recht auch dann maßgebend, wenn keiner der Gatten ihm noch angehört: wird von zwei deutschen Ehegatten der eine Niederländer, der andere Schweizer, so gilt für eine Scheidung deutsches Recht. Zweifelhaft ist, welches Recht dann anzuwenden sei, wenn die Ehegatten nie eine gemeinsame Staatsangehörigkeit gehabt haben. Man hält hier bald das Recht des Ehedomizils, bald das des Ehemanns, bald die lex fori, wenn sie mit dem Heimatsrecht eines der Gatten zusammenfällt, für maßgebend. Auf der VI. Haager Konferenz von 1928 wurde vorgeschlagen, in solchen Fällen (ebenso für den Fall, daß keiner der Gatten mehr die gemeinsam gewesene Staatsangehörigkeit hat) die Scheidung oder Trennung nur zuzulassen, wenn sie sowohl durch das Heimatsrecht des Mannes, wie durch das der Frau zugelassen ist.

e) Die Maßgeblichkeit des Heimatsrechts des Mannes oder des letzten gemeinsamen Heimatsrechts (Haager Abkommen) ist dann ungerecht, wenn die Frau vor der Ehe einem Staate angehörte, der eine Scheidung dem Bande nach kennt, aber durch die Eheschließung Angehörige eines Staates mit katholischer Eherechtsgestaltung geworden ist; in solchem Falle kann sie, auch wenn sie in ihr Geburtsland zurückkehrt und die alte Staatsangehörigkeit wieder erwirbt, nicht vom Bande geschieden werden. In großzügiger Rechtsprechung hat Frankreich diese Konsequenz nicht gezogen und einer Französin, die einen Italiener geheiratet hatte, später aber wieder Französin geworden war, die Scheidung gewährt[7]; diese Lösung ist in der französischen Wissenschaft stark umstritten, ist aber aus Gedanken des ordre public wohl zu rechtfertigen und daher auch für das deutsche Recht (Art. 30) anzunehmen. Im Geltungsbereich des Haager Abkommens ist sie nicht möglich, da hier der ordre public nicht berücksichtigt werden darf; das hat 1928 zur Kündigung des Abkommens durch die Schweiz geführt.

2. Hat der Mann während der Ehe die Staatsangehörigkeit gewechselt, so entsteht die Frage, welcher *Zeitpunkt* für die Scheidbarkeit der Ehe entscheidet. Das richtigste wäre es, auf die Zeit abzustellen, in der sich die als Scheidungsgrund angeführte Tatsache ereignet hat. Denn wenn eine Ehefrau ein Scheidungsrecht erworben hat, so ist es nicht angemessen, daß sie es deswegen wieder verliert, weil ihr Ehemann nachträglich eine Staatsangehörigkeit erlangt, unter der sie jenes Scheidungsrecht nicht hätte erwerben können. Das deutsche Recht kennt jedoch nur den umgekehrten Satz. Es erklärt grundsätzlich für maßgebend die *Zeit* der *Klage*(oder Widerklage)*erhebung*[8]. Aber eine Tatsache, die nach dem zur Zeit ihres Geschehens maßgebenden Recht keinen Scheidungs- oder Trennungsgrund gibt, soll nicht dadurch zum Scheidungsgrund werden, daß der Mann nachträglich ein Heimatsrecht erwirbt, unter dem sie ein Scheidungs- oder Trennungsgrund sein würde[9]. Ein Wechsel der Staatsangehörigkeit soll nicht dazu benutzt werden, eine unscheidbare oder doch untrennbare Ehe in eine scheidbare zu verwandeln.

---

[7] Fall FERRARI: Cour de Cassation, Journ. Clunet 1922, 714. Vgl. oben S. 25[3].

[8] Die Zeit der Klageerhebung ist für die erst im Laufe des Prozesses vom Kläger vorgebrachten neuen Klagetatsachen oder Klagegründe nicht maßgebend, wenn inzwischen seine Staatsangehörigkeit gewechselt hat; RG bei Gruchot 46, 959. Weitergehend: RAAPE, 378a.

[9] Möglicherweise erstreckt sich die „Tatsache", von der Art. 17 Abs. 2 spricht (richtiger: der Tatbestand, der den Scheidungsgrund darstellt), über einen längeren Zeitraum: bösliche Verlassung, Geisteskrankheit. Wechselt hier die Staatsangehörigkeit, nachdem der Tatbestand erst teilweise verwirklicht ist — $\frac{1}{2}$ Jahr der Frist des § 1567[2] ist abgelaufen, dann wird der Ehemann in der Schweiz staatsangehörig, die (§ 410 ZGB) 2 Jahre verlangt —, so muß die Verwirklichung dem neuen Recht entsprechen, wobei aber die kürzere Frist des alten Rechts angerechnet wird; war die alte Frist länger als die neue, so ist die Scheidung zulässig, wenn entweder sie vollendet oder seit dem Staatsangehörigkeitswechsel die neue Frist abgelaufen ist.

Beispiele:

a) Ein deutscher Ehemann begeht einen Ehebruch und wird, bevor seine Frau die Scheidungsklage erhebt, Belgier: dadurch wird die Ehe unscheidbar, da nach belgischem Recht Ehebruch des Mannes kein Scheidungsgrund ist.

b) Ein belgischer Ehemann begeht einen Ehebruch und wird Deutscher: auch diese Ehe ist unscheidbar.

c) Ein österreichischer Katholik bricht seine Ehe und wird danach Deutscher: die Ehe ist scheidbar, da auch nach österreichischem Recht ein „Trennungsgrund" bestand.

Nach Art. 4 des Haager Abkommens gelten dieselben Grundsätze, wie nach deutschem Recht, mit der Abänderung, daß Art. 4 auch das frühere Heimatsrecht der Frau berücksichtigt.

3. Das für die Scheidung maßgebende Heimatsrecht des Mannes beantwortet nicht nur die Frage, ob und aus welchem Grunde die Ehe zu scheiden sei, sondern auch die Frage, welcher Gatte für den *schuldigen* oder (wie in manchen Rechten) für den überwiegend schuldigen Teil zu erklären ist[10].

4. Was für die Scheidung dem Bande nach gilt, ist auch für die *Trennung von Tisch und Bett* anzunehmen.

Das bereitet keine Schwierigkeit, wenn beide beteiligten Rechte (Heimatsrecht und lex fori) die Trennung von Tisch und Bett kennen, sei es, daß sie nur sie kennen (Österreich für den Fall, daß ein Gatte bei der Eheschließung katholisch war, Italien, Irland), sei es, daß sie sie neben der Eheauflösung kennen (Frankreich, Belgien, Niederlande, Schweiz, England, die skandinavischen Staaten, Portugal, Ungarn, Tschechoslowakei, Lettland, Türkei, die meisten der Vereinigten Staaten von Amerika, jetzt auch Spanien).

Schwierigkeiten entstehen dagegen, wenn das Heimatsrecht *nur* die Trennung von Tisch und Bett kennt und die Klage vor dem *deutschen* Richter angestellt wird. In solchem Fall kann weder eine Klage auf Scheidung dem Bande nach, noch eine Klage auf Trennung von Tisch und Bett Erfolg haben, da jene dem Heimatsrecht, diese dem deutschen Recht unbekannt ist. Die *„Aufhebung der ehelichen Gemeinschaft"* des deutschen BGB (§§ 1575f., 1586f.) ist, wie das RG[11] mit Recht erkannt hat, internationalprivatrechtlich nicht der Trennung von Tisch und Bett, sondern der Ehescheidung gleichartig, da auch sie alle mit der Ehescheidung verbundenen Wirkungen (§ 1586) hat, außer dem Recht zur Wiederverheiratung, und jederzeit automatisch in eine gewöhnliche Scheidung verwandelt werden kann.

Aus der Äquivalenz von Ehescheidung und Aufhebung der ehelichen Gemeinschaft folgt ferner, daß, wenn nach ausländischem Heimatsrecht nur auf Scheidung dem Bande nach geklagt werden kann (Bulgarien, Griechenland), in Deutschland die Klage auch auf Aufhebung der ehelichen Gemeinschaft beschränkt werden könnte, wie Art. 17 Abs. 4 EG klarstellt. Doch hat das praktisch keine Bedeutung.

5. Von großem Einfluß sind im Scheidungsrecht ordre public und renvoi.

a) Der deutsche *ordre public* (Art. 30 EG) ist im vorstehenden wiederholt erwähnt worden. Hervorzuheben ist noch, daß er vielfach die Anordnung *vorläufiger Maßnahmen* gebietet, vor allem die einstweilige Regelung eines getrennten Lebens und des Unterhalts. Das Haager Abkommen Art. 6 sieht dies besonders vor. Es bestimmt ferner, daß solche Maßnahmen aufrechterhalten bleiben, wenn sie binnen Jahresfrist durch ein Gericht des Heimatstaates bestätigt werden, daß sie aber auch vom Wohnsitzstaat aufgehoben werden können.

b) Die Berücksichtigung von *Rück- und Weiterverweisung* führt im Scheidungsrecht besonders häufig zur Anwendung des Wohnsitzrechts an Stelle des Heimatsrechts. Vgl. § 13.

---

[10] Vgl. NUSSBAUM, 157[3]; RG WarneyerRspr 1927 Nr. 95; 1928 Nr. 64; KG IPRechtspr 1931 (Sonderh. 1932) Nr. 80, 81; OLG Hamburg, ebenda Nr. 73; OLG Stettin, ebenda 1930 Nr. 71; OLG Frankfurt JurW 1929, 3507. Unrichtig die Meinung, daß hier eine prozessuale Frage bestehe, für die die lex fori maßgebend wäre.

[11] RG (Vereinigte Zivilsenate) 55, 345ff., insbes. 360. Vgl. OLG Frankfurt JurW 1933, 183. Doch ist die Meinung des RG stark umstritten; gegen das RG insbes. LEWALD, 121f.

c) Im Bereich des *Haager Abkommens* ist die allgemeine Berücksichtigung des ordre public und der Rück- und Weiterverweisung unzulässig.

V. Die *Wirkungen* der Ehescheidung.

1. Hat das *deutsche* Gericht die Scheidung ausgesprochen, so wird die Ehe in Deutschland als aufgelöst behandelt, mag auch das Heimatsrecht der Geschiedenen das deutsche Urteil nicht anerkennen.

Ist z. B. die Ehe zweier Italiener in Berlin geschieden worden, weil das Gericht die Parteien für Deutsche hielt und seine Zuständigkeit aus § 606 ZPO annahm, so wird die Ehe in Deutschland als aufgelöst, in Italien als bestehend behandelt. Es besteht dann also eine „hinkende“ Ehe (vgl. oben § 37 I).

2. Hat ein *ausländisches* Gericht die Scheidung ausgesprochen, so bewirkt das Urteil jedenfalls für den Scheidungsstaat Auflösung der Ehe. Aber ob es diese Wirkung auch für den Heimatstaat der Geschiedenen oder für einen dritten Staat hat, entscheidet sich nach dem Recht dieser Staaten.

In Deutschland wird ein im Ausland gefälltes Urteil grundsätzlich anerkannt, die Ehe also als aufgelöst behandelt. Anders nur, wenn einer der Fälle des § 328 ZPO vorliegt. Darüber oben § 24.

Ist die Scheidung im Auslande, aber nicht durch ein Gericht geschehen, sondern z. B. durch Verwaltungsakt, durch Aushändigung eines jüdischen Scheidebriefs, durch Vertrag der Eheleute usw., so fragt es sich, ob solch Scheidungsakt nach dem Rechte des Staates, in dem er vorgenommen ist, *und* nach dem Heimatsrechte der Eheleute gültig ist. Ist er beides, so wirkt die Scheidung auch in Deutschland; ist er dagegen nach einem der beiden Rechte (lex loci actus und lex patriae) unwirksam, so ist er es auch in Deutschland[12].

3. Die ferneren Wirkungen, die sich an die Scheidung knüpfen (abgesehen von der Auflösung der Ehe), richten sich gemäß Art. 17 Abs. 1 EG nach dem *Heimatsrecht des Mannes* zur Zeit der Erhebung der Scheidungsklage. Dahin gehören die Unterhaltspflichten (auch ihre Dauer), das Namensrecht der geschiedenen Frau (s. oben S. 68[4]), die privaten Ehescheidungsstrafen[13], der Einfluß der Eheauflösung auf die Geschäftsfähigkeit der Frau[14].

Zweifelhaft ist, ob die Einwirkungen der Scheidung oder Trennung auf das *eheliche Güterrecht* sich nach dem Scheidungs- oder nach dem Güterrechtsstatut richten (also bei Statutenwechsel nach dem Rechte desjenigen Staates, dem der Ehemann bei Eheschließung angehörte, oder desjenigen, dem er bei Erhebung der Scheidungsklage angehört). Jedenfalls ist eine Güterrechtsbeeinflussung, die nach dem Güterrechtsstatut ebenso durch die Scheidung wie durch Tod eintritt, nach dem Güterrechtsstatut zu beurteilen: nach diesem richten sich z. B. die Rechte des geschiedenen Ehemannes bis zur Beendigung der Auseinandersetzung in Ansehung des Gesamtgutes. Aber auch solche Güterrechtswirkungen, die nach dem Güterrechtsstatut *nur* bei Scheidung eintreten (z. B. BGB § 1478), sollen nach diesem Statut in der Regel unabhängig davon eintreten, ob sie auch nach dem Scheidungsstatut entstehen. Umgekehrt gibt es güterrechtliche Scheidungswirkungen, die nach Auslegung des Scheidungsstatuts eintreten müssen, gleichviel ob sie auch nach dem Güterrechtsstatut entstehen: leben zwei deutsche Gatten im gesetzlichen Güterstand des deutschen Rechts, erlangen beide die niederländische Staatsangehörigkeit und werden sie nach niederländischem Recht „van tafel en bed“ geschieden, so hat das nach Art. 298 Niederl. Bürg. Wetboek die „scheiding van goederen ten gefolge“, während nach dem Güterrechtsstatut, dem deutschen Recht, solche Wirkung der Gütertrennung nicht eintreten kann, da hier eine Trennung von Tisch und Bett nicht existiert und die nach Ansicht mancher damit verwandte Aufhebung der ehelichen Gemeinschaft gerade nach dieser Ansicht keine Gütertrennung entstehen läßt[15].

Für die deutschgebliebene Frau eines vormals Deutschen und (allgemein) für den Bereich des Haager Abkommens gilt statt des Heimatsrechts des Mannes das letzte gemeinsame Heimatsrecht der Ehegatten; Art. 17 Abs. 3 EG, Art. 8 EhescheidAbk.

Die Frage, ob der Geschiedene wieder heiraten könne, wird nicht durch das

---

[12] Vgl. Lewald, 125f.; RG 136, 146. [13] RG 41, 177ff.

[14] Z. B. Wiederherstellung der nach französischem Recht durch die Heirat geminderten Geschäftsfähigkeit der Frau.

[15] Staudinger-(Engelmann): Komm. z. BGB IV 1 Anm. III A c 4 zu § 1586.

Scheidungsstatut, sondern nach Art. 13 Abs. 1 EG durch das Heimatsrecht, dem er *bei der Wiederverheiratung* angehört, entschieden.

Sind Italiener in Deutschland geschieden worden, weil das Gericht sie fälschlich für Deutsche hielt, und will einer von ihnen in Deutschland wieder heiraten, so steht dem entgegen, daß er in Italien als noch verheiratet gilt, obwohl seine Ehe in Deutschland in einer für die deutschen Behörden wirksamen Weise aufgelöst ist[16]. Er befindet sich also in Deutschland in einer Art Zwangszölibat. Nur wenn er nach der Scheidung die italienische Staatsangehörigkeit verliert und Reichsdeutscher wird, kann er nach Art. 13 Abs. 1 EG in Deutschland heiraten. — Sind zwei deutsche Ehegatten in Amerika geschieden worden, so wird die Scheidung in Deutschland nicht anerkannt, und wenn jetzt einer von ihnen wieder heiratet, so ist (für den deutschen Richter) die neue Ehe nach Art. 13 EG nichtig. Ist aber der Wiederheiratende vor der Wiederverheiratung Amerikaner geworden, so wird seine zweite Eheschließung gemäß Art. 13 dem amerikanischen Heimatsrecht unterworfen, und nach diesem besteht das Hindernis des Bandes nicht mehr. Die zweite Ehe ist dann also auch für den deutschen Richter gültig (da Art. 30 EG nicht eingreift)[17]. Da nun zwei gültige Ehen nebeneinander nicht bestehen können, so muß die erste Ehe durch Abschließung der zweiten Ehe aufgelöst sein; man gewinnt damit den innerrechtlichen (materiellrechtlichen) Satz: eine Ehe wird nach deutschem Recht dadurch aufgelöst, daß einer der Gatten sich in einer Weise verheiratet, die in Deutschland als gültige Eheschließung anerkannt wird (wofür auch § 1348 Abs. 2 Satz 1 BGB einen Beleg bietet).

II. Verwandtschaftsrecht.

§ 41. Die ehelichen Kinder.

Kipp (in Kipp-Wolff, Familienrecht) § 99. — Bergmann: Internationales Ehe- u. Kindschaftsrecht 1926—1930. — Veith: RVglHWB IV 420ff. — Zitelmann, II 814ff. — Lewald, 129ff. — Raape, 446ff. — Gutzwiller, 1644. — Nussbaum, 168ff.

I. Die *Ehelichkeit* eines Kindes bestimmt sich nach der Staatsangehörigkeit des Muttergatten; Art. 18 EG[1]. Bei Wechsel der Staatsangehörigkeit entscheidet die Zeit der Geburt des Kindes, nicht die (schwer feststellbare) Zeit der Konzeption. Ist die Ehe vor der Geburt des Kindes aufgelöst, insbes. durch Tod des Muttergatten[2], so kommt es auf die Staatsangehörigkeit zur Zeit der Eheauflösung an. Ob der angebliche Vater Muttergatte ist, ob also eine Ehe zwischen ihm und der Kindesmutter vorliegt, beurteilt sich selbständig nach Art. 13, 17 EG. Ist die Ehe danach nichtig, so sind aber die Folgen für die Rechtsstellung des Kindes nach Art. 18 EG, d. h. nach dem Heimatsrecht des Pseudogatten zu beurteilen[3].

Heiraten zwei Bulgaren in Berlin in standesamtlicher Form, so sind die daraus hervorgehenden Kinder nach deutschem Recht ehelich, nach bulgarischem Recht nicht ehelich (der hinkenden Ehe entspricht eine hinkende Ehelichkeit). — Heiraten sie nur in kirchlicher Form, so sind die Kinder nach deutschem Recht nicht ehelich, nach bulgarischem Recht ehelich. Aber dann ist die Frage, ob solche Kinder in Deutschland als Kinder einer Putativehe in gewissem (und in welchem) Umfange ehelichen Kindern gleich zu behandeln sind, eine aus Art. 18 nach bulgarischem Recht zu beantwortende Frage. — Sind zwei deutsche Gatten in New York geschieden worden, hat die Frau dann in New York wieder einen Deutschen geheiratet, so ist ein von ihr während dieser Ehe geborenes Kind nach amerikanischem Recht ein eheliches Kind aus dieser Ehe, nach deutschem Recht gilt es dagegen, da die erste Ehe danach noch besteht (die amerikanische Scheidung wird nicht anerkannt), entweder als ein eheliches Kind aus der ersten Ehe (§ 1593 BGB) oder richtiger[4] als (uneheliches) Kind aus einer Putativehe; § 1699 BGB. Auch wenn der zweite Ehemann nicht Deutscher, sondern Amerikaner wäre, würde der deutsche Richter das Kind trotz Art. 18 EG nicht als eheliches Kind des Amerikaners ansehen dürfen, da auch in diesem Falle die erste Ehe nach deutschem Recht nicht aufgelöst ist. Anders nur, wenn auch die Ehefrau vor ihrer Wiederverheiratung Amerikanerin geworden wäre; vgl. oben § 40 zu Anm. 17.

---

[16] KG, Jahrb. f. Entsch. d. FreiwG. 8, 114. Anders Reichel, Arch. ziv. Prax. 124, 204ff. Zitelmann, II 772 (aber II 760?); Wieruszowski, 77.

[17] Das Rechte fühlt KG JurW 1925, 2146. Vgl. dazu Melchior, 414.

[1] Einseitige Kollisionsnorm, die aber unstreitig zur vollkommenen auszubauen ist.

[2] Nur diesen Fall erwähnt das Gesetz. Der Fall der Scheidung ist aber gleichzustellen.

[3] Lewald, 130. [4] Vgl. Kipp(-Wolff): Familienrecht § 75[36a] (mit Literatur).

Das Heimatsrecht des Muttergatten, das über die „eheliche Abstammung" entscheidet, ist hiernach maßgebend für die *Voraussetzungen*, unter denen das Kind als eheliches Kind zu gelten hat: Dauer der Empfängniszeit, Vaterschaftsvermutung, Anfechtungsgründe, Person des Anfechtungsberechtigten (nur der Muttergatte? oder auch das Kind?), Anfechtungsfristen usw. Auffälligerweise entscheidet das Mannesrecht auch die Frage, ob das Kind eheliches (oder uneheliches) Kind seiner *Mutter* ist.

Schwierig ist die Lage, wenn die Frau sich so kurze Zeit nach Auflösung der ersten Ehe wiederverheiratet, daß das in dieser Ehe geborene Kind auch aus der ersten Ehe stammen könnte, und wenn der erste Gatte eine andere Staatsangehörigkeit hat als der zweite. Ist der erste Ehemann Deutscher, der zweite Franzose, so kann, da das französische Recht eine Vermutung nach Art des § 1600 BGB nicht kennt, m. E. auch der deutsche Richter diese Vermutung nicht anwenden, sondern er wird prüfen müssen, welche Vaterschaft nach Lage der konkreten Sache wahrscheinlich ist[5].

II. Die *Wirkungen* der ehelichen Kindschaft richten sich nach dem *Heimatsrecht des Vaters* und erst, wenn er tot ist, nach dem der Mutter[6]. Das Heimatsrecht des Kindes, das nur ausnahmsweise von dem des Vaters abweichen wird, wird nicht beachtet. Davon gilt zugunsten der Anwendung des deutschen Rechts eine Ausnahme für deutschgebliebene Kinder, wenn die Eltern die ursprünglich deutsche Staatsangehörigkeit verlieren: solchen Kindern soll die Gunst des deutschen Rechts verbleiben, das ja weniger die Eltern gegen die Kinder, als die Kinder gegen die Eltern schützen soll (denn wenn auch der römisch-rechtlichen Terminologie [patria potestas] entsprechend von einer elterlichen „Gewalt" gesprochen wird, so ist doch diese Gewalt in erster Linie Schutzpflicht, „Munt"). Art. 19 EG.

Folgerichtig wäre es im Geiste des deutschen Schutzrechts gewesen, wenn das Gesetz statt des Heimatsrechts des Vaters das des Kindes allgemein für anwendbar erklärt hätte[7].

1. Das Heimatsrecht des Vaters gilt, *solange er lebt*. Es gilt auch, wenn er die elterliche (oder väterliche) Gewalt verloren, z. B. wegen Verbrechens am Kinde verwirkt hat (vgl. § 1680 BGB), oder wenn nach einer Ehescheidung das Recht der Personenfürsorge der Mutter zusteht[8]. Das überrascht; man erwartet, daß in solchem Falle mindestens für die Beziehungen zwischen Mutter und Kind das Personalstatut der Mutter gelten sollte!

2. Das Heimatsrecht des Vaters gilt nicht nur für die Fragen der elterlichen Gewalt, sondern auch für andere Rechtsverhältnisse, die sich aus der ehelichen Kindschaft ergeben: nach deutschem Recht z. B. für den Wohnsitz des Kindes (§ 11 BGB), die Pflicht des hausangehörigen Kindes, auch nach der Volljährigkeit im Haushalt oder Erwerbsgeschäft mitzuhelfen (§ 1617 BGB), sein Recht auf Aussteuer oder Ausstattung (§§ 1620, 1624), die Unterhaltspflichten der Eltern gegen das Kind, des Kindes gegen die Eltern u. a.

3. Das Heimatsrecht des Vaters (und nach seinem Tode das der Mutter) bestimmt sowohl den Umfang der *Vertretungsmacht* des Gewaltinhabers, als auch die personenrechtlichen und die *güterrechtlichen* Verhältnisse zwischen Eltern und Kind. Der Unterschied von Eherecht und Kindesrecht liegt darin, daß, während dort nur das Ehepersonenrecht dem jeweiligen Heimatsrecht unterworfen ist, dagegen im Güterrecht der Grundsatz der Unwandelbarkeit des Güterstandes besteht

---

[5] Anders Raape, 457 V, der die lex fori entscheiden läßt (weshalb?).

[6] Art. 19 gibt eine einseitige Kollisionsnorm, die zur vollkommenen auszubauen ist; RG Warneyer Rspr 19 (1927) Nr. 121.

[7] So mit Recht: Finnland, Ges. v. 5. Dez. 1929 § 19 (Veith, 425).

[8] Zweifelnd RG 81, 378. — Die Wirkungen der Ehescheidung auf die Beziehungen der Eltern zum Kind werden in Deutschland nicht als Teil des Ehescheidungsrechts, sondern als Teil des Eltern- und Kindesrechts qualifiziert. Über die Schwierigkeiten, die sich ergeben, wenn ausländische Zivilrechte anders einordnen, entscheiden die in § 11 entwickelten Grundsätze. Vgl. hierzu Lewald, 139; Raape, 480ff.; Veith, 424.

(vgl. § 39 I 3 S. 125), hier das *wechselnde* Heimatsrecht des Vaters sowohl im Personen- wie im Güterrecht maßgebend ist[9].

Wie im Ehegüterrecht, so weicht auch im Kindesgüterrecht das Heimatsrecht vor der lex rei sitae zurück, wenn Kindesgut im Auslande belegen ist und nach dem ausländischen Kollisionsrecht dieses Kindesgut einer Sonderbehandlung unterworfen ist, wie das in England und den Vereinigten Staaten von Amerika für real property der Fall ist; Art. 28 EG. Vgl. oben § 14 (S 52).

4. Die elterliche Gewalt verlangt bisweilen eine *Mitwirkung von Behörden*[10], z. B. nach § 1666 BGB zum Schutz des Kindes gegen Verwahrlosung, oder nach § 1643 bei Vornahme gewisser Rechtsgeschäfte, die der Vater für das Kind schließen will[11], oder nach §§ 1635, 1636, die es dem Vormundschaftsgericht bei Ehescheidung der Eltern überlassen, im Interesse des Kindes den personenfürsorgeberechtigten Elternteil abweichend vom Gesetz zu bestimmen oder den Verkehr mit dem Kinde zu regeln. Die deutsche Vormundschaftsbehörde ist in solchen Fällen auch dann mitzuwirken befugt, wenn das Heimatsrecht des Vaters nicht das deutsche Recht ist, und zwar ohne daß die Voraussetzungen des Art. 23 EG vorzuliegen brauchen, ohne daß also geprüft werden muß, ob der Heimatstaat bereit ist, die Fürsorge zu übernehmen, oder dies ablehnt. Die deutsche Behörde hat in solchem Fall das Heimatsrecht des Vaters anzuwenden[12].

5. Das Heimatsrecht des Vaters gilt auch für die Frage, wodurch die elterliche Gewalt *erlischt*. Erlischt sie nach diesem durch Volljährigkeit (wie nach den meisten Rechten der Erde), so ist aber die Frage, wann die Volljährigkeit eintritt, nach dem Personalstatut des Kindes zu entscheiden: Art. 7 EG. Hat nach dem Personalstatut der Tochter ihre Verheiratung mit einem Ausländer, z. B. einem Schweizer, die Wirkung, sie „mündig" zu machen („Heirat macht mündig"), während nach dem Personalstatut des deutschen Vaters diese Wirkung nicht eintritt, so muß dennoch die elterliche Gewalt erlöschen, weil nach dem dafür maßgebenden (Schweizer) Recht die Heirat die Wirkungen der Volljährigkeit haben soll[13].

6. Ein anderes als das Heimatsrecht des Vaters oder der Mutter kommt im Falle der *Rück- und Weiterverweisung* in Anwendung (vgl. oben § 13). Im Rahmen der Vorbehaltsklausel des Art. 30 EG ist ferner die *lex fori* zu beachten. So ist z. B. § 1666 BGB anzuwenden, wenn ein ausländisches Kind in Deutschland wohnt, mag auch das Heimatsrecht eine entsprechende Schutznorm nicht kennen[14]. Ferner ist die lex fori für die Frage entscheidend, wie die aus der Kindschaft fließenden Ansprüche, z. B. der Anspruch auf Herausgabe des Kindes, prozessual geltend zu machen sind.

§ 42. Uneheliche Kinder.

Zitelmann, II 805ff., 886ff. — Lewald, 140ff. — Gutzwiller, 1646ff. — Raape, 489ff. — Nussbaum, 174ff. — Kipp(-Wolff): Familienrecht § 99. — Veith: RVglHWB IV 427ff. — Rothschild: NiemeyersZ 35, 19ff.

I. *Unehelich* ist ein Kind dann, wenn es nach keines Mannes Heimatsrechte sein eheliches Kind ist. (Auf das Heimatsrecht des Kindes kommt es nicht an.) Schwierigkeiten entstehen, wenn die Kindesmutter verheiratet ist, diese Ehe aber nicht in allen Staaten anerkannt wird. Wird die Ehe in Deutschland nicht anerkannt, so ist das Kind hier ein uneheliches Kind, obwohl es vielleicht nach dem Heimatsrecht des Erzeugers „ehelich" ist: so wenn die Eltern Bulgaren sind, die in Berlin nur vor dem Geistlichen geheiratet haben. Wird umgekehrt die Ehe in Deutschland, nicht aber in der Heimat des Erzeugers anerkannt, so ist das Kind in Deutschland ehelich, obschon es nach dem Heimatsrecht des Erzeugers unehelich ist: so wenn jene Bulgarenehe in Berlin nur vor dem Standesbeamten eingegangen war. Vgl. oben § 41 I.

---

[9] Vgl. dazu Lewald, 133f. [10] Lewald, 136f. Neumeyer: Intern. VerwaltR I 232f.
[11] Vgl. RG 110, 174. [12] Bayr ObLG, IPRechtspr 1931 (Sonderheft 1932) Nr. 84.
[13] RG 91, 403. [14] Kipp(-Wolff): Familienrecht § 99[8a].

Möglich ist es, daß ein uneheliches Kind der Mutter gegenüber wie ein eheliches behandelt wird. So werden in Schweden und Finnland *Brautkinder* den ehelichen Kindern gleichgestellt; ist nur die Braut Schwedin oder Finnländerin, so gilt der Satz nur im Verhältnis zwischen ihr und dem Kinde, während im Verhältnis zwischen dem deutschen Vater und dem Kind deutsches Recht gilt, so daß hier das Kind als unehelich anzusehen ist[1].

II. Das Rechtsverhältnis zwischen *Kind und Mutter* bestimmt sich nach dem *wechselnden Heimatsrecht der Mutter*, das meist, aber nicht immer (vgl. oben S. 29) zugleich das Heimatsrecht des Kindes ist; Art. 20 EG. Eine Ausnahme gilt, wie nach Art. 19 Satz 2, dann, wenn die Mutter aufgehört hat, Deutsche zu sein, das Kind aber deutsch geblieben ist: dann gilt das deutsche Recht weiter.

Dem Heimatsrecht der Mutter ist nicht nur die Frage, inwieweit Mutter und Kind einander unterhaltspflichtig sind, unterworfen. Ihm unterstehen auch die Fragen, ob der Mutter eine der elterlichen Gewalt entsprechende mütterliche Gewalt zusteht (so nach dänischem Recht) oder ob eine Vormundschaft einzurichten ist (BGB), welchen Einfluß Adoption und Legitimation auf die Stellung von Mutter und Kind haben, u. a.

Das Heimatsrecht der Mutter gilt nicht für die Frage, ob das Kind, wenn die Mutter einen anderen als den Erzeuger des Kindes heiratet, den Namen seines Stiefvaters erhalten kann und wodurch (§ 1706 Abs. 2 BGB); hier gilt vielmehr das Heimatsrecht des Kindes. Vgl. zu dieser Streitfrage oben § 19[3] (S. 68).

III. Nach welchem Recht ist der *Unterhaltsanspruch* des unehelichen Kindes *gegen seinen Vater* zu beurteilen? Diese Frage gehört zu den in den internationalen Privatrechten aller Länder meist erörterten; es gibt keine zweite, die so viele Lösungsvorschläge gefunden hätte.

Savigny (System VIII, 279) ließ die lex fori entscheiden, und dem folgen Österreich, Ungarn und die Vereinigten Staaten von Amerika. Die ältere gemeinrechtliche Praxis Deutschlands, die den Unterhaltsanspruch als einen deliktischen oder quasideliktischen ansah, wandte die lex loci delicti commissi, das am Schwängerungsort geltende Recht an[2]. Manche Rechte, wie das Schweizer Recht, lassen das Recht am Wohnsitz des Vaters, als des in Anspruch Genommenen, maßgebend sein. Frankreich stellt auf das Personalstatut des Kindes ab; Deutschland, Norwegen und die Tschechoslowakei auf das der Mutter. Dazu kommen Mischlösungen, z. B. dahin, daß die Vorschriften zweier Rechte, sei es der Personalstatuten von Mutter und Kind (Polen), sei es der von Vater und Kind (Italien), erfüllt sein müssen oder daß, wie in Deutschland, die lex fori die Höchstgrenze der Unterhaltspflicht bestimmt.

Die grundsätzlich beste Lösung scheint die zu sein, die das Personalstatut des Kindes entscheiden läßt; denn der Familienstand des Kindes ist die Anspruchsquelle. Das EG Art. 21 hat sich aber nicht für sie, sondern für eine ihr nur nahekommende Lösung entschieden: Maßgeblichkeit des *Heimatsrechts* der *Mutter*, wobei als entscheidender Zeitpunkt nicht der der Empfängnis, sondern der der *Geburt* des Kindes bestimmt ist.

1. Das Heimatsrecht der Mutter ist *meist* zugleich das des *Kindes*; es gilt aber auch, wenn es von diesem abweicht: das Kind der schottischen Kellnerin, aus ihrem Liebesverhältnis mit einem Deutschen in Berlin zur Welt gekommen, hat gegen seinen Vater Ansprüche nach schottischem Recht, obwohl weder Vater noch Kind Schotten sind. — Die Geltung des Mutterrechts (als des *regelmäßigen* Personalstatuts des Kindes) läßt sich damit rechtfertigen, daß andernfalls die Mutter die Möglichkeit hätte, dadurch, daß sie einen Niederkunftsort in einem Staate mit jus soli wählt, das Recht dieses Staats für den Unterhaltsanspruch des Kindes gegen den Vater in Geltung zu setzen.

2. Andererseits ermöglicht das EG fraudulose Anknüpfungen dadurch, daß es das Heimatsrecht aus der Zeit der Niederkunft, *nicht der Empfängnis* zugrunde legt. Die Schwangere kann hiernach unter Umständen durch Statutenwechsel vor der Niederkunft auf die Geltung eines dem Kinde günstigeren Rechts hinwirken. Bei der Schwierigkeit, die Staatsangehörigkeit zu wechseln, ist diese Gefahr nicht groß. Sie besteht nur, wenn Personalstatut der Mutter nicht ihr Heimatsrecht, sondern (wofern sie staatenlos geboren) ihr Wohnsitzrecht ist.

Das Heimatsrecht der Mutter entscheidet nicht nur über das Ob eines Unterhaltsanspruchs, seine Höhe und seine zeitliche Begrenzung, sondern auch über die Frage, ob der in Anspruch Genommene „Vater“ im Rechtssinn ist, soweit diese

---

[1] Vgl. Raape, 499f. [2] Vgl. O. Gierke: DPrivR I 242[119].

Frage Vorfrage für den Unterhaltsanspruch ist. Es entscheidet ferner auch über die *Ansprüche der unehelichen Mutter selbst* auf Ersatz der Schwangerschafts-, Entbindungs- und Unterhaltskosten; Art. 21.

Dagegen ist nicht das *Heimatsrecht* der Mutter, sondern das des *Vaters* für die Frage maßgebend, inwieweit, abgesehen vom Unterhaltsanspruch, ein sonstiges „Rechtsverhältnis zwischen Vater und Kind" entsteht, und welchen Inhalt es hat[3].

Beispiel[4]: Nach Schweizer ZBG Art. 323 kann das Kind dem Vater „mit Standesfolge zugesprochen werden", wenn der Vater der Mutter die Ehe versprochen oder sich eines Verbrechens an ihr oder eines Gewaltmißbrauchs schuldig gemacht hat. Eine solche Zusprechung mit Standesfolge (die dem deutschen Recht unbekannt ist) setzt voraus, daß der Vater Schweizer ist, gleichviel welches das Heimatsrecht der Mutter ist. — Auch die Frage der Vaterschaft ist, soweit es sich dabei um eine Vorfrage für solche personenrechtliche Verhältnisse handelt, selbständig nach dem Personalstatut des Vaters zu beurteilen. Gesetzt der in Anspruch Genommene ist Schweizer, die Mutter Deutsche, so kommt für den Unterhaltsanspruch die deutschrechtliche Empfängniszeit (302—181 Tage vor der Geburt), für die Zusprechung mit Standesfolge dagegen die schweizerische Empfängniszeit (300—180 Tage vor der Geburt) in Betracht; während ferner der Unterhaltsanspruch durch die Einwendung des Mehrverkehrs (exceptio plurium, BGB § 1717) lahmgelegt wird, ist nach schweizerischem Recht die Einwendung des „unzüchtigen Lebenswandels der Mutter um die Zeit der Empfängnis" erforderlich und ausreichend, um die Zusprechung mit Standesfolge auszuschließen (Art. 315 ZGB).

IV. Der Gedanke Savignys, den Unterhaltsanspruch der lex fori zu unterwerfen, ist in vielen Ländern in der Form verwirklicht, daß man die Maßgeblichkeit des Personalstatuts durch Normen des *ordre public* eingeschränkt hat. So ließ Frankreich den bis 1912 geltenden Satz „la recherche de la paternité est interdite" für alle vor den französischen Richter gebrachten Klagen maßgebend sein, mochten sie sich gegen Franzosen oder gegen Fremde richten[5]. So erklärt auch Art. 21 des deutschen EG, daß „*weitergehende Ansprüche* als nach den deutschen Gesetzen begründet sind, *nicht* geltend gemacht werden" können. Die Norm ist eine spezialisierte Norm des ordre public, eine Einzelausprägung der Vorbehaltsklausel des Art. 30 EG. Ihr Inhalt ist nach zwei Richtungen streitig:

1. Gilt sie nur bei Klagen gegen *deutsche* Erzeuger[6] oder auch, wenn ein Ausländer als Vater in Anspruch genommen wird? M. E. (mit der herrschenden Lehre) das letzte. Ein zwingender Grund, von dem klaren Wortlaut abzuweichen, ist nicht vorhanden: es erscheint wohl dem Gesetzgeber anstößig, einen außerehelichen Erzeuger zu mehr zu verurteilen, wenn er Ausländer, als wenn er Deutscher ist. Freilich bleibt die Abweichung von Art. 12 EG befremdlich.

2. Bestimmt die Vorbehaltsklausel nur das Maximum des Unterhaltsumfangs (so daß z. B. nicht auf länger als bis zum 16. Lebensjahr Unterhalt zugesprochen werden darf) oder regelt sie auch die Anspruchs*voraussetzungen*, so daß z. B., wenn die Mutter Österreicherin ist, die nach österreichischem Recht unzulässige exceptio plurium auf Grund des deutschen Rechts zu berücksichtigen ist? M. E. ist hier (wie in Art. 12 EG) die zweite, weitergehende Antwort geboten: der deutsche Richter soll bei der Unterhaltsklage gegen den außerehelichen Vater Verurteilungen nicht aussprechen, die er bei Anwendung des deutschen Rechts nicht aussprechen würde[7].

---

[3] Hierzu und zum Folgenden besonders: Lewald, 145; Raape, 529ff.

[4] Andere Beispiele ergeben sich bei Erb- und Pflichtteilsrechten der vom Vater „anerkannten" unehelichen Kinder (z. B. nach französischem Recht), ferner für sein Ehekonsensrecht, sowie für sein Recht, mit dem Kinde zu verkehren und für die Person des Kindes zu sorgen; vgl. Raape, 531f.

[5] Vgl. Niboyet: Manuel² 760f.

[6] So Habicht, 162; Lewald, 148; Raape, 516.

[7] A. M. H. Ebstein: Zentralbl. f. Jugendrecht u. Jugendwohlfahrt 20 (1929) 180ff.; Lewald, 150.

§ 43. Legitimation und Adoption.

ZITELMANN, II 874ff. — LEWALD, 151ff. — GUTZWILLER, 1648. — RAAPE, 543ff. — NUSSBAUM, 172f. — VEITH: RVglHWB IV 432ff. — KIPP(-WOLFF): Familienrecht § 99. — C. RITTER: NiemeyersZ 1904 (14) 435ff. — RABEL: Z. f. ausl. u. intern. PR 1, 761; 6, 310ff. — BERGMANN: Z. f. Standesamtswesen 1929, 22ff. — FÜRER: Adoption, Legitimation u. Kindesanerkennung im intern. Recht 1926.

I. Für die Legitimation und für die Wahlkindschaft (Adoption) ist nach deutschem, wie nach den meisten fremden Rechten, das Personalstatut, in Deutschland also das *Heimatsrecht* des unehelichen *Vaters* und des *Adoptanten* (des Wahlvaters oder der Wahlmutter) maßgebend; Art. 22 Abs. 1 EG (unvollkommene, aber unstreitig zur vollkommenen auszubauende Kollisionsnorm[1]). Entscheidend ist dabei, falls der Vater das Heimatsrecht gewechselt hat, der Zeitpunkt der Legitimation oder der Adoption, d. i. nicht der Zeitpunkt, an dem der Vater oder Adoptant die von ihm etwa abzugebende Erklärung abgibt, sondern der, an dem der Akt vollendet ist, demnach bei der Adoption (wo diese der obrigkeitlichen Bestätigung bedarf) der Zeitpunkt der Bestätigung.

II. Nach dem Heimatsrecht entscheiden sich die *Voraussetzungen* und die *Wirkungen* der Legitimation und Adoption, daher auch, ob zu den Voraussetzungen die Zustimmung des Kindes oder gewisser Angehöriger des Kindes (der Mutter, der leiblichen Eltern) gehört. Daneben ist aber, wenn das Kind *deutscher* Staatsangehörigkeit ist, auch die Wahrung der deutschen Vorschriften nötig[2]; Art. 22 Abs. 2 EG.

Den allgemeinen Satz, daß kumulativ das Heimatsrecht des Vaters und das des Kindes bezüglich dieser Einwilligungen gewahrt sein müßten (also auch bei ausländischen Kindern), kann man nicht wohl aufstellen, da Abs. 2 eine den Schutz gerade der deutschen Kinder betreffende und deshalb nicht ausbaufähige Norm des ordre public gibt[3].

Das Heimatsrecht des Vaters oder Adoptanten entscheidet auch die Frage, ob es zur Gültigkeit der Legitimation oder Adoption eines *obrigkeitlichen Aktes*, besonders einer staatlichen Ehelichkeitserklärung oder einer Adoptionsbestätigung, bedarf. Damit ist aber nicht gesagt, daß die Behörden des Staates, dem der Vater oder Adoptant angehört, ausschließlich zuständig sind, den Akt zu vollziehen.

So ist z. B. nach dem deutschen FGG §§ 65, 66 für den deutschen Adoptanten stets, für den ausländischen Adoptanten dann, wenn er in Deutschland Wohnsitz oder Aufenthalt hat, eine deutsche Gerichtsbarkeit gegeben.

Zweifelhaft ist, ob das deutsche Gericht eine auslandsrechtliche Adoption, zu deren Bestätigung es danach zuständig ist, auch dann bestätigen darf, wenn nach dem ausländischen Adoptionsstatut (z. B. dem französischen, dem tschechoslowakischen, dem Schweizer oder den skandinavischen Rechten) die Bestätigung nur auf Grund einer Prüfung der *Zweckmäßigkeit* der Adoption zulässig ist. Das ist zu verneinen[4]. Bei Anwendung deutschen Rechts hat das deutsche Adoptionsgericht nach § 1754 BGB immer nur das Vorhandensein der gesetzlichen Adoptionsvoraussetzungen festzustellen und, wenn sie vorliegen, die Adoption zu bestätigen, ohne die Zweckmäßigkeit zu prüfen; es geht nicht an, ihm bei Anwendung ausländischen Rechts ein mehreres aufzuerlegen[5]: denn das deutsche Gesetz würde kaum ein so untergeordnetes Gericht, wie das Amtsgericht, mit der Adoptionsbestätigung betraut haben, wenn dabei andere als Rechtsfragen zu prüfen wären, da doch bei der arbiträr ablehnbaren Ehelichkeitserklärung (§ 1734 BGB) höhere Instanzen (Justizminister, Landgerichtspräsidenten) in den deutschen Ländern mit der Entscheidung betraut worden sind.

Zu den nach dem Heimatsrecht des Vaters zu bestimmenden Wirkungen der Legitimation oder Adoption gehören *nicht erbrechtliche* Folgen. Ob zwischen Adop-

---

[1] RG 125, 268.

[2] Auch die Wahrung der deutschen Formvorschriften? Wohl zu verneinen; RAAPE, 546f.

[3] A. M. LEWALD, 153; RAAPE, 551.

[4] KG, Z. f. ausl. u. intern. PR 6, 311ff. SCHLEGELBERGER: Komm. z. FGG³ § 66 Anm. 3; LG u. OLG Dresden, IPRechtspr 1931 (Sonderheft 1932) Nr. 90/91.

[5] A. M. LEWALD, 157ff.; RABEL, a. a. O.; RAAPE, 597ff. Dazu: KARL TH. KIPP, in FISCHER-HENLE-TITZE: BGB Anm. 2 zu Art. 22.

tans und Adoptatus Erbrechte und Pflichtteilsrechte entstehen, bestimmt vielmehr das Erbstatut, das Heimatsrecht des Erblassers[6].

§ 44. Weitere Verwandtschaft. Schwägerschaft.

ZITELMANN, II 806. — LEWALD, 136. — RAAPE, 486. — VEITH: RVglHWB IV 420.

I. Ob die weitere Verwandtschaft als die zwischen Eltern und Kindern und ob die Schwägerschaft privatrechtliche Wirkungen hat, ist — das Gesetz schweigt — nach dem *Personalstatut*, dem Heimatsrecht, des in *Anspruch Genommenen* zu entscheiden[1]. Die Frage entsteht besonders für die Unterhaltspflicht zwischen Großeltern und Enkeln, die sich fast überall findet, für die zwischen Geschwistern, wie sie in der Schweiz und für gewisse besondere Fälle auch in Italien und Spanien besteht, sowie für die zwischen Schwiegereltern und Schwiegerkindern (Frankreich, Belgien, Niederlande)[2].

Die Frage des maßgebenden Rechts ist streitig. Nach einer abweichenden Lehre ist der Unterhaltsanspruch nur gegeben, wenn er sowohl nach dem Heimatsrecht des in Anspruch Genommenen, wie nach dem des Unterhalt Fordernden gegeben ist[3]. Diese Meinung würde bewirken, daß bei Verschiedenheit der Heimatsrechte der arme Verwandte vom reichen den Unterhalt nur fordern kann, wenn er ihn selbst leisten müßte, wäre er der Reiche und der andere der Arme. Allein eine solche Bedingtheit eines Unterhaltsanspruchs durch eine gegenüberstehende Unterhaltspflicht läßt sich, wie mir scheint, für keine Rechtsordnung nachweisen. Das ist zweifelsfrei für die Pflichten zwischen Großeltern und Enkeln, wobei vielfach die Großeltern den Enkeln stärker haften als die Enkel den Großeltern (im englischen Recht haften die Enkel überhaupt nicht). Es gilt aber auch für die Pflichten zwischen Geschwistern. Fordert ein notleidender Bruder von seinem Schweizer Bruder Unterhalt, so ist daher der Anspruch begründet (Art. 328, 329 ZBG), während er bei entgegengesetzter Wirtschaftslage nichts zu leisten brauchte.

II. Nach dem Heimatsrecht des auf Unterhalt in Anspruch Genommenen entscheidet sich zwar die Frage, welches Verwandtschaftsverhältnis zur Erzeugung des Unterhaltsanspruchs *nötig* ist, aber nicht die Frage, ob ein hiernach nötiges Verwandtschaftsverhältnis besteht[4].

III. Vormundschaft und Pflegschaft.

§ 45.

Quellen: EG BGB Art. 23. — FGG §§ 36, 47. — Haager Vormundschaftsabkommen (betrifft nur die Regelung der Vormundschaft über Minderjährige) v. 12. Juni 1902 (vgl. oben S. 19). — Einzelabkommen hat Deutschland mit Polen (5. März 1924) und Österreich (5. Febr. 1927) geschlossen (RGBl 1925 II 145, 1927 II 510).

Literatur: ZITELMANN, II 913ff. — LEWALD, 159ff. — GUTZWILLER, 1648. — RAAPE, 602ff. — NUSSBAUM: 180ff. — VEITH, RVglHWB IV 439ff. — KIPP(-WOLFF): Familienrecht[7] § 131. — Zum Haager Vormundschaftsabk.: LEWALD, im WB des Völkerrechts I 472ff. — JAPIOT: Revue Darras 7, 591ff.; 8, 288ff. — TRAVERS, ebenda 8, 641ff.

I. Die *Voraussetzungen* einer Vormundschaft oder Pflegschaft über Jugendliche, Geisteskranke, Gebrechliche, Abwesende oder sonst Schutzbedürftige regelt das (jeweilige) *Heimatsrecht* des *Schutzbedürftigen*[1]. Nach diesem bestimmt es sich vor allem, ob ein Fall vorliegt, in dem eine Vormundschaft einzuleiten ist.

Doch kann die Auslegung des Heimatsrechts dahin führen, daß trotz des klaren Textes, der eine Vormundschaft befiehlt, eine solche deswegen nicht eintritt, weil eine *andere Rechtsordnung* sie entbehrlich macht. Stirbt z. B. der Vater eines österreichischen Kindes, so ist nach

---

[6] Dazu VEITH, 434, 439. [1] RG 17, 226. Herrschende Lehre.

[2] Rechtsvergleichend: KIPP(-WOLFF): Familienrecht § 97 I.

[3] So die bei LEWALD, 136 zitierte Entscheidung des OLG Stuttgart, ferner KARL TH. KIPP, in FISCHER-HENLE-TITZE BGB Anm. 1 zu Art. 18 EG.

[4] Vgl. VEITH, 420.

[1] Über Fürsorgeerziehung: RG 117, 376ff. (= JurW 1928, 3115); RG Warneyer Rspr 25 (1933) 253f.

§ 187 des österreichischen allg. bürgerlichen Gesetzbuches („Personen, denen die Sorge eines Vaters nicht zustatten kommt, und die noch minderjährig sind, ... gewähren die Gesetze durch einen Vormund ... besonderen Schutz") eine Vormundschaft deswegen zu bestellen, weil das österreichische Recht keine elterliche Gewalt der Mutter kennt. Ist aber der Vater dieses Kindes Reichsdeutscher, so gilt nach Art. 19 EG für die Frage des Unterganges der elterlichen Gewalt deutsches Recht, das der Mutter die elterliche Gewalt zuspricht. Daher ist § 187 unanwendbar[2].

Das Heimatsrecht entscheidet auch, ob eine Vormundschaft von selbst eintritt (tutela legitima) oder durch privates Rechtsgeschäft (wie die tutela testamentaria) oder ob es eines obrigkeitlichen (besonders eines gerichtlichen) Aktes bedarf. EG Art. 23; Haager Abkommen Art. 1.

II. Bedarf es nach dem Heimatsrecht eines *behördlichen Aktes,* so ist die weitere Frage, *welches Staates Behörden* berufen sind, die Vormundschaft einzuleiten und zu führen.

1. Stets ist die Behörde des Heimatstaates dazu berufen. Über jeden Deutschen, auch wenn er im Ausland lebt, kann das deutsche Vormundschaftsgericht eine Vormundschaft (oder Pflegschaft) eröffnen; § 36 FGG.

2. Daneben kann aber auch der Staat, in dem sich der ausländische Schützling aufhält, eine Vormundschaft oder Pflegschaft anordnen. Das deutsche Recht erlaubt dies dann, wenn der Schützling nach seinem Heimatsrecht der Fürsorge bedarf oder in Deutschland entmündigt worden ist, und wenn außerdem der Heimatstaat die Fürsorge nicht übernimmt[3]; Art. 23 EG[4]. Die deutsche Vormundschaft über Ausländer ist also nur subsidiär zulässig. Sie ist jedoch, wenn sie trotz Fehlens dieser Voraussetzungen eingeleitet wird, wirksam[5]. Bis es sich entschieden hat, ob der Heimatstaat die Fürsorge übernimmt, kann der Aufenthaltsstaat „vorläufige Maßnahmen" treffen[6].

Eine vormundschaftliche Fürsorge für Ausländer in Deutschland ist vor allem dann nötig, wenn es sich um englische oder nordamerikanische Mündel handelt, die in Deutschland Vermögen haben: denn nach englisch-amerikanischem Recht erstreckt sich die Vertretungsmacht des Vormunds nicht auf die auswärtigen Vermögensstücke[7].

Umgekehrt gestattet das deutsche Recht dem Auslande die Einrichtung einer Vormundschaft über Deutsche, die im Ausland Wohnsitz oder Aufenthalt haben, und dispensiert in solchem Falle die deutsche Behörde von der Einrichtung einer eigenen Vormundschaft; § 47 FGG.

Zuständig für die Vormundschaft über Ausländer ist das Amtsgericht, in dessen Bezirk der Mündel seinen Wohnsitz (oder Aufenthalt) hat; § 36 Abs. 1 FGG. Zuständig für Pflegschaften über Ausländer, die in Deutschland weder Wohnsitz noch Aufenthalt haben, ist das Amtsgericht, in dessen Bezirk das Fürsorgebedürfnis hervortritt; §§ 37 Abs. 2, 38, 39 Abs. 2 FGG.

3. Ob eine Pflicht zur Übernahme der Vormundschaft besteht, richtet sich nach dem Rechte des Staates, der die Vormundschaft anordnet.

III. Die Rechtsordnung, unter der die Vormundschaft entstanden ist, entscheidet auch über den *Inhalt* der Vormundschaft, also sowohl über die Rechte des Vormunds (vor allem den Umfang seiner Vertretungsmacht und die Frage, wieweit er der Zustimmung anderer Personen, eines Gegenvormundes, des Familienrats, des Vormundschaftsgerichts usw. bedarf), wie über seine Pflichten gegenüber dem Mündel und gegenüber Dritten. Ist daher die Vormundschaft auf Grund des *Heimatsrechts* kraft Gesetzes, kraft testamentarischer Anordnung von selbst ent-

---

[2] Veith, 440.

[3] Übernimmt der Heimatstaat die Fürsorge *nachträglich,* so muß auf sein Verlangen die deutsche Behörde die Vormundschaft an ihn abgeben; KG, Jahrb 21 A, 203.

[4] Vgl. Haager Abk. Art. 3. — Nach Haager Abk. Art. 8 hat in diesem Fall der Aufenthaltsstaat den Heimatstaat zunächst von dem Sachverhalt zu benachrichtigen.

[5] KG, Jahrb. f. Freiw. Gerichtsb. 5, 98. Lewald, 163.

[6] Streitig, ob dahin auch eine vorläufige Vormundschaft und eine Pflegschaft gehört. Die Praxis verneint das meist. Mit Recht dawider: Lewald, 164. — Vgl. Haager Abk. Art. 7.

[7] KG, Rechtspr d. OLGe 5, 100f.; OLG Darmstadt, ebenda 24, 51.

standen oder von der Heimatsbehörde angeordnet, so gilt auch für ihren Inhalt Heimatsrecht; die heimatsrechtlichen Sätze gelten auch im Ausland. Die Vertretungsmacht des im Heimatstaat bestellten Vormunds macht daher nicht an den Grenzen des Heimatstaats halt; der Vormund darf auch die im Ausland belegenen Vermögensstücke verwalten. Hat umgekehrt der *Aufenthaltsstaat* die Vormundschaft eingerichtet, so gilt für deren Inhalt das Recht dieses Staats, und zwar ebenfalls nicht mit räumlicher Begrenzung auf das Staatsgebiet, sondern sogar im Heimatstaat des Mündels. Vgl. Art. 6 Abs. 1 Haager Abk.

Wird z. B. über einen Ausländer in Deutschland eine Vormundschaft nach Art. 23 EG angeordnet und wird daraufhin der deutsche Vormund namens des Mündels in dessen Heimatstaat tätig, so hat der deutsche Richter diese Vertretung als rechtmäßig anzuerkennen. Ob auch der Richter des Heimatstaats sie anzuerkennen hat, richtet sich danach, ob nach den Kollisionsnormen des Heimatstaats die deutsche Vormundschaftsanordnung zulässig und wirksam ist[8].

Im Falle des Art. 28 EG tritt das Vormundschaftsstatut (sei es das Heimatsrecht, sei es das Recht des Aufenthaltstaats) gegenüber der *lex rei sitae* dann zurück, wenn nach dieser die Vormundschaftsführung in Ansehung gewisser Sachen, z. B. der Grundstücke, einer Sonderordnung unterworfen ist, vgl. oben S. 52 und Haager Abkommen Art. 6 Abs. 2.

IV. Ob die Vormundschaft *erlischt*, richtet sich grundsätzlich nach dem *Heimatsrecht*. Das gilt auch für die Vormundschaft, die der Aufenthaltstaat angeordnet hat. Wird also ein Ausländer in Deutschland nach Art. 23 EG bevormundet, so hört die Vormundschaft auf, falls nach dem Heimatsrecht der Fürsorgegrund wegfällt, mag er auch nach deutschem materiellem Recht nicht wegfallen.

Eine minderjährige Schweizerin, die in Deutschland bevormundet wird, heiratet einen Schweizer und wird nach Schweizer Recht dadurch mündig (Heirat macht mündig)[9]: damit erlischt auch die deutsche Vormundschaft.

Wird umgekehrt ein Deutscher im Ausland, wo er wohnt, bevormundet, so kann die deutsche Behörde, die auch hier eine Vormundschaft eingeleitet hat, die Vormundschaft an die ausländische Behörde „abgeben", wenn das im Interesse des Mündels liegt, der Vormund zustimmt und die ausländische Behörde zur Übernahme bereit ist; § 47 Abs. 2 FGG.

Siebenter Abschnitt.

Erbrecht.

§ 46.

Quellen: Art. 24—26 EG. Ein Haager Abk. über intern. Erbrecht ist trotz starker Übereinstimmung auf der 5. und der 6. Konferenz (1925, 1928) nicht zustande gekommen. (Der Entw. bei MAKAROV, 381.) Nachlaßabkommen Deutschlands mit Estland (1925), Rußland (1925), Österreich (1927), Türkei (1929): vgl. oben S. 21; ferner Niederlassungsvertrag zwischen Baden u. der Schweiz v. 1856 (MAKAROV, 367f.).

Literatur: ZITELMANN, II 937ff. — GUTZWILLER, 1650ff. — H. LEWALD: IntPR 285ff. — H. LEWALD: Questions de droit intern. des successions 1926 (Recueil des Cours de l'Académie d. dr. int. 1925 IV). H. LEWALD: RVglHWB IV 448ff. — RAAPE, 631ff. — KIPP: Erbrecht § 145. — NUSSBAUM, 347ff. — v. NORMANN: JurW 1930, 975ff. — GUTZWILLER, ebenda 1817. — TIRAN: Les successions testamentaires en droit int. pr. Paris 1932. — P. ANLIKER: Die erbrechtlichen Verhältnisse der Schweizer im Ausland und der Ausländer in der Schweiz. Aarau 1933. — NEUBECKER: Der Ehe- und Erbvertrag im internat. Verkehr (1914), 278ff.

I. Zwei Hauptanschauungen stehen einander gegenüber:

1. Die auf *germanischem Recht* beruhende, unter lehnsrechtlichen Einflüssen entwickelte Unterscheidung von Immobiliar- und Mobiliarnachlaß: „quot sunt bona

[8] Nach englisch-amerikanischem Recht ist das nicht der Fall. Vgl. vorige Anm. Genaueres bei VEITH, 444, 445f.

[9] Beispiel LEWALDS, 167.

diversis territoriis obnoxia, tot sunt patrimonia". Für die *Immobiliar*erbfolge gilt die *lex rei sitae*[1]. Die *Mobiliarerbfolge* bestimmt sich entweder nach dem am Domizil des Erblassers geltenden Recht (Wohnsitzrecht) oder nach der Staatsangehörigkeit des Erblassers (Heimatsrecht). Das Wohnsitzrecht herrscht heute noch in England, den Vereinigten Staaten von Amerika, Frankreich[2], Belgien; das Prinzip des Heimatsrechts dagegen in Österreich, Ungarn, Griechenland, Rumänien, sowie im deutsch-estnischen und im deutsch-russischen Nachlaßabkommen.

Hinterläßt z. B. ein Österreicher Mobilien in Wien, Paris und Rom, sowie ein Grundstück in Paris und eines in London, so sind drei „Nachlässe" vorhanden (ein Mobiliarnachlaß und zwei Immobiliarnachlässe), in deren jeden möglicherweise andere Personen sukzedieren. Keiner der drei Erben, keine der drei Erbengemeinschaften steht zu den anderen in einer erbrechtlichen Gemeinschaft. Hier entstehen erhebliche, aber überwindbare technische Schwierigkeiten, besonders bei der Schuldenhaftung und der Kollation (vgl. unten S.146). Ihnen stehen aber sachliche Vorteile gegenüber, die dem zweiten System fehlen.

2. Die *romanistische* Idee der Nachlaß*einheit*, beruhend auf dem Grundsatz der „Universalsukzession"; sie hat sich in der Neuzeit zumal unter dem Einfluß der italienischen Schule immer mehr durchgesetzt: die Beerbung richtet sich, ohne Unterscheidung zwischen Mobilien und Immobilien, nach dem *Personalstatut* des Erblassers, daher bald nach seinem *Wohnsitzrecht* (so in der Schweiz, in Dänemark und Norwegen), bald nach seinem *Heimatsrecht* (Italien, Spanien, Portugal, Niederlande, Schweden, Polen und [seit 1900] Deutschland, sowie deutsch-österreichisches Abkommen von 1927).

Die Einfachheit dieser Ordnung wird durch den Nachteil erkauft, daß das Erbrecht eines Staates Geltung auch für solche Grundstücke beansprucht, die zum Herrschaftsbereich eines anderen Staates gehören und für welche dieser Staat die Durchsetzung fremden Rechts kaum gestatten wird. So führt das System der Nachlaßeinheit für die Immobiliarbeerbung zu einem der Rechtsidee widerstreitenden undurchsetzbaren Recht und im einzelnen zu manchen ärgerlichen Konflikten, wie sie bei dem ersten System nur in Ansehung der Mobiliarbeerbung auftreten können: bei dieser aber ist wegen der Möglichkeit, die Sachen in ein anderes Land zu bringen, eine Durchsetzungsaussicht für das Personalstatut vorhanden.

Beispiele: 1. Der Deutsche, der mit Wohnsitz in Kopenhagen stirbt, wird nach deutschem internationalem Privatrecht unter deutschem Erbrecht beerbt, nach dänischem internationalem Privatrecht gilt dagegen dänisches Erbrecht (als Wohnsitzrecht); und zwar gilt diese Unstimmigkeit nicht nur für die Fahrnis, die er zurückläßt, sondern auch für seinen in Kopenhagen und in Berlin gelegenen Grundbesitz! — 2. Hinterläßt ein italienischer, in Rom ansässiger Erblasser Grundstücke in London, so erbt nach italienischem internationalem Privatrecht diese Grundstücke der Erbe italienischen Rechts, während der englische Richter hierfür englisches Recht gelten läßt. — 3. Darüber, daß ein Teil dieser Fehler im deutschen Internationalprivatrecht durch Art. 28 EG gutgemacht wird, vgl. S. 146: hinterläßt ein deutscher Erblasser Grundstücke in London, so tritt das an sich geltende Heimatsrecht, soweit es sich um die Immobiliarbeerbung handelt, gegenüber dem englischen Recht, als der lex rei sitae, zurück. Dagegen läßt sich das Beispiel 1 mit Art. 28 nicht kurieren.

II. Das EG Art. 24, 25 läßt, ohne Rücksicht auf den Wohnsitz des Erblassers und auf den Lageort der Nachlaßstücke, das *Heimatsrecht* des Erblassers entscheiden. Das wird zwar nur für zwei Fälle ausgesprochen: den, daß er Deutscher ist, und den, daß er Ausländer mit Wohnsitz in Deutschland ist. Aber es gilt entsprechend auch für die Beerbung von Ausländern, die im Ausland leben. Hat der Erblasser die Staatsangehörigkeit gewechselt, so entscheidet der *Zeitpunkt des Todes*.

Das Heimatsrecht des Erblassers ist für den ganzen Bereich der erbrechtlichen Fragen maßgebend. Nach ihm entscheidet es sich, wer erbfähig ist[3], wer kraft Gesetzes als Erbe berufen ist[4], ob eine gültige Verfügung von Todes wegen vorliegt;

---

[1] Sie entscheidet auch darüber, ob ein Vermögensstück immobil oder mobil ist.

[2] Hier freilich stark bestritten; Nachweise bei NIBOYET: Manuel[2] 841ff.

[3] Z. B. ob ein nicht rechtsfähiges Gebilde (eine Gesellschaft) fähig ist, von Todes wegen zu erwerben, während die Frage, ob das Gebilde rechtsfähig ist oder nicht, nach seinem eigenen Personalstatut zu beurteilen ist. Vgl. LEWALD, 297f. und für physische Personen oben S. 58 Text hinter Anm. 1.

[4] Ob und in welcher Ordnung ein Vetter des Erblassers berufen ist, entscheidet das Erbstatut. Ob X ein Vetter des Erblassers ist, ist eine Vorfrage, für die Art. 18ff. EG entscheiden,

ferner: auf welche Weise der Berufene die Erbschaft erwirbt (ob erst durch Antretung oder in deutscher Art mit dem Erbfall)[5], ob er ein Ausschlagungsrecht und ein Recht hat, Annahme oder Ausschlagung anzufechten; weiter: wie die Erbengemeinschaft gestaltet ist, ob als Bruchteilsgemeinschaft mit freiem Verfügungsrecht des Miterben oder als gesamte Hand, ob der Miterbe ein gesetzliches Vorkaufsrecht hat, ob jeder Miterbe allein befugt ist, den Nachlaßschuldner auf Leistung zu belangen, ob er verpflichtet ist, Vorempfänge und (nach französischer Weise) Schulden zu konferieren[6], ob die Kollation in natura oder „en moins prenant" geschieht; wem und gegen wen der Erbschaftsanspruch (die hereditatis petitio) zusteht.

Statt mit der hereditatis petitio zu klagen, kann er u. U. auch eine dingliche Klage, z. B. eine rei vindicatio, anstellen, die aber nicht dem Heimatsrecht des Erblassers, sondern der lex rei sitae unterworfen ist. Ob solche „Singularklage" neben der hereditatis petitio zugelassen ist, entscheidet sich nach der lex rei sitae, da diese die Voraussetzungen der Singularklage regelt. Ob umgekehrt der Bestand von Singularklagen die hereditatis petitio beeinflußt, entscheidet das Erbstatut.

Dem Heimatsrecht des Erblassers, und nicht dem Deliktsstatut, auch nicht dem Personalstatut des Erben[7] unterliegt die Erbunwürdigkeit. Die Frage, ob und in welcher Weise die Erben für die Schulden haften, richtet sich nicht nach dem Obligationsstatut der einzelnen Schuld, sondern nach dem Erbstatut. Für die (bei Lebzeiten des Erblassers geschlossenen) Erbverträge und Erbverzichtsverträge[8] gilt ebenfalls stets das Erbstatut, also im Falle des Wechsels der Staatsangehörigkeit nach Vertragsschluß das Recht des Staats, dem der Erblasser noch nicht bei Vertragsschluß, aber beim Tode angehört. Das gilt auch dann, wenn solche Verträge mit einem Ehevertrag oder einem Abfindungsvertrag verbunden sind. Dem Erbstatut unterliegen weiter Pflichtteils- und Noterbrechte[9], sowie Vermächtnisse. Doch kann ein Vermächtnis als Vindikationslegat (also dinglich) nur wirken, wenn es diese Wirkung sowohl nach dem Erbstatut als auch nach der lex rei sitae haben kann.

Vermacht z. B. ein Franzose ein ihm gehöriges deutsches Grundstück, so kann trotz der Zulässigkeit des Vindikationslegats im französischen Recht diese Wirkung nicht eintreten, da nach deutschem Recht die rechtsgeschäftliche Einzelnachfolge in Grundstücke der Auflassung und Eintragung bedarf.

Nach dem Erbstatut richtet sich auch die Schenkung von Todes wegen, sowie der Erbschaftskauf[10], und zwar gleichviel, ob diese Gebilde, wie im deutschen BGB, in das Erbrecht eingeordnet werden oder, wie in Österreich, in das Schenkungs- und Kaufrecht; denn der Schwerpunkt der aus solchen Verträgen erwachsenden Rechtsverhältnisse, mit Einschluß der Obligationen, ist in dem Gebiet zu finden, von dem aus die Nachlaßschicksale behandelt werden. Das Erbstatut entscheidet endlich auch über die Rechtsstellung des Testamentsvollstreckers.

Eine Sonderbetrachtung ist nötig für *Testierfähigkeit* und *Testamentsform.*

1. Die *Fähigkeit*, Verfügungen von Todes wegen, vor allem Testamente, zu errichten oder aufzuheben, ist ein Teil der Fähigkeit, Rechtsgeschäfte zu schließen. Sie beurteilt sich daher gemäß Art. 7 EG nach der zu dieser Zeit vorhandenen Staatsangehörigkeit des Verfügenden und nicht nach dem für den Testamentsinhalt

---

vgl. LEWALD: IntPR 300f. — Dem Erbstatut unterliegt auch die Frage, ob der Fiskus als Erbe berufen ist; eine Frage, die aber dann nicht auftreten kann, wenn der Fiskus nach der lex rei sitae ein nicht erbrechtliches „Heimfallsrecht" hat; vgl. oben § 11 II 1b (S. 35), II 3 (S. 37), III 2a (S. 38).

[5] LEWALD: IntPR 325ff.

[6] Die Kollation von Schenkungen geschieht also nicht etwa nach dem Recht, dem der Schenkungsvertrag unterworfen war.

[7] Zweifelnd: LEWALD, 299. [8] RG 8, 145.

[9] Auch der Pflichtteilsergänzungsanspruch, selbst wenn er sich gegen Dritte wendet; dazu HEDEMANN: NiemeyersZ 23, 229ff. LEWALD: IntPR 302. RAAPE, 652.

[10] Vgl. hierzu RAAPE, 653 (mit Lit.) und oben § 11[11] (S. 38).

maßgebenden Recht, insbes. also bei Staatsangehörigkeitswechsel nach dem Heimatsrecht des testierenden, nicht nach dem des sterbenden Erblassers (und im Falle des Art. 28 nicht nach der lex rei sitae). Wenn Art. 24 Abs. 3 Satz 1 dies für einen einzelnen Fall — den des Erwerbs der deutschen Staatsangehörigkeit durch einen Ausländer, der vorher testiert hat — hervorhebt, so sagt er damit, was ohnedies gilt. Es geht daher nicht an, ihn zur Grundlage eines argumentum e contrario zu machen[11].

Dem Art. 7 Abs. 2 (wer nach seinem Heimatsrecht volljährig geworden ist, bleibt volljährig, auch wenn er die Staatsangehörigkeit wechselt) würde ein Satz entsprechen: wer nach seinem Heimatsrecht testierfähig geworden ist, bleibt testierfähig auch bei Wechsel der Staatsangehörigkeit. Allein in dieser Allgemeinheit gilt der Satz nicht. Vielmehr sind zwei Einschränkungen zu machen:

a) Die unter dem früheren Heimatsrecht erworbene Testierfähigkeit eines Menschen bleibt nur dann erhalten, wenn er davon bereits *Gebrauch* gemacht, also ein Testament schon errichtet hatte: der 14jährige Chilene, der testiert hat und gleich darauf Deutscher wird, soll imstande sein, vor dem 16. Lebensjahr nicht nur das alte Testament aufzuheben, sondern auch neu zu testieren. Aber er soll dann nicht testieren dürfen, wenn er unter der Herrschaft des chilenischen Rechts noch nicht testiert hatte[12]. Eine gesunde Unterscheidung. Darf jener Chilene, der ein Testament zuerst gemacht, dann wieder aufgehoben hat, und der darauf Deutscher wird, fortab vor dem 16. Jahre neu testieren? Das hat man, gestützt auf den Wortlaut des Art. 24 Abs. 3 EG, behauptet[13]. Dem Sinn der Norm entspricht es m. E. nicht: zwischen dem Chilenen, der Deutscher wird, ohne testiert zu haben, und dem, der testiert und das Testament wieder aufgehoben hat, kann kein Unterschied sein, da beide, wenn sie jetzt stürben, ab intestato beerbt werden würden.

b) Die Aufrechterhaltung einer unter dem alten Heimatsrecht erworbenen Testierfähigkeit unter dem neuen Recht beschränkt sich auf die durch das *Alter* erworbene Fähigkeit. Der wegen Verschwendung entmündigte (nach c. c. art. 901 testierfähige) Franzose, der testiert hat, verliert, wenn er Reichsdeutscher wird, die Fähigkeit, positive Testamente zu errichten: §§ 2229 Abs. 3, 2253 Abs. 2 BGB.

2. Die Testaments*form* richtet sich, wie sonst die Form von Rechtsgeschäften (Art. 11 EG, vgl. oben § 22), alternativ nach der lex causae oder der lex loci actus. Da aber lex causae hier das Erbstatut, d. h. bei Staatsangehörigkeitswechsel das Heimatsrecht des sterbenden (nicht das des testierenden) Erblassers ist, so besteht das Bedürfnis, die Formgültigkeit nicht von einem künftigen ungewissen Ereignis (Staatsangehörigkeitswechsel zwischen Errichtung und Tod) abhängen zu lassen. Deshalb setzt EG Art. 24 Abs. 3 fest, daß die Gesetze des Staates entscheiden sollen, dem der Erblasser *zur Zeit der Testamentserrichtung* (oder -aufhebung) angehörte.

Wie wenn diese Form nicht gewahrt ist, der Testator aber nachträglich eine andere Staatsangehörigkeit erlangt, unter der jene Form genügen würde? Z. B. ein Deutscher testiert in Deutschland eigenhändig, aber ohne Ort und Zeit zu schreiben; danach wird er Österreicher und stirbt als solcher: das Testament genügt der österreichischen Form (§ 578 ÖstBGB), nicht der deutschen Form. — Nach geltendem Recht ist das Testament nichtig, was Lewald (IntPR 317) mit Grund bedauert.

Dasselbe Testament kann in einem Staate gültig, im anderen nichtig sein; so in einem (von Lewald S. 313 ersonnenen) lehrreichen Fall: ein Deutscher mit Wohnsitz in London errichtet in Italien in deutscher Form ein eigenhändiges Testament. Das Testament ist von dem deutschen Richter als gültig, von dem englischen als nichtig zu behandeln, da das englische Recht die Form des Domizilrechts (also hier englische Form) verlangt. Ebenso, wenn der Erblasser in italienischer Form testiert hätte. Hätte er dagegen in Italien in der englischen Form testiert, so wäre das Testament vom deutschen Richter als formnichtig, vom englischen als gültig angesehen worden. Es bleibt ihm also, wenn er in Italien testieren will, nichts übrig, als gleichzeitig der deutschen und der englischen Form zu genügen, d. h. eigenhändig zu schreiben, zu datieren und zu unterschreiben und bei der Unterschrift zwei Zeugen zuzuziehen, die das Testament in Gegenwart des Testators unterschreiben.

Zu den Regeln über die Testamentsform gehören auch die Sätze über die Zulässigkeit *gemeinschaftlicher Testamente*, die z. B. dem italienischen Recht unbekannt, im deutschen Recht für Eheleute, im österreichischen Recht auch für Verlobte

---

[11] Lewald: IntPR 306 (gegen Planck Kommentar S. 102).

[12] Anders aber Lewald, 307. [13] Raape, 665.

erlaubt sind. Die Gültigkeit eines solchen Testaments hängt daher davon ab, daß es entweder zu einer Zeit abgefaßt ist, in der die Testatoren dem dieser Form günstigen Staate angehörten, oder an einem Ort, der diese Form für die Testatoren zuläßt.

III. Das Recht des *Wohnsitzes des Erblassers* kommt, abgesehen von Rück- und Weiterverweisung (vgl. § 13), in zwei Fällen in Betracht:

1. Ist der Erblasser Deutscher und hatte er seinen Wohnsitz zur Zeit seines Todes *nur im Auslande,* so haften die Erben den Nachlaßgläubigern entweder nach deutschem Recht (als dem Heimatsrecht des Erblassers) *oder* nach dem Recht des Wohnsitzes; Art. 24 Abs. 2 EG. Die „Wahl" haben die Erben; sie können jedem Gläubiger gegenüber beliebig wählen; mehrere Erben sind nicht genötigt, einheitlich zu wählen. Was hier als Wahl bezeichnet wird, ist in Wahrheit ein Einrederecht gegenüber dem auf das deutsche Heimatsrecht gestützten Anspruch des Nachlaßgläubigers.

Wird z. B. der Erbe des deutschen, in Paris wohnhaft gewesenen Erblassers auf Zahlung einer Nachlaßschuld schlechthin verklagt, so kann er, wenn er ein Inventar errichtet hat, sich einredeweise darauf berufen, daß er nach französischem Recht beschränkt haftet, wiewohl er keines der deutschen Mittel zur Haftungsbeschränkung (Nachlaßverwaltung, Nachlaßkonkurs usw.) angewendet hat.

Dieses Einrederecht steht nur den Erben eines deutschen Erblassers zu, ihnen aber unabhängig davon, ob sie Deutsche oder Ausländer sind. Es bezieht sich nur auf die Art und den Umfang der Haftung, vor allem also auf die Fragen, ob die Erben beschränkt, unbeschränkt, unbeschränkbar haften, auf welche Weise sie die Haftung beschränken können, ob sie nach einer Beschränkung cum viribus oder pro viribus haften, ob Miterben als Gesamtschuldner oder anteilig haften und dergleichen.

Das Einrederecht des Erben ist dann nicht gegeben, wenn das im Domizilstaat geltende internationale Privatrecht für die Haftungsfrage nicht das Wohnsitzrecht, sondern das Heimatsrecht gelten läßt. Denn in solchem Falle greift die Rückverweisung ein[14].

Dagegen bezieht sich das Einrederecht nicht:

a) auf die Frage, *ob* eine Nachlaßschuld entstanden ist: so kann z. B. der Erbe des in London ansässig gewesenen deutschen Erblassers dem nach deutschem Recht pflichtteilsberechtigten Sohn gegenüber nicht vorbringen, daß nach dem Wohnsitzrecht Pflichtteilsrechte nicht bestehen[15];

b) auf die Frage, ob der als „Erbe" Verklagte überhaupt Erbe geworden ist. Diese Frage ist ausschließlich nach dem deutschen Heimatsrecht zu beantworten.

2. Ein auffälliger *Retorsionssatz* (mit Präsumtion der Retorsionslage) zugunsten Deutscher findet sich in Art. 25 Satz 2 EG. Stirbt ein Ausländer, der nur in Deutschland einen Wohnsitz hatte, so kann ein Deutscher erbrechtliche Ansprüche, die nach deutschem Recht bestehen würden, erheben, auch wenn sie nach dem Erbstatut (dem Heimatsrecht des Erblassers) nicht bestehen, außer wenn im Heimatstaat des Erblassers ein dort wohnhafter Deutscher nach deutschen Gesetzen beerbt wird. Hat z. B. ein Engländer, der nach deutscher Auffassung seinen Wohnsitz nur in Berlin hat[16], zum Schaden seiner mit einem Deutschen verheirateten Tochter testiert, so hat diese die Pflichtteilsansprüche des deutschen Rechts: denn nach englischem Kollisionsrecht wird ein in London wohnender Deutscher nicht nach den Sätzen des deutschen Rechts beerbt, sondern nach dem englischen Wohnsitzrecht und, falls er Grundbesitz hinterläßt, nach der lex rei sitae[17]. Die deutsche

---

[14] Vgl. Lewald, 341. [15] Lewald, 340f.

[16] Hat er ihn *auch* nach englischer Auffassung in Berlin (vgl. S. 30, § 9 I 1), so gilt ohnehin deutsches Recht auf Grund der Rückverweisung.

[17] Ob die Maßgeblichkeit der lex rei sitae für die Immobiliarbeerbung hier erheblich ist, also die Gegenseitigkeit ausschließt, ist freilich streitig. Dafür: RG 63, 356. Dawider besonders: Lewald, 291ff., OLG Karlsruhe, Jahrb. f. Entsch. d. FreiwGer. 8, 116.

Retorsionsnorm ist (von partikulären Staatsverträgen abgesehen) nur dann ausgeschlossen, wenn nach dem im Heimatstaat des Erblassers geltenden internationalen Privatrecht die Beerbung von Ausländern nach dem Heimatsrecht des Erblassers, und zwar ohne Unterscheidung von Mobiliar- und Immobiliarbeerbung, geschieht (wie in Italien, Spanien, Polen).

Die deutsche Retorsionsnorm gilt nur zugunsten Deutscher, nicht auch zugunsten der mit diesen etwa konkurrierenden ausländischen Erbansprecher[18]. Sie gilt für alle „erbrechtlichen" Ansprüche, wohin nicht nur Erbschaftsansprüche, Vermächtnis- und Pflichtteilsrechte gehören, sondern auch Auseinandersetzungsansprüche unter Miterben, Ansprüche von Nacherben gegen Vorerben auf Sicherheitsleistung, Ansprüche auf Auskunft u. a.

IV. Das Heimatsrechtsprinzip wird durch die Geltung der *lex rei sitae* im Rahmen des Art. 28 EG eingeschränkt. Das Heimatsrecht findet keine Anwendung auf solche Gegenstände, vor allem Grundstücke, die nicht im Heimatstaat des Erblassers liegen, und die nach dem internationalen Privatrecht des Lageorts „besonderen Vorschriften" unterliegen. Vgl. oben S. 52. Das hat Bedeutung nicht nur für Fideikommisse, Lehen und ähnliche Sondergüter, sondern vor allem dann, wenn das internationale Privatrecht des Lageortes oder eines der Lageorte den Nachlaß in *Mobiliar- und Immobiliarnachlaß* spaltet und für diesen die lex rei sitae gelten läßt (vgl. I 1). In Fällen dieser Art beugt sich das deutsche internationale Privatrecht vor der auslandsrechtlichen Nachlaßspaltung. Der deutsche Richter ist so u. U. genötigt, den Mobiliarnachlaß nach einem anderen Recht vererben zu lassen als den Immobiliarnachlaß, und wenn zum Nachlaß Grundstücke in verschiedenen Ländern gehören, in jeden dieser „Immobiliarnachlässe" eine andere Erbfolge eintreten zu sehen. Zu solcher Spaltung kann es auch bei Anwendung des Renvoi (Art. 28) kommen.

Beispiel: Ein in Paris ansässiger Franzose stirbt ohne Testament, unter Hinterlassung von Mobiliarvermögen in Paris und Berlin und zweier Grundstücke in Berlin und in London. Seine Verwandten sind sein Vater und ein vollbürtiger Bruder. Nach englischem Recht erbt nur der Vater [Administr. of Estates Act, 1925, s. 46 (1) (IV)]; nach französischem Recht erbt der Vater $1/4$, der Bruder $3/4$ (c. c. art. 749); nach deutschem Recht erbt der Vater $1/2$, der Bruder $1/2$ (BGB § 1925 Abs. 3). Der deutsche Richter muß in solchem Fall für die Mobiliarerbschaft französisches, für das Londoner Grundstück englisches, für das Berliner Grundstück deutsches Erbrecht eintreten lassen.

Jeder dieser Nachlässe ist, auch wenn er nur aus einem Grundstück besteht, als selbständiges „Vermögen" (Sondervermögen) zu behandeln. Die Sukzession in dieses Vermögen ist zwar nicht Universalerbfolge, aber auch nicht vermächtnisähnliche Singularsukzession, sondern echte „Erbfolge" (Sondererbfolge), wie die Erbfolge in Fideikommisse, Lehen einerseits, Allod andererseits. Die Lage ist ähnlich, wie wenn nicht ein Erblasser gestorben wäre, sondern mehrere, der eine unter Hinterlassung nur der Mobilien, der zweite unter Hinterlassung nur des Berliner, der dritte unter Hinterlassung des Londoner Grundbesitzes, und wie wenn die drei Erblasser den Gläubigern als Gesamtschuldner hafteten. Daraus folgt denn auch die gesamtschuldnerische Haftung der Erben dieser „drei Erblasser". Zu welchem der Nachlässe Vorempfänge, die die Erben vom Erblasser erhalten haben, zu konferieren sind, entscheidet sich danach, zu welcher der drei Massen die Vorausleistungen, wären sie unterblieben, gehört hätten[19].

V. Gering ist der Einfluß des *ordre public* der *lex fori* auf die Anwendung des heimatsrechtlichen Erbrechts. Gegen die Grundlagen deutschen Rechts verstoßen Gesetze, die (wie es das russische Dekret v. 27. April 1918 tat) das Erbrecht überhaupt nicht anerkennen. Als Norm des ordre public wird man wohl auch die deutschen Erbunwürdigkeitsgründe ansehen müssen, so daß z. B. § 2339 Nr. 2 BGB, der dem französischen Recht unbekannt ist, auch dann anwendbar ist, wenn der Erblasser Franzose ist[20], ferner die Pflicht des Erbschaftsbesitzers, Auskunft zu

---

[18] RG 63, 356. [19] Dazu Raape, 686ff. [20] Raape, 736.

erteilen (§ 2027 Abs. 1 BGB), da diese sich schon aus Treu und Glauben ergibt, vielleicht auch die unbeschränkte und unbeschränkbare Haftung des Erben, der absichtlich ein falsches Inventar hergestellt hat (§ 2005 Abs. 1 Satz 1 BGB); die Unzulässigkeit der Pupillar- und Quasipupillarsubstitution (§ 2064 BGB); die Unwirksamkeit eines Vertrags, durch den jemand sich verpflichtet, ein Testament zu errichten oder nicht zu errichten (§ 2302 BGB).

Dagegen verstößt gegen den deutschen ordre public weder die englisch-amerikanische Testierfreiheit, die so weit geht, jedes Pflichtteilsrecht abzulehnen[21], noch das chinesische und (bei der Hauserbfolge) das japanische Gesetz, das den Deszendenten des Erblassers verbietet, die Erbschaft, zu der sie berufen sind, auszuschlagen[22], noch die Zurücksetzung der Töchter gegenüber den Söhnen, der Schwestern gegenüber den Brüdern bei der Immobiliarbeerbung des Liv-, Est- und Kurländ. Privatrechts Art. 1894ff.[23]; noch die völlige Ausschließung des Witwers von der gesetzlichen Erbfolge (solange erbberechtigte Verwandte da sind) in Rumänien.

VI. In Nachlaßsachen findet sich allerwärts eine Mitwirkung von *Behörden*. So ist den „Nachlaßgerichten", als Behörden der freiwilligen Gerichtsbarkeit, in Deutschland übertragen worden: die Sicherung des Nachlasses (§ 1960 BGB), die Mitwirkung bei Ausschlagung der Erbschaft, bei Anfechtung der Ausschlagung oder der Annahme (§§ 1945, 1946, 1953, 1955, 1957 BGB), bei Eröffnung von Testamenten (§§ 2259ff. BGB), die Einleitung des Aufgebots zur Ausschließung von Nachlaßgläubigern (§ 1970 BGB), die Anordnung der Nachlaßverwaltung (§§ 1981ff.), die Bestimmung von Inventarfristen (§§ 1994ff.), die Erteilung und Einziehung von Erbscheinen (§§ 2353ff.), die Mitwirkung bei einer Testamentsvollstreckung (§§ 2198ff.), bei der Auseinandersetzung von Miterben (§§ 86ff. FGG) und manches andere.

Die *Zuständigkeit* eines deutschen Nachlaßgerichts ist stets für den Nachlaß deutscher Erblasser gegeben, für die Nachlässe von Ausländern dann, wenn der Erblasser zur Zeit des Todes in Deutschland Wohnsitz oder Aufenthalt hatte; anderenfalls nur in Ansehung der in Deutschland befindlichen Nachlaßgegenstände; § 73 FGG. Immer aber setzt die Zuständigkeit in concreto voraus, daß ein deutsches Gericht überhaupt befugt und verpflichtet ist, bei der Regelung der erbrechtlichen Verhältnisse von Ausländern mitzuwirken; die Zuständigkeitsanordnung schafft solche Befugnis keineswegs. Bei der Verflochtenheit der deutschen gerichtlichen Nachlaßregelung mit dem materiellen deutschen Erbrecht (jene Verfahrensvorschriften sind auf die Geltung gerade des deutschen Erbrechts zugeschnitten) ist anzunehmen, daß das Tätigwerden eines deutschen Nachlaßgerichts von der Anwendung materiellen deutschen Erbrechts *abhängig* ist. Das deutsche Gericht wird daher bei Ausländernachlässen nur tätig, wenn im Wege der Rückverweisung auf deutsches Wohnsitzrecht oder auf die deutsche lex rei sitae deutsches Erbrecht zur Anwendung kommt[24]. Bei einem nach ausländischem Erbrecht zu beurteilenden Nachlaß wird das deutsche Gericht nur dann tätig werden, wenn ein dringendes Sicherungsbedürfnis besteht (§ 1960)[25]. Ferner kann im Interesse des deutschen Verkehrs, auch wenn kein deutsches Erbrecht anzuwenden ist, für die in Deutschland belegenen Gegenstände, die zu einem Ausländernachlaß gehören, ein auf sie beschränkter Erbschein erteilt werden, § 2369 BGB, gleichviel ob das Heimatsrecht des Erblassers das Institut des Erbscheins kennt.

Keine Kollisionsnorm, sondern eine *Schutznorm* für deutsche Behörden ist Art. 26 EG. Ist ein Nachlaß im Ausland eröffnet und sind nach den dort anzuwendenden Gesetzen Personen zum Nachlaß berufen (als Erben, Vermächtnisnehmer, Pflichtteilsberechtigte), die sich in Deutschland befinden, so vermitteln oft deutsche Behörden die Überführung von Vermögen,

---

[21] RG JurW 1912, 22f. [22] Vgl. HALLSTEIN: RVglHWB II 221.

[23] v. CAEMMERER: RVglHWB III 768.

[24] SCHLEGELBERGER: Komm. z. FGG § 73 Anm. 2. RAAPE, 726f. und die herrschende Lehre und Rechtsprechung. Anders aber NIEMEYER in seiner Zeitschr. 13, 21ff. (1903), sowie besonders LEWALD, 328ff.

[25] Dazu LEWALD, 332f.

besonders von Nachlaßstücken, nach Deutschland zur Auslieferung an die nach ausländischem Rechte Berechtigten: so Konsulate, die dann die Vermögensstücke deutschen Behörden weiterreichen. In solchem Falle soll die Behörde befugt sein, die Vermögensstücke auftragsgemäß auszuliefern, selbst wenn der Empfänger nicht der nach deutschem Kollisionsrecht Berechtigte ist. Stirbt z. B. ein in London wohnhafter Deutscher unter Hinterlassung eines Vaters und eines Bruders, die in Deutschland leben, und wird das Vermögen dem deutschen Konsulat zur Aushändigung an den Vater (als den Alleinerben nach englischem Recht) übergeben, so kann der nach deutschem Recht auf ½ berufene Bruder dieser Übergabe nicht widersprechen: es mag ihm überlassen bleiben, nachher gegen seinen Vater zu klagen. Ohne diese Schutznorm würde den Beamten oder den deutschen Staat eine Schadenersatzpflicht treffen[26]. Art. 26 EG erkennt hiernach eine *Prävalenz* der *völkerrechtlich* übernommenen Pflicht zur Auftragsausführung gegenüber der innerstaatlichen Pflicht zur Auslieferung an den Berechtigten an; doch beschränkt sich diese Prävalenz darauf, daß eine Legitimation (Ermächtigung) besteht[27].

---

[26] Wenn A den B beauftragt, eine bestimmte Sache dem C auszuhändigen, und E als Eigentümer der Aushändigung an C widerspricht, so kann der Umstand, daß B mit solcher Aushändigung seiner Auftragspflicht genügt, ihn dem E gegenüber nicht vor einer Haftung aus § 989 BGB schützen.

[27] Vgl. Melchior, 402[1].

A. Verzeichnis der Gesetze.

Die großen Zahlen verweisen auf Seiten, die kleinen auf Anmerkungen.

1. Einführungsgesetz zum Bürgerlichen Gesetzbuch.

2. Bürgerliches Gesetzbuch.

3. Andere Reichsgesetze.

4. Staatsverträge.

B. Sachverzeichnis.

Die großen Zahlen verweisen auf Seiten, die kleinen auf Anmerkungen.

GPSR Compliance

The European Union's (EU) General Product Safety Regulation (GPSR) is a set of rules that requires consumer products to be safe and our obligations to ensure this.

If you have any concerns about our products, you can contact us on ProductSafety@springernature.com

In case Publisher is established outside the EU, the EU authorized representative is:

Springer Nature Customer Service Center GmbH
Europaplatz 3
69115 Heidelberg, Germany

Batch number: 10855601

Printed by Printforce, the Netherlands